So könnt ihr mit „wortstark" arbeiten

1 **Schwarze Aufgaben** behandeln alle wichtigen Inhalte eines Kapitels.
Ihr solltet sie auf jeden Fall bearbeiten.

1 Gelbe Aufgaben sind etwas schwieriger. Versucht auch sie zu lösen,
wenn ihr mit den schwarzen Aufgaben gut klargekommen seid.

Wähle **A** oder B   Aufgaben mit A, B, C ... sind **Wahlaufgaben**. Aus diesen Aufgaben könnt ihr auswählen. Gelbe Wahlaufgaben sind etwas schwieriger.

▶   Das **Dreieck** zeigt euch: So könnt ihr am Thema weiterarbeiten.

Hilfen und Tipps   Bei manchen Aufgaben bekommt ihr zusätzliche Hilfestellungen.
Diese Hilfen sind grau gedruckt. Nutzt die Hilfen, wenn ihr sie braucht.

Grüne Zettel helfen euch mit passenden Wörtern oder Satzanfängen.
Seiten mit einer grünen Überschrift trainieren euren Wortschatz zusätzlich – so
werdet ihr **wortstark**!

→ Seite ...   Blaue Zettel verweisen auf andere Seiten im Buch: Dort könnt ihr etwas nachlesen,
was euch bei der Bearbeitung eurer Aufgabe hilft.

→ Medienpool   Blaue Zettel weisen auch auf Hörtexte, Filme oder Texte im Medienpool hin,
die ihr für eine Aufgabe braucht. Im Internet findet ihr den Medienpool hier:
www.westermann.de/124703-medienpool.

WISSEN UND KÖNNEN ▶   In den **Kästen mit dem roten Streifen** steht,
– was ihr euch merken sollt (Wissen und Können),
– wie ihr etwas machen könnt (Methode),
– worauf ihr beim Sprechen oder Schreiben achten müsst (Checkliste).
Am Ende des Buchs ist das Merkwissen noch einmal übersichtlich
zusammengefasst (Seite 272 – 291).

   Wenn ihr das **Lautsprecher-Symbol** neben einem Lesetext im Buch seht, könnt ihr
euch den Text im Medienpool anhören.

D1718177

westermann

wortstark 8

DEUTSCH

Erarbeitet von

August Busse
Irmgard Honnef-Becker
Peter Kühn
Magdalena Maria Nickoll
Kirsten Risthaus
Fritz Wiesmann

wortstark 8
DEUTSCH

Zusatzmaterialien zu wortstark 8

Für Lehrerinnen und Lehrer:

Materialien für Lehrerinnen und Lehrer	978-3-14-124727-5
BiBox Einzellizenz für Lehrerinnen und Lehrer (Dauerlizenz)	978-3-14-124733-6
BiBox Kollegiumslizenz für Lehrerinnen und Lehrer (Dauerlizenz)	978-3-14-124745-9
BiBox Kollegiumslizenz für Lehrerinnen und Lehrer (1 Schuljahr)	978-3-14-106768-2
Online-Diagnose zu wortstark	www.onlinediagnose.de

Für Schülerinnen und Schüler:

Arbeitsheft	978-3-14-124709-1
Förderheft	978-3-14-124721-3
Interaktive Übungen	WEB-14-124715
Interaktive Übungen (Förderausgabe)	WEB-14-124775
BiBox Einzellizenz für Schülerinnen und Schüler (1 Schuljahr)	978-3-14-124751-0

Das digitale Schulbuch und digitale Unterrichtsmaterialien für Schülerinnen und Schüler und
für Lehrkräfte finden Sie in der BiBox - dem digitalen Unterrichtssystem passend zum Lehrwerk.
Mehr Informationen über aktuelle Lizenzen finden Sie auf www.bibox.schule.

westermann GRUPPE

© 2022 Westermann Bildungsmedien Verlag GmbH, Georg-Westermann-Allee 66, 38104 Braunschweig
www.westermann.de

Das Werk und seine Teile sind urheberrechtlich geschützt. Jede Nutzung in anderen als den gesetzlich zugelassenen bzw.
vertraglich zugestandenen Fällen bedarf der vorherigen schriftlichen Einwilligung des Verlages. Nähere Informationen zur vertraglich gestatteten Anzahl von Kopien finden Sie auf www.schulbuchkopie.de.

Für Verweise (Links) auf Internet-Adressen gilt folgender Haftungshinweis: Trotz sorgfältiger inhaltlicher Kontrolle wird die Haftung
für die Inhalte der externen Seiten ausgeschlossen. Für den Inhalt dieser externen Seiten sind ausschließlich deren Betreiber verantwortlich. Sollten Sie daher auf kostenpflichtige, illegale oder anstößige Inhalte treffen, so bedauern wir dies ausdrücklich und
bitten Sie, uns umgehend per E-Mail davon in Kenntnis zu setzen, damit beim Nachdruck der Verweis gelöscht wird.

Druck A[1] / Jahr 2022
Alle Drucke der Serie A sind im Unterricht parallel verwendbar.

Redaktion: Stefan Bicker
Illustrationen: Danae Diaz, Thies Schwarz, Yaroslav Schwarzstein
Umschlaggestaltung: Janssen Kahlert Design & Kommunikation, Hannover
Layout: Independent Medien-Design, München
Druck und Bindung: Westermann Druck GmbH, Georg-Westermann-Allee 66, 38104 Braunschweig

 Dieses Symbol im Buch zeigt Kapitel oder
Teilkapitel an, in denen Medienkompeten-
zen besonders gefördert werden.

ISBN 978-3-14-124703-9

Inhaltsverzeichnis

SCHREIBEN

TEXTE UND MEDIEN

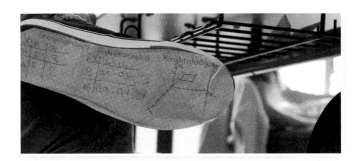

200 Sprache untersuchen

226 Rechtschreiben lernen und üben

Eine Diskussion vorbereiten, durchführen und auswerten

In einer Diskussion wollen wir andere von unserem Standpunkt überzeugen. Ein Standpunkt wirkt überzeugend, wenn er gut begründet wird. Deshalb solltet ihr euch vor einer Diskussion gründlich über das Thema informieren und Argumente aus Texten herausarbeiten. Dabei lernt ihr verschiedene Standpunkte und Einstellungen kennen.

SPRECHEN UND ZUHÖREN

1 Sprecht darüber:
- Worum geht es auf der Abbildung?
- Was denken die beiden wohl?

2 Die Redaktion einer Jugendzeitschrift hat ihre Leserinnen und Leser gefragt, wie oft sie Fleisch und Wurst essen und was ein Leben ohne Fleisch für sie bedeutet.
   a) Wie würdest du Sarah, Leo und Rebecca bezeichnen? Ordne zu:

   Gelegenheitsfleischesser   Vegetarier   Fleischesser

   b) Unterstreiche die Gründe, mit denen sie ihre Essgewohnheiten begründen.
   c) Sprecht darüber, welche Einstellungen die drei zum Fleischessen haben.

Ein Leben ohne Fleisch ist für mich etwas, worüber ich mir schon oft Gedanken gemacht habe. Einerseits fühle ich mit den Tieren und finde, dass jedes Lebewesen gleich viel wert ist. Andererseits finde ich Fleisch einfach lecker. Mein Kompromiss: Nur jede zweite Woche Fleisch, und dann auch nur Bio.

Sarah, 14 Jahre

Ein Leben ohne Fleisch ist für mich schwer vorstellbar, ich würde es nie freiwillig tun. An den Kühen und Schweinen liegt mir nicht so viel. Ich finde Fleisch einfach lecker, Gulasch zum Beispiel oder Nudeln mit Hackfleischsoße. Und morgens lege ich immer Schinken auf mein Brötchen.

Leo, 10 Jahre

Ein Leben ohne Fleisch ist für mich normal.
Ich esse seit einem Jahr kein Fleisch mehr, weil ich immer an die Tiere denken musste. Seitdem schmecken mir Wurst und Schnitzel nicht mehr, manchmal ekele ich mich sogar davor, und mir wird schlecht.

Rebecca, 14 Jahre

3 Schaut euch die Grafik an und sprecht darüber:
  – Worüber informiert die Grafik?
  – Welche Gruppen werden unterschieden?
  – Was essen die verschiedenen Gruppen?

▶ Legt ein Portfolio an und sammelt wichtige Materialien zum Thema.

4 Schreibe einen kurzen Informationstext über die Grafik für dein Portfolio.

  Es gibt ganz verschiedene Ernährungsstile,
  was den Verzehr tierischer Produkte betrifft.
  <u>Vegetarier</u> sind Menschen, die ...
  <u>Flexitarier</u> essen ...
  <u>Veganer</u> sind dagegen Menschen, ... Sie essen ...
  Menschen, die ... essen, nennt man <u>Pescetarier</u>.

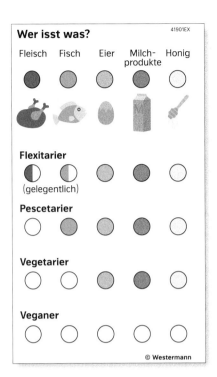

5 Führt in eurer Klasse eine Umfrage zum Diskussionsthema „**Sollen wir auf Fleisch verzichten?**" mit Hilfe einer verdeckter Meinungsabfrage durch. Das geht so:
  – Das Thema wird auf ein Plakat geschrieben und an eine Stellwand gepinnt. Links steht „Ja" und rechts „Nein". Dann wird die Stellwand so umgedreht, dass das Plakat verdeckt zur Klasse steht.
  – Jeder erhält einen grünen und einen roten Klebepunkt. Du gibst deine Meinung ab, indem du einen Klebepunkt bei „Ja" (grün) oder „Nein" (rot) aufklebst.
  – Dann wird die Stellwand umgedreht. Jemand von euch fasst das Ergebnis zusammen:

▶ Schreibe auf, wie <u>du</u> über ein Leben ohne Fleisch denkst.
  Formuliere Gründe, warum du Fleisch/kein Fleisch isst.
  Ein Leben ohne Fleisch ist für mich ...
  Der wichtigste Grund dafür ist: ...
  Es gibt aber noch weitere Dinge, die eine Rolle spielen ...

Sich auf eine Diskussion gezielt vorbereiten

Bevor du an einer Diskussion teilnimmst, musst du dich zunächst einmal über das Thema informieren. Oft gibt es viele verschiedene Meinungen zu einem Thema und es sind unterschiedliche Gruppen, die diese Standpunkte vertreten. Informiere dich also zunächst einmal über die verschiedenen Standpunkte.

1 a) Welche Meinungen zum Thema „**Sollen wir auf Fleisch verzichten?**" findest du in den Texten A – F? Markiere in jedem Text 2 – 3 Stellen (Folientechnik), die dir besonders wichtig erscheinen.

b) Was denkst du, wer die Texte verfasst hat? Ordne zu:

Tierschützer/-in   Klimaaktivist/-in   Ernährungswissenschaftler/-in
Arzt/Ärztin   Biobauer/-bäuerin   Koch/Köchin

c) Welche Einstellung haben die Verfasser zum Fleischessen?
Kennzeichne die Materialien mit Hilfe der Zeichen (Folientechnik):

+   für Fleischessen

+ –   unter bestimmten Bedingungen für Fleischessen

–   gegen Fleischessen

d) Unterstreiche die Gründe, die für die jeweilige Einstellung genannt werden.

A

Ich finde es nicht in Ordnung, dass Kälber ihren Müttern weggenommen werden, damit wir Menschen die Muttermilch trinken können, oder dass überhaupt Tiere gezüchtet werden, um im Schlachthaus zu enden. Weil wir so viel Fleisch essen, müssen Tiere leiden. Dafür gibt es viele Beispiele: Legehennen, [5] Schweine und Rinder, die unter schrecklichen Bedingungen gehalten werden. Ich wünsche mir eine Welt, in der alle Tiere ein Recht auf Leben und Unversehrtheit haben. Unser Tierschutzverein setzt sich für eine artgemäße Tierhaltung und gegen die industrielle Massentierhaltung in der Landwirtschaft ein. [10]

B

Wir Ernährungswissenschaftler haben herausgefunden, dass die vegane Ernährungsweise sehr gesund ist. Sie schützt vor einigen Krebserkrankungen, Übergewicht, Bluthochdruck und Diabetes. Das hängt auch damit zusammen, dass vegan lebende Menschen weniger ungesunde, gesättigte Fettsäuren [5] zu sich nehmen und mehr gesunde Lebensmittel wie Gemüse, Obst, Vollkornprodukte, Hülsenfrüchte, Nüsse und Samen essen. Mit dem Konsum von Fleisch und Wurst steigt dagegen das Risiko, an Krebs zu erkranken.

Fleischkonsum

So viele Tiere isst ein Mensch in Deutschland durchschnittlich im Laufe seines Lebens:

4	4	12	37	46
Rinder	Schafe	Gänse	Enten	Puten

46	945
Schweine	Hühner

Quelle: Heinrich-Böll-Stiftung/BUND/
Le Monde Diplomatique (Fleischatlas 2013), VEBU
© Globus 6174

C

Wer bei uns Bio-Fleisch kauft, fördert eine nachhaltige, artgerechte Tierhaltung. Es gibt viele gute Gründe, Bio-Fleisch zu kaufen: Die Tiere haben zu ihren Lebzeiten mehr Platz; sie bekommen besseres, oft in der Region angebautes Futter, weniger Medikamente; und sie müssen keine körperlichen Leiden aushalten. Bio-Fleisch macht damit den Fleischkonsum mit gutem Gewissen möglich.

D

In meinem Restaurant werden selten vegetarische Gerichte bestellt. Sehr beliebt dagegen sind Steaks vom Grill. Heute wird oft gesagt, wir essen zu viel Fleisch.
5 Zu viel isst man vor allem dann, wenn man sich einseitig ernährt. Wer hingegen auf eine ausgewogene Ernährung achtet und einigermaßen gesund lebt, wird nie zu viel von irgendetwas essen. Und wer nun mal gern Fleisch isst, wird
10 dadurch sicher nicht krank, wenn er beim Einkauf auf Qualität und Abwechslung Wert legt und bei der Zubereitung auf schonende Garung achtet. Und Fleisch schmeckt einfach gut! Persönlich mag ich gern Fleisch, ich esse außer
15 herzhaft gewürzten Frikadellen am liebsten Geschmortes wie Kalbs- oder Lammhaxe.

E

50 Gramm Wurst oder Fleisch am Tag, also eine große Scheibe Mortadella oder eine halbe Bratwurst, reichen für Jungen und Mädchen zwischen acht und 14 Jahren aus. Dann wird der Körper mit genügend Eiweiß und anderen Nähr-5 stoffen versorgt, empfiehlt das Forschungsinstitut für Kinderernährung in Dortmund. Denn im Fleisch steckt viel Eisen, und ohne das kann der Körper kein Blut bilden. Zwar enthält auch Getreide Eisen, aber dieses kann der Körper nur 10 dann nutzen, wenn er auch reichlich Vitamin C bekommt. Die Vegetarier unter euch, die sich noch im Wachstum befinden, sollten daher zu Vollkornbrot auch ein Stück Paprika essen und nicht unbedingt komplett auf Eier, Milch und 15 Käse verzichten. Sonst könnten wichtige Nährstoffe fehlen. Das ist mein Rat als Arzt.

F

Fleisch vom Rind ist tatsächlich schädlich fürs Klima. Denn Wiederkäuer wie Rinder stoßen 5 Methangas aus. Dieses Treibhausgas ist 21-mal schädlicher für das Klima als Kohlendioxid (CO_2). Es entsteht, wenn Rinder ihr Futter verdauen – sie „rülpsen" es konstant aus. Wer Kli-10 maschutz ernst nimmt, sollte deshalb auf Fleisch verzichten.

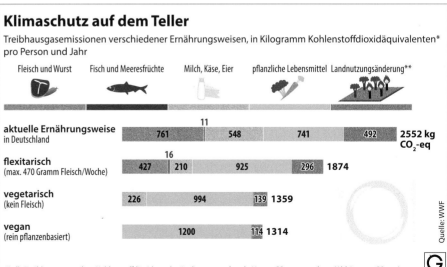

Klimaschutz auf dem Teller

Treibhausgasemissionen verschiedener Ernährungsweisen, in Kilogramm Kohlenstoffdioxidäquivalenten* pro Person und Jahr

	Fleisch und Wurst	Fisch und Meeresfrüchte	Milch, Käse, Eier	pflanzliche Lebensmittel	Landnutzungsänderung**	
aktuelle Ernährungsweise in Deutschland	761	11 548	741		492	2552 kg CO_2-eq
flexitarisch (max. 470 Gramm Fleisch/Woche)	427	16 210	925	296		1874
vegetarisch (kein Fleisch)	226	994	139			1359
vegan (rein pflanzenbasiert)		1200	114			1314

* alle Treibhausgase neben Kohlenstoffdioxid wurden in die entsprechende Menge CO_2 umgerechnet (Abkürzung: CO_2-eq)
** Emissionen durch die Umwandlung von natürlichen Lebensräumen in landwirtschaftliche Fläche

Quelle: WWF

© Globus 14601

Argumente herausarbeiten und ordnen

Wenn ihr euch auf eine Diskussion vorbereitet, könnt ihr vorher Materialien durcharbeiteten, verschiedene Standpunkte kennenlernen und Argumente herausarbeiten. Um den Überblick zu behalten, solltet ihr die Argumente ordnen.

1 Vergleicht die Standpunkte zum Thema „**Sollen wir auf Fleisch verzichten?**".
Notiert Argumente für oder gegen den Fleischverzehr in einer Tabelle.
Nutzt dazu den Methodenkasten.

METHODE ▸ **Argumente in einer Tabelle sammeln und ordnen**

Ihr könnt zusammen mit einem Partner oder einer Partnerin arbeiten.
Löst die Aufgabe zunächst allein, vergleicht dann eure Ergebnisse und ergänzt die Tabelle.

1. Notiert oben auf einem Blatt Papier das Diskussionsthema und legt darunter eine Tabelle mit zwei Spalten an (Argumente dafür und dagegen).
2. Tragt wichtige Argumente aus dem Material in die Tabelle ein.
3. Bearbeitet die Tabelle:
   - Welche Argumente gehören zusammen? Schreibt sie untereinander.
   - Welche Standpunkte stehen sich gegenüber? Kennzeichnet sie mit einem Doppelpfeil (↔).
4. Überlegt, an welchen Stellen ihr noch weitere Argumente ergänzen könnt. Nutzt dazu z.B. euer Portfolio zum Thema.

Sollen wir auf Fleisch verzichten?

Argumente dafür	Argumente dagegen
• Ja, denn Fleischkonsum fördert Massentierhaltung (Tierschützer/-in)	• Nicht ganz: Körper braucht Nährstoffe, die im Fleisch enthalten sind, z.B. … (…)
• Ja, …	• Nein, denn …
•	•
…	…

2 Welche Argumente stammen von wem? Schreibe den Vertreter/die Vertreterin in Klammern dahinter:
Biobauer/Biobäuerin   Tierschützer/-in   Koch/Köchin   Klimaaktivist/-in
Arzt/Ärztin   Ernährungswissenschaftler/-in

Eine Rollendiskussion führen und bewerten

In einer Diskussion werden verschiedene Standpunkte eingenommen und Meinungen ausgetauscht. Dies könnt ihr in einer Rollendiskussion üben: Ihr sucht euch eine Rolle aus und überlegt, welche Argumente ihr in dieser Rolle vorbringen könnt, um die anderen zu überzeugen.

METHODE **Eine Rollendiskussion führen**

1. Bildet für die Diskussion am besten Gruppen mit ungefähr 10 Personen.
2. Legt fest, wer aus der Gruppe eine Rolle in der Diskussion übernimmt, wer die Diskussion moderiert und wer die Rollendiskussion beobachtet.
   - Als **Moderator/-in** eröffnet und leitet ihr die Diskussion und schließt sie mit einer Zusammenfassung ab.
   - Als **Teilnehmer/-in** bereitet ihr euch auf eure Rolle vor und vertretet den Standpunkt in der Diskussion. Ihr könnt mit Rollenkarten arbeiten.
   - Als **Beobachter/-in** verfolgt ihr die Rollendiskussion und tragt eure Beobachtungen auf einen Beobachtungsbogen ein.
3. Abschließend wertet ihr die Diskussion gemeinsam aus.

Die Diskussion vorbereiten

Bereitet die Rollendiskussion zum Thema „**Sollen wir auf Fleisch verzichten?**" vor. Nutzt dafür eure Materialien und den Methodenkasten auf dieser Seite.

1 a) Bildet je nach Klassengröße 2 – 3 Gruppen mit jeweils etwa 10 Teilnehmenden.
b) Verteilt die Aufgaben in eurer Gruppe: Wer moderiert die Diskussion? Wer nimmt an der Diskussion teil? Wer beobachtet die Diskussion?

2 Bereitet euch auf eure Aufgabe oder Rolle vor. Dazu können sich diejenigen aus den verschiedenen Gruppen zusammentun, die die gleiche Aufgabe oder Rolle haben.

A Als Moderator/-in:
Überlege dir, wie du die Diskussion leiten willst. Mache dir Notizen, wie du
- **die Diskussion eröffnest:** Wir wollen heute über das Thema ... diskutieren ...
- **das Rederecht erteilst:** Zuerst bitte ich die Biobäuerin Daniela um ihr Statement ...
- **neue Diskussionsrunden einleitest:** Nun wollen wir jedem die Gelegenheit zu Nachfragen geben ...
- **die Diskussion abschließt:** Ich bedanke mich für die Redebeiträge und versuche die Diskussion zusammenzufassen: ...

B   Als Diskussionsteilnehmer/-in:

a) Denke über die Person nach, in deren Rolle du schlüpfst:

– Was könnte ihr durch den Kopf gehen?

– Welchen Standpunkt vertritt sie?

– Ergänze die Rollenkarten. Nutze deine Ergebnisse aus der Tabelle (S. 14).

Biobauer/Biobäuerin
Er/Sie züchtet Rinder und ist begeistert von seinem/ihrem Beruf ...

Arzt/Ärztin
Er/Sie sorgt sich um die Gesundheit von Mädchen und Jungen ...

Fleischliebhaber/-in
Er/Sie liebt Würstchen und Nudeln mit viel Hackfleischsoße ...

Tierschützer/-in
Er/Sie liebt Tiere und ist entsetzt, wie wir mit Tieren umgehen. Außerdem sorgt er/sie sich ums Klima ...

Veganer/-in
Er/Sie isst kein Fleisch mehr und ernährt sich vegan. Er/Sie ist gut informiert über Ernährung ...

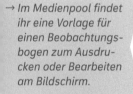

Ich möchte als <u>Arzt</u> etwas dazu sagen ...
wichtig ... gesunde Ernährung Körper braucht Eisen und Vitamine ... Jugendliche müssen Fleisch essen!!!

b) Notiere auf der Rückseite der Rollenkarte Stichpunkte für das Gespräch. Du kannst sie in der Diskussion als Gedächtnisstütze nutzen: Wie willst du dich bei deinem ersten Gesprächsbeitrag vorstellen?

– Formuliere deinen Standpunkt: Ich bin dafür/dagegen, ... Ich meine, dass ...

– Notiere auch Begründungen, Beispiele oder Belege.

– Überlege, wie du deinen Standpunkt am Ende noch einmal bekräftigen kannst.

C   Als Beobachter/-in der Diskussion

Erstellt gemeinsam einen Beobachtungsbogen:

– Überlegt, welche Gesprächsregeln eingehalten werden sollen: laut und verständlich sprechen, sachlich bleiben, andere nicht ...

– Überlegt auch, wann die Diskussionsteilnehmer ihre Rolle gut „gespielt" haben: Argumente, Beispiele und Belege verwendet, die zur Rolle passen ...

→ Im Medienpool findet ihr eine Vorlage für einen Beobachtungsbogen zum Ausdrucken oder Bearbeiten am Bildschirm.

Die Diskussion führen

3 Führt die Rollendiskussion durch.

a) In der **1. Diskussionsrunde** nennt und begründet jeder seinen Standpunkt, z. B.:

„Ich möchte als Arzt etwas dazu sagen …
Untersuchungen haben gezeigt …
Der Körper von Jugendlichen benötigt …
Als Arzt kann ich daher nur empfehlen, dass …"

Für die Verwendung im Klassenraum könnt ihr die Diskussion auch filmen und aufnehmen. Führt die Diskussion mehrmals durch.

b) In der **2. Runde** stellt jeder einem anderen eine Rückfrage:

– „Wieso ist Fleisch denn gesund?"
– „Ich habe dazu folgende Frage an …"
– „Kannst du dazu ein Beispiel nennen?"

c) In der **3. Runde** gebt ihr eine Rückmeldung zu einem vorherigen Gesprächsbeitrag:

– „Du behauptest, wir müssen Fleisch essen. Experten sind der Meinung, dass …"
– „Du kritisierst die Massentierhaltung. Das trifft aber nicht auf alle Tiere zu. Ich bin Biobäuerin …"
– „Du forderst, wir sollten auf Fleisch verzichten. Das finde ich nicht: …"

Die Diskussion auswerten

4 Die Beobachter, die den gleichen Diskussionsteilnehmer beobachtet haben, setzen sich in Gruppen zusammen.
– Vergleicht eure Beobachtungsbögen.
– Einigt euch auf eine gemeinsame Rückmeldung.
– Gebt sie anschließend dem Diskussionsteilnehmer und besprecht gemeinsam mit ihm, was gelungen war oder was noch verbessert werden könnte.

5 Wertet die Diskussion in einem gemeinsamen Gespräch aus.
– Berichtet, wie ihr euch als Teilnehmende an der Diskussion gefühlt habt.
– Was hat gut geklappt? Was war schwierig? Womit hattet ihr Probleme?
– Was müsst ihr besonders beachten, wenn ihr diskutiert?

▶ Ihr könnt abschließend eine erneute verdeckte Meinungsabfrage in eurer Klasse über das Thema „Sollen wir auf Fleisch verzichten?" machen.

a) Ein Schüler/Eine Schülerin fasst das Ergebnis dieser erneuten Umfrage zusammen.

b) Vergleicht das Ergebnis mit der ersten Abstimmung: Haben sich die Standpunkte durch die Rollendiskussion verändert?

wortstark!

Gut geklappt hat …
Ich habe mich wohl gefühlt, weil …
Es war schwierig für mich …
Ich hatte Probleme mit …
Beim Diskutieren muss ich besonders darauf achten, …

Sich mündlich vorstellen und bewerben

Mit fremden Personen zu sprechen, um ein Anliegen vorzubringen oder sich selbst vorzustellen, das ist manchmal gar nicht so einfach. Damit solche Gespräche am Telefon oder vor Ort gelingen, sollte man sich gut vorbereiten und versuchen, sich im Gespräch flexibel auf die Gesprächspartner einzustellen. Darum geht es in diesem Kapitel.

SPRECHEN UND ZUHÖREN

1 Hülya interessiert sich sehr für Tiere und möchte ein Praktikum in einer Tierarztpraxis machen. Sie hat deshalb in der Tierarztpraxis „Vier Pfoten" telefonisch angefragt.

– Lest die Sprechblasen: Woran erkennt ihr, wer jeweils spricht?
– Ordnet die Sprechblasen in der richtigen Reihenfolge.
– Lest das Gespräch mit verteilten Rollen. Dann werden die Sprecherwechsel und Gesprächspaare deutlicher.

② Ich möchte es in den Ferien machen, also zwei Wochen, wenn es geht ...

③ Ja, das wäre toll. Brauchen Sie noch etwas von mir?

④ Guten Tag, mein Name ist Hülya Yilmaz. Ich rufe an, weil ich mich sehr für den Beruf der Tierarzthelferin interessiere. Ich würde gern wissen, ob man bei Ihnen ein Praktikum machen kann.

① Tierarztpraxis Vier Pfoten, Simone Keller am Apparat. Was kann ich für Sie tun?

⑥ Zwei Wochen sind sinnvoll. Du kannst gern am Donnerstag um 17 Uhr vorbeikommen, dann lernen wir uns kennen. Passt das?

⑦ Ah, ok. Ich bin schon 14.

⑤ Bring doch bitte deinen Impfpass mit, du brauchst nämlich eine Tetanus-Impfung.

⑧ Ja, das ist möglich. Du musst allerdings mindestens 14 Jahre alt sein.

⑨ Wie lang soll das Praktikum denn dauern?

⑩ In Ordnung, das mache ich. Kann mich meine Mutter begleiten?

⑪ Gern. Dann sehen wir uns am Donnerstag.

⑫ Vielen Dank! Bis Donnerstag, 17 Uhr.

2 Telefonische Anfragen wie die von Hülya haben oft einen ähnlichen Verlauf.
Lest dazu den Wissen-und-Können-Kasten und ordnet die Sprechblasen von Hülyas
telefonischer Anfrage den Gesprächsphasen zu.
- Gesprächseröffnung: ①, ...
- Gespächsmitte: ...
- Gesprächsbeendigung: ...

WISSEN UND KÖNNEN ▸ **Gesprächsphasen erkennen und beachten**

Telefonische Anfragen haben oft einen ähnlichen Verlauf:
1. **Gesprächseröffnung**: Zu Beginn stellen sich die Gesprächspartner vor und
   begrüßen einander. Der Anrufer/die Anruferin nennt den Grund des Anrufs
   (worum es geht, das Anliegen).
2. **Gesprächsmitte**: Anschließend werden alle Einzelheiten besprochen, die
   zum Thema des Gesprächs gehören. Die Gesprächspartner äußern sich im
   Wechsel und gehen auf die Gesprächsbeiträge des Gegenübers ein. Der
   Anrufer/die Anruferin muss dabei sein/ihr Gesprächsziel im Auge behalten
   (z. B. bestimmte Informationen bekommen oder einen Termin absprechen).
3. **Gesprächsbeendigung**: Absprachen, die das weitere Vorgehen betreffen,
   werden noch einmal kurz benannt, der Anrufer/die Anruferin bedankt sich
   und die Gesprächspartner verabschieden sich.

---

3 Untersucht genauer, wie Hülya ihr Gesprächsziel erreicht: Warum ist sie erfolgreich?
- Welche Formulierungen nutzt sie zu Beginn, um sich vorzustellen und ihr Anliegen
  vorzubringen? Wie hätte sie auch anders formulieren können?
- Mit welchen Formulierungen geht sie im Gespräch auf ihre Gesprächspartnerin
  ein? Wie schafft sie es, alle wichtigen Informationen zu erhalten?
- Wie verabschiedet sie sich? Sammelt auch hier andere Ausdrucksmöglichkeiten.

4 Hört euch eine weitere telefonische Anfrage an und klärt die Fragen. Ihr könnt das
auch gut nach der Methode „Nachdenken – austauschen – vorstellen" (S. 289) tun.
- Wer führt das Gespräch und worum geht es?
- Wird das Gesprächsziel erreicht? Warum? Warum nicht?
- Welche Schwierigkeiten im Ablauf des Gesprächs fallen euch auf?
- Welche Verbesserungsvorschläge habt ihr?

*→ Medienpool:
Telefongespräch*

5 Tauscht euch in der Klasse aus:
- Welche Erfahrungen habt ihr mit ähnlichen telefonischen Anfragen gemacht?
  Habt ihr z. B. schon einmal telefonisch einen Termin vereinbart, wegen eines
  Praktikumsplatzes angefragt oder euch nach einem Nebenjob erkundigt?
- Welche anderen Kontaktmöglichkeiten habt ihr für eure Anfragen genutzt?

Telefonische Anfragen im Rollenspiel üben

Bei telefonischen Anfragen muss man sich auf neue, unbekannte Gesprächspartner einstellen. Es ist auch gar nicht so einfach, gleichzeitig zuzuhören, Notizen zu machen und zu überlegen, was man antworten bzw. fragen möchte. Das könnt ihr hier am Beispiel einer telefonischen Anfrage bei der Jugendfeuerwehr üben.

1 Bestimmt habt ihr schon einmal von der Jugendfeuerwehr gehört.
  – Was wisst ihr darüber? Was macht man dort?
  – Ihr könnt euch dazu auch im Internet informieren, z. B. in kurzen Videos.

2 Du hast Interesse, bei der Jugendfeuerwehr mitzumachen, bist dir aber noch nicht ganz sicher und möchtest dich telefonisch genauer erkundigen.
  a) **Bereitet** zu zweit Gesprächsnotizen für den Anruf bei der Jugendfeuerwehr **vor**. Nutzt dazu den angefangenen Notizzettel und den Methodenkasten.

> Mein Gesprächsziel: Informationen zu Mitgliedschaft in Jugendfeuerwehr
>
> Gesprächseröffnung: Guten Tag, mein Name ist ... Ich interessiere mich ...
>
> Das möchte ich wissen: Könnte angerufene Person interessieren:
>   – Wie fit muss man sein?   – meine Motivation
>   – Muss man etwas bezahlen?   – meine Erfahrungen
>   – ...   – ...

METHODE **Gesprächsnotizen vorbereiten**

Vor einem Telefongespräch solltest du dir zu folgenden Fragen Notizen machen:
  – Warum rufe ich an? Was ist mein Gesprächsziel?
  – Wie beginne ich das Gespräch? Welche Informationen braucht die angerufene Person über mich und mein Anliegen?
  – Welche Informationen benötige ich? Welche Fragen will ich stellen?
  – Welche Fragen könnten mir gestellt werden?
  – Welche Absprachen sollten am Ende des Gesprächs getroffen sein?
  – Was sage ich zum Schluss? Wie beende ich das Gespräch?

Es ist typisch für das Telefonieren, dass man sich dabei nicht sieht. Schafft für das Rollenspiel eine solche Situation.

  b) Schaut euch die Rollenkarte der angerufenen Person auf S. 21 an.
  c) Verteilt die Rollen und probt das Gespräch. Nutzt Notizzettel und Rollenkarte. Beachtet auch die Gesprächsphasen: Eröffnung, Mitte und Beendigung (S. 19).
  d) Tauscht die Rollen: Der Anrufer wird zum Angerufenen.

Rollenkarte der angerufenen Person

Herr Müller von der Jugendfeuerwehr, im Gespräch freundlich und interessiert ◄───

Vielleicht kann diese Rolle auch ein Erwachsener übernehmen ...

Liefert folgende Informationen:
– Teilnahme ab 12 Jahren
– jeder kann mitmachen, Fitness egal
– Einverständniserklärung der Eltern nötig
– Treffen einmal in der Woche
  (Donnerstagnachmittag, ca. 2 Stunden)
– einmal im Jahr: Zeltlager, Sommerfest,
  Spendenaktion
– Kleidung/Ausrüstung wird von
  der Feuerwehr zur Verfügung gestellt

Möchte von Anrufer/-in wissen:
– Gibt es Vorerfahrungen
  (z.B. Sportverein)?
– Warum möchtest du
  mitmachen? ◄───
– Gibt es irgendwelche
  ernsten Vorerkrankungen?

Das Gespräch wird interessanter, wenn der/die Angerufene auch unerwartete Fragen stellt.

3 **Führt** das Telefongespräch einer anderen Zweiergruppe **vor**.
In einem weiteren Durchgang tauscht ihr, nun spielt die andere Gruppe vor.
Gebt euch gegenseitig mit Hilfe der Beobachtungskarte ein Feedback.

4 **Wertet** das Rollenspiel in der Klasse **aus**.
Berichtet von euren Erfahrungen im Rollenspiel:
– Wie habt ihr euch in der jeweiligen Rolle gefühlt?
– Was glaubt ihr, welchen Eindruck der Angerufene von euch bekommen hat?
– Was würdet ihr als Anrufer/Anruferin beim nächsten Mal anders machen?
– Wie habt ihr euren Notizzettel genutzt? War er hilfreich? Sollte man etwas ändern?

Beobachtungskarte

Anrufer/Anruferin:
– Wirkung im Gespräch?
  (nervös, ruhig, höflich,
  unfreundlich ...)
– Notizzettel verwendet?
– Gesprächsziel erreicht?
– Tipps? Anmerkungen?

Angerufene Person:
– Wirkung im Gespräch?
  (freundlich, interessiert,
  abweisend ...)
– Fragen geantwortet?
– Sich über Anrufer/-in
  erkundigt?

5 Du hast das Angebot für einen Nebenjob gelesen (z.B. Zeitungen austragen,
Nachhilfe geben, einen Hund spazieren führen ...) und möchtest den Job gern haben.
Plant dazu zu zweit ein Telefongespräch und führt es als Rollenspiel vor.
Ihr könnt euch auch eine andere Gesprächssituation ausdenken.

Auf unerwartete Gesprächssituationen reagieren

**Wie reagiert ihr, wenn das Telefongespräch einen unerwarteten Verlauf nimmt?
Wenn es z. B. zu Missverständnissen kommt oder der Angerufene gerade keine
Zeit hat. Es ist gut, wenn man mit so etwas rechnet und darauf vorbereitet ist.**

1 Schau dir die Situation aus einem Telefongespräch an.
   a) Mit welchem unerwarteten Problem muss sich der Anrufer auseinandersetzen?
   b) Entscheide dich für eine Reaktion des Jungen auf die Aussage des Mannes
      und begründe deine Auswahl.
      a. Warum denn nicht?
      b. Könnte ich später noch einmal anrufen? Wann passt es Ihnen besser?
      c. Ach so, dann entschuldigen Sie bitte die Störung.

2 a) Lest die folgenden Sprechblasen und beschreibt, welche unerwarteten Probleme
      sich durch die Reaktion der Angerufenen ergeben.
   b) Findet zu zweit eine angemessene Reaktion und stellt sie den anderen vor.
      Ihr könnt eure Lösungen auch im Stegreifspiel ausprobieren und vorspielen.
      Sprecht darüber, wie die Reaktion des Anrufenden wirkt und ob er/sie das
      Gesprächsziel im Auge behält.

Es tut mir leid. Wir haben schon jemanden für den Job als Hundesitter gefunden.

Frau Meier ist leider im Moment nicht zu sprechen.

Wir brauchen eigentlich jemanden, der zweimal in der Woche einkaufen geht.

Worum geht es? Ich glaube, da bist du falsch verbunden.

Dafür bin ich nicht zuständig.

3 Denkt euch zu zweit weitere telefonische Anfragen aus: Einer/eine ruft an und trägt
sein Anliegen vor, die angerufene Person reagiert unerwartet ... Wie antwortet ihr?

Höflich und freundlich miteinander reden

SPRACHE UNTERSUCHEN

Wenn wir mit anderen sprechen, sollten wir höflich miteinander umgehen und uns für die Anliegen unseres Gesprächspartners interessieren.

K: Tach! Kevin Kuntz. Ich will wissen, ob man bei Ihnen ein Praktikum machen kann.

B: Das ist schön, dass du dich für uns interessierst. Wie bist du auf unsere Hundepension gekommen?

K: Guten Tag! Hier ist Kevin Kuntz. Ich würde gern wissen, ob man bei Ihnen ein Praktikum machen kann.

B: Guten Tag! Das ist ja schön, dass du dich für uns interessierst. Wie bist du denn eigentlich auf unsere Hundepension gekommen?

1 a) Sprich dir die beiden Anfänge eines Telefongesprächs nacheinander laut vor. Was fällt dir auf?

b) Vergleiche die beiden Anfänge des Telefongesprächs.
   – Wie wirken sie auf dich? Nutze die Adjektive vom wortstark!-Zettel.
   – Begründe deine Einschätzung.

c) Warum klingt der grün unterlegte Gesprächsanfang angemessen und höflich? Nutze für deine Begründung die Hinweise in „Wissen und Können".

wortstark!

aufdringlich
zurückhaltend
höflich
plump
direkt
entgegenkommend
freundlich
taktvoll
angemessen
unangemessen

> **WISSEN UND KÖNNEN** ▸ **Höflich und freundlich miteinander umgehen**
>
> Es gibt verschiedene Möglichkeiten, wie du deinen Gesprächspartner höflich fragen, um etwas bitten oder zu etwas auffordern kannst:
> – Verwendung des **Konjunktiv II**: Würden Sie mich bitte morgen zurückrufen?
> – Gebrauch der **Modalverben**: Können Sie mich morgen zurückrufen? Dürfte ich Ihnen ...
> – **Gesprächspartikel** wie mal, aber, auch, denn, eigentlich, einfach, gern, halt, ja, nur, schon, vielleicht, wohl usw. Ein Gespräch ohne Gesprächspartikel wirkt sehr direkt, unhöflich oder grob: Setz dich! Setz dich mal bitte.
> – **Höflichkeitsformeln**: Ich bitte um Entschuldigung! Ist schon in Ordnung! ...

→ Du kannst dir das auch im Medienpool anhören: „Kevin am Telefon"

2 a) Lies die Fortsetzung des Gesprächs: Wie könnte Kevin sich höflicher ausdrücken?

b) Sprich seine Beiträge neu auf und gestalte sie höflicher.

K: Hab ich im Internet gesehen. Was ist eine Hundepension?

B: Es geht um Pflege der Hunde. Du lernst kennen, was ein Tierpfleger alles machen muss. Vielleicht willst du diesen Beruf ja einmal ergreifen.

K: Das weiß ich nicht! Eine Frage: Was mache ich in der Hundepension?

B: Ich würde dir raten, einfach mal vorbeizukommen. Dann könnte ich dir vor Ort erklären, was deine Aufgaben sind.

K: Wann denn?

B: Es wäre günstig, wenn du vielleicht am Samstagnachmittag so gegen 15 Uhr zu uns kommen könntest. Dann würde ich dir selbst alles erklären.

K: Dann Tschüss und bis Samstag.

Sich in einem Vier-Augen-Gespräch vorstellen

Bei einem Telefongespräch hört ihr nur die Stimme der angerufenen Person. Was ändert sich an der Gesprächssituation, wenn der Gesprächspartner oder die Gesprächspartnerin euch gegenübersitzt?

1 Auf den Abbildungen seht ihr drei Jugendliche, die nach einer telefonischen Anfrage zu einem Gesprächstermin eingeladen wurden.
a) Welche Probleme erkennt ihr?
b) Welche Tipps würdet ihr den Jugendlichen geben?
c) Was muss man bei einem Vier-Augen-Gespräch zusätzlich beachten, was bei einem Telefongespräch keine Rolle spielt?

2 a) Welche der folgenden Tipps für ein Vorstellungsgespräch findet ihr besonders wichtig? Stellt eure Auswahl den anderen vor und begründet sie.
b) Welche weiteren Tipps wollt ihr ergänzen?

Tipps für ein Vorstellungsgespräch
- Sei pünktlich. Plane deshalb rechtzeitig, wie du den Gesprächsort erreichst.
- Ziehe Sachen an, in denen du dich wohlfühlst. Erkundige dich aber auch, welche Kleidung in der jeweiligen Situation angemessen ist.
- Tritt höflich auf und achte auf deine Körperhaltung.
- Rede deutlich und ruhig.
- Schau dein Gegenüber beim Reden an.
- Antworte wahrheitsgemäß.
- Mache dir während des Gesprächs Notizen zu wichtigen Informationen.
- Zeige dein Interesse, indem du selbst Fragen und Nachfragen stellst.
- Schalte dein Handy aus.

3 Almira möchte den Fußballverein wechseln und hat zunächst telefonisch bei einem Verein angefragt. Mit der Spartenleiterin hat sie einen Gesprächstermin vereinbart.

a) Lest das Gespräch mit verteilten Rollen oder hört es euch im Medienpool an.
b) Prüft, welche Tipps für ein Vorstellungsgespräch (nicht) beachtet wurden.
c) Wie schätzt ihr Almiras Ausdrucksweise ein? Was würdet ihr anders formulieren?

→ Medienpool:
Vier-Augen-Gespräch

Frau Köster: Hallo, Almira, schön, dass du es pünktlich geschafft hast. Der Weg hierher ist ja nicht ganz einfach.

Almira: Kein Thema, Frau Köster. Ich habe mich vorher im Internet schlau gemacht, wie ich am besten herkomme.

Frau Köster: Setzt dich doch bitte.

Almira: Vielen Dank.

5 **Frau Köster:** Am Telefon hast du erwähnt, dass du schon länger nach einem neuen Verein suchst. Erzähl doch mal, warum du von deinem alten Verein wegwillst.

Almira: Ja, gern. Also ich spiele Fußball, seit ich sechs bin. Mit elf Jahren bin ich in meinen jetzigen Verein gekommen. Zunächst war
10 auch alles super, das Trainerteam und die Mannschaft. Ich war in den drei Jahren nur einmal verletzt. Wir haben Pokale geholt und sind sogar ins Trainingslager ans Meer gefahren. *(Almiras Handy klingelt.)* Oh, einen Moment, bitte. Hallo Paula, was gibt's? *(Pause)* Ich kann jetzt gerade nicht sprechen. Ich rufe dich später zurück.

Frau Köster: Warum willst du denn nun von deinem alten Verein weg?

15 **Almira:** Na ja … um ehrlich zu sein: Es gab ziemlich heftigen Streit mit einer anderen Spielerin. Sie war eine Zeit lang verletzungsbedingt ausgefallen. In der Zeit habe ich ihre Position übernommen. Tja, und ich war besser als sie. Sie kam zurück und sollte auch mal auf der Reservebank sitzen. Da gab es dann richtig Stress, sie war total angepisst und neidisch. Richtig fair war ich aber auch nicht, ich hab' z.B. gesagt: „Wenn
20 die spielt, verlieren wir." Die Trainer haben das mit uns besprochen. Aber ich fühle mich nicht mehr wohl in dem Laden. Deshalb habe ich gesagt, dass ich aussteige.

Frau Köster: Hast du denn aus dem Streit etwas für dich gelernt?

Almira: Auf jeden Fall. Ich weiß, dass ich unfair war und dass das ganze Team zählt. Eine Frage hätte ich: Wie läuft denn hier das Mannschaftstraining?

25 **Frau Köster:** Zweimal die Woche, montags und donnerstags von 15-17 Uhr. An den Wochenenden kommen dann noch die Spiele dazu, aber das kennst du ja.

Almira: Stimmt? Und wie ticken die Trainer so?

Frau Köster: Am besten nimmst du einfach mal probeweise am Training teil, dann kannst du dir selbst einen Eindruck verschaffen - und die Trainer lernen dich kennen.
30 nen. Wie wäre es mit nächsten Montag?

Almira: Ja, das passt gut, da würde ich gern mittrainieren.

Frau Köster: Und wenn es dir gefällt, setzen wir uns noch mal zusammen, okay?

Almira: Da würde ich mich sehr freuen. Vielen Dank und bis dann.

Frau Köster: Tschüss, Almira. Guten Heimweg!

Mit Erklärvideos lernen

Wenn ihr eine Aufgabe bearbeiten wollt und Erklärungen und Informationen zur Lösung dieser Aufgabe benötigt, könnt ihr Erklärvideos oder Lernvideos nutzen. Das sind kurze Filme, in denen etwas mit Bild und Ton erklärt wird. Hier könnt ihr einmal üben, wie ihr ein Erklärvideo beim Lernen nutzen könnt.

SPRECHEN UND ZUHÖREN

1 Lest die Aufgaben, die Sven und Anja im Homeschooling bearbeiten sollen.
– Was sollen Sven und Anja genau machen?
– Warum sind die Aufgaben für die beiden so schwierig?
– Welche Hilfen könnten die beiden nutzen?
– Habt ihr Lösungsvorschläge?

> Wie kann ich das Wort „Wiedersehensfreude" erklären?

> Keine Ahnung, warum die Wörter typisch für die deutsche Sprache sind

---

1. Lest die Nachricht, die Anna ihrer Schwester geschrieben hat:

Gestern habe ich zufällig Dana in die Stadt getroffen. Wir hatten uns ewig nicht gesehen. Da war die <u>Wiedersehensfreude</u> riesig ☺. In der Schule gab es aber Stress. Frau Müller schimpfte mit mir: „<u>Eselsohren</u> sind im Deutschbuch nicht erlaubt!"

2. Nehmt die Rolle von Sprachforschern ein und untersucht die Wörter, die in Annas Text unterstrichen sind.
   a) Was bedeutet das Wort Wiedersehensfreude?
   b) Erklärt auch: Lebensfreude, Spielfreude, Arbeitsfreude.
   c) Warum sind diese Wörter typisch für die deutsche Sprache?
   d) Was ist am Wort Eselsohr merkwürdig?

---

2 In welchem der folgenden Erklärvideos könntet ihr Erklärungen finden, die Sven und Anja weiterhelfen?
– Begründet, warum ihr euch für dieses Video entschieden habt.
– Arbeitet dann auf der nächsten Seite mit diesem Video weiter.

Thema und „Machart" eines Erklärvideos erkennen

Erklärvideos versuchen, komplizierte Themen einfach zu erklären und das Wesentliche herauszustellen. Wenn ihr Erklärvideos anschaut, müsst ihr euch zunächst klarmachen, worum es geht, und erkennen, wie das Video gemacht ist.

1 Schaut euch das Erklärvideo zunächst einmal ganz an. Um welches Thema geht es? Formuliert einen Titel für das Video.

→ Medienpool: Wörter, die es so nur im Deutschen gibt (Teil 2)

2 Bearbeitet das Erklärvideo in Vierergruppen. Nutzt dazu den Methodenkasten. Schaut euch vor Bearbeitung der Aufgaben a – d das Erklärvideo noch einmal an.

   a. Welche Fragen werden im Video behandelt?

   b. Wie findet ihr die Sprache der Expertin Lisa Ruhfus? Hört ihr gern zu oder ist das Zuhören anstrengend? Nennt Beispiele.

   c. Welche Bilder, Fotos oder Zeichnungen enthält das Erklärvideo? Sind diese hilfreich? Nennt Beispiele.

   d. Was ist schwer zu verstehen? Welche Fragen habt ihr?

> Im Video geht es zunächst um …

> Ich finde die Erklärung schwer zu verstehen, weil …

> Ich habe ein paar Fragen …

> Sie erklärt diese Wörter, weil … Diese Wörter sind interessant, denn …

3 Schau dir das Erklärvideo noch einmal an. Mache dir zu den folgenden Fragen Notizen: Welche Wörter erklärt die Expertin? Warum hat sie diese Wörter ausgewählt?

METHODE ▸ **Ein Erklärvideo in Vierergruppen bearbeiten**

Alle schauen sich das Video an. Jeder hat dabei eine spezielle Rolle.
- Schüler/-in 1 achtet darauf, um welche Themen es geht und nennt sie.
- Schüler/-in 2 bewertet die Sprache des Sprechers/der Sprecherin (gut oder schwer zu verstehen) und nennt Beispiele.
- Schüler/-in 3 achtet auf Bilder, Fotos und Zeichnungen und nennt Beispiele.
- Schüler/-in 4 konzentriert sich auf schwierige Stellen und fragt nach, wie die anderen diese verstanden haben.

Tauscht euch nach dem Sehen mit den anderen Gruppen über eure Ergebnisse aus.

Zusammengesetzte Wörter in Erklärvideos verstehen

Im Unterricht müsst ihr Fachwörter verwenden. Erklärvideos sollen euch helfen, Fachwörter zu verstehen. Untersucht nun, wie Fachwörter im Video erklärt werden.

→ Medienpool:
Wörter, die es so nur
im Deutschen gibt
(Teil 2)

1 Im Erklärvideo werden die Fachwörter Kompositum, Wortzusammensetzung und Teekesselwort verwendet.

a) Suche die Stellen im Video, an denen die Expertin diese Fachwörter erklärt.

b) Erkläre die Bedeutung der Wörter zunächst einmal mündlich mit eigenen Worten.

c) Schreibe nun Erklärungen, wie sie im Wörterbuch stehen könnten.

> Ein anderes Wort für „Kompositum" ist ...

> Eine Wortzusammensetzung ist ...

> Ein Beispiel für ein Teekesselwort ist ...

2 Denkt über Sprache nach. Sprecht darüber:

a) Was ist in der deutschen Sprache anders als in anderen Sprachen? Was erfahrt ihr darüber im Video? Nennt Beispiele.

b) Mit welchem Fachbegriff lässt sich das Wort Eselsohr erklären? Begründet.

wortstark!

Beim Radwandern ...
Wanderschuhe sind
Schuhe, die ...
Wenn Wandertag
ist, dann ...

3 Denkt über Wortzusammensetzungen und Teekesselwörter nach.

a) Erklärt die Wörter Radwandern, Wanderschuhe, Radwanderweg, Wandertag. Nutzt die Hinweise auf dem wortstark!-Zettel.

b) Sucht weitere Wörter mit dem Baustein W/wandern und erklärt sie.

4 a) Welche dieser Wörter sind Teekesselwörter? Begründe deine Entscheidung.

Bienenstich   Abendbrot   Bruderherz   Fingerhut   Luftschloss
Anhänger   Katzenauge   Kuddelmuddel   Absatz   Waschlappen

b) Formuliere Sprechertexte der Teekesselwörter für das Erklärvideo. Sprecht darüber, an welcher Stelle des Videos ihr sie einfügen könnt.

Ein weiteres Tee-
kesselwort ist ...
Das Wort hat zwei
Bedeutungen:
Zum einen ...
Zum anderen ...

5 Vergleicht Sprachen miteinander. Heftet eure Ergebnisse an eine Infowand und ordnet sie.

a) Welche englischen Wörter gibt es für das Wort Ohrwurm?

b) Ergänzt Wörter für Ohrwurm aus den Sprachen, die in eurer Klasse gesprochen werden.

c) Sucht Teekesselwörter aus den Sprachen, die in eurer Klasse gesprochen werden. Vergleicht sie mit den deutschen Entsprechungen.

6 Erkläre den Unterschied zwischen dem deutschen Wort Ohrwurm und den entsprechenden englischen Wörtern.

Wortbildungen in anderen Sprachen untersuchen

SPRACHE UNTERSUCHEN

Erklärvideos enthalten verschiedene Informationen: Du musst gezielt die Informationen heraushören, die für dich wichtig sind.

1 Bearbeite die Aufgaben 2 – 5 nacheinander. Gehe so vor:
- Lies zunächst die Aufgabenstellung und mache dir klar, was von dir verlangt wird.
- Schau dir dann das Video noch einmal an. Achte besonders auf den Ausschnitt, in dem Informationen zur Aufgabenstellung gegeben werden. Du kannst dir den Ausschnitt auch mehrmals anschauen.

→ *Medienpool: Wörter, die es so nur im Deutschen gibt (Teil 2)*

2 Untersuche, welche Erklärungen du im Video zum Wort Vorfreude erhältst.
a) Wie wird die Bedeutung dieses Wortes erklärt? Ergänze die Worterklärung.

   Vorfreude ist … Zur Vorfreude gehört auch Neugierde, …

   Die Vorfreude kann man sogar messen: …

   Es gibt ein Sprichwort: Vorfreude …

b) Wie wird das Wort Vorfreude als Zusammensetzung erklärt. Ergänze die Erklärung:

   „Vorfreude" ist ein … Wort. Es besteht aus …

3 Das Wort Vorschadenfreude steht nicht im Wörterbuch.
Wie wird es im Video erklärt?

Ohrwurm

4 Erkläre die beiden Bedeutungen von Ohrwurm.
- Bedeutung 1: Ein Ohrwurm ist ein Insekt, das …
- Bedeutung 2: Mit „Ohrwurm" meint man auch …

5 Formuliert mit Hilfe des Videos Erklärungen für Wiedersehensfreude und Eselsohr. Diese Wörter werden im Video nicht direkt erklärt. Ihr könnt aber die Hinweise nutzen, die dort zur Bildung und Bedeutungserklärung von Wörtern gegeben werden.

6 Vergleicht Wörter aus anderen Sprachen mit dem Deutschen: Im Dänischen heißt Eselsohr æseløre, im Englischen dog-ears.
a) Sprecht darüber: Was ist gleich? Was ist anders?
b) Welche Bezeichnungen für Eselsohr gibt es in den Sprachen in eurer Klasse?

Sprachen	Zusammensetzung wörtlich übersetzt	Zusammensetzung mit anderer Bedeutung	anders gebildet (keine Wortbildung)
Deutsch	Eselsohr		
Dänisch	æseløre		
Englisch		dog-ears	
Italienisch			
…			

Ein Erklärvideo selbstständig nutzen

Erklärvideos nutzt du, wenn du ein Thema selbstständig bearbeitest.
Das kannst du hier an einem weiteren Video üben.

→ *Medienpool:*
Wörter, die es so nur
im Deutschen gibt
(Teil 1)

1 Schau dir das Erklärvideo zunächst
einmal ganz an und lerne es kennen:
Um welches Thema geht es?
Formuliere einen Titel für das Video.

2 Bearbeitet das Erklärvideo in
Vierergruppen. Nutzt die Hinweise im
Methodenkasten auf Seite 27.

3 Arbeite mit dem Erklärvideo weiter.
 a) Notiere, welche Wörter erklärt werden.
 b) Erläutere, was an diesen Wörtern besonders ist.
 c) Was bedeuten diese Wörter? Erkläre mit eigenen Worten.
 d) Schreibe Bedeutungserklärungen wie im Wörterbuch.
    Achte auf die Hinweise zur Wortzusammensetzung und zur Wortbedeutung.
    Nutze den wortstark!-Zettel auf Seite 28.
 e) Was ist an den Wörtern typisch Deutsch?

> Im Deutschen kann man
> zwei Wörter einfach zusam-
> mensetzen, zum Beispiel ...

> Es gibt auch Begriffe,
> die aus drei Wörtern
> bestehen ...

> Es gibt Wörter, die
> es nur im Deutschen
> gibt, zum Beispiel ...

**Mit eigenen Worten
erklären:**

Mit ... meint man ...
Ein Beispiel dafür
ist ...
Es gibt ein ähnli-
ches Wort ...
Ich nenne euch
einmal einen Satz,
in dem das Wort
vorkommt ...
Wenn ..., dann ...

4 Die folgenden Wörter gibt es nur im Deutschen:
 Heimweh   Abendbrot   Schnapsidee   Eselsbrücke   Fingerspitzengefühl
 Kummerspeck   Drahtesel   Wasserratte   Angsthase   Luftschlange   Kopfkino
 Suche dir drei Wörter aus und untersuche sie als Sprachforscher:
 a) Erkläre die Wörter zunächst mündlich mit eigenen Worten.
    Schreibe dann deine Erklärungen auf und vergleiche sie mit anderen.
 b) Formuliere zu den Wörtern Sprechertexte für das Erklärvideo.
    An welcher Stelle könnte man die Sprechertexte im Video einsetzen?

▶ Erstellt eine Info-Wand. Recherchiert im Internet und sucht
Beispiele aus den Sprachen, die in eurer Klasse gesprochen werden:
 – Wie werden die Wörter, die es nur im Deutschen gibt, übersetzt?
 – Sucht Wörter, die es nur in anderen Sprachen gibt.
   Wie werden sie ins Deutsche übersetzt?

> Ein weiteres Wort, das
> es nur ... ist das Wort ...
> Mit ... bezeichnet man ...

Ein Erklärvideo bewerten

1 Lies die Bewertungen der Userinnen und User. Sprecht darüber:

a) Wie finden sie das Video? Unterstreiche bewertende Adjektive oder Wörter (Folientechnik). Wie begründen die User ihre Meinung?

b) Wer widerspricht der Expertin? Markiere Beispiele und Begründungen (Folientechnik).

Laura Sehr schönes Video! Ich finde, „Ohrwurm" ist ein witziges Wort :) bei uns gibt es das Wort nicht.

Marius Lisa, willst du nicht unsere Lehrerin werden? Das wäre cool, da würde ich im Unterricht sogar aufpassen!

Fritzi Stopp! Stimmt das überhaupt???? Im Niederländischen haben wir aber auch ein Wort für alles, was sie gerade gesagt hat: „Vorfreude – voorpret" und „Schadenfreude – leedvermaak".

Johanna Auch wenn mir der Ohrwurm zuerst gefällt – nach einiger Zeit kann es sehr nerven.

Radislav Interessantes Video!!! Es stimmt: Im Polnischen haben wir keine Wörter für „Vorfreude", „Schadenfreude" und „Ohrwurm"! „Ohrwurm" gefällt mir besonders!

Zita „Schadenfreude" gibt es auch in Ungarischen :) und wir bilden es ähnlich: káröröm (kár = Schaden, öröm = Freude). „Vorfreude" gibt es aber im Ungarischen nicht. Auch ein Wort für „Ohrwurm" haben wir nicht, wir sagen „fülbemászó dal" = ins Ohr kriechendes Lied.

Charlie Hab gern zugehört!!! Im Englischen benutzt man manchmal sogar das deutsche Wort „Schadenfreude". Ich würde aber eher „gloating" (Kurzform für „gloating joy") sagen.

2 Schreibe einen eigenen Beitrag zum Erklärvideo.

– Schreibe auf, was du gelungen findest. Begründe deine Meinung.

– Gib auch an, was schwierig für dich war. Begründe.

– Vergleicht eure Kommentare.

3 Formuliere für das Erklärvideo Verbesserungsvorschläge.

– Welche (witzigen) Wörter könnte man noch ergänzen?

– Wie könnte man die Erklärungen noch verständlicher machen?

– Welche Bilder, Fotos und Zeichnungen könnte man ergänzen?

4 Schreibe der Expertin eine Mail, in der du erklärst, wie du das Erklärvideo genutzt hast, was dir am Video gefallen hat und was du dir noch wünschst.

Hallo Lisa, dein Erklärvideo zu Wörtern, die es nur im Deutschen gibt, finde ich ...

Am besten gefällt mir ...

Wir haben das Video genutzt, um ...

Mein Lieblingswort in deinem Video ist übrigens ...

Eine Idee zur Verbesserung hätten wir aber noch ...

Liebe Grüße ...

Gemeinsam vortragen und präsentieren

Im Unterricht haltet ihr kürzere oder auch etwas längere Vorträge, z.B. um Arbeitsergebnisse vorzustellen. Dann bringt ihr eurem Publikum ein Thema mündlich näher und unterstützt euren Vortrag mit zusätzlichen Materialien, die ihr präsentiert. Das könnt ihr in diesem Kapitel üben, wenn ihr eine Autorin oder einen Autor und ihre Bücher vorstellt.

SPRECHEN UND ZUHÖREN

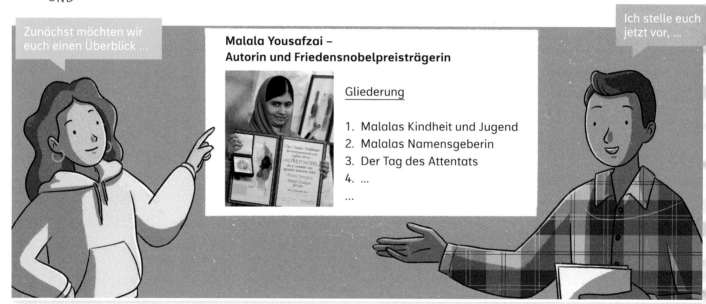

Zunächst möchten wir euch einen Überblick ...

Ich stelle euch jetzt vor, ...

Malala Yousafzai – Autorin und Friedensnobelpreisträgerin

Gliederung

1. Malalas Kindheit und Jugend
2. Malalas Namensgeberin
3. Der Tag des Attentats
4. ...
...

Es gibt viel Interessantes über das Leben der Autorin zu berichten ...

Ihr Leben in Pakistan

Malala Yousafzai

Das Attentat

Ihr Leben in GB

Swat-Tal, Pakistan

Birmingham, England

Ich möchte euch jetzt eine Abschnitt aus Malalas Buch vorlesen, in dem sie

1 Die Klasse 8c hat sich im Unterricht mit interessanten **Autorinnen und Autoren und ihren Büchern** beschäftigt und Präsentationen ausgearbeitet.
Schaut euch dazu die Abbildungen auf S. 32 an und lest die Sprechblasen:
a) Um welches gemeinsame Thema geht es in den abgebildeten Präsentationen?
b) Welche Präsentationsformen haben die Gruppen genutzt? Was erkennt ihr wieder?
c) Was mussten die Gruppen tun, um ihre Präsentation vorzubereiten und zu halten? Was ist für alle Präsentationsformen gleich oder ähnlich, wo seht ihr Unterschiede?

2 Bildet Zweier- bis Vierergruppen. Ihr sollt in den Gruppen eine Präsentation zu einer Autorin/einem Autor eines erzählenden oder informierenden Buchs vorbereiten und durchführen. Orientiert euch dabei am untenstehenden Methodenkasten.
Entscheidet euch für **A** oder B:

A Ihr erarbeitet eine Präsentation über die Autorin und Friedensnobelpreisträgerin Malala Yousafzai. Dazu könnt ihr die Materialien, Merkkästen und Arbeitsaufträge nutzen, die auf den folgenden Seiten angeboten werden.

B Ihr erarbeitet eine Präsentation zu einem selbstgewählten Autor/einer selbstgewählten Autorin. Dann müsst ihr eigene Materialien recherchieren, auswerten und für eure Zuhörerinnen und Zuhörer aufbereiten. Dabei könnt ihr die Merkkästen auf den folgenden Seiten nutzen.

> **METHODE** **Eine Gruppenpräsentation vorbereiten und durchführen**
>
> – Legt Thema und Ziel eurer Präsentation fest: Wollt ihr eure Zuhörerinnen und Zuhörer vor allem informieren, sie zum Lesen oder Mitmachen motivieren ...?
> – Entscheidet euch für eine geeignete Präsentationsform, mit der ihr euren Vortrag unterstützen wollt: ein Informationsplakat, eine digitale Folienpräsentation, Blätter an einer Wäscheleine ...
> – Verteilt die Aufgaben untereinander.
> – Recherchiert, wenn nötig, Informationen zu eurem Thema.
> – Wählt gezielt Informationen aus und bereitet sie für die Präsentation auf.
> – Erstellt die Materialien, die ihr zeigen wollt, und Redekarten für den Vortrag.
> – Übt eure Präsentation im Rahmen eines Probelaufs.
> – Führt eure Präsentation gemeinsam durch.
> – Lasst euch anschließend von eurem Publikum ein Feedback geben.

Recherchierte Materialien nutzen

Aus den recherchierten Materialien gewinnt ihr die Informationen, die für eure Zuhörerinnen und Zuhörer interessant sind, und bereitet sie so auf, dass ihr den Vortrag halten könnt und alle euch gut folgen können.

1 Lest die folgende Kurzinformation über Malala Yousafzai von der Internetseite des Verlags, in dem ihr Buch „Ich bin Malala" erschienen ist.
– Was findet ihr an Malala besonders interessant? Worüber wollt ihr mehr erfahren?
– Entwickelt gemeinsam **Leitfragen**, um gezielt nach weiteren Informationen zu recherchieren. Nutzt dazu die Methode „Placemat".
– Schreibt eure Leitfragen auf Notizzettel und teilt die Zettel unter euch auf.

Placemat
→ Wissen und Können,
S. 289

> Mich würde interessieren, wie Malala vor dem Attentat in Pakistan gelebt hat?

> Wie alt war sie, als es passiert ist?

> ...?

> Was hat sich seit 2014 getan? Wo und wie lebt sie heute?

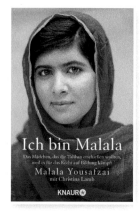

Ich bin Malala
Das Mädchen, das die Taliban erschießen wollten, weil es für das Recht auf Bildung kämpft

Am 9. Oktober 2012 wird die junge Pakistanerin Malala Yousafzai auf ihrem Schulweg überfallen und niedergeschossen. Sie hatte sich den Taliban widersetzt, die Mädchen verbieten, zur Schule zu gehen. Wie durch ein Wunder kommt Malala mit dem Leben davon. Als im Herbst 2013 ihr Buch „Ich bin Malala" erscheint, ist die Resonanz enorm: Weltweit wird über ihr Schicksal berichtet. Im Juli 2013 hält sie eine beeindruckende Rede vor den Vereinten Nationen. Barack Obama empfängt sie im Weißen Haus, und im Dezember erhält sie den Sacharow-Preis für geistige Freiheit, verliehen vom Europäischen Parlament. Malala Yousafzai lebt heute mit ihrer Familie in England, wo sie wieder zur Schule geht. Malala Yousafzai wird mit dem Friedensnobelpreis 2014 ausgezeichnet.

(Quelle: https://www.droemer-knaur.de/buch/malala-yousafzai-christina-lamb-ich-bin-malala-9783426786895, 10.01.2022)

Wie geht es ihr in der Schule in GB?
- *ein neues Zuhause in Birmingham*
- *ging dort seit März 2013 wieder zur Schule*
- *muss schwierig sein, in einem fremden Land mit einer fremden Sprache zur Schule zu gehen*

2 Bei der Recherche ist Julias Arbeitsgruppe auf den Text „Weltveränderer: Malala Yousafzai" (S. 35) gestoßen. Die Gruppe hat ihn ausgewählt, weil er Informationen zu ihren Leitfragen enthält. Julia hat zu ihrer Leitfrage Stichworte notiert.
Markiere mit verschiedenen Farben im Text (Folientechnik):
– Informationen, die sie wörtlich aus dem Text übernommen hat,
– Informationen, die sie in eigenen Worten wiedergegeben hat,
– Einschätzungen, die sie „zwischen den Zeilen" aus dem Text herausgelesen hat.

WELTVERÄNDERER
Malala Yousafzai
von Wiebke Plasse

Im Alter von elf Jahren begann Malala Yousafzai sich für die Rechte von Frauen und Kindern einzusetzen. In ihrer Heimat Pakistan wurde sie daraufhin angeschossen. Wie es Malala heute geht und was sie macht, lest ihr hier

Steckbrief: Malala Yousafzai
Lebensdaten: geb. am 12. Juli 1997
Nationalität: pakistanisch
Zitat: „Ich erhebe meine Stimme – nicht um zu schreien, sondern um für die zu sprechen, die keine Stimme haben."

Malala Yousafzai machte bereits im Alter von elf Jahren auf sich aufmerksam. Für die Webseite des britischen TV-Senders BBC führte sie ein Blog-Tagebuch, in dem sie über die Gewalttaten der Taliban (eine terroristische Gruppe) berichtete.

Wie Malala Yousafzai lebt

Malala Yousafzai wurde am 12. Juli 1997 in Mingora (Pakistan) geboren. Bis sie elf Jahre alt war, verbrachte sie ein – für pakistanische Verhältnisse – normales Leben. Doch 2007 übernahmen Taliban die Herrschaft über Malalas Heimat. Diese Gruppe radikaler Islamisten steht oft im Zusammenhang mit Terrorismus (...) Die Taliban wollen einen Gottesstaat errichten. Sie wollen z. B. erreichen, dass Frauen in der Öffentlichkeit Burkas (Ganzkörperschleier) tragen müssen, nicht arbeiten und ab einem Alter von acht Jahren nicht mehr zur Schule gehen dürfen. In Malalas Heimatregion durften Mädchen außerdem keine Musik mehr hören. Diese, für die westliche Welt, unverständliche Unterdrückung von Frauen machte die Webseite des TV-Senders BBC zum Thema. Malalas Vater, Ziauddin Yousafzai, schlug seine Tochter als

Autorin für den Blog „Gul Makai" (Kornblume) vor.

Wie Malala Yousafzai die Welt verändert

In kurzen Notizen beschrieb Malala fortan zehn Wochen lang, wie die Taliban die Menschen unterdrückten. Sie erzählte von Selbstmordattentaten, Angst und Trauer und insbesondere von Mädchen, die nicht mehr zur Schule gehen durften. Innerhalb kürzester Zeit wurde sie weltweit berühmt: Sie trat in Fernsehshows auf und gab Interviews zu den Themen Bildung und Frauen. Als eine der wenigen traute sie sich in die Öffentlichkeit. Ende Dezember erhielt sie für ihr Engagement den pakistanischen Friedenspreis.

Doch den Taliban war sie ein Dorn im Auge. Sie wollten das Mädchen ruhigstellen. Deshalb stürmten sie im Oktober 2012 einen Bus, in dem Malala saß und schossen auf sie. Malala wurde schwer verletzt und musste zuletzt in einer Fachklinik in Großbritannien behandelt werden. Aber das furchtbare Attentat ging für die Taliban trotzdem nach hinten los: Denn es verhalf der jungen Freiheitskämpferin zu noch mehr Berühmtheit. Malala gilt seither für Frauen weltweit als Symbolfigur für Freiheit und Bildung. Mittlerweile ist sie auch wieder auf den Beinen. Malala entschied sich für das britische Birmingham als neue Heimat und geht dort seit März 2013 wieder zur Schule. Erst kürzlich wurde sie für den Friedensnobelpreis nominiert. Den internationalen Kinder-Friedenspreis hat sie schon gewonnen. Und die Vereinten Nationen erteilten ihr am 12. Juli 2013, ihrem 16. Geburtstag, die Ehre, eine Rede zu halten. Im Jahr 2014 bekam Malala sogar den Friedensnobelpreis. Im Jahr 2017 wurde Malala Yousefzai zur UN-Friedensbotschafterin ernannt. Mit nur 19 Jahren ist die jüngste Friedensnobelpreisträgerin der Welt nun auch die jüngste UN-Friedensbotschafterin weltweit. Am 10. April 2017 verlieh ihr der UN-Generalsekretär António Guterres bei den Vereinten Nationen den Titel.

(Quelle: https://www.geo.de/geolino/mensch/2517-rtkl-weltveraenderer-malala-yousafzai, 10.01.2022)

→ Medienpool:
Recherchierte Texte
zu Malala

3 a) Erstellt **Notizzettel** zu euren Leitfragen und sucht im Text auf S. 35 nach Antworten.

b) Stellt eure Notizen in der Gruppe vor: Habt ihr genügend Informationen zu euren Fragen bekommen? Oder müsst ihr in weiteren Texten Informationen sammeln?

c) Nutzt die Texte im Medienpool, um die Notizzettel zu euren Leitfragen zu ergänzen. Wenn ihr weitere Informationen braucht, könnt ihr im Internet recherchieren.

4 Wertet eure Notizen erneut aus:

a) Seid ihr bei der Ausarbeitung auf weitere Aspekte gestoßen, über die ihr informieren wollt? Dann legt auch dazu Notizzettel an.

b) Gibt es Notizzettel, die inhaltlich eng zusammengehören? Dann legt sie zusammen.

Anregungen für eine
Gliederung findet ihr
auf S. 32.

c) Ordnet die Notizzettel in der Reihenfolge, in der ihr über Malala informieren wollt, und erstellt eine **Gliederung** für euren Vortrag. Teilt die Gliederungspunkte untereinander auf.

Nun erzähle ich, wie es Malala in der Schule in England ergangen ist. → Folie einblenden
- die anderen Mädchen haben mehr gelesen
- viele Hausaufgaben
- musste alles nachholen, wenn sie auf Reisen war
- ...
→ noch Fragen zu diesem Punkt?
→ Nun macht Almir weiter. Er berichtet ...

5 a) Julia hat aus dem Notizzettel zu ihrem Gliederungspunkt eine **Redekarte** zur Unterstützung des mündlichen Vortrags erstellt.
- Beschreibt, wie sie die Redekarte angelegt hat.
- Was findet ihr hilfreich für den Vortrag? Was würdet ihr ändern oder ergänzen?

b) Legt Redekarten zu den Gliederungspunkten an, für die ihr zuständig seid. Nutzt dazu auch die Formulierungsvorschläge von Seite 37.

WISSEN UND KÖNNEN   **Den mündlichen Vortrag vorbereiten**

1. Überlegt euch Leitfragen zu eurem Thema, die ihr in eurer Präsentation beantworten wollt. Legt Notizzettel zu den einzelnen Leitfragen an.
2. Recherchiert passende Materialien und wertet sie mit Blick auf eure Leitfragen aus. Wenn ihr auf weitere interessante Aspekte stoßt, die ihr in die Präsentation aufnehmen wollt, dann legt dazu ebenfalls Notizzettel an.
3. Geht eure Notizen abschließend noch einmal durch:
   - Fasst Notizzettel zusammen, die eng zusammengehören.
   - Prüft, ob die gesammelten Informationen ausreichend und für eure Zuhörerinnen und Zuhörer interessant und verständlich sind.
4. Ordnet die Notizzettel und erstellt eine Gliederung für euren Vortrag.
5. Verteilt die Gliederungspunkte untereinander und erstellt Redekarten, die euch beim Vortragen unterstützen (wie Spickzettel).

Formulierungshilfen für einen Vortrag

wortstark!

In einem Vortrag wollt ihr die Zuhörenden neugierig machen und ihr Interesse wecken. Daher müsst ihr deutlich machen, was an dem Thema interessant ist und warum es wichtig ist, sich damit zu beschäftigen. Der „rote Faden" muss erkennbar sein, damit man euch gut folgen kann. Es ist auch wichtig, dass ihr anschaulich vortragt, sodass man sich alles gut vorstellen kann. Diese Formulierungshilfen können euch dabei helfen.

Den Vortrag beginnen und die Zuhörer neugierig machen

In unserer Präsentation geht es um …
Vielleicht habt ihr etwas von …. gehört? Er/Sie …
Wir haben euch ein Foto von … mitgebracht. Es zeigt …
… hat wirklich ein besonderes Schicksal: …/viel erlebt: …/ etwas Besonderes geleistet: …
Es gibt viel Interessantes über … zu erzählen, denn …

Einen Überblick geben und den „roten Faden" kenntlich machen

Zunächst möchten wir euch einen Überblick über … geben.
Auf der Folie seht ihr die Gliederung unseres Vortrags: …
Zuerst geben wir einen Überblick über …
Anschließend möchten wir … etwas genauer vorstellen: …
Dann kommen wir auf … zu sprechen.

Material zum Vortrag angeben

Wir haben folgende Materialien genutzt …
Unsere wichtigste Quelle war…
Recherchiert haben wir über … in …
Auf der Folie könnt ihr sehen …
Auf der Karte erkennt man …

Zentrale Punkte herausstellen

Bekannt geworden ist er/sie dadurch, dass …/durch …
Besonders wichtig finden wir Folgendes: …
Auf diesen Punkt wollen wir noch etwas genauer eingehen …
Bemerkenswert finden wir, …
Uns fällt besonders auf …
Ein wichtiger Punkt ist zudem …
Wir möchten euch auch noch auf … aufmerksam machen

Anschaulich vortragen und Medien einbinden

Ich zeige euch ein Foto/Bild.
Darauf seht ihr …
An dieser Stelle lese ich euch einmal einen kurzen Auszug aus … vor: Es geht um …
Ich spiele euch einmal … vor. Ihr hört …
Hört einmal zu, was … in einem Interview gesagt hat: …
Ich habe noch ein interessantes Zitat gefunden …

Den Vortrag abschließen

Zum Schluss möchte ich noch einmal das Wichtigste zusammenfassen: …
Ich finde … besonders interessant, weil …
Es hat Spaß gemacht, sich mit …. zu beschäftigen.
Hoffentlich habt ihr Lust bekommen …
Ich beantworte noch gern eure Fragen …

Die Präsentation erstellen

Was ihr dem Publikum zeigt, soll den mündlichen Vortrag unterstützen. Passend zur gewählten Präsentationsform erstellt ihr z. B. digitale Folien, Plakate oder andere Medien, um euer Thema abwechslungsreich und anschaulich zu vermitteln.

Neue Heimat - neue Schule

Schule im Swat-Tal	Schule in England
– wenige Bücher, eine Tafel	– Schulbüchereien, Labore, Computer
– Malala, das kluge Mädchen	– Malala, die viel nachholen muss

Malalas Ziele: Abitur und Studium

1 Julia hat zu ihrem Gliederungspunkt eine **Folie** erstellt. Vergleicht sie mit ihrer Redekarte (S. 36):
   – Was hat sie auf der Folie festgehalten? Steht das so auch auf der Redekarte?
   – Wie hat sie formuliert? ganze Sätze, Stichworte ...
   – Wann will sie die Folie zeigen: bevor sie etwas zu diesem Gliederungspunkt sagt oder erst danach? Welche Funktion bekommt die Folie dadurch?

2 Julia möchte auf einer weiteren Folie ein Foto mit einem Zitat von Malala zeigen.
   a) Schaut euch die Fotos, die sie ausgewählt hat, genau an und lest die Zitate: Um welches Thema geht es? Was zeigen die Fotos? Was sagen die Zitate aus?
   b) Wählt gemeinsam ein Zitat und ein Foto aus, das dazu am besten passt. Begründet, warum ihr euch so entschieden habt.

Mädchen in einer Klasse der Khushai-Schule im Swat-Tal, der Heimatregion der Friedensnobelpreisträgerin Malala Yousafzai (Foto: Picture Alliance/REUTERS)

Eine Schülerin unterrichtet Jungen und Mädchen in der Schule der Friedensnobelpreisträgerin Malala Yousafzai in Pakistan (Foto: Picture Alliance/AP Foto)

„Manchmal fragen mich Leute, warum Mädchen zur Schule gehen sollen; warum das so wichtig für sie sein soll. – Aber ich finde, die viel wichtigere Frage ist, warum sie nicht sollen; warum sie nicht das Recht haben sollten, zur Schule zu gehen."   *Malala Yousafzai*

Aus der Rede zur Verleihung des Friedensnobelpreises am 10.12.2014 (Quelle: https://beruhmte-zitate.de/zitate/2081342-malala-yousafzai-manchmal-fragen-mich-leute-warum-madchen-zur-schu/, 20.01.2022)

„Ein Kind, ein Lehrer, ein Buch und ein Stift können die Welt verändern."

Malala Yousafzai

Aus der Rede vor den Vereinten Nationen am 12.07.2013 (Quelle: https://de.wikipedia.org/wiki/Malala_Yousafzai, 20.01.2022)

3 Zu einer Präsentation über die Autorin Malala Yousafzai gehört es auch, eine oder mehrere **Textstellen** aus ihrem Buch „Ich bin Malala" vorzulesen. Im Medienpool findet ihr Auszüge aus ihrem Buch.

→ Medienpool: Auszüge aus „Ich bin Malala"

   a) Lest die Auszüge, schlagt Abschnitte zum Vorlesen vor und begründet eure Auswahl.

   b) Verständigt euch in der Gruppe auf einen oder mehrere Abschnitte zum Vorlesen.

      – Bedenkt dabei auch die Zeit, die euch zur Verfügung steht.

      – Soll eine/einer vorlesen oder teilt ihr die Abschnitte untereinander auf?

4 Julias Gruppe hat sich für eine digitale Folienpräsentation zur Unterstützung des mündlichen Vortrags entschieden. Was würde sich bei einer **Plakatpräsentation** ändern:

   – mit Blick auf den Plakattext und die Medien, die zusätzlich gezeigt werden sollen?

   – mit Blick auf den mündlichen Vortrag und die Redekarten?

5 Geht von eurer Gliederung und den Redekarten aus und erarbeitet eure Präsentation. Orientiert euch dazu auch an „Wissen und Können".

WISSEN UND KÖNNEN **Eine digitale Folienpräsentation erstellen**

Präsentationsfolien sollten so gestaltet sein, dass das Publikum sie gut aufnehmen kann: mit Überschriften, sachlich richtigen und verständlichen Informationen, kurzen Sätzen oder Stichworten in gut lesbarer Schrift. Die Anzahl der Folien sollte überschaubar sein.
So könnt ihr eine digitale Folienpräsentation aufbauen:

– Folie 1: Thema und Gliederung

– Folie 2: Informationsquellen, die wir genutzt haben

– Folien zu den Redekarten

Mit Abbildungen, Zitaten, verlinkten Hörbeiträgen oder Videos sowie vorgelesenen Buchauszügen könnt ihr die Präsentation anschaulich und abwechslungsreich ausgestalten.

Wenn ihr recherchierte Materialien als Informationsquellen nutzt oder Teile daraus wörtlich verwendet (zitiert), müsst ihr diese **Quellen angeben**, als Liste auf einer eigenen Folie oder direkt unter dem verwendeten Material.

– Bei **Materialien aus dem Internet** könnt ihr den Titel und die Internetadresse als Link angeben (dann kann man das Material direkt im Internet ansehen), z. B.: Weltveränderer: Malala Yousafzai, https://www.geo.de/geolino/mensch/2517-rtkl-weltveraenderer-malala-yousafzai.

– Nennt bei **Texten aus Büchern** Autor/-in, Titel des Buchs, Verlag, Erscheinungsjahr und Seite, z. B: Malala Yousafzai, Ich bin Malala, Knaur Taschenbuch Verlag, 2015, S. 13 – 15.

Die Präsentation durchführen und auswerten

Damit die Präsentation vor Publikum wie gewünscht funktioniert, solltet ihr den Ablauf genau planen, ausprobieren und eventuell nochmal abändern. Lasst euch nach der Präsentation ein begründetes Feedback geben.

1 Julias Gruppe hat gemeinsam einen **Ablaufplan** für ihre Präsentation entwickelt.

a) Macht euch klar, wie der Ablaufplan aufgebaut ist. Würdet ihr etwas verändern?

b) Erstellt einen Ablaufplan für eure eigene Präsentation.

– Vorbereitung und Prüfung der Technik:	gemeinsam
– Begrüßung und kurze Einleitung:	Alexandros
– Präsentation der Folien 1 + 2:	Felix
– Präsentation der Folien 3 + 4:	Julia
– ...	...
– Vortrag der Textstellen aus „Ich bin Malala":	gemeinsam
– Schluss:	Ella
Bedienung der Technik während der Präsentation:	Tim und Aischa

METHODE ▸ **Die Gruppenpräsentation ausprobieren**

1. Den Ablauf festlegen und einen Probelauf durchführen
- Wer übernimmt die einzelnen Teile: Begrüßung, Einleitung ...?
- Wer bedient die Technik?

2. Den Probelauf auswerten und Änderungen vornehmen
- Funktionieren der geplante Ablauf und der Einsatz der Technik?
- Sollten Folien, Plakate oder sonstige Medien noch einmal angepasst werden?
- Waren die Redekarten nützlich? Wollt ihr daran noch etwas verändern?
- Wie ist es als Gruppe gelaufen? Einleitung, Überleitungen, Schluss ...
- Haben die einzelnen Gruppenmitglieder ihren Teil gut gemeistert?
- Wurde die Zeitvorgabe eingehalten? (Zeit stoppen)

2 a) Julias Klasse will die Präsentationen mit der Handykamera filmen und die Aufzeichnungen für die Auswertung nutzen. Welche Vorteile seht ihr darin?

b) Für den Umgang mit den Videoaufzeichnungen hat Julias Klasse Regeln aufgestellt:
- Die Videoaufzeichnungen sind nur für die Verwendung im Unterricht bestimmt.
- Sie sind nur dann erlaubt, wenn alle Beteiligten damit einverstanden sind.
- Im Anschluss an die Auswertung müssen die Aufzeichnungen gelöscht werden.

Besprecht, warum diese Regeln unbedingt beachtet werden sollten.

3 Für die Auswertung habt ihr verschiedene Möglichkeiten:

- Die Zuhörerinnen und Zuhörer machen sich während der Präsentation Notizen und tauschen sich darüber mit der vortragenden Gruppe aus.
- Die vortragende Gruppe schaut sich die Aufzeichnung ihrer eigenen Präsentation an und tauscht sich untereinander darüber aus.
- Die Zuhörerinnen und Zuhörer und die vortragende Gruppe sehen sich gemeinsam die Aufzeichnung an und tauschen sich miteinander darüber aus.

Bereitet die Auswertung der Präsentationen vor. Nutzt die folgende Checkliste und den Rückmeldebogen.

→ Medienpool:
Rückmeldebogen für
Präsentationen

CHECKLISTE ▸ **Eine Rückmeldung zu einer Gruppenpräsentation geben**

Wie haben die einzelnen Gruppenmitglieder ihren Teil gemeistert?
- Standen sie aufrecht, locker und zugewandt vor dem Publikum?
- Haben sie das Publikum zwischendurch angeschaut?
- Haben sie deutlich, laut genug und in ruhigem Tempo gesprochen?
- Wurde möglichst frei vorgetragen?
- Wurden die Folien erläutert und zum Lesen lange genug gezeigt?
- Haben sie sich am Ende nach Fragen oder Anmerkungen erkundigt?

Wie ist es als Gruppe gelaufen?
- Liefen die Überleitungen störungsfrei und zügig?
- Ist die Technik ohne Verzögerung bedient worden?
- Wurde die Zeitvorgabe eingehalten?

Ist das Präsentationsziel erreicht worden?
- Fühlen sich die Zuhörerinnen und Zuhörer gut und nachhaltig informiert?
- War die Vortragsweise ansprechend und unterhaltsam?
- Gibt es Anmerkungen/Wünsche für nachfolgende Präsentationen?

---

4 Stellt nun eure Präsentationen der Klasse oder anderen Gruppen vor und wertet sie gemeinsam aus.

Podcasts untersuchen und erstellen

Podcasts kann man jederzeit hören oder anschauen. Sie werden von Radio- und Fernsehsendern oder von Webseitenbetreibern in Serie zu unterschiedlichen Themen angeboten: von Nachrichten über Sport oder Musik bis hin zu Wissen. In diesem Kapitel geht es darum, wie Podcasts gemacht sind und wie man sie selbst erstellen kann.

SPRECHEN UND ZUHÖREN

1 Schaut euch die Illustration genau an und sprecht anschließend darüber.

a) Beschreibt, welche Situation dargestellt ist.
- Was fällt euch besonders auf?
- Was denken die Personen wohl?

b) Denkt über die Illustration nach.
- Auf welches Problem wird aufmerksam gemacht?
- Was wird kritisiert? Woran könnt ihr das erkennen?

c) Wie wirkt die Illustration auf euch?
- Findet ihr die Kritik berechtigt? Begründet eure Meinung.

2 Was denkt ihr über Gaming-Freundschaften?

Einen Podcast hören und verstehen

Viele Podcasts liegen als Audio-Text vor. Es sind also Texte zum Anhören. Hier übt ihr, wie ihr einen solchen Hörtext Schritt für Schritt versteht.

1 Hört euch einmal den ganzen Podcast im Medienpool an. Sprecht darüber:
- Worum geht es in diesem Podcast?
- Wer spricht (mit wem)?
- Interessiert euch das Thema? Warum?

→ Medienpool:
Podcast „Online-Freundschaften"

> Carlo findet Online-Freund-schaften gut, denn …

2 Hört euch den Anfang des Podcasts noch einmal an.
- Wie lautet das Thema des Podcasts?
- Was denken die Schülerinnen und Schüler über Gaming-Freundschaften?
- Findet ihr den Podcast interessant? Warum?

> Svenja findet Gaming-Freundschaften cool, weil …

> …

3 Carlo und Svenja interviewen den Medienexperten Ulrich Tausend.
a) Was wollen die Podcaster von dem Medienexperten wissen?
   Lies zunächst ihre Fragen:

   1. Was sind eigentlich Online-Gaming-Freundschaften?
   2. Was ist der Unterschied zwischen einer Online-Freundschaft und einer realen Freundschaft?
   3. Warum kann man über Computerspiele so gut Freundschaften schließen?
   4. Warum warnen denn Eltern vor Online-Freundschaften?
   5. Könnte auf der anderen Seite eigentlich auch ein Computer antworten und die Freundschaft nur spielen, also kann es sein, dass da eigentlich gar keiner sitzt, sondern nur ein Computer?

b) Welche dieser Fragen interessiert dich am meisten?
   - Wähle eine Frage aus.
   - Höre den Interviewteil des Podcasts nun einmal genauer an. Achte darauf, was der Medienexperte auf deine Frage antwortet. Mache dir dazu Notizen.
   - Suche dir einen Partner oder eine Partnerin, der/die dieselbe Frage beantwortet hat. Vergleicht eure Notizen: Ergänzt und korrigiert sie.
   - Informiert die anderen mündlich über eure Ergebnisse. Nutzt dazu eure Notizen.

4 Sprecht über den Interviewteil mit dem Medienexperten:
- Hat er die Fragen zufriedenstellend beantwortet?
- Was findet ihr an den Antworten des Medienexperten besonders interessant?
- Worüber wundert ihr euch? Begründet eure Meinung.

5 Hört euch den Schluss des Podcasts noch einmal an. Sprecht darüber:
- Was denken Carlo und Svenja nach dem Interview über Gaming-Freundschaften?
- Was sehen sie nun anders?

6 Schreibe einen kurzen Ankündigungstext für die Schülerzeitung:

NICHT VERPASSEN!
Carlo und Svenja haben sich in ihrem Podcast mit dem Thema „..." beschäftigt.
Beide wollen in ihrem Podcast klären, ...
Dazu haben sie mit dem Medienpädagogen ...
Den Podcast solltet ihr euch unbedingt anhören, ...

7 Was denkt ihr nach dem Hören des Podcasts über Gaming-Freundschaften?
Wählt Aufgabe **A** oder **B** aus.

A Äußert eure Meinung in einer Blitzlicht-Runde.

B Schreibt Leserbriefe für die Schülerzeitung, in denen ihr eure Meinung über Gaming-Freundschaften formuliert.

> **Leserbrief-Ecke**
> **Was sind Gaming-Freundschaften wert?**
> Der Medienexperte Ulrich Tausend meint, ...
> Er denkt, ...
> Dazu möchte ich sagen: ...
> Ich bin sicher, ...
> Meine Meinung zu Gaming-Freundschaften ist: ...

METHODE **Einen Podcast hören und bearbeiten**

1. Hört euch den Podcast einmal ganz an. Sprecht anschließend darüber:
   - Worum geht es in dem Podcast?
   - Wer spricht (mit wem)?
   - Was ist an dem Podcast interessant?
2. Hört euch den Podcast nun noch einmal genauer an.
   - Lest vorher die Aufgaben, die ihr zum Podcast bearbeiten sollt, damit ihr wisst, worauf ihr beim Hören achten müsst.
   - Ihr könnt euch den Podcast auch in Teilen mehrmals anhören.
3. Nach dem Hören sollt ihr euch eine eigene Meinung bilden und mit den Ergebnissen weiterarbeiten:
   - Sprecht darüber, wie euch der Podcast gefallen hat. Begründet eure Meinung.

So könnt ihr auch andere Hörtexte oder Videos bearbeiten.

Thema und „Machart" eines Podcasts erschließen

Für alle Podcasts gilt: Es wird eine persönliche Beziehung zum Publikum aufgebaut und sie sollten leicht zu verstehen sein. Podcasts können dabei aber ganz unterschiedlich aufgebaut sein. Hier lernt ihr ein typisches Muster kennen.

1 Hört euch den Podcast noch einmal an. Aus welchen Textbausteinen besteht er? Bringe die Bausteine in die richtige Reihenfolge.

Experte wird befragt

Sprecher beenden den Podcast

Sprecher erläutern ihre Erfahrungen

Sprecher stellen sich vor

Thema wird vorgestellt

→ Medienpool:
Podcast „Online-
Freundschaften"

2 Wie findest du den Aufbau des Podcasts zu Gaming-Freundschaften? Belege deine Einschätzung mit Hilfe des Wissen-und-Können-Kastens.

Nicht verstanden habe ich ...

Das Intro des Podcasts fand ich gelungen/nicht so gelungen, weil ...

In der Einleitung ist mir klar geworden/nicht (ganz) klar geworden, worum es im Podcast geht: ...

Der Hauptteil des Podcasts ist sehr informativ/wenig informativ, weil ...

Am Schluss ...

3 Sprecht darüber, ob ihr selbst Podcasts hört und nutzt.
– Welche Podcasts sind eure Favoriten?
– Wo und wann hört ihr Podcasts?
– Was gefällt euch an diesen Podcasts? Begründet eure Meinung.
– Nutzt ihr Podcasts auch in der Schule? Wann? Wozu?

WISSEN UND KÖNNEN ▸ Den Aufbau eines Podcasts untersuchen

Ein **Podcast** besteht aus verschiedenen Teilen. So kann er aufgebaut sein:
1. **Intro:** Erkennungsmusik oder -geräusche, Titel des Podcasts, Sprecherinnen und Sprecher werden genannt oder stellen sich selbst kurz vor.
2. **Einleitung:** Kurze Gesprächsbeiträge oder interessante Fragen machen die Zuhörer neugierig. Hier wird auch das Thema genannt, um das es im Podcast geht.
3. **Hauptteil:** Er enthält wichtige Informationen zum Thema: Oft handelt es sich um Experteninterviews oder längere Gesprächsbeiträge, die das Thema von verschiedenen Seiten beleuchten.
4. **Ende:** Zusammenfassung der wichtigsten Informationen. Es können auch Meinungen, Tipps und Empfehlungen formuliert werden.
5. **Abspann:** Erkennungsmusik oder -geräusche und der Titel des Podcasts werden wiederholt.

Einen eigenen Podcast planen und formulieren

→ *Medienpool:
Link zu einer Kurz-
anleitung für die
Erstellung eines
Podcasts*

**Wie ihr einen eigenen Podcast erarbeitet, einsprecht und auswertet, könnt ihr
hier am Beispiel „Computerspiele" einmal Schritt für Schritt üben.**

METHODE › **Einen Podcast erarbeiten, formulieren und bewerten**

Bei der Erarbeitung eines Podcasts gibt es verschiedene Aufgaben:

- Als **Tontechniker/-in** plant ihr das Intro und den Abspann des Podcasts
  und seid für die Aufnahme der Hörtexte verantwortlich.
- Als **Podcaster/-in** orientiert ihr die Zuhörer über den Podcast und informiert über das Thema. Ihr leitet den Podcast ein, führt das Interview und
  schließt den Podcast ab.
- Als **Experte/-in** gebt ihr im Interview wichtige Informationen zum Thema.
  Darauf müsst ihr euch sorgfältig vorbereiten. Ihr könnt Notizzettel nutzen,
  solltet aber frei sprechen.
- Als **Zuhörer/-in** hört ihr den Podcast und gebt ein Feedback. Haltet dazu
  eure Beobachtungen auf einem Beobachtungsbogen fest.

Abschließend wertet ihr eure Arbeit am Podcast gemeinsam aus.

1 Bildet Gruppen und erarbeitet gemeinsam einen Podcast zum Thema „**Computerspiele**". Verteilt zunächst die Aufgaben und geht dann in den Schritten 1 – 4 vor.

→ *Wie ihr einen
Podcast aufnehmen
und tontechnisch
bearbeiten könnt,
erfahrt ihr auf S. 50.*

Schritt 1: Intro und Abspann des Podcasts planen und aufnehmen
*Die Tontechniker wählen die Erkennungsmusik oder -geräusche aus, nennen den Titel
des Podcasts und die Sprecherinnen und Sprecher. Sie sind auch für die Aufnahme und
das Schneiden des Podcasts verantwortlich.*

Schritt 2: Die Einleitung in den Podcast planen und formulieren
*Am Anfang eures Podcasts wollt ihr das Interesse der Zuhörenden wecken. Ihr überlegt,
wie ihr anfangen könnt, damit man euch unbedingt zuhören will.*

- Lest zunächst die Materialien **M1 – M3** auf S. 47.
  - Wählt zwei Materialien aus, die ihr für eure Einleitung nutzen wollt.
  - Markiert Textstellen (Folientechnik), die eure Zuhörer neugierig machen könnten.

- Formuliert nun in eigenen Worten die Einleitung für euren Podcast.
  - Nutzt die Textstellen, die ihr in den Materialien markiert habt, und die
    Satzanfänge, die daneben stehen.
  - Beginnt mit einem Beispiel, nennt dann das Thema und erklärt, was ihr vorhabt.

M1   **Aus einem Zeitungsbericht:**

Immer wieder gibt es Berichte über Spieler, die den ganzen Tag nichts anderes machen als zu daddeln.
Auf den Philippinen hat ein Hochwasser ein Internetcafé geflutet: Das hat die Zocker nicht daran gehindert, ihr Gaming
5   fortzusetzen. Sie haben die Gefahr einfach ignoriert.
In Taiwan ist sogar ein Mann über das Daddeln gestorben.

Ist das noch normal?
In Zeitungen konnte man lesen ...
Wir wollen uns in diesem Podcast mit ... beschäftigen.
Wir werden eine Expertin befragen ...

M2   **Aus dem Leserbrief eines Vaters:**

Ein gewöhnlicher Abend: Alle Familienmitglieder sitzen am Tisch zum Abendessen. Es wird gelacht, geredet und diskutiert.
Nur ein Platz bleibt wieder einmal leer: Unser Sohn Oliver, 15 Jahre, kommt nicht zum Essen. Er bleibt vor seinem
5   Computer. Wie immer. Er spielt. Seine Droge heißt „Gaming".
Und von dieser Droge kann ihn nichts und niemand abbringen. Manchmal verlange ich, dass er mit dem Spielen aufhört.
Dann wird er trotzig und wütend und sperrt sich ein.
Wir wissen nicht mehr, was wir noch machen sollen ...

Ein Vater schreibt aufgeregt in einem Leserbrief:
Mein Sohn ...
Ich weiß nicht mehr, was ich machen soll, wenn ..., dann ...
Wir wollen uns in diesem Podcast mit ... beschäftigen.
Wir werden eine Expertin befragen ...

M3   **Jeannette, 13 Jahre, in einem Chat:**

Wenn ich von der Schule nach Hause komme, habe ich oft keine Zeit zum Essen. Ich will nur eins: Mit Freunden zusammen zocken.
Da kann es schon mal sein, dass ich stundenlang vor meinem
5   Laptop sitze und spiele und chatte. Persönlich kenne ich keinen der angemeldeten Freunde, doch das stört mich nicht.
Die Freunde haben alle Fantasienamen wie Mangagirl200 oder Tokamisuperstar. Die Namen kommen meistens von japanischen Comicfiguren, den Mangas.
10   Ich weiß nicht, ob es sich bei allen tatsächlich um Mädchen in meinem Alter handelt. Aber ich fühle mich in dieser Cyber-Clique wohl.

Wenn wir heute Freunde kennenlernen wollen, passiert das nur noch online?
Eine Schülerin sagt über sich selbst, ... Ihr ist egal ...
Ihr gefällt es, ...
Wir wollen uns in diesem Podcast mit ... beschäftigen.
Wir werden eine Expertin befragen ...

● Stellt eure Einleitungen in der Gruppe vor.
Die Zuhörer geben Rückmeldungen:

– Hat die Einleitung auf das Thema neugierig gemacht?
– Wurde die Einleitung packend und spannungsvoll vorgetragen?
  Sind die Zuhörenden auf das Weitere gespannt?
– Wurde die Einleitung mit eigenen Worten formuliert?

Schritt 3: Den Interviewteil planen und formulieren

Im Hauptteil eures Podcasts informiert ihr eure Zuhörer über das Thema. Dazu müsst ihr zunächst einmal Wissen über das Thema erarbeiten, um als Podcaster die richtigen Fragen zu stellen und als „Experte" oder „Expertin" darauf antworten zu können.

- Informiert euch über Computerspiele.
  a) Lest, was die Medienexpertin Pia Thielen in dem Text auf S. 49 darüber schreibt.
  b) Formuliert eine Überschrift für den Text.

- Bereitet das Experteninterview vor: Welche Informationen gibt die Medienexpertin Pia Thielen in den einzelnen Textabschnitten?
  a) Ordnet die Fragen den Abschnitten ① – ④ zu:
    a. Wie gefährlich sind Killerspiele?
    b. Worauf kommt es an, wenn man Videospiele spielt?
    c. Was ist gut an Videospielen?
    d. Was ist schlecht an Videospielen?
  b) Markiert die Antworten auf die Fragen in den Abschnitten (Folientechnik) und macht euch zu den Fragen Notizen mit eigenen Worten.

- Probt das Experteninterview für den Podcast:
  - Die **Podcasterinnen** und **Podcaster** stellen dem Experten/der Expertin Fragen. Ihr könnt die Fragen zu den Abschnitten ① – ④ übernehmen und nachfragen, wenn ihr mit den Antworten nicht zufrieden seid. Die Antworten auf die Fragen müssen aber im Text stehen.
  - Der **Experte**/die **Expertin** beantwortet die Fragen mit eigenen Worten. Nutzt eure Notizen, aber sprecht möglichst frei.
  - Macht mehrere Durchgänge, bis ihr mit dem Ablauf des Interviews zufrieden seid.

- Die **Zuhörerinnen** und **Zuhörer** des Experteninterviews geben Rückmeldungen:
  - Seid ihr mit den Antworten zufrieden? Begründet eure Meinung.
  - Hat der Experte oder die Expertin mit eigenen Worten formuliert?
  - Hat der Experte oder die Expertin frei gesprochen?
  - Konnte man alle Sprecherinnen und Sprecher gut verstehen?

Schritt 4: Den Schluss des Podcasts formulieren

- Formuliert nun den Schluss eures Podcasts.
  a) Fasst die wichtigsten Ergebnisse des Interviews noch einmal kurz zusammen.
  b) Formuliert abschließend ein paar Tipps für alle, die gern am Computer spielen.
  c) Stellt den Schluss in der Gruppe vor. Die Zuhörer geben Rückmeldungen:
    - Haben die Podcaster wichtige Informationen zusammengefasst?
    - Passen die Tipps zum Thema des Podcasts?

Von Pia Thielen

① Videospiele werden von Jung und Alt gespielt, viele Menschen lieben sie. Wer Videospiele spielt, kann dabei in andere Welten eintauchen und miteinander oder gegeneinander antreten. Dabei werden verschiedene Fähigkeiten trainiert. Beim Spielen muss man sich konzentrieren und auf vieles achten. Die Fantasie und das visuell-räumliche Denken werden angesprochen, wenn die Spieler z. B. Gebäude frei nach ihren Vorstellungen bauen und gestalten. Computerspiele können entspannend wirken und das Zusammensein fördern.

② Videospielen hat aber auch negative Seiten: Intensive Videospieler schlafen schlechter, denn das blaue Bildschirmlicht blockiert die Freisetzung von Melatonin, einem wichtigen Einschlaf-Hormon. Videospielen kann auch zu Spielsucht führen. Spielsüchtige Kinder und Jugendliche sitzen stundenlang am Rechner und spielen. Wenn sie gestört werden, sind sie extrem reizbar. Sie wollen allein vor dem Bildschirm essen, vernachlässigen ihre Freunde und erzählen nur noch von diesem Spiel oder dieser Spielwelt aus dem Internet. Es muss allerdings betont werden: Nur ein kleiner Teil der Computerspielenden ist tatsächlich süchtig. Man sollte aber wissen, dass das passieren kann. Und auch wer nicht süchtig ist, dessen Selbsteinschätzung kann durch das Spielen beeinflusst werden. Ein Beispiel: Spieler, die in der virtuellen Welt Rennen fahren, sind risikobereiter. Es kann sein, dass sie dann beim Autofahren auch mehr riskieren.

③ Ein wichtiger Punkt beim Videospielen ist die Dauer. Kinder, die Videospiele spielen, sind zufriedener und oft auch hilfsbereiter. Allerdings nur dann, wenn sie täglich weniger als eine Stunde spielen. Spielen sie länger (bis zu drei Stunden täglich), zeigen sich keine positiven Wirkungen mehr, und spielen sie täglich noch länger, überwiegen stattdessen negative Auswirkungen: Die Kinder sind weniger zufrieden und auch weniger hilfsbereit. Auch der Inhalt des Spiels ist wichtig. Er kann entscheidend dafür sein, ob negative oder positive Auswirkungen auf das Verhalten zu erwarten sind. Von einem Spiel, in dem es um rohe Gewalt ohne Sinn und Verstand geht, sind eher negative Folgen zu erwarten als von einem Spiel, in dem zwar Gegner umgebracht werden, jedoch um die Welt zu retten. Bei manchen Spielen können Spieler ihre Mitspieler für besonders gute Ideen sogar mit Bonuspunkten belohnen. Gewaltfreie Spiele, in denen Spieler sich gegenseitig helfen, können sich positiv auf das Verhalten auswirken. Es kommt also immer auf das Spiel an.

④ Machen brutale Videospiele die Spieler brutaler? Mit dieser Frage haben sich schon viele Wissenschaftler und Wissenschaftlerinnen beschäftigt. Klar ist, dass Spiele mit viel Gewalt ihre Spieler „abstumpfen" können. Wenn jemand die ganze Zeit grausame Dinge im Videospiel sieht, empfindet er weniger Mitleid, wenn er Gewalt im Alltag erlebt. Einige Forscher vertreten die Meinung, dass gewalttätige Spiele aggressiver machen. Das ist aber nicht eindeutig geklärt. Einige Studien kommen zu diesem Ergebnis, andere hingegen nicht. Denkbar ist, dass nur ein sehr kleiner Teil der Bevölkerung anfällig für Gewalt in Videospielen ist, während die Mehrheit durch brutale Spiele keine feindseligen Gefühle entwickelt.

Den Podcast aufnehmen und bearbeiten

Es ist ziemlich einfach, einen Podcast aufzunehmen und technisch zu bearbeiten. Wie das geht, könnt ihr mit eurem Smartphone ganz einfach selbst ausprobieren.

1 Nehmt die einzelnen Teile eures Podcasts zum Thema „Computerspiele" auf. Nutzt dazu auch die Informationen im Methodenkasten.

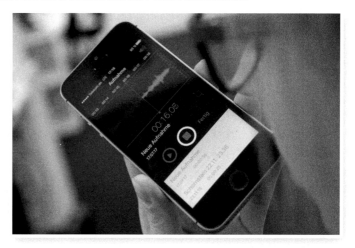

> **METHODE** Einen Podcast aufnehmen und technisch bearbeiten

1. Sprecht die Texte in ein Smartphone ein, bis die Aufnahme fehlerfrei klappt.
   - Wählt einen Aufnahmeort mit wenig störenden Nebengeräuschen (schließt z. B. Fenster, vermeidet Straßengeräusche).
   - Macht vor der eigentlichen Aufnahme einige Aufwärmübungen und Testaufnahmen; es hilft den Sprechern, während der Aufnahme den Mund weit zu öffnen und entsprechend deutlich zu sprechen.
   - Achtet darauf, dass der/die Interviewte genügend Zeit zu antworten hat.
   - Stellt immer nur eine Frage, nicht mehrere gleichzeitig.
   - Die interviewte Person sollte Zeit zum Nachdenken haben. Pausen, die dabei entstehen, lassen sich später leicht „wegschneiden". Hierzu gibt es kostenlose Apps, die ihr herunterladen und leicht bedienen könnt.
2. Nach Aufnahme des Audio-Materials (Szenen, Texte, Geräusche, Musik) wird es auf den Computer überspielt. Am einfachsten ist es, alles erst einmal auf eine Tonspur aufzunehmen und dann alle überflüssigen Geräusche, Versprecher oder unbrauchbaren Sätze herauszuschneiden.

2 Sprecht darüber, was bei der Aufnahme und Bearbeitung des Audio-Materials gut geklappt hat und was schwierig war.

Den Podcast hören und ein Feedback geben

Wenn ihr euren Podcast fertiggestellt und aufgenommen habt, stellt ihr ihn den anderen vor. Die Zuhörerinnen und Zuhörer geben euch anschließend ein Feedback.

1 Spielt euren Podcast Zuhörern vor und lasst euch von ihnen ein Feedback geben. Die Zuhörer können ihre Beobachtungen auf einem Feedbackbogen festhalten:

→ *Medienpool:*
Hier findet ihr einen Beobachtungsbogen zum Ausdrucken.

Bausteine des Podcasts	Darauf habe ich geachtet:	Kritik und Verbesserungsvorschläge
Intro mit Erkennungsmusik und/oder -geräuschen, Titel des Podcasts, Nennung oder Kurzvorstellung der Sprecher	– Ist die Musik ansprechend? – Passt der Titel? – ...	

2 Wertet die Podcast-Aufnahmen in einem gemeinsamen Gespräch aus.
- Berichtet, wie ihr euch als Teilnehmende (Podcaster/-in, Experte/-in) gefühlt habt.
- Was hat gut geklappt? Was war schwierig? Womit hattet ihr Probleme?
- Was müsst ihr besonders beachten, wenn ihr nochmals einen Podcast erstellt?

wortstark!
Gut geklappt hat ...
Ich habe mich wohl gefühlt, weil ...
Es war schwierig für mich ...
Ich hatte Probleme mit ...
Beim Interview muss ich besonders darauf achten, ...

▶ Ihr könnt weitere Podcast-Serien zum Thema „Medien" erstellen, zum Beispiel:

E-Gaming:
Echter Sport oder Spielerei?

→ *Im Medienpool findet ihr einen Text über E-Gaming. Recherchiert zu den anderen Themen im Internet, damit ihr als Experten Auskunft geben könnt*

Zeitung lesen:
Online oder auf Papier?

Smartphone:
Ständig vernetzt sein oder auch mal eine Auszeit nehmen?

Ein Jugendtheaterstück erschließen

Theatertexte sind für die Aufführung auf der Bühne bestimmt, dort werden sie lebendig. An Ausschnitten aus dem Theaterstück „Creeps" könnt ihr ausprobieren, wie ihr sie selbst zum Leben erwecken und dabei erschließen könnt. Die Überleitungen auf den blauen Zetteln geben einen Überblick über das Stück und den Textzusammenhang.

SPRECHEN UND ZUHÖREN

1 Lest die Texte aus einem Flyer zu einer Theateraufführung des Stücks „**Creeps**" und schaut euch das Foto an. Sprecht darüber:
– Worum geht es in dem Theaterstück?
– Wer sind die Hauptfiguren? In welcher Situation befinden sie sich?

2 Der Text neben dem Foto stammt vom Anfang des Theaterstücks. Es ist ein Aufruf zur Teilnahme an dem Moderatorinnen-Casting. Wie würdet ihr den Text vortragen? Stellt eure Vorlesefassungen vor: Was überzeugt? Warum ist das so?

> ## Creeps *Ein Jugendtheaterstück von Lutz Hübner*
>
> *Ein Fernsehsender sucht eine Moderatorin für die neue Trend- und Musikshow „Creeps". Lilly, Maren und Petra haben ein Bewerbungsvideo eingeschickt und wurden daraufhin vom Musiksender eingeladen. Als sie im Fernsehstudio eintreffen, gehen sie davon aus, dass sie für den Job als Moderatorin ausgewählt wurden. Doch sie sind nur in die Endrunde eines Castings gekommen und müssen nun vor der Testkamera ihr Können unter Beweis stellen. Der Regisseur heizt den Wettbewerb der Mädchen immer mehr an. Und am Ende erleben sie eine böse Überraschung ...*

Du siehst verdammt gut aus, du bist cool, ohne dic[h] kommt keine Party auf Touren, deine freche Schna[u]ze ist Kult. Warum eigentlich hast du dich nicht längst bei uns beworben?! Wir suchen genau solch[e] Moderatoren wie dich! Power, Präsenz und Persona[li]ty, um „Creeps", eine neue Trendfashionmusicsho[w] zu moderieren. Wenn du zwischen 16 und 18 bist [und] der Steckbrief auf dich zutrifft, bist du die Richtig[e]. Wie das geht? Ganz einfach Demoband schicken, w[ar]ten bis wir anrufen und los geht`s nach Hamburg. Kennwort Creeps!

Wo auch immer du gerade bist: Wir holen dich da raus! And don´t forget, the world is waiting for you[.]

3 Auf dem Foto seht ihr die Hauptfiguren des Stücks.

a) Beschreibt das Aussehen der Mädchen.

b) Vergleicht ihr Aussehen auf dem Foto mit der Beschreibung aus dem Darstellerverzeichnis des Theaterstücks:

– Wer auf dem Foto ist Lilly, wer Maren und wer Petra? Woran habt ihr sie erkannt?

– Das Aussehen der Darstellerinnen weicht von der Beschreibung im Stück ab. Wie erklärt ihr euch das?

c) Stellt mit Hilfe des Fotos Vermutungen zu folgenden Fragen an:

– Welche Situation könnte das Szenenfoto darstellen?

– Wo befinden sich die Mädchen? Woran erkennt ihr das?

– Was denken die Figuren wohl? Schreibt Denkblasen.

Petra Kowalski, 16 Jahre alt, Outfit gemäßigt modisch (H & M) mit einem leichten Schlag ins Prollige, (Flokatijacke), Rucksack. Kein Dialekt, aber eine sächsische Sprachmelodie.
Maren Terbuyken, 17 Jahre alt, kurze Haare, modisch eher in Richtung Kelly Family, Naturstoffe, nicht figurbetont, ungeschminkt, vollgepackte Sporttasche (Tigerente?)
Lilly Marie Teetz, 17 Jahre alt, schwarzes Kostüm, sehr schick, aber trendy, hohe Schuhe (Plateau), dezent geschminkt, Latextasche mit Noppen, Handytasche im Riemen eingearbeitet, MP3-Player.

4 a) Lest den folgenden Textabschnitt einmal ganz. Was ist euer erster Eindruck?

b) Lest den Text noch einmal und beantwortet die Fragen in den Sprechblasen bzw. ergänzt die Aussagen.

c) Was ist euch sonst noch aufgefallen? Welche weiteren Fragen stellen sich euch?

Im Fernsehstudio: Die Stimme des Regisseurs, den die Mädchen nicht sehen können (OV = Offvoice), leitet Maren, Lilly und Petra an. Sie sollen den Zuschauern die neue Fernsehshow „Creeps" ansagen und sich selbst als Moderatorin vorstellen.

OV – wer ist das denn? Ach so, ja, das ist …

OV (…) Who are you? Basics, erzähl doch einfach mal, wer ihr seid. Maren?

Maren Ja?

OV Mach doch mal ein kleines Intro.

5 **Maren** Also wer ich bin, nur sagen jetzt mal oder …

OV Up to you, schmeiß dich rein und wichtig: Locker bleiben!

Maren spricht merkwürdig. Ich glaube, sie …

Maren Also so über mich?

OV Okay, Maz ab.

Das rote Licht beginnt zu leuchten. Maren geht einen Schritt nach vorne,

10 *weiß offensichtlich nicht, wie sie beginnen soll.*

Maren Ja, also, ich bin Maren Terbuyken, ich wohne in Hamm, das ist bei Dortmund, ich bin am 29. Juli 89 geboren, also Löwe, meine Hobbys sind Theaterspielen, Lesen, ich find Umweltschutz sehr wichtig …

Nein, dass sind die … Dadurch kann man sich …

OV Okay, Maren, alles prima.

15 Aber denk mal weniger Bravo Kontaktbörse, sondern Intro, präsentier dich, bring dich rüber.

Du machst die Sendung, wegen dir sitzen die Leute vor dem TeeVee, es ist deins, mach's uns, verrückt, abgefahren, was du willst, okay?

Die OV-Stimme kommt mir vor wie … Wie würdest du die sprechen?

Maren Okay.

Wird das *kursiv Gedruckte* bei der Aufführung auch mitgesprochen?

Ich glaube, die OV-Stimme unterbricht Maren, weil … sie soll …

Gemeinsam einen Lesevortrag entwickeln

Um einen Abschnitt aus einem Theaterstück gemeinsam ausdrucksvoll vorzutragen zu können, müsst ihr die Rollentexte genau lesen und euch mit den Figuren des Stücks auseinandersetzen. Oft geben auch die Regieanweisungen wichtige Hinweise für den Lesevortrag und zum Verständnis der Situation.

1 a) Lest, wie die Szene von S. 53 weitergeht. Erzählt euch nach dem Lesen gegenseitig, was passiert, und findet Antworten auf die Fragen, die sich euch stellen.

b) Wähle eine Textstelle aus, die du besonders wichtig findest. Stelle sie jemandem vor und begründe deine Auswahl.

20 **OV** Wir hauen einen kurzen Jingle rein, dann legst du los.
Maren will anfangen, ein Jingle. Sie setzt erneut an.
Maren Hallo Leute, ich bin Maren, hallo und willkommen, ich find's klasse, dass ihr dabei seid ... willkommen bei Creeps, der neuen Sendung, ich bin aus Hamm, ich
25 bin siebzehn und Löwe ... *Sie stockt.*
OV Viel besser, Maren, viel besser, wir lassen das mal so stehen, okay, ist ja nur die Schnupperrunde.
Maren Okay.
OV Wir machen noch eine Menge Sachen, Maren.
30 Power dich nicht aus, geh es locker an, okay?
Maren Okay.
Lilly *macht eine Geste* Wer von und beiden?
Petra Ich würd gern was machen.
OV Klar.
35 **Petra** Was Verrücktes. Egal. Ich mach das mal. Kann ich Musik haben?
Musik wird eingespielt, Petra tanzt eine kleine Nummer, geht dann ein paar kleine Schritte nach vorne.
Petra Leute, dass ist der Supersound, den ihr ab jetzt
40 immer hier hören könnt, wir haben die Topcharts, die heißesten Abtanznummern und alle News, die euch wirklich interessieren. Ich bin Petra aus Chemnitz oder, wie die richtigen Insider sagen, KM-Stadt, kultig und modern, die heißeste Stadt im wilden Osten.
45 Ich grüße alle Clubbers da draußen!
Hier ist die Miss Big Apple, jetzt für ganz Deutschland, ich und die Jungs hier präsentieren euch die neuesten Megatrends, alles, was läuft, hier ist immer was los bei

Creeps, und ich sag euch, bleibt dran, wir liefern euch die Stars, die Bands und jede Menge Musik und los! 50
Sie macht noch ein paar Tanzschritte, Pose.
OV Große Klasse, Petra, du hast echt Power.
Petra Danke, vielen Dank, hat auch echt Spaß gemacht.
Lilly Willst du noch auf den Händen laufen oder kann ich dann? 55
OV Okay, Lilly, wir sind mächtig gespannt.
Sie geht nach vorne, setzt sich eine Sonnenbrille auf.
Lilly Wir können anfangen.
Das rote Licht leuchtet. Lilly zeigt auf die Kamera.
Lilly He du, ja du, ich rede mit dir. 60
Leg die Fernbedienung weg.
Du bist genau da, wo du hinwolltest.
Du bist bei Creeps!
Du wolltest doch in die high energy zone, wo du dir die Charts und die wirklich wichtigen News runterladen 65
kannst. Dazu jede Menge Tipps, Tratsch und die Trends fürs aktuelle Millenium. Update for your brain.
Creeps – denn ein einziger Wirkstoff genügt!
Hör genau zu, wir sagen dir, wo es langgeht.
Ich bin Lilly, merk dir mein Gesicht, und wenn du mor- 70
gen in einen Club gehst und ich bin nicht da, dann weißt du, dass der Laden out ist.
Lilly, merk dir den Namen.
Wir sortieren alles aus, was du nicht wissen musst.
Wir zeigen dir die street und club wear, mit der du am 75
schärfsten aussiehst, Lillys choice, darauf könnt ihr euch verlassen.

Wenn du heute wissen willst, worüber die Szene morgen spricht, hör einfach zu.

80 Wir haben die Stars, die News und die Zauberwörter, die du brauchst für den urban jungle, live aus Hamburg City.

Creeps, wir sind die Guten, und jetzt leg die Ohren an, schieb den Couchtisch weg, du brauchst Platz zum

85 Tanzen, hier kommt der Sound von morgen, einer der Tracks, für die man die Repeattaste erfunden hat!

OV Große Klasse, Lilly.

Ruf! Mich! An! Kleiner Scherz, okay.

Vielleicht noch ein paar facts über dich?

90 **Lilly** Wen interessiert denn das?

OV Der human touch, Lilly.

Lilly Mein erster Hamster hieß Henry, den hat mein Bruder im Klo runtergespült. Touchy enough?

OV Alles klar, Lilly.

2 a) Bereitet einen Abschnitt der Szene zum Vortrag mit verteilten Rollen vor. Nutzt dazu den Methodenkasten.

   b) Hat euch die im Methodenkasten vorgeschlagene Vorgehensweise geholfen? Was würdet ihr beim nächsten Mal eventuell anders machen?

> **METHODE** ▸ **Eine Szene ausdrucksvoll vortragen**
>
> 1. Lest die Szene und macht euch mit dem Text vertraut. Erzählt euch gegenseitig, was passiert, und findet eine Antwort auf Fragen, die sich euch stellen.
> 2. Bildet Gruppen und verteilt die Aufgaben: Rollensprecher und Beobachter. Je nach Gruppengröße können die Rollen auch doppelt besetzt werden. Die Beobachter geben den Sprechern während der Erarbeitung ein Feedback.
> 3. Entscheidet euch für einen Textabschnitt und bereitet ihn zum Lesevortrag vor. Beachtet dabei die Regieanweisungen im Text. Ergänzt weitere Regieanweisungen, wenn sie euch für den Stimmausdruck hilfreich erscheinen. Nutzt dazu die Adjektive auf dem wortstark!-Zettel.
> 4. Jeder übt seine Rolle für sich ein, wie er sie vortragen möchte.
> 5. Studiert den gemeinsamen Lesevortrag ein. Die Beobachter geben Tipps. Probiert und verändert so lange, bis ihr mit dem Vortrag zufrieden seid.

wortstark!

beherzt, draufgängerisch, entschlossen, furchtlos, unerschrocken, leise, ruhig, vorwurfsvoll, schüchtern, ängstlich, bedrückt, entmutigt, zaghaft, unsicher, zögerlich ...

3 Präsentiert eure Vorlesefassungen und hört euch die anderen Gruppen an.
   – Gebt den Vortragenden ein Feedback und begründet die eigene Vortragsweise.
   – Vergleicht und diskutiert unterschiedliche Sprechfassungen.

Standbilder entwickeln und die Figuren befragen

Mit Standbildern könnt ihr wichtige Situationen aus dem Text darstellen und dabei Handlungen, Einstellungen und Charakterzüge der Figuren verdeutlichen. Zusätzlich könnt ihr ihre Gedanken und Gefühle in Rolleninterviews herausarbeiten.

1 Entwickelt zur folgenden Szene zunächst eine ausdrucksvolle Vortragsfassung und stellt sie den anderen vor. Nutzt dazu den Methodenkasten auf Seite 55.

Lilly hat hat sich als Moderatorin beworben, weil sie sich von ihrem Elternhaus lösen und ihre Unabhängigkeit unter Beweis stellen will: Endlich einmal etwas ohne die Hilfe ihres reichen Vaters erreichen!

Petra macht mit, weil sie noch mal etwas Verrücktes erleben will, bevor für sie der Ernst des Lebens mit Familie und Beruf beginnt.

Maren sieht in der Moderatorenstelle die Chance, endlich einmal allen zu beweisen (vor allem ihrer Mutter), dass sie keine Versagerin ist.

Arno, die Stimme des Regisseurs aus dem Off (OV), fordert die Mädchen immer wieder auf, ihr Können unter Beweis zu stellen. Als sie sich gegenseitig interviewen müssen, kommt es zum Streit ...

OV Okay, Lilly, willst du das Interview führen?
Lilly Klar.
OV Okay, Maren, deine Runde, okay?
Maren Worum geht es da?
5　**Lilly** Das lass mal meine Sorge sein.
Maren Ich will wissen ...
OV Okay, Maz ab.
Lichtwechsel, ein Jingle.
Lilly Ja, hallo Maren, live bei uns im Studio.
10　Wir haben ja vorhin im Porträt gehört, dass du dich für Umweltschutz engagierst, dich mit Esoterik beschäftigst, Theater ... ich habe so den Eindruck, dass du versuchst, den Dingen auf den Grund zu gehen.
Maren Ja, ich finde es wichtig, dass man nicht nur
15　auf die Oberfläche achtet, in der Gesellschaft und

auch bei Menschen, mit denen man es zu tun hat, sondern dass man rauskriegt, was das für ein Mensch ist, dass man sich respektiert, sich von Ängsten befreit und versucht, hinter die Maske zu sehen. Das ist extrem wichtig. 　20
Lilly Also weg von den Lügen, der Verstellung, den Trends ...
Maren Genau.
Lilly Wo ist denn da die Gefahr für dich?
Maren Dass man sich irgendwann mit diesem Modezeug verwechselt und nicht mehr weiß, was man 　25
wirklich will.
Lilly Und warum bewirbst du dich dann bei einer Show, die Mode, Musik und Trends vermitteln will?
Maren schweigt, sieht irritiert in Richtung Kamera. 　30
Lilly Weißt du es nicht?
Maren Ich will etwas bewegen, ich habe gerne mit Menschen zu tun, dass man über Sachen reden kann.
Lilly Was sagt denn deine Familie dazu?
Maren Meine Mutter ... die ... ja ... ja, mal sehen. 　35
Ist das wichtig?
Lilly Und in der Schule drücken alle kräftig die Daumen?
Maren schüttelt den Kopf, sie beginnt zu zittern.
Maren Doch. Schon. Ich weiß nicht.
Lilly Aber dein Freund, oder? 　40
Maren Hab ich nicht.
Lilly Ist okay.
Ich finde es echt mutig, dass du so ganz ohne Unterstützung dein Ding durchziehst.
Letzte Frage: Sag doch mal, warum glaubst du, dass 　45
du für diesen Job richtig bist.
Maren *zur Kamera* Ich will diese Frage nicht.

OV Das ist doch eine gute Frage, oder?
Stille.
50 **Maren** Weil ich …
Sie bricht ab, Stille.
Lilly Okay, und jetzt Musik. Danke, Maren.
(…)
Maren So eine Arroganz hab ich noch nie erlebt,
55 so eine Gemeinheit, du eitle Schnepfe, Hauptsache du,
egal, was andere Leute machen …
Lilly *laut* Das ist ein Casting! Hier geht es um einen Job!
Kriegt ihr das nicht in die Birne?
Das ist keine Klassenfahrt mit Schnitzeljagd, das ist
60 ein Job beim TV für Acht im Monat, Markenklamotten
frei Haus, Home storys, Vip lounge, Trips zu allen
Events, das ist ein knallhartes Ding.
Was wollt ihr denn in der Sendung machen? Sackhüpfen?
Ihr müsst man checken, dass ihr was bringen müsst!
65 **Maren** Darum geht es doch nicht, du verlogenes Mist-
stück, das weißt du genau!
Lilly Worum geht es denn? Worum?
Maren Diese Scheißfragen nach meiner Mutter, nach
der Schule, du hast mich reingeritten, mit voller Absicht.
70 **Lilly** *schreit* Du stehst doch auf Theater, dann mach
doch einen auf Kelly Family, dann lüg doch.
Das ist denen doch scheißegal, ob deine Eltern ge-
schieden sind oder nicht, lass doch die Psychokacke.
Wo ist denn das Problem, wenn du ein Loser in der
75 Schule bist, ist das meine Schuld?
Soll ich dich aufbauen? Ich?
Nachdem du mich so übel angeschissen hast? Ich?
Du blöde Votze, ist das mein Problem, wenn du kaputt
bist?
80 *Maren geht auf Lilly los, ohrfeigt sie, Lilly schreit.*
Petra geht dazwischen.
Maren will wieder zuschlagen.
Petra Aufhören, sofort!
Petra trennt die beiden, Maren bricht zusammen,
85 *beginnt hysterisch zu heulen.*
Lilly Bist du verrückt? Du bist ja total verrückt!!
Du gehörst doch in die Klapse!!
Petra Halt die Schnauze! Hau ab! Lass sie doch in Ruhe!
Lilly Die soll mich in Ruhe lassen!

90 *Lilly schnappt ihre Tasche, setzt sich in die Ecke, wühlt in*
ihrer Tasche, holt den Player heraus, die Zigaretten, sucht
das Feuerzeug u. Ä.
Petra geht zu Maren.
Petra Das kannst du doch nicht machen.
95 **Maren** Hau ab, lass mich in Frieden, das kapierst du nicht.
Petra Ich will ja nur …
Maren Das kapierst du nicht!
Petra Das ist doch nur … ich meine … klar, ich hab auch
gedacht, dass ich es bin … aber so voll ernst darf man
100 das doch nicht nehmen, oder?
Maren Das geht schief, das weiß ich. Aus. Vorbei.
Gelaufen.
Kaputt … weg … fertig … erledigt … jetzt ist es passiert.
Oh Scheiße, und ich hab gedacht, ich schaff das noch.
105 Jetzt ist es schlimmer, es ist noch schlimmer …
Sie beginnt zu hyperventilieren, ein Würgereiz.
Petra Ruhig, Mensch Maren, du musst ins Bett, leg dich
hin oder so.
Maren beginnt auf und ab zu laufen.
110 **Maren** Mein Kopf, jetzt geht das wieder los.
Petra geht zu Maren.
Petra Komm, leg dich hier auf das Sofa, oder geh ein
bisschen was raus an die frische Luft.
Ich sag denen, dass du krank bist und dass du ander-
115 mal kommst, oder so.
Maren Nein! Nein! Alles, bloß das nicht.
Ich kann nicht noch mal … ich muss das heute.
Unbedingt, sonst ist alles gelaufen.
Ich kann nicht zurück, wenn das heute nicht …
120 ich zieh das durch und dann ist alles egal …
Maren setzt sich aufs Sofa, schlägt sich mit beiden
Händen auf den Kopf, immer stärker.
Petra Hör sofort auf damit!
Maren Ich muss mal aufs Klo … muss man gucken, wo
125 das ist, muss hier ja eins sein … ich guck mal, wo das ist.
Sie geht zur Tür.
Maren Sag mir, wenn es weitergeht, ja?
Unbedingt, du musst
mir das sagen, bitte, ja?
Petra Ja klar.

2 Die Abbildung zeigt Schülerinnen und Schüler, die eine Situation aus dieser Szene dargestellt haben. Schaut euch das Foto genau an:
- Welche Situation aus der Szene wird hier dargestellt?
- Wer stellt welche Figur dar? Woran habt ihr das erkannt?
- Beschreibt den Gesichtsausdruck und die Körperhaltung der Darstellerinnen und Darsteller.

3 a) Entwickelt eigene Standbilder, die die Beziehung der drei Mädchen zueinander verdeutlichen. Nutzt den Methodenkasten.
   b) Tauscht euch im Anschluss an die Darstellung darüber aus, ob die vorgeschlagene Vorgehensweise hilfreich war.

METHODE ▸ **Situationen im Standbild darstellen**

Mit **Standbildern** könnt ihr Situationen aus Texten ohne Worte darstellen. Figuren, die in der Szene agieren, stellen sich in einer „eingefrorenen" Position auf. Mimik und Gestik verdeutlichen die Gefühle, Einstellungen und Beziehungen der Figuren zueinander. Geht so vor:

1. Bildet Gruppen und verteilt die Rollen. Ihr braucht auch einen Regisseur.
2. Wählt eine Situation aus und überlegt, wie ihr sie darstellen wollt (Mimik, Körperhaltung, Positionierung einzelner Figuren zueinander).
3. Probiert verschiedene Darstellungsmöglichkeiten aus. Der Regisseur sieht sich das Standbild an und verändert es, bis es „perfekt" ist. Er achtet besonders auf die Darstellung der Gefühle durch Mimik und Gestik.
4. Präsentiert euer Standbild für etwa 30 Sekunden. In dieser Zeit kann auch ein Foto gemacht werden.
5. Die Beobachter beschreiben, was sie im Standbild erkennen und stellen Fragen. Die Darsteller erklären ihre Sichtweise. Nutzt den wortstark!-Zettel.

wortstark!

Das Standbild zeigt die Situation, als …
Der Gesichtsausdruck / die Körperhaltung von … zeigt / verdeutlicht …
Ich finde die Darstellung gelungen / passt nicht so gut, weil …

Ich fühlte mich in meiner Rolle …

---

4 Bereitet in Partnergruppen ein Interview mit einer Figur aus der Szene vor:
a) Verteilt die Rollen: Interviewer/-in und interviewte Person (Maren, Lilly oder Petra).
b) Bereitet das Interview vor. Nutzt dazu die Szenenauszüge auf den Seiten 56/57:
   - Der Interviewer überlegt sich Fragen, die er der Person stellen möchte.
   - Die interviewte Person antwortet als Maren, Lillly oder Petra auf die Fragen.
c) Schreibt die Fragen und Antworten auf.
   Interviewer: Hallo Maren, stell dich doch bitte einmal kurz vor.
   Maren: Hallo. Ja, also ich komme aus …
   Interviewer: Was findest du gut? Und was macht dich wütend?
   Maren: …
d) Stellt das Interview in der Klasse vor. Das Publikum gibt ein Feedback.

Die Antwort von … finde ich gut / nicht so gut, we…

Die Frage passt (nicht) zur Szene, weil …

Vielleicht hätte n… noch fragen kön…

Szenen darstellen

1 Bildet Gruppen und gestaltet Szenen oder Ausschnitte daraus im darstellenden Spiel.
 – Nutzt zur Vorbereitung des Spiels den Methodenkasten auf dieser Seite.
 – Entwickelt einen Beobachtungsbogen. Nutzt dafür den Vorschlag im Medienpool. Gebt den darstellenden Gruppen nach ihrer Präsentation eine Rückmeldung.
 – Besprecht abschließend, ob Methodenkasten und Beobachtungsbogen hilfreich waren.

→ Medienpool:
Beobachtungsbogen
zum szenischen Spiel

METHODE ▸ **Szenisch darstellen**

1. Bildet Gruppen und entscheidet euch für eine Szene oder einen Abschnitt.
2. Verteilt alle Rollen in eurer Gruppe. Lernt eure Texte möglichst auswendig. Ihr könnt den Text beim Proben oder Spielen auch in der Hand halten.
3. Studiert eure Szene ein.
 – Achtet auf das Verhalten, die Charaktereigenschaften sowie die Gedanken und Gefühle der Figur, die ihr darstellt.
 – Überlegt, wo ihr auf der Bühne stehen müsst und wie ihr euch bewegt.
 – Sprecht laut und deutlich, sodass das Publikum euch gut verstehen kann.
 – Spielt die Szene mehrmals durch und überlegt, was ihr an eurer Spielweise ändern wollt.
4. Seid ihr bereit für die Aufführung? Dann führt die gewählte Szene der Klasse vor und lasst euch anschließend ein Feedback geben.

Petra Was machen wir denn jetzt?
Lilly, sag doch mal.
Lilly Nehmen wir den Laden hier auseinander, dann kommen sie schon.
5 **Maren** Jetzt komm mal runter, Lilly. Hast du dir etwa Illusionen gemacht? Du musst gutes Material sein.
Lilly Okay, Punkt für dich.
Petra Sind die jetzt abgehauen oder so?
Maren Die hören uns bestimmt zu.
10 **Lilly** Also, machen wir ein bisschen Stunk, okay?
Hee! Arno! Süßer!
Wir machen den Job nicht, kapiert?
Maren So doch nicht.
Lilly So trete ich hier nicht ab.
15 **Petra** Du bist Scheiße!
Lilly Die gute alte Nummer mit deinem Supertyp, was?
Klappt immer, was?

Nach verschiedenen Auseinandersetzungen der drei Mädchen, provoziert durch den Regisseur, der aus dem Off das Casting leitet, bekommen Maren, Lilly und Petra durch Zufall mit (weil jemand auf die Gegensprechtaste gekommen ist), dass der Regisseur sich im Hintergrund über die drei Kandidatinnen lustig macht und abfällig über sie spricht. Sie überlegen, wie sie darauf reagieren sollen ...

Petra Arno!

Maren Los, hauen wir ab, das bringt doch nichts.

20 Ich will hier raus und dann denk ich mir was aus, wie es weitergeht.

Petra Jetzt lass dich doch nicht so hängen.

Lilly Hörste? Sogar die Zone muckt auf, nur der Kohlenpott hängt durch. Jetzt ziehen wir es auch durch.

25 **Maren** Was wollt ihr denn?

Petra Ich will den Arsch einmal sehen.

Lilly Dann kriegt er noch authentisch eins vor den Koffer geschissen und dann hausen wir ab.

Petra Arno!

30 **Lilly** Wenn du noch ein bisschen abhängen willst, kommst du halt noch zwei Tage bei uns ins Gästezimmer, okay?

Maren Mal sehen. Danke.

Lilly Hey Arno!

35 Drei Mädchen warten sehnsüchtig auf dich, lass uns noch mal deine Superstimme hören!

OV Ich bin ganz Ohr.

Lilly Das Casting ist gelaufen, klar?

OV Klar ist es das.

40 **Lilly** Du checkst ja richtig was.

OV Klar doch.

Lilly Genug gezaubert.

OV Klar.

Petra Wir wollen den Job nicht.

45 **OV** Ihr wart super, wirklich.

Maren Wir machen es nicht.

OV Ihr habt es doch gemacht.

Petra Was?

OV Ihr seid es.

50 **Lilly** Lass stecken, ja? Die Nummer ist durch, bye bye.

OV Ihr seid Creeps. Ist ein Kompliment.

Maren Ich gehe jetzt, ich kann das nicht mehr hören.

OV Ihr wart unser bestes Material bisher. Sternstunde, wirklich, sagen alle.

55 **Lilly** Ihr könnt euch andere Moderatoren suchen, wir haben die Schnauze voll.

OV Okay, jetzt kommt erst mal ein bisschen runter, ihr braucht nicht mehr aufzudrehen, die Kamera läuft nicht mehr. Wir haben ein tape, aus dem wir einen verdammt

guten Clip zaubern können, ist alles dabei, die bunte 60 Knabbermischung: fun and emotion, Tränen, Wut.

Maren Kapiere ich nicht.

OV Wir haben jetzt nur einen kleinen rough mix hingekriegt, auch zaubern dauert seine Zeit, wollt ihr mal einen Blick reinhören? Film ab. 65

Den Mädchen wird nun klar, dass das Casting nur dazu dienen sollte, möglichst emotionales Filmmaterial zu erhalten, um es für den Werbetrailer der Sendung zu nutzen – die Moderatorinnenstelle war von Anfang an mit einer anderen besetzt!

Lilly Was ist, gehen wir?

Maren *zu Petra* Machst du das?

Petra Ich weiß nicht.

Lilly Ich will hier raus.

Maren Ich auch. 70

Lilly Und, was machst du?

Maren Ich geh zum Zug.

Lilly Jetzt noch?

Maren Ich komm doch jetzt im Fernsehen, oder?

Lilly Klar tust du das. 75

Maren Du auch.

Lilly Ja.

Petra Was machst du?

Lilly Eigentlich müsste man …

Petra Was? 80

Lilly Vergiss es.

Maren Also?

Lilly Klingt vielleicht blöd, aber ich will jetzt fett einkaufen gehen.

Petra Ich komm noch kurz mit. 85

Maren Ich auch.

Lilly Wir haben ja jetzt Kohle.

Petra Zweifünf, oh Mann, das ist verdammt viel.

Lilly Beim TV ist das ein Hungerlohn, die sollen ruhig mehr abdrücken, wollen wir mal sehen. 90
Und dann renovieren wir uns die Nerven.

Maren Zwei T-Shirts, was?

Lilly Hundert Veleda Hornhautraspeln, was?

Petra Los, wir gehen.

Über die Arbeit mit dem Theaterstück nachdenken

Ihr habt einen Überblick über das Theaterstück „Creeps" bekommen und euch mit einzelnen Szenen genauer auseinandergesetzt. Dabei habt ihr verschiedene Darstellungsmöglichkeiten kennengelernt. Abschließend könnt ihr noch einmal über das Theaterstück ins Gespräch kommen.

1 Im Anschluss an die Beschäftigung mit „Creeps" hat die Klasse 8b über Thema und Inhalt des Theaterstücks und die erprobten Darstellungsmöglichkeiten diskutiert.
   – Lest die Sprechblasen und ergänzt sie.
   – Präsentiert sie der Klasse und kommt darüber ins Gespräch.

Was bedeutet eigentlich „Creeps"? Und was hat dieser Begriff wohl mit dem Inhalt des Stücks zu tun?

Mir haben die Szenen-ausschnitte gefallen, weil ...

Mich würde interessieren, ob ...

Von den Hauptfiguren gefällt mir ... gut, weil ...

Lesevortrag, Standbild oder szenische Darstellung? Am besten fand ich ..., weil ...

Vergleicht man das Theaterstück mit dem realen Leben, dann ...

Hättet ihr Lust, eine Aufführung des Stücks zu sehen? Vielleicht wird es ja mal irgendwo in unserer Gegend gespielt ...

Wäre ich in der Situation gewesen, dann ...

Castingformate heutzutage sind ...

Beobachtetes mitteilen

Wenn ihr z. B. im Rahmen der Berufsvorbereitung an verschiedenen Orten unterschiedliche Tätigkeiten miterlebt und beobachtet habt, dann könnt ihr darüber schreiben und Leserinnen und Lesern einen Einblick geben. Was ihr beim Schreiben tut und wie ihr dabei formuliert, darum geht es in diesem Kapitel.

SCHREIBEN

1 Luca aus der 8b war bei einem Dachdecker vor Ort und hat darüber einen Text geschrieben. Du siehst ihn auf der nächsten Seite.

a) Lies nacheinander die Textteile A, B und C und sieh dir das Foto an.
   – Was teilt Luca mit? Was erfahrt ihr? Wer kommt zu Wort?
   – Welche Fragen werden jeweils in den Textteilen beantwortet?

b) Tausche dich mit anderen aus. Das geht auch zu zweit:

Warum sind Dächer so steil?

In Zeile … steht …

Wer ist für den Beruf nicht geeignet?

In Zeile … steht … Daraus kann man schließen …

   – Einer stellt eine W-Frage, der andere antwortet und zitiert aus dem Text. Wechselt dabei die Rollen.

   – Schwieriger wird es, wenn ihr nach Informationen fragt, die nicht wörtlich im Text stehen.

c) Diskutiert auch, was Luca wohl mit seinem Text erreicht und warum das so ist.

(A) Ich möchte darüber informieren, was ich bei meiner Berufsorientierung
     beobachtet und erfahren habe. Ich war für einen Tag mit Dachdecker-Geselle
     Timo Höpner unterwegs.

(B) Er zeigte mir zunächst seinen Hauptarbeitsplatz und nahm mich mit auf ein
 5   Hausdach. Das war ganz schön hoch, aber ich hatte keine Höhenangst. Ich bin ja
     oft mit meinen Freunden im Klettergarten unterwegs. Timo erklärte mir erst
     einmal, warum viele Dächer so steil sind: Bei Regen fließt das Wasser schnell
     ab und wird in der Regenrinne aufgefangen. Und der Dachdecker sorgt dafür,
     dass das Dach dicht ist. Dazu wird es mit Dachziegeln abgedeckt. Los geht es
 10 aber zuerst mit dem Dachstuhl aus Holz und der Dämmung. Darauf befestigt
     der Dachdecker dann weitere Holzlatten. Timo wies darauf hin, dass ein Dach
     weniger Energie verbraucht, wenn es gut gedämmt ist. Bei der Arbeit muss
     sich ein Dachdecker gut sichern. Ich bekam dazu gleich am Anfang meine
     eigene Sicherheitsausstattung mit Auffanggurt. Und am Rand des Dachs
 15 konnte ich spezielle Fangnetze sehen. Ich konnte nun live zusehen, wie Timo
     die Dachziegel anbrachte. Er legte sie zunächst in einer festen Ordnung auf-
     und aneinander und befestigte sie dann an den Holzlatten. Ich habe geholfen
     und die Verschnürungen der Ziegelstapel aufgeschnitten. Timo arbeitete sehr
     zügig. So entstand nach und nach eine immer größere Fläche. Man kann also
 20 direkt sehen, was man geschafft hat. Timo sagte mir, dass er am Ende des
     Tages immer noch mal nach oben sieht. Dann ist er stolz auf seine Arbeit.

(C) Ich kann mir vorstellen, dass ich später auch handwerklich arbeiten möchte.
     Deshalb will ich mich noch über andere Handwerksberufe informieren.

                                                                     Luca Dassler

2 Probiere Änderungen am Text aus. Nutze dazu die Vorschläge a) – d).   → Medienpool:
Vergleiche deine Entscheidungen jeweils im Gespräch mit anderen: Lucas Text
  – Was wird durch die Änderungen möglicherweise bei den Lesern erreicht?
  – Welche Änderung ist sinnvoll, welche nicht?

a) Füge Lucas Text eine Überschrift hinzu.   c) Lucas Text soll aus Platzgründen um etwa
   Wähle aus den folgenden Vorschlägen aus   fünf Zeilen gekürzt werden. Was würdest du
   oder formuliere eine eigene Überschrift.   streichen?
   – Eine wichtige Erfahrung für mich
   – Gut, dass ich keine Höhenangst hatte   d) Luca hat weitere Arbeiten selbst gemacht.
   – Man kann sehen, was man geschafft hat   Probiere aus, wo die folgenden Sätze in den
                                                       Text passen könnten. Füge sie zur Probe ein.
b) Probiere aus, welche Informationen auch an   – Ich durfte nachher auch einen Dachziegel
   anderer Stelle in Lucas Text stehen könnten.   befestigen, aber das dauerte ziemlich lange.
   Nenne Beispiele.   – Ich reichte Timo die einzelnen Ziegel an.

Erkennen, was beim Schreiben wichtig ist

In einem gelungenen Text findest du Beispiele dafür, was man beim Schreiben tut und wie man formuliert. Das kannst du für den Entwurf und die Überarbeitung deines eigenen Textes nutzen.

→ Medienpool:
Lucas Text

1 Untersuche an Lucas Text, was man beim Schreiben tut, wenn man Beobachtungen und Erfahrungen mitteilt. Dazu kannst du den Text aus dem Medienpool nutzen.

a) Suche zu den Angaben im Wissen-und-Können-Kasten Beispiele in Lucas Text und gib die Zeilen an.
   – Grund, Ort, Zeitpunkt, Beteiligte nennen: Z. 1-...
   – Wiedergeben, was man nacheinander erlebt und erfahren hat: Z. ...
   – ...: Z. ...

b) Markiere im Text, wie das jeweils formuliert wird.

> Ich möchte darüber informieren, was ich bei meiner Berufsorientierung beob-
> achtet und erfahren habe. Ich war für einen Tag mit Dachdecker-Geselle Timo
> Höpner unterwegs.
> Er zeigte mir zunächst seinen Hauptarbeitsplatz und nahm mich mit auf ein
> Hausdach.

WISSEN UND KÖNNEN   **Erkennen, was beim Schreiben wichtig ist**

Wer mitteilt, was er vor Ort erfahren und beobachtet hat, berichtet und beschreibt den Leserinnen und Lesern interessante Einzelheiten sachlich und wahrheitsgetreu.

Als Schreiberin oder Schreiber teilst du im Einzelnen mit:
– den Grund, den Ort, den Zeitpunkt und die Beteiligten:
  In meinem Text möchte ich informieren/mitteilen/darlegen/...,
  was ich während meines ... vor Ort/in der Firma ... beobachten konnte ...

– was du nacheinander gesehen, erlebt und erfahren hast:
  Zunächst ... anschließend ... dann ...

– einzelne Vorgänge mit Fachausdrücken:
  das Dach mit Dachziegeln abdecken, auf dem Dachstuhl Holzlatten
  befestigen ...

– was dir von Anwesenden erklärt und erläutert wurde:
  sagte/betonte/erklärte/wies darauf hin, dass .../es sei ...

– welche Bedeutung alles für dich hat:
  interessant war ... ich kann mir vorstellen ...

2 Nutze die Schreibhilfen im Wissen-und-Können-Kasten für eine Checkliste.

a) Formuliere Fragen, mit denen sich überprüfen lässt, was Luca beim Schreiben beachtet hat.

– Grund, Ort, Zeitpunkt und die Beteiligten genannt?

– ...

b) Überprüfe mit der Checkliste Lucas Text: Nenne, was ihm beim Schreiben gelungen ist, und auch das, was du noch ändern würdest.

3 Was muss in Lucas Text anders sein, wenn daraus ein Bericht werden soll, wie er auf einer Schul-Homepage stehen könnte? Probiere das einmal aus:

a) Stelle W-Fragen.

– Wann und wo?

– Wer war beteiligt?

– Was ereignete sich?

– ...

b) Markiere mithilfe der W-Fragen in Lucas Text die Informationen, die du für deinen Text benötigst (Folientechnik).

c) Entwirf den Text für die Homepage mit einer passsenden Überschrift.

– Nutze deine Vorbereitungen.

– Du kannst auch die folgenden Formulierungen verwenden:

während der Berufsorientierung ...
Luca Dassler aus der 8b ...
beim Dachdecker ...
zeigte den Arbeitsplatz ...
erklärte ... Sicherheit ...
Dachziegel in einer festen Ordnung ...
stolz auf die Arbeit ...
Luca möchte ...

d) Diskutiert, was in dem Bericht für die Schul-Homepage anders geworden ist als in Lucas Text und warum das so ist.

Materialien und Informationen zum Schreiben auswählen

Bei einem Besuch vor Ort bekommst du viele Materialien und Informationen, die du für deinen Text nicht alle nutzen kannst. Du musst daraus gezielt auswählen.

→ Medienpool:
Materialien M1 – M8

1 Lima war in einer Zweithaar-Manufaktur, die Perücken für Menschen herstellt, die ihre Haare wegen einer Krankheit verloren haben. Hier findest du ihre Fotos und Notizen von einem Gespräch mit dem Werkstattmeister. Schau dir die Materialien M1 – M8 genau an und verschaffe dir einen Eindruck davon, was Lima gemacht hat.

2 Lima bereitet einen Text vor, in dem sie ihren Mitschülerinnen und Mitschülern berichten und beschreiben will, was sie vor Ort beobachten und erfahren konnte. Welche Fotos und Informationen aus dem Gespräch sollte Lima für ihren Text auswählen? Notiere deine Auswahl wie auf dem Zettel. Nutze dazu die Hinweise im Methodenkasten.

aus M5:
– Haare waschen und desinfizieren
– kurze Haare beim Hecheln mit einen Nagelteppich aussortieren (mit Foto M2)

M1 Zöpfe aus Haarspenden

M2 Beim Hecheln

M3 Beim Verknoten

M4 Perückenmacher bei der Arbeit

3 Diskutiere deine Auswahl mit anderen.
Überlege, ob du etwas streichen oder ergänzen willst.

> **METHODE** ▶ **Materialien und Informationen für das Schreiben auswählen**
>
> Suche in den Materialien nach Informationen für deinen Text:
> – Erinnere dich: Schau dir die Materialien an, die du gesammelt hast.
> – Markiere die Informationen, die für die Leser interessant sein könnten.
> – Notiere auf einem Stichwortzettel hintereinander und übersichtlich,
>   was du gesehen hast und was du zusätzlich erfahren hast.
>   Gib auch die Fundstellen als Quellen an:
>   Zöpfe aus Haarspenden (M5 mit Foto M1)
>   ...

Woher kommen die Haare?
– Zöpfe aus Haaren werden größtenteils
  gespendet
– täglich bis zu 50 Zöpfe

Welche Haare werden angenommen?
– Haarspenden werden ab einer Länge
  von 25 cm angenommen

Wie lange braucht man für eine Perücke?
– 200–250 Stunden Handarbeit

Müssen alle Kunden die Perücke bezahlen?
– durch Spenden können kranke Kinder mit
  Haarausfall eine Perücke gestiftet bekommen

Wie entsteht eine Perücke?
– drei bis sechs Zöpfe werden benötigt
– Haare waschen und desinfizieren
– kurze Haare beim Hecheln mit einen
  Nagelteppich aussortieren
– Haare aus mehreren Zöpfen
  zusammenmischen (melieren)
– Haare einzeln mit dem feinmaschigen
  Unterbau (Montur) verknoten
  (ca. 100000 Knoten pro Perücke)
– Haarschnitt nach Kundenwunsch

Ist Perückenmacher ein Ausbildungsberuf?
– der Ausbildungsberuf heißt Friseur/-in
  und Perückenmacher/-in

M5 *Aus dem Gespräch mit dem Werkstattmeister*

M6 *Haarschnitte*

M7 *Zöpfe im Haarlager*

M8 *Frisuren zur Auswahl*

Direkte und indirekte Fragesätze formulieren

Wenn du etwas herausfinden willst, stellst du Fragen. Wenn du deine Ergebnisse zusammenfassen willst, musst du indirekte Fragesätze formulieren.

1 Lies die beiden Sätze:

a. Wann darf ich kommen

b. Vor meiner Berufserkundung habe ich gefragt wann ich kommen darf

→ *Hinweise zu den Satzarten findest du in „Wissen und Können", S. 284.*

a) Ergänze in beiden Sätzen die fehlenden Satzzeichen (Folientechnik).

b) Um welche Satzart handelt es sich?

c) An welchen Stellen steht das konjugierte Verb? Begründe, bei welchem Satz es sich um ein Satzgefüge handelt. Nutze die Hinweise in „Wissen und Können".

WISSEN UND KÖNNEN ▶ **Direkte und indirekte Fragesätze formulieren**

Man unterscheidet direkte und indirekte Fragesätze.

1. **Direkte Fragesätze** werden mit einem Fragepronomen (W-Fragewort: wer, wann, warum, wo, wozu; ob ...) eingeleitet: „**Wann** beginnt meine Berufserkundung?" Direkte Fragesätze stehen oft in der wörtlichen Rede. Denke an das Fragezeichen!

2. **Indirekte Fragesätze** bestehen aus einem einleitenden Satz und der eigentlichen Frage, die durch ein Fragepronomen verbunden sind: Ich fragte am Telefon, **wann** meine Berufserkundung beginnt. Nach indirekten Fragesätzen steht kein Fragezeichen. In Berichten werden oft indirekte Fragesätze verwendet.

Achmeds Frage

1. Wann ...

2. Wohin ...

3. Bei wem ...

4. W...

...

→ *Medienpool: Gespräch zwischen Achmed und seinem Onkel (Audio)*

2 Höre das Gespräch, dass Achmed mit seinem Onkel Fritz führt.

a) Welche Tipps bekommt Achmed von Onkel Fritz?

b) Was rät Onkel Fritz? Welche Fragen soll Achmed im Telefongespräch mit der Landschaftsgärtnerei stellen? Ergänze seine Frageliste.

3 Nach der Berufserkundung nutzt Achmed seinen Notizzettel, um einen Text für die Schülerzeitung zu schreiben. Schreibe seinen Text. Verwende dabei indirekte Fragesätze.

Ich gebe euch hier ein paar Tipps, was ihr bei der Berufserkundung beachten müsst. Ganz wichtig ist, die richtigen Fragen zu stellen!

Zunächst müsst ihr euch erkundigen, ...

Ihr solltet auch fragen ... Außerdem ist wichtig ...

Ihr solltet euch unbedingt informieren ...

Vielleicht wollt ihr auch wissen ...

Schließlich könnt ihr auch fragen ...

In einem Bericht treffende Verben verwenden

Nach einer Berufserkundung kannst du deine Beobachtungen dokumentieren, auswerten und präsentieren. Hierzu kannst du auch kleine Texte schreiben.

1 Lies, was Tanja über ihre Berufserkundung schreibt. An einigen Stellen hat sie umgangssprachliche Formulierungen verwendet. Überarbeite ihren Text: Ersetze die unterstrichenen umgangssprachlichen Ausdrücke durch passende Verben.

Zuerst <u>hab</u> ich <u>mich</u> im Internet <u>schlau gemacht</u>, was man als Landschaftsgärtnerin so alles machen muss. Dann <u>hab</u> ich <u>mich</u> <u>ans Telefon gehängt</u> und im Büro der Landschaftsgärtnerei GaLa GRÜN angerufen. Zunächst <u>hab</u> ich mal <u>gesagt</u>, wer ich bin. Ich wollte <u>rauskriegen</u>, ob man dort überhaupt eine Berufserkundung machen kann. Eine Mitarbeiterin <u>erzählte</u> mir dann etwas über die Aufgaben. Sie <u>meinte</u> auch, ich soll nächsten Montag kurz vor 8 bei ihr <u>reinschauen</u>. Dann würde ich mehr <u>hören</u>.

> **WISSEN UND KÖNNEN** ▷ **Über eine Berufserkundung berichten**
>
> Bei einer Berufserkundung willst du einen Einblick in die Berufswelt gewinnen. Dabei kannst du Neues beobachten, Fragen stellen oder etwas Besonderes erleben. Wenn du darüber berichtest, verwendest du **typische Verben**:
> – fragen, wissen wollen, sich erkundigen, nachfragen ...
> – beobachten, zusehen, zugucken ...
> – erleben, erfahren, betrachten, sich informieren ...
> – neugierig sein, sich interessieren für, gefallen, begeistert sein, schwärmen, mögen, toll finden, sich gut vorstellen können ...
> – staunen, sich wundern, überrascht/erstaunt sein ...

2 Lies, was Tanja über ihre Berufserkundung in einem Gartenbaubetrieb schreibt.
– Überarbeite ihren Text: Setze passende Verben aus „Wissen und Können" ein.
– Vergleicht eure Lösungen.

Ich möchte euch darüber   , was ich bei meiner Berufsorientierung habe. Weil ich von Pflanzen   , möchte ich einen grünen Beruf ergreifen. Ich   besonders für den Beruf Gärtner/-in im Garten und Landschaftsbau. Einen ganzen Tag lang war ich mit der Landschaftsgärtnerin Anja unterwegs. Dabei konnte ich   , was typische Arbeiten sind. Ich war   , wie abwechslungsreich und vielfältig die Arbeit ist. Ich   , Gärten zu gestalten. Ich   durch Pflanzen von Bäumen oder Sträuchern Leben in den Garten zu bringen und ihn zu verschönern. Ich kann   , dass ich später als Landschaftsgärtnerin arbeite.

Zu einer Erkundung vor Ort einen Text entwerfen

In der Einleitung teilst du den Leserinnen und Lesern mit: Wo, bei wem und wozu warst du vor Ort? Im Hauptteil: Was konntest du dort an interessanten Einzelheiten beobachten und erfahren? Im Schluss: Welche Bedeutung hat das alles für dich?

→ Medienpool:
Limas Stichwortzet-
tel und Schreibplan

1 Lima war in der Zweithaar-Manufaktur. Sie will ihrer Klasse mitteilen, was sie beobachtet und erfahren hat. Entwirf ihren Text. Schreibe in der Ich-Form.

– in einer Zweithaar-Manufaktur,
im Haarlager und in der Werkstatt
– Werkstattmeister: „Pro Perücke brauchen wir
200 – 250 Stunden Handarbeit."
– Perücken aus echten Haaren,
als Spenden in Zöpfen geliefert
– Herstellung: Haare waschen und desinfizieren /
Arbeit am Perückenkopf, auf dem Unterbau (Montur jedes Haar einzeln mit der Montur verknoten /
fertige Perücke wird nach Kundenwunsch
geschnitten

a) Bereite das Schreiben vor:
– Schau dir den Stichwortzettel an, den Lima zu den Fotos und den Gesprächsnotizen erstellt hat. Du kannst ihn für das Schreiben nutzen.
– Welche Informationen vom Stich-wortzettel gehören in die Einleitung, welche in den Hauptteil und welche in den Schluss?
Wähle aus und ergänze den folgen-den Schreibplan:

Was gehört in ...	Einzelheiten aus den Materialien
Einleitung Wo, bei wem und wozu vor Ort?	in einer Zweithaar-Manufaktur, im Haarlager, in der Werkstatt
Hauptteil Was habe ich beobachtet und erfahren?	...
Schluss Welche Bedeutung hat das alles für mich?	Interesse für seltene Berufe geweckt

Hole dir während des Schreibens Anre-gungen in Zwischen-durch-Gesprächen.

b) Diskutiere deine Entscheidungen mit anderen.

c) Schreibe mit Hilfe der Angaben im Schreibplan nacheinander die Einleitung, den Hauptteil und den Schluss. Finde eine passende Überschrift und füge ein Foto ein. Du kannst dazu die folgenden Formulierungen nutzen.
Bei einer Recherche vor Ort war ich ... Die Perücken kommen/werden geliefert ...
Bei der Herstellung wird/werden ... zuerst ... dann ... dabei ... schließlich ...
Der Werkstattmeister erklärte/wies darauf hin/erwähnte ...
Für mich hat das alles ... Ich kann mir vorstellen ...

Du kannst dazu die Fragen der Checkliste von S. 65 (Aufgabe 2) nutzen.

d) Überprüfe Einleitung, Hauptteil und Schluss:
– Nenne, was dir beim Schreiben gelungen ist, und auch das, was du noch vielleicht noch ändern solltest.
– Überarbeite gegebenenfalls deinen Text.

2 Was muss ein Perückenmacher tun, damit jemand zu seiner gewünschten Perücke kommt? Teile in einer Bilderfolge mit Texten den Mitschülerinnen und Mitschülern mit, was Lima in der Zweithaar-Manufaktur dazu beobachten und erfahren konnte.

→ Medienpool:
Materialien M1 – M8

a) Bereite die Bilderfolge mit Texten vor. Das erste Bild mit Text für diese Bilderfolge ist bereits fertig:

Der Perückenkopf ist mit einem feinmaschi-
gen Unterbau (Montur) überzogen.
Damit werden die Haare einzeln verknotet.
Das sind etwa 100 000 Knoten.

Wie ergänzen sich Bild und Text? Finde im Gespräch mit jemandem eine Antwort.
– Was erfährt man durch das Bild? Was wird im Text ergänzt?
– Was kann ein Bild besonders gut, was erklärt man am besten mit Wörtern?

b) Wähle weitere Bilder aus dem Medienpool aus, die Wichtiges zeigen und interessante Einblicke geben können, und entwirf die Texte dazu.
Erkläre mit einem kleinen Text oder einer Überschrift, worum es in der Bilderfolge mit den Texten geht.

c) Kombiniere Bilder und Texte und den erklärenden Text so miteinander, dass ins Auge fällt, was dir wichtig ist. Probiere verschiedene Möglichkeiten aus.
– Bildgröße festlegen
– Bilder auf der Seite platzieren (in Reihung, frei verteilt ...)
– Textteil zum Bild platzieren (über, neben, unter dem Bild)
– Schriftbild und Schriftgröße wählen

d) Was ist dir gelungen? Was solltest du vielleicht ändern?
Tausche dich mit anderen aus.
– Wodurch wird erreicht, dass man alles lesen will?
– Wodurch wird die Informationsentnahme erleichtert?

Eine Reportage schreiben

Eine Reportage ist eine besondere Art, über das zu schreiben, was man vor Ort beobachtet oder erfahren hat. Sie wird so geschrieben, dass es den Leserinnen und Lesern vorkommt, als wären sie mit dabei.

1 Was muss man tun, wenn man eine Reportage schreiben will?

a) Esma und Hugo haben dazu einen Podcast angeschaut und auf einem Notizzettel notiert, worauf es beim Schreiben einer Reportage ankommt. Lest, was sie notiert haben.

> Eine Reportage schreiben:
> - eine aufregende Schlagzeile formulieren, die zum Weiterlesen verlockt
> - mit einer interessanten Einzelheit oder Aussage beginnen
> - nacheinander lebendig und anschaulich berichten und beschreiben, was man beobachtet und erfährt
> - beim Schreiben auch die Umgebung und die Stimmung vor Ort schildern: Geräusche, Gerüche, Farben und andere Sinneseindrücke
> - andere zu Wort kommen lassen, auch in wörtlicher Rede
> - den Text abschließen und dabei noch etwas Besonderes aufgreifen
> - im Präsens schreiben, so sind die Leserinnen und Leser näher am Geschehen

b) Recherchiert selbst im Internet. Vergleicht eure Ergebnisse mit den Informationen auf dem Notizzettel:
   - Was ist ähnlich wie bei Esma und Hugo?
   - Wollt ihr ihren Notizzettel noch ergänzen?

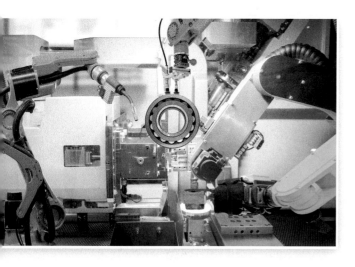

2 Charlotte war mit ihrer Technik-AG vor Ort bei einer Erkundung der Firma Spitzer, einem Metallverarbeitungsbetrieb. Sie teilt ihre Beobachtungen und Eindrücke in ihrem Text „Wie von Geisterhand" auf der Schul-Homepage mit (S. 73).

a) Tausche dich mit anderen aus, was wir als Leserinnen und Leser aus ihrem Text erfahren.

b) Charlotte schreibt im Reportagestil. Finde in ihrem Text Beispiele zu den Angaben auf dem Stichwortzettel.

c) Erläutere mit anderen, was durch den Reportagestil besonders gut erreicht wird.

Wie von Geisterhand

Der Chef, Herr Spitzer, führt uns in die Produktionshalle. Zu unserer Überraschung ist alles blitzsauber und wir sehen fast keinen Menschen. Nur die emsig herumschwenkenden Roboterarme an den langen Produktionsstraßen.
Es riecht nach geschweißtem Metall und ab und zu ist das zischende Geräusch
5   eines Schweißvorgangs zu hören. „Ich habe den Betrieb vor 20 Jahren als kleinen metallverarbeitenden Betrieb gegründet", erklärt Herr Spitzer. „Später haben wir uns spezialisiert auf Herstellung und Vertrieb von moderner Fördertechnik." Er meint, diese Branche habe gute Zukunftsaussichten.
Anschließend kommen wir bei der Betriebsführung durchs Großraumbüro, in
10   die technische Entwurfsabteilung und wieder zurück in die Produktionshalle.
Jetzt wird es spannend: Wir dürfen einen computergesteuerten Roboter-Greifarm selbst bedienen. Wie von Geisterhand bewegt schneidet die Lasermaschine für jeden von uns den selbst entworfenen Schlüsselanhänger aus einem Edelstahlblech heraus. Den Entwurf hatte jeder zu der Betriebserkundung mitgebracht.
15   Und bei mir reift die Idee, dass ich hier später mein Betriebspraktikum machen könnte.

Charlotte, Klasse 8b

3 Hugo schreibt über einen Tag in der Zeitungsredaktion.
– Lies den Anfang seines Textes.
– Welche Merkmale des Reportagestils entdeckst du in Hugos Text?
  Nenne Beispiele mit Hilfe der Angaben auf dem Notizzettel.

Reinfall am Waldlehrpfad

Endlich darf ich allein mit einem Reporter in eine unbekannte
Gegend rausfahren. Draußen vor der Stadt am Waldlehrpfad
haben wir um 11:00 Uhr einen Fototermin mit einer
Klassenlehrerin von der örtlichen Grundschule.
Der Regen hat gerade aufgehört, überall tröpfelt es.
Es riecht nach feuchtem Waldboden.
Wir treffen die Klassenlehrerin. Sie warnt uns gleich:
„Vorsicht, hier ist es nach dem Regen sehr glitschig."
Der Redakteur macht ein paar Fotos ...

→ Medienpool:
Hugos Tagesprotokoll

Du kannst auch eine Reportage über eine Situation schreiben, bei der du selbst dabei warst. Ändere dann das Tagesprotokoll und die Einleitung.

4 Schreibe Hugos Textanfang im Reportagestil weiter. Nutze dazu die Angaben in seinem Tagesprotokoll. Bevor du mit dem Schreiben beginnst:
– Markiere in dem Tagesprotokoll, was du davon übernimmst (Folientechnik).
– Ergänze deine Überlegungen zu folgenden Fragen:
  Wie ist die Stimmung vor Ort, welche Geräusche, Gerüche, Farben ... nimmst du wahr? Was soll als wörtliche Rede wiedergegeben werden?
  Was willst du an den Schluss stellen?

– Redakteur: klettert auf Böschung, will zwei alte Bäume fotografieren; rutscht aus, fällt in ein Schlammloch; ich muss lachen, er schimpft
– gesamte Kleidung schmutzig, auch Brille und Kamera

11:30 Uhr
– Rückweg: Klassenlehrerin hilft beim notdürftigen Reinigen; bringt Plastiktüten als Schutz für den Autositz

11:45 Uhr
Halt am Haus des Redakteurs; komplett umziehen, Kamera säubern

12:30 Uhr
– Ankunft in der Redaktion; bei den Kollegen Verwunderung über Verspätung des Redakteurs; erzählt den Vorfall; alle lachen, er auch
– Tipp aus der Redaktion: demnächst Badehose mitnehmen

13:00 Uhr
Mittagspause
...

5 Formuliert mit Hilfe des Notizzettels Fragen für eine Checkliste und besprecht damit eure Entwürfe.
– Werden Beobachtungen und Erfahrungen nacheinander lebendig und anschaulich berichtet und beschrieben?
– Werden auch Umgebung, Geräusche, Gerüche, Farben und andere Sinneseindrücke beschrieben?
– ...

Beobachtetes mitteilen

1 Lege ein Portfolio an und sammle gelungene Materialien zum Thema „Beobachtetes mitteilen". Begründe die Auswahl mündlich.

2 Lies den Zeitungsartikel zur Jugendfeuerwehr und schau dir das Foto dazu an.

Verstärkung für die Jugendfeuerwehr

Am letzten Mittwoch wurden 23 Mädchen und Jungen als neue Mitglieder in die Jugendfeuerwehr aufgenommen. Sie werden in den nächsten Jahren lernen, was man als Feuerwehrmann oder Feuerwehrfrau können muss. Dazu gehören Fahrzeugkunde, Funken und Erste Hilfe. Alle 14 Tage
5 treffen sich die Mitglieder der Jugendfeuerwehr, um sich auszutauschen und neue Dinge zu lernen. Leon, einer von ihnen, betont, dass ihm nicht nur die fachlichen Aspekte gefallen, sondern vor allem die Kameradschaft in der Gruppe. Wer sich für die Arbeit der Jugendfeuerwehr interessiert, findet auf der Internetseite
10 der Feuerwehr Infos und ein Anmeldeformular.

> **wortstark!**
>
> Mein Portfolio zu …
> enthält …
> Besonders gelungen
> ist mir …
> Gelernt habe ich dabei …
> Spaß gemacht hat mir
> besonders …
> Ich fand interessant …

3 Wähle Aufgabe **A** oder **B**.

A Du warst selbst als neues Mitglied der Feuerwehr vor Ort.
Teile deinen Mitschülerinnen und Mitschülern mit, was du beobachtet und erfahren hast. Nutze dazu den Zeitungsartikel und den Stichwortzettel.
Beachte, was du im Unterricht gelernt hast.

– Leiterwagen vor dem Gerätehaus
– einzeln vor dem Leiterwagen fotografiert
– Begrüßungsansprache der Jugendleiterin
– Aufnahmeurkunde und persönlicher Handschlag
– eigene Grundausstattung für Neumitglieder
– Vorführung eines Löschangriffs mit Schlauch

B Du warst selbst als neues Mitglied der Feuerwehr vor Ort.
Schreibe eine Reportage für deine Mitschülerinnen und Mitschüler. Nutze dazu den Zeitungsartikel und den Stichwortzettel.
Beachte, was du im Unterricht gelernt hast.

– Leiterwagen fährt vor das Gerätehaus
– Blaulicht und Riesengetöse
– Begrüßungsansprache der Jugendleiterin, mucksmäuschenstill
– einzeln vor dem Leiterwagen fotografiert, schwitzen in der prallen Sommersonne
– gespannt, wie die Grundausstattung für Neumitglieder aussieht
– Riesentempo bei Vorführung eines Löschangriffs …

Standpunkte überzeugend vertreten

Zu strittigen Themen in der Schule oder im Alltag könnt ihr schriftlich Stellung nehmen. Um eure Leser zu überzeugen, müsst ihr passende Argumente finden und sie geschickt anordnen. Was ihr beim Schreiben sonst noch beachten solltet, welche Ausdrücke und Formulierungen ihr am besten wählt, das lernt und übt ihr in diesem Kapitel.

SCHREIBEN

1 Lest die Aufforderung der Planungsgruppe auf der Schulhomepage und schaut euch die Fotos dazu an.
- Wozu sollen sich die Schülerinnen und Schüler der Einsteinschule äußern? Was wollen Frau Holms und die Planungsgruppe wissen?
- Welche Standpunkte sind möglich?

.... **Deine MEINUNG ist gefragt** ....

Wollt ihr immer das Neuste besitzen oder seid ihr bereit, Sachen länger zu nutzen und auch reparieren zu lassen?

Soll es an der Einsteinschule ein Repair-AG geben?

„Eine tolle Idee! Ich bin unbedingt dafür."
Ela, Klasse 8b

„Es gibt viele sinnvolle AG-Angebote. Aber ich meine, eine Repair-AG gehört bestimmt nicht dazu."
Nico, Klasse 9a

Schreibt eure Meinung an Frau Holms, die Leiterin der Planungsgruppe Repair-AG.

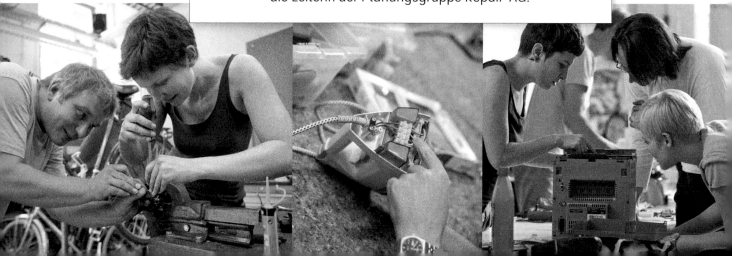

2 Könnt ihr euch auch für eure Schule eine Repair-AG vorstellen?
Tauscht euch zu dieser Frage aus.

3 Man kann sich für oder gegen eine Repair-AG aussprechen. Aber welche Argumente
gibt es für die eine oder andere Seite? Bearbeitet dazu die Aufgaben a) und b).
Ihr könnt dabei die Methode „Nachdenken – austauschen – vorstellen" nutzen.

→ Nachdenken –
austauschen –
vorstellen, S. 289

a) Sammelt Argumente in einer Pro- und Kontra-Liste. Übernehmt dazu die folgende
Tabelle. Ihr findet sie auch als Datei im Medienpool.

→ Medienpool:
Pro-und-Kontra-Liste
als Tabelle

Soll es eine Repair-AG geben?

Dafür (Pro)	Dagegen (Kontra)
– man kann Physik praktisch lernen	– für viele Geräte fehlen die Fach- kenntnisse, um sie zu reparieren
– ...	– ...

b) Ergänzt die Liste mit recherchierten Argumenten, die ihr der folgenden Zeitungsmeldung entnehmen könnt: Markiert entsprechende Textstellen (Folientechnik)
und notiert sie in eurer Pro-und-Kontra-Liste. Das könnt ihr auch am Bildschirm
mit dem Text aus dem Medienpool tun. Zwei Stellen sind schon markiert.

→ Medienpool:
Viele junge Menschen
kaufen lieber Neues

Während der Beschäf-
tigung mit dem Thema
könnt ihr die Liste mit
weiteren Argumenten
ergänzen.

Viele junge Menschen kaufen lieber Neues

Das ist ein Ergebnis einer Studie des Klimainstituts Wuppertal und einer
Befragung des Umweltbundesamts (BMU). Andererseits haben aber auch
Repair-Cafés und Repair-AGs großen Zulauf. Viele nutzen sie, weil die
Reparaturen kostenlos sind. Man kann auf diese Weise viel Geld sparen.
5   Manche wollen auch Liebgewonnenes länger nutzen und lassen es deshalb
reparieren.
Denjenigen, die vom Reparieren wenig halten, ist es sehr wichtig, immer
die neusten Funktionen bei neu gekauften Geräten nutzen zu können.
Für sie spielt es auch eine Rolle, dass Neues zuverlässiger funktioniert und
10 deshalb kaum Reparaturen benötigt. Sie meinen auch, dass die Repair-
Initiativen den professionellen Handwerkern die Arbeit wegnehmen.
Bei den Repair-Kunden spielt andererseits der Umweltgedanke mit:
Durch Reparieren nutzt man Dinge länger und kann so die Müllmenge
verringern. Die Reparierer selbst finden es gut, dass man da etwas
15 ausprobieren und Probleme lösen kann und so Erfolgserlebnisse hat.

Einen Mustertext für das eigene Schreiben nutzen

In einer gelungenen Stellungnahme kannst du typische Textbausteine und Formulierungsmuster entdecken. Diese kannst du beim Schreiben und Überarbeiten einer eigenen Stellungnahme nutzen.

1 Lies Beas Beitrag zu einer Diskussionsgruppe der Schule. Sprecht darüber:
  – Was erfährt man?
  – Worüber kann man uneinig sein?
  – Welchen Standpunkt nimmt Bea ein?

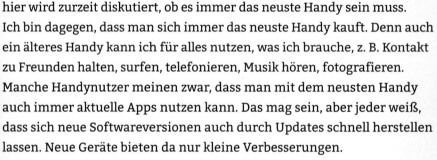

> Liebe Mitschülerinnen und Mitschüler,
>
> hier wird zurzeit diskutiert, ob es immer das neuste Handy sein muss.
> Ich bin dagegen, dass man sich immer das neuste Handy kauft. Denn auch
> ein älteres Handy kann ich für alles nutzen, was ich brauche, z. B. Kontakt
> zu Freunden halten, surfen, telefonieren, Musik hören, fotografieren.   5
> Manche Handynutzer meinen zwar, dass man mit dem neusten Handy
> auch immer aktuelle Apps nutzen kann. Das mag sein, aber jeder weiß,
> dass sich neue Softwareversionen auch durch Updates schnell herstellen
> lassen. Neue Geräte bieten da nur kleine Verbesserungen.
> Außerdem lassen sich ältere Handys oft einfacher reparieren. Tests haben   10
> gezeigt, dass man etwa einen Akku leichter austauschen kann.
> Aber am wichtigsten finde ich, dass für neue Handys seltene Rohstoffe
> benötigt werden. Das hat zur Folge, dass hauptsächlich in ärmeren Ländern
> Bodenschätze ausgebeutet werden, teilweise sogar mit Kinderarbeit.
> All diese Gründe zeigen deutlich, dass man sein Handy länger nutzen kann.   15
> Man muss nicht immer dem Drang nachgeben, das neuste Gerät zu besitzen.
> Das meint eure Bea.

2 Finde in Beas Text typische Bausteine einer Stellungnahme. Bearbeite dazu
die Aufgaben a) und b). Vergleiche deine Ergebnisse anschließend mit anderen.
a) Was tut Bea beim Schreiben? Ordne die Stichpunkte passenden Stellen
   in ihrem Text zu:
   a. die Stellungnahme einleiten   → Zeile 1
   b. den Standpunkt beziehen   → Zeile ...
   c. den Standpunkt mit einem Argument begründen
   d. ein Argument der Gegenseite aufgreifen und entkräften
   e. ein weiteres Argument anführen
   f. den Standpunkt mit dem stärksten Argument stützen
   g. für den Standpunkt werben

b) Welche Formulierungen verwendet Bea in ihrer Stellungnahme?
Unterstreiche sie (Folientechnik) und ordne sie den Stichpunkten a–g zu.
Das kannst du auch am Bildschirm mit dem Text aus dem Medienpool tun.
<u>hier wird zurzeit diskutiert, ob</u> es immer das neueste Handy sein muss.
→ a. die Stellungnahme einleiten (Z. 1)

→ Medienpool:
Beas Stellungnahme

3 Halte fest, was du herausgefunden hast. Übernimm dazu die Tabelle und ergänze sie:

→ Medienpool:
Tabelle

Was man tun muss:	Wie man formuliert:
a. die Stellungnahme einleiten	hier wird zurzeit diskutiert ...
b. den Standpunkt beziehen	...

4 Untersuche Beas Argumente genauer. Das kannst du auch am Bildschirm tun.
a) Bea baut ihre Argumente aus – mit einem Beispiel aus ihrer eigenen Erfahrung und mit Belegen, die sie recherchiert hat. Markiere entsprechende Stellen im Text (Folientechnik).
b) Sie macht durch ihre Formulierungen deutlich, wann ein neues Argument beginnt und welches Argument die größte Bedeutung hat. Markiere die entsprechenden Stellen im Text (Folientechnik).
c) Probiere aus, an welcher anderen Stelle im Text Bea das Argument der Gegenseite auch einsetzen könnte. Was ändert sich dadurch?

5 Nutze die Formulierungen auf den farbigen Zetteln für eine Übung.
Das geht auch gut in Partnerarbeit:
– Tausche in Beas Text Formulierungen von den Zetteln gegen Beas Formulierungen aus.
– Probiere unterschiedliche Formulierungen aus. Welche findest du am besten?
– Übernimm die Formulierungen als weitere Möglichkeiten in die Tabelle von Aufgabe 3.

Es gibt unterschiedliche Meinungen dazu, ob ... In der Gruppe geht es darum ...	Man könnte einwenden, dass ... Manche sagen ... Oft hört man ...	Von größter Wichtigkeit ist ... Äußerst wichtig finde ich ... Besonders schwerwiegend ...
Ich finde ... nicht gut Ich meine nicht, dass ... Meine Meinung ist ...	Außerdem ... Und auch ... Dazu kommt ...	Abschließend möchte ich besonders betonen ... Für mich ist deshalb ganz klar ...

6 Jonne ist anderer Meinung als Bea: Er möchte für sich am liebsten immer das neuste Handymodell nutzen.
a) Schreibe Beas Text entsprechend um. Du kannst Jonnes Stichpunkte nutzen.
b) Stellt eure Texte vor. Diskutiert darüber, was beim Umschreiben gleich bleibt und was sich ändert.

– immer die neusten Funktionen
– Bezahlfunktion
– hohe Displayauflösung
– große Akkulaufzeit
– gute Soundqualität
– gestochen scharfe Fotos

Stellung nehmen – einen Schreibplan nutzen

Was du beim Schreiben einer Stellungnahme tun musst und wie du am besten formulierst, kannst du Schritt für Schritt vorbereiten und in einem Schreibplan festhalten. Mit dem Schreibplan entwirfst du deinen Text und überarbeitest ihn.

1 Soll es an der Einsteinschule ein Repair-AG geben? Lies noch einmal die Aufforderung zur Stellungnahme auf S. 76 und notiere den Standpunkt von Ela und Nico.

→ *Medienpool: Schreibplan für eine Stellungnahme*

2 Bereite zu Elas oder Nicos Stellungnahme einen Schreibplan vor. Nutze die Hinweise im Methodenkasten. Du kannst auch den Schreibplan im Medienpool verwenden.

METHODE ▸ **Einen Schreibplan für eine Stellungnahme anlegen**

Formulierungshilfen stehen auch in der Tabelle und auf den Zetteln auf Seite 77.

1. Schau dir die Fragen und die zugehörigen Formulierungen genau an:
   – Wozu willst du Stellung nehmen? Es wird diskutiert ... Sie möchten wissen ...
   – Was ist dein Standpunkt? Ich bin dafür/dagegen ... Meine Meinung ist ...
   – Wie lauten drei passende Argumente? Welches ist das wichtigste?
     weil ... da ... denn ... Außerdem ... Auch ... Am wichtigsten ...

Argumente findest du in der Pro- und Kontraliste auf Seite 79.

   – Welches Argument der Gegenseite willst du aufgreifen und zurückweisen? Wo soll es stehen? Manche meinen ..., aber ... Oft hört man ..., aber ...
   – Wie lautet die Bekräftigung für deinen Standpunkt:
     Alle Gründe zeigen deutlich ... Es ist ganz klar, dass ...

Du kannst dich mit anderen dazu austauschen.

2. Überlege dir Antworten zu den Fragen.
3. Notiere die Antworten auf die Fragen. Lasse immer Platz für Ergänzungen.
4. Übernimm Formulierungen, die du nutzen willst, oder finde eigene.

---

3 Mache die Argumente überzeugender, indem du sie ausbaust.
Nutze die Hinweise im Methodenkasten.

METHODE ▸ **Argumente ausbauen**

Findet für die Recherche im Internet gemeinsam passenden Suchbegriffe.

Schau dir jedes Argument im Schreibplan genau an. Überlege:
Willst du es mit einem **Beispiel** aus eigener Erfahrung oder mit einem recherchierten **Beleg** ausbauen? Du kannst auch auf eine **Folge** hinweisen.
   – Suche die Antwort im Gespräch mit anderen und durch eine Textrecherche.
   – Notiere die Ergänzung im Schreibplan hinter dem Argument.
   – Markiere Formulierungen, die du nutzen willst: Um ein Beispiel zu nennen: ...
     Ich denke dabei an ... Erfahrungen zeigen, dass ... Es ist erwiesen, dass ...
     Das hätte zur Folge, dass ... Das könnte dazu führen, dass ...

4 Formuliere mit Hilfe des Schreibplans deine Stellungnahme. So kannst du beginnen:

Hole dir während des Schreibens Anregungen in Zwischendurch-Gesprächen.

Liebe Frau Holms,
Sie überlegen gerade mit Ihrer Gruppe, ob es an unserer Schule eine Repair-AG geben soll. Meine Meinung dazu ist …

5 Kontrolliert und überarbeitet die Entwürfe. Nutzt eure Schreibpläne und die Fragen der Checkliste. Notiert, wenn es etwas zu überarbeiten gibt. Ihr könnt dazu die Methoden „Textcheck" oder „Textcheck als Expertenrunde" nutzen.

→ Textcheck, S. 291
→ Textcheck als Expertenrunde, S. 269

> **CHECKLISTE** ▸ **Eine Stellungnahme überprüfen**
>
> ✓ Einleitender Satz?
> ✓ Standpunkt?
> ✓ Drei überzeugende Argumente?
> ✓ Argumente ausgebaut?
> ✓ Argument der Gegenseite mit Zurückweisung?
> ✓ Formulierungen, die anzeigen: Wann beginnt ein neues Argument?
>   Welches Argument hat die größte Bedeutung?
> ✓ Standpunkt abschließend bekräftigt?

6 Cora aus der 8b möchte, dass es statt einer Repair-AG eine Upcycling-AG an der Einsteinschule geben soll. Sie befürchtet nämlich, dass sich für die unterschiedlichen Reparaturen in einer Repair-AG nicht genügend Experten finden lassen, die den Schülerinnen und Schülern beim Reparieren weiterhelfen.

Schreibe Coras Stellungnahme.
a) Erstelle zunächst einen Schreibplan. Du kannst Coras Stichpunkte nutzen:

- technische Probleme entfallen
- es werden mehr Interessierte erreicht
- ist genauso nachhaltig wie Repair-AG
- man kann eigene Ideen entwickeln, kreativ werden
- es entstehen neue, andere Produkte
- fördert Umweltbewusstsein
- man lernt praktisches Gestalten
- regt zum Nachdenken übers Wegwerfen an

b) Überprüfe im Gespräch, ob dein Text vollständig ist und überzeugend wirkt.

SPRACHE UNTERSUCHEN

Mit Argumenten überzeugen

In einer Argumentation möchtest du dein Gegenüber überzeugen. Daher ist es notwendig, deine Meinung durch Argumente zu stützen.

1 Lies die beiden Stellungnahmen zum Thema „Upcycling".

Müll nutzen und daraus etwas Besseres machen, das ist die Idee hinter Upcycling. Wir haben untersucht, was Jugendliche darüber denken. Leila zum Beispiel bestickt ihre alten Klamotten. Upcycling macht ihr Spaß, weil sie ihre eigenen Ideen ausdrücken kann. Jungs häkeln mit Begeisterung Mützen, die sie in ganz Deutschland verkaufen. Jugendliche in Berlin umstricken Bäume, Fahrräder und Denkmäler. Das nennt man „Urban Knitting". Es zeigt, dass Upcycling sehr viel mit Kunst zu tun hat. Was man alles aus Altem machen kann, bringen wir Jugendlichen in Workshops bei: Wir schneiden T-Shirts in Streifen und weben daraus Teppiche. Aus leeren Saftpackungen werden Portemonnaies und Vasen. Wenn die Jugendlichen das in einer Gruppe machen, ist die Freude am Upcyceln noch größer. Außerdem sprechen auch finanzielle Gründe für Upcycling. Wer seine alten Sachen verschönert, muss nichts Neues kaufen.

Franziska Müller, Pädagogin

Heute liegt Upcycling voll im Trend, denn Rohstoffe sind „begrenzt" und viele Dinge, die wir wegwerfen, sind zu schade für den Müll. Umweltexperten haben untersucht, wie nachhaltig Upcycling wirklich ist. Kleidung ist das Upcycling-Beispiel schlechthin. Der Abfallexperte Philipp Sommer von der Deutschen Umwelthilfe (DUH). meint: „Am umweltfreundlichsten ist es, alte Kleidung ins Second Hand zu geben, eine Kleidertauschparty zu machen oder sie anders wiederzuverwenden". Wenn Kleidung so im Kreislauf bleibt, werden am meisten Ressourcen eingespart und letztlich weniger neue Jeans, Shirts und Jacken produziert. Doch was ist, wenn die Hose voller Löcher, das T-Shirt total aufgeraut ist? In diesem Fall wäre Upcycling eine gute Idee. Lieber aus der Jeans eine Tasche machen als sie in dem Müll zu werfen. Manche Upcycling-Produkte sind also umweltfreundlich, andere aber nicht. Folglich muss man sehen, was sonst mit dem Abfall passiert. Upcycling macht nur Sinn, wenn es keine bessere Möglichkeit der Wiederverwendung gibt.

Rudi Meier, Abfallexperte

2 Fasse die unterschiedlichen Meinungen der beiden Experten zusammen.
Franziska Müller ist überzeugt, …   Rudi Meier ist der Meinung …

→ *Medienpool: Tabelle „Ist Upcycling sinnvoll?"*

3 Sammelt Argumente in einer Pro- und Kontraliste. Übernehmt und ergänzt dazu die Tabelle. Ihr findet sie auch als Datei im Medienpool.

Ist Upcycling sinnvoll?	
eher „Ja"	**eher skeptisch**
Upcycling macht Spaß	

4 Wie versuchen die Experten, ihre Leserinnen und Leser zu überzeugen?

a) Wer macht was? Ergänze die Namen.

– _____ nennt Beispiele von zufriedenen Jugendlichen.

– _____ führt an, dass Upcycling Kunst ist.

– _____ nennt positive Erfahrungen aus Workshops.

– _____ führt finanzielle Gründe an.

– _____ bezweifelt, dass Upcycling immer sinnvoll ist.

– _____ weist darauf hin, dass es umweltfreundliche Alternativen gebe.

– _____ macht deutlich, dass manche Upcycling-Produkte umweltfreundlich sind, andere aber nicht.

b) Markiere für die Aussagen der Experten die Belege in den Texten (Folientechnik).

WISSEN UND KÖNNEN ▸ **Seine Meinung mit Argumenten stützen**

Es gibt verschiedene Möglichkeiten, seine Meinung mit Argumenten zu stützen:

1. Begründungen anführen: weil, da, deshalb, darum …

2. Expertenmeinungen zitieren: Experten haben herausgefunden/ warnen/empfehlen … Studien zeigen, dass … Umfragen belegen …

3. Beispiele oder Belege nennen: Zum Beispiel … beispielsweise … … als Beispiel nennen

4. Folgen angeben: Dies hat zur Folge … dadurch … damit …

5. Bedingungen anführen: Wenn …, dann … In diesem Falle …

6. Einschränkungen machen und abwägen: Zwar …, aber … obwohl … Ich stimme teilweise zu, allerdings …

7. zusätzliche Argumente nennen: Außerdem … zudem … darüber hinaus … Berücksichtigt werden muss auch …

---

5 Schreibe eine eigene Stellungnahme zu der Frage, ob Upcycling sinnvoll ist oder nicht. Nutze die Schreibhinweise und die Formulierungshinweise in „Wissen und Können".

Eigene Stellungnahme	Schreibhinweise
Upcycling heißt, aus Müll etwas Sinnvolles machen. Zurzeit ist Upcycling ziemlich in. Ich finde auch, dass …	Eigene Meinung formulieren
Ein wichtiges Argument dafür ist, dass viele Jugendliche …	Begründung und Beispiele anführen
Außerdem ist Upcycling …	Weiteres Argument nennen
Die Pädagogin Franziska Müller stellt heraus …	Franziska Müller als Expertin zitieren
Umweltexperten vertreten eine andere Ansicht. Sie finden …	„Gegen-Experten" anführen
Upcycling macht nur dann Sinn, …	Bedingung nennen
Ich stimme …	Abwägen
Am wichtigsten finde ich …	Das wichtigste eigene Argument nennen
Deshalb stehe ich auf dem Standpunkt …	Eigene Meinung bekräftigen

Ein Interview kommentieren

Strittige Aussagen, wie sie in Blogbeiträgen oder Interviews gemacht werden, kannst du kommentieren. Dann bringst du deine zustimmende oder ablehnende Meinung dazu zum Ausdruck. So trägst du zur Meinungsbildung unter den Leserinnen und Lesern bei.

→ Medienpool:
Interview mit Tim
Bendzko

1 Lies das Interview, das Andrea Halter mit dem Sänger Tim Bendzko geführt hat, und bearbeite die Aufgaben a) und b). Tausche dich anschließend mit anderen aus.

a) Zu welcher strittigen Frage äußert sich Tim Bendzko?
Begründe am Text, welche der folgenden Fragen am ehesten zutrifft:
a. Ist es gut, wenn man so viel Geld hat, dass man sich jeden Wunsch erfüllen kann?
b. Kann es ein Problem sein, viel zu besitzen?
c. Macht Einkaufen Spaß?

b) Was war Tim Bendzkos Problem und wie ist es dazu gekommen?
Wie hat er es gelöst?

2 Wie denkst <u>du</u> über das Problem? Kommentiere das Interview, indem du deine eigene Meinung darstellst. Gehe so vor:
– Leite deinen Text ein, indem du erklärst, worüber du schreiben willst.
– Formuliere deine Meinung und begründe sie mit überzeugenden Argumenten. Baue die Argumente dazu mit Beispielen aus deiner Erfahrung und Belegen, die du recherchiert hast, aus.
– Nenne auch ein Argument der Gegenseite und entkräfte es.
– Schließe deinen Text mit einem Wunsch, einer Aufforderung oder einer kurzen Zusammenfassung ab.

Ihr könnt dazu auch Schreibhilfen von S. 79 nutzen.

Du kannst die folgenden Satzanfänge für deinen Text nutzen:

Der Sänger Tim Bendzko hat sich entschlossen ... Im Interview erklärt er ...
Ich kann ... nur zustimmen/Ich lehne ... ab ... Meiner Meinung nach ...
Für die einen sind ... Andere dagegen finden ...
Wichtig ist auch/Nicht vergessen sollte man ...
Es ist zwar nicht von der Hand zu weisen, dass ...
Viel wichtiger finde ich aber ...
Aus eigener Erfahrung kann ich sagen ...

3 Tauscht eure Texte untereinander und diskutiert, welche Kommentare überzeugen – und warum das so ist.

„Ich hatte 150 Paar Schuhe"

Interview mit dem Sänger Tim Bendzko, von Andrea Halter

Du bist gerade von einem großen Haus in
eine kleinere Wohnung gezogen. Warum?
Ich wollte nicht mehr so viel besitzen!
In dem großen Haus habe ich immer
5 gedacht: Ach, hier ist ja noch jede Menge
Platz, ich kauf mal was, das ich da hinstel-
len kann. Und irgendwann hatte ich dann
viel zu viel. Das hat mich bedrückt.

Was für Zeug war das?
10 Alles Mögliche: Tablets, Handys,
Kopfhörer, Werkzeug – lauter Kram,
der nur herumgelegen hat und ein-
gestaubt ist. Aber am schlimmsten
war es mit den Schuhen.

15 *Wieso?*
Ständig habe ich Gründe gefunden,
warum ich neue brauchte. Etwa weil ich
schlechte Laune hatte. Nach dem Einkaufen habe ich mich dann besser gefühlt.
20 Aber nur kurz, dann wollte ich schon
wieder ein neues Paar.

Wie viele hattest du insgesamt?
Ungefähr 150 Paar.

Wann ist dir das zu viel geworden?
25 Als im Haus kein Platz mehr für die
ganzen Schuhkartons war. Ich musste
schon welche auf den Dachboden bringen.
Plötzlich hat mich die Menge überfordert.
Da habe ich beschlossen, den größten Teil
30 wegzugeben – von den Schuhen, aber
auch von dem ganzen anderen Kram.

Wie hast du das gemacht?
Ich habe viel an Freunde verschenkt,
sie durften vorbeikommen und sich etwas
aussuchen. Die Klamotten habe ich größ- 35
tenteils gespendet, etwa an Flüchtlinge
und Obdachlose.

Ist dir das schwergefallen?
Überhaupt nicht, eigenartigerweise.
Es war sogar sehr befreiend. Nur bei 40
ein paar wenigen Sachen war ich mir
unsicher, aber hatte ich einen Trick:
Ich habe sie in Kartons gelegt
und abgewartet. Wenn ich sie
ein Jahr lang nicht vermisst
habe, habe ich auch sie weg-
gegeben.

Wie viele Schuhe hast du jetzt
noch?
Ein Paar Sommerschuhe und
ein Paar Winterschuhe. Die
mag ich so sehr, dass ich sie
fast jeden Tag trage. Das war
übrigens auch schon so,
als ich noch 150 Paar hatte.

Kaufst du jetzt gar nichts Neues mehr?
Doch, aber dann nur im Tausch.
Wenn ich eine neue Lampe kaufe,
sortiere ich eine alte aus. Für neue
Sneaker kommen alte weg. Das mache 60
ich mit fast allem so bei mir zu Hause.
So behalte ich den Überblick.
Und mehr möchte ich nicht besitzen.

Eine Stellungnahme schreiben

ZEIGE, WAS DU KANNST

wortstark!

Mein Portfolio zu … enthält …
Besonders gelungen ist mir …
Gelernt habe ich dabei …
Spaß gemacht hat mir besonders …
Ich fand interessant …
Daran möchte ich weiterarbeiten: …

1 Lege ein Portfolio an. Wähle für das Portfolio aus, was dir während der Arbeit am Kapitel besonders gelungen ist und deine besonderen Leistungen zeigen kann.
Begründe die Auswahl mündlich. Nutze den wortstark!-Zettel.

2 Wähle Aufgabe **A** oder B.

A Fiona unterstützt die Pläne der Schule, eine **Kleider-Tauschbörse** einzurichten. Sie entwirft dazu eine Stellungnahme für das Diskussionsforum der Homepage. Lies den Anfang ihres Entwurfs:

> Es wird diskutiert, ob an der Schule eine Kleider-Tauschbörse eingerichtet werden soll. Ich finde diese Idee sehr gut, weil man dadurch viel Geld sparen kann. Eine neue Jeans ist zum Beispiel viel teurer als eine gebrauchte.
> Manche meinen vielleicht, dass Kleidung, die schon getragen wurde, unhygienisch ist. Aber …

Ergänze Fionas Entwurf:
- Streiche im Schreibplan, was schon im Text vorkommt (Folie).
- Ergänze, was noch fehlt. Du kannst die Angaben auf Fionas Notizzettel nutzen, um Argumente zu finden und sie auszubauen.
- Beende die Stellungnahme mit Hilfe des Schreibplans.
  Beachte beim Schreiben, was du gelernt hast.

Notizen
- Diskussion: Kleider-Tauschbörse
- Idee sehr gut
- Geld sparen, neue Jeans teurer
- Getragenes nicht unhygienisch, alles wird vorher gereinigt
- Geschmack unterschiedlich, z. B. T-Shirt von Freundin bekommen
- Müll vermeiden, Neues wird nur kurz getragen
- über Kaufverhalten nachdenken, spontanes Kaufen vermeiden
- unbedingt einrichten

Schreibplan

Stellungnahme wozu:	Diskussion in der Schule
Mein Standpunkt:	bin dafür
1. Argument:	Geld sparen, neue Jeans teurer
Argument der Gegenseite:	Getragenes unhygienisch, …
Zurückweisung:	…
Weiteres Argument:	…
Wichtigstes Argument:	…
Bekräftigung:	Kleiderbörse unbedingt nötig

B Die Nachhaltigkeits-AG will beim Schulfest eine Secondhand- und Kleiderbörse veranstalten. Sie stellt ihr Anliegen auf der Homepage der Schule vor.

   a) Lies den Text. Markiere, was für dich als Leserin oder Leser wichtig ist.
      Du kannst den Text dazu auch aus dem Medienpool herunterladen.

→ Medienpool:
Secondhand- und
Kleiderbörse

Unser Plan:
Secondhand- und Kleiderbörse beim Schulfest

Im Durchschnitt wird ein Top 1,7-mal getragen – und landet danach häufig im Müll. Mode ist heutzutage zum Wegwerfartikel geworden. Die Nachhaltigkeits-AG möchte das Kaufverhalten der Mitschülerinnen und Mitschüler beeinflussen und auf ungerechte Produktionsweisen von Textilien hinweisen.

5 Denn die Arbeitsbedingungen in den Produktionsländern sind häufig schlecht, die Bezahlung unterdurchschnittlich und auch die Umwelt leidet unter unserer Lust nach neuen und billigen Dingen. Für die AG bedeutet das, dass Secondhand viel mehr als bloß gebrauchte Ware und Kleidung ist. Es ist eine nachhaltige Idee, die gut für das Konsumverhalten unserer Schülerinnen

10 und Schüler und für unsere Umwelt ist. Es wäre doch toll, wenn alle mal für ein Jahr ganz auf neu gekaufte Kleidung verzichten würden!
Zudem ist ganz klar: Secondhand kommt unverpackt. Es muss weder eine erneute Verpackung produziert werden, noch produziert man selbst weiteren Müll.

15 Gebrauchte Kleidung ist auch unbedenklicher als Neuware. Diese ist oftmals noch mit den chemischen Substanzen der Herstellung durchsetzt. Tragen und Waschen machen das Kleidungsstück jedoch unbedenklicher.
Außerdem kann auf der Secondhand- und Kleiderbörse Kleidung nicht nur für wenig Geld gekauft, sondern auch getauscht werden: Beim Tauschverfahren

20 können die Schülerinnen und Schüler eigene mitgebrachte Ware gegen andere Ware tauschen.

   b) Kommentiere, wie du zu dem Plan einer Secondhand- und Kleiderbörse beim Schulfest stehst, indem du deine Meinung darstellst.
      Nutze, was du markiert hast.
      – Überlege: Wie ist dein Standpunkt? Womit begründest du ihn?
        Was könnte die Gegenseite einwenden und was entgegnest du?
      – Halte deine Überlegungen in einem Schreibplan fest.
      – Schreibe nun mit Hilfe des Schreibplans deinen Text. Beachte beim Formulieren, was du gelernt hast. So kannst du beginnen:
        In eurer AG denkt ihr über eine Secondhand- und Kleiderbörse
        beim Schulfest nach. Ich finde …

Sich um ein Schülerstipendium bewerben

Ihr werdet immer wieder in Situationen kommen, in denen ihr euch schriftlich um etwas bewerbt, z. B. um einen Praktikumsplatz oder um ein Schülerstipendium. Ihr informiert gezielt über eure Fähigkeiten, Interessen und Ziele, um die Adressaten des Schreibens von eurem Anliegen zu überzeugen. Oft gehört es auch dazu, in einem Formular bestimmte Angaben zur Person und zu euren Lebensverhältnissen zu machen.

SCHREIBEN

Es gibt zahlreiche Stipendien, die Schülerinnen und Schüler auf ihrem Bildungsweg unterstützen, finanziell, aber auch durch Veranstaltungen und Workshops.

1 Eine 8. Klasse hat im Internet nach Stipendien für Schülerinnen und Schüler recherchiert und ist dabei auf einige interessante Angebote gestoßen.
Schaut sie euch genauer an:
- Um welche Stipendien handelt es sich?
- Wer kann sich darum bewerben? Welche Voraussetzungen müssen erfüllt sein?
- Werden sie für ganz Deutschland oder für bestimmte Regionen angeboten?

2 Sind diese Schülerstipendien auch für euch interessant? Oder passen sie nicht? Recherchiert im Internet nach Stipendien, die für euch in Frage kommen.

START-Schüler-stipendium

Stipendium für eingewanderte Jugendliche

Die Chancenstiftung
Bildungspaten für Deutschland

Für Kinder und Jugendliche, die ihre schulischen Leistungen verbessern wollen

---

Stipendium für junges Engagement im Sport

Für Jugendliche aus Nordrhein-Westfalen, die sich ehrenamtlich im Sport engagieren und Mitglied in einem Sportverein sind.

3 Hier sind einige Dokumente abgebildet, die so oder ähnlich bei Bewerbungen
für ein Schülerstipendium vorkommen. Schaut sie euch genauer an:

a) Was für Dokumente sind das? Beschreibe sie und erkläre den anderen,
wie sie sich unterscheiden und was du beim Bearbeiten der Dokumente
Unterschiedliches tun musst.

b) Ordne den Dokumenten die fehlenden Überschriften zu. Begründe deine
Zuordnung im Gespräch mit anderen.

– Angaben zur Person
– Angaben zur Schule
– Fragen zum häuslichen Umfeld
– Kontaktdaten
– Warum ich mich für das Stipendium bewerbe

c) Überlegt gemeinsam, warum diese Dokumente eingereicht werden müssen.

Name, Vorname:	Schwarzbach, Anastasia
Alter:	14 Jahre
Geburtsdatum:	03.10.2008
Geburtsort:	Nowgorod (Russland)
Geschlecht:	weiblich

Straße, Haus-Nr.:	Berliner Str. 83
PLZ, Ort:	38300 Wolfenbüttel
Telefon:	0531 7088543
E-Mail:	a.schwarzbach@mail.de

Mein Name ist Rashid Mansour. Ich bin
14 Jahre alt und wohne mit meiner Familie in
Dortmund. Meine Eltern, mein Bruder, meine
Schwester und ich sind vor drei Jahren aus
Syrien nach Deutschland gekommen.
Seit eineinhalb Jahren spiele ich in einem
Basketballverein und trainiere zwei Mal in der
Woche. Außerdem unterstütze ich unseren
Verein beim Training der Bambinis. Da ich das
älteste Kind in meiner Familie bin, komme ich
mit Jüngeren sehr gut zurecht.
Mein Traum ist es, selbst den Trainerschein zu
machen und vielleicht sogar …

Name der Schule:	Erich-Kästner-Schule
Anschrift:	Cranachstr. 1
	38300 Wolfenbüttel
Schulform:	Hauptschule
Klasse:	8c
Angestrebter Schulabschluss:	
	Sekundarabschluss 1 – Hauptschulabschluss
Voraussichtliches Abschlussjahr:	2024

Hast du ein eigenes Zimmer? ☐ Ja ☒ Nein
Wenn „Nein": Mit wie vielen
Personen teilst du dir ein Zimmer? 1
Hast du zu Hause einen Schreibtisch
oder einen ruhigen Ort, an dem
du lernen kannst? ☒ Ja ☐ Nein
Hast du einen eigenen Laptop
oder PC? ☐ Ja ☒ Nein
Hast du Zugang zu einem Laptop
oder einen PC? ☒ Ja ☐ Nein
Hast du zu Hause einen
Internetzugang? ☒ Ja ☐ Nein
Hilfst du im Haushalt? ☒ Ja ☐ Nein
Musst du dich um Familienmit-
glieder kümmern (Geschwister
oder andere Angehörige)? ☒ Ja ☐ Nein

Eine Selbstpräsentation untersuchen

An einem gelungenen Beispiel könnt ihr herausarbeiten, was man nacheinander tun muss, wenn man sich selbst präsentiert, und wie man formulieren kann. Das hilft euch für das Schreiben oder Überarbeiten eines eigenen Textes.

1 Rashid hat sich um ein Stipendium für eingewanderte Jugendliche beworben. In den Bewerbungsunterlagen wurde er aufgefordert, einen Text über sich selbst zu verfassen:

> Wir möchten dich besser kennenlernen. Bitte schreibe uns in einem Text (max. 1 Seite),
> – wer du bist und wo und wie du lebst,
> – was du besonders gut kannst, egal ob in der Schule oder in der Freizeit,
> – in welchen Bereichen du besser werden möchtest,
> – welche Träume du hast und was du erreichen möchtest,
> – wie unser Stipendium dir helfen kann, deine Ziele zu erreichen.
> Bitte verfasse deinen Text ohne fremde Hilfe.

Sprecht darüber,
– was das Auswahlgremium erfahren will,
– welche Bedeutung eine solche Selbstpräsentation für die Bewerbung hat.

2 Lest, wie Rashid sich darstellt: Was erfährt das Auswahlgremium über ihn?

> Mein Name ist Rashid Mansour. Ich bin 14 Jahre alt und wohne mit meiner Familie in Dortmund. Meine Eltern, mein Bruder, meine Schwester und ich sind vor drei Jahren aus Syrien nach Deutschland gekommen. Seit eineinhalb Jahren spiele ich in einem Basketballverein und trainiere zwei Mal in der Woche. Außerdem unterstütze ich unseren Verein beim Training der Bambinis. 5
> Da ich das älteste Kind in meiner Familie bin und schon früh Verantwortung übernommen habe, komme ich mit Jüngeren sehr gut zurecht. Ich arbeite auch gern mit Holz und ich habe im Technikunterricht mein Interesse für technisches Zeichnen entdeckt. Ich möchte hier noch viel lernen, mein Wissen und mein Können erweitern und besser werden. Mein eigentlicher Traum ist 10
> es, selbst im Basketball den Trainerschein zu schaffen und vielleicht sogar beruflich etwas im Bereich Sport zu machen. Mit Ihrer Unterstützung könnte ich in beiden Bereichen etwas dazulernen und herausfinden, was für mich das Richtige ist. Mit der finanziellen Hilfe könnte ich mir auch ein Tablet anschaffen und weitere Sprachkurse in Englisch besuchen und so meine beruflichen 15
> Chancen verbessern. Es würde mich sehr stolz machen und noch mehr motivieren, wenn Sie mich dabei mit einem Stipendium unterstützen würden. Ich freue mich sehr, von Ihnen zu hören.

3 Arbeitet zu zweit und untersucht Rashids Text genauer.
a) Markiert Textstellen (Folientechnik), an denen er
  – über seine Person und sein Umfeld informiert,
  – seine positiven Eigenschaften und sein Können herausstellt und für sich wirbt,
  – an die Adressaten seines Schreibens appelliert, ihm ein Stipendium zu geben.
b) Übernehmt die Tabelle und ergänzt passende Formulierungen aus dem Text:

→ Medienpool: Rashids Selbstprä-sentation

Über sich informieren	Für sich werben	An die Adressaten appellieren
Mein Name ist ... Ich bin ... alt und wohne ... Mein Traum ist es ...	Ich unterstütze unseren Verein ...	Mit ihrer Unterstützung könnte ich ...

Lest dazu auch den Wissen-und-Können-Kasten.

4 Wie hätte man sich an diesen Stellen auch anders ausdrücken können?
Probiert alternative Formulierungsmöglichkeiten aus und ergänzt sie in der Tabelle.

5 Rashid hat sich vor dem Schreiben überlegt, wie er seinen Text gliedern will.
a) Arbeitet zu zweit und notiert, in welcher Reihenfolge er auf die Fragen des Auswahlgremiums eingeht: Womit beginnt er, was folgt, womit endet er?
b) Ordnet diesen Teilen die folgenden Überschriften mit Zeilenangaben zu:
  – Werbung mit eigenen, vorhandenen Vorzügen
  – Appell an den Adressaten
  – Informationen zu seiner Person, zu seiner Umwelt und seinen Wünschen

---

WISSEN UND KÖNNEN ▶ **Sich in einem Text selbst präsentieren**

 – Du schreibst über dich: wo du lebst, über deine Träume, was du gut kannst und informierst über das, was die Adressaten von dir wissen wollen.
   Mein Name ist ... Ich wohne ...
 – Du stellst deine Vorzüge, Talente und Qualifikationen dar und wirbst so für dich.
   unterstütze ich unseren Verein ... Interesse für technisches Zeichnen entdeckt ...
 – Du verdeutlichst, dass dir die Bewerbung ein wichtiges Anliegen ist, und bittest die Adressaten, über deine Bewerbung positiv zu entscheiden.
   Mit Ihrer Unterstützung ... Es würde mich sehr stolz machen ...

Überlege genau: Welche Hinweise sind für deine Adressaten interessant und unterstützen deine Bewerbung?

---

6 Rashid hätte noch mehr von sich mitteilen können. Überlege, welche der folgenden Informationen er noch einfügen könnte. An welcher Stelle würden sie in den Text passen?
wünsche mir ein Reitpferd und Reitunterricht, bin Streitschlichter in der Schule
spreche fließend Arabisch und ganz gut Französisch, spare für ein Mountainbike,
sammle Autogrammkarten von bekannten Sportlern

Eine Selbstpräsentation überarbeiten

**Wenn du den Entwurf deines Textes geschrieben hast, solltest du ihn noch
einmal gründlich lesen und überprüfen, ob alles vorkommt, was die Adressaten
erwarten, und ob du angemessen formuliert hast.**

*→ Medienpool:
Lisas Selbstpräsen-
tation*

1 Lies, was Lisa geschrieben hat. Was fällt dir an ihrem Text auf?
Tausche dich mit anderen aus.
– Was erfahren die Leserinnen und Leser?
– Wo vermisst du etwas?
– Welche Stellen im Text klingen noch nicht so gut und warum ist das so?

Ich heiße Lisa, bin 14 Jahre alt und gehe in die 8. Klasse. Ich lebe mit meiner
Mutter und meiner jüngeren Schwester Lara in einer affengeilen Mietwohnung
in Neustadt. Meine Eltern haben sich vor ungefähr fünf Jahren scheiden lassen. Meinem Vater sind wir vollkommen schnuppe, meiner Schwester und mir
kann er auch gestohlen bleiben. Meine Mutter malocht jeden Tag wie eine Irre.   5
Deshalb muss ich zu Hause alles wuppen, ich versorge Lara und mich mittags
mit Essen und mache in der Wohnung den ganzen Dreck weg.

Weil ich in der Schule bei weitem die Beste bin, bin ich auch für meine Schwester die ideale Hausaufgabenhelferin. Ich kann auch besonders gut singen,
viel besser als alle anderen. Weil ich nämlich zwei Mal in der Woche zur Chor-   10
probe gehe, die ich nie und nimmer ausfallen lassen würde. Dazu kann ich
auch noch jede Menge mehr erzählen. Meine Chorleiterin hat mir vor kurzem
erklärt, dass man am besten auch noch ein Instrument wie Klavier oder Gitarre spielen sollte. Dabei habe ich ganz gern zugehört und ich erzähle das auch
oft, wenn ich mit meinen Freundinnen darüber spreche.   15

Seit einiger Zeit spiele ich auch in der Volleyballmannschaft der Schule.
Da würde ich gern besser werden bei den Aufschlägen. Es kommt mir so vor,
als ob meine Aufschläge immer völlig danebengehen. Ich finde, dass ich die
schlechteste Spielerin bin.

Aber mein Traum ist, später Sängerin zu werden, das wünsche ich mir am   20
meisten. Wenn ich das Stipendium erhalten würde, könnte ich ein Gesangs-
studium machen und vielleicht auch ein Instrument lernen.

2 Arbeitet zu zweit. Überprüfe Lisas Textentwurf genauer und haltet eure Ergebnisse fest.
Das erfahren die Leserinnen und Leser: ...
Das sollte man verbessern: ... Unser Vorschlag: ...

a) Überprüft, was Lisa nacheinander mitteilt:

– Welche Angaben sind für die Adressaten interessant und können
die Bewerbung unterstützen?

Beachtet dabei auch, was das Auswahlgremium erwartet (S. 90).

– Fehlen Informationen und Angaben, die für die Adressaten interessant
sein könnten und ihre Bewerbung unterstützen?

– Kommt es zu Abschweifungen, die für die Bewerbung unvorteilhaft sind
und deshalb wegfallen sollten?

b) Überprüft, ob sich Lisa angemessen ausdrückt. Beachtet dazu die Hinweise
im Wissen-und-Können-Kasten.

Ihr könnt auch eure Schreibhilfen aus dem Mustertext nutzen (S. 90/91).

– Gibt es Ausdrücke, die Lisas Bewerbungen unterstützen?
Markiert sie (Folientechnik).

– Gibt es Stellen, wo sie übertreibt, untertreibt oder Umgangssprache benutzt?
Markiert sie ebenfalls und macht Verbesserungsvorschläge.

3 Vergleicht und diskutiert eure Ergebnisse im Gespräch mit anderen Partnergruppen.
Nutzt eure Notizen.

4 Schreibe den Textentwurf mit den Verbesserungen so auf, wie du ihn an das
Auswahlgremium weitergeben würdest.

WISSEN UND KÖNNEN ⟩ **Sich angemessen ausdrücken**

Beim Formulieren und Überarbeiten einer Selbstpräsentation musst du dich
angemessen ausdrücken. Du solltest

– keine umgangssprachlichen Ausdrücke verwenden, die du im Alltag meist
im Mündlichen benutzt, z. B. statt in einer affengeilen Mietwohnung **besser:**
in einer modernen Mietwohnung,

– dich nicht übertrieben positiv darstellen, z. B. statt bei weitem die Allerbeste
besser: ganz gut bin,

– dich aber auch nicht schlechter machen, als du bist, z. B. statt völlig danebengehen **besser:** nicht immer gelingen.

---

5 Diskutiert die folgenden Standpunkte zu Selbstpräsentationen:

Am besten, man antwortet wahrheitsgemäß und vollständig auf alle Fragen.

Man sollte zwar nichts Unwahres über sich selbst schreiben, aber man muss auch nicht erwähnen, was einen in ein ungünstiges Licht rücken könnte.

Man darf auch mal übertreiben. Schließlich bewerben sich auch viele andere um ein Schülerstipendium, da muss man positiv auffallen.

Wenn ich das Stipendium erst mal habe, interessiert sich doch kein Mensch mehr dafür, was ich in meiner Bewerbung behauptet habe.

Eine Selbstpräsentation verfassen

**Bevor du dich in einem Text selbst präsentierst, musst du dir überlegen,
was darin vorkommen soll und wie du formulieren willst. Dazu ist es wichtig,
das Schreiben vorzubereiten und die einzelnen Schritte zu planen.**

Die Schreibvorgaben
des Auswahlgremi-
ums findet ihr auf
Seite 90.

1 Johanna ist dabei, zu den Schreibvorgaben des Auswahlgremiums Zettel anzulegen.
Sie notiert auf den Zetteln passende Informationen von ihrer Stichwortliste,
mit denen sie über sich informieren und für sich werben will.
Ergänze die Zettel mit weiteren Angaben:
- in Budapest geboren
- im Alter von 12 Jahren nach Deutschland gekommen
- Sprachen: Ungarisch, Deutsch (Mama ungarisch, Papa deutsch)
- sehr gut in Mathe (erfolgreiche Teilnahme an Wettbewerb)
- will Englisch- und Deutschkenntnisse verbessern
- gebe Nachhilfe in Mathe für die 5. Klasse
- Engagement im örtlichen Altenheim (Vorlesen)
- bin geduldig, neugierig und teamfähig
- manchmal etwas schüchtern, gelegentlich unsicher in deutscher Sprache
- guter Schulabschluss

Angaben zur Person:
- Joanna Mara Koch,
  14 Jahre alt
- wohne in Braunschweig
- ...

Träume
- Beruf im mathemati-
  schen Bereich
- ...

Schlusswerbung
- andere Mathefans finden
- finanzielle Unterstützung,
  um an Workshops/
  Trainings teilzunehmen
  Mathekenntnisse weiter
  verbessern

Was ich besonders gut kann:
- ...

Was ich verbessern möchte
- ...

2 Lege fest, in welcher Reihenfolge Johanna über sich schreiben soll: Was kommt
zuerst, was folgt, was steht am Schluss. Ordne die Zettel.

Du kannst auch
Schreibhilfen aus
dem Mustertext
nutzen (S. 90/91).

3 Formuliere mithilfe der Vorarbeiten Johannas Text für ihre Bewerbung um ein
Stipendium. Du kannst die folgenden Formulierungen nutzen:
Ich heiße ... und wohne ...
Besonders gut ... Außerdem ... Ich möchte ... verbessern ...
Mein Traum ist ... Das Stipendium würde mir helfen ...

4 Gebt euch untereinander eine Rückmeldung zu euren Entwürfen. Dazu könnt ihr
Zwischendurch-Gespräche und eine Textlupe nutzen (Wissen und Können, S. 290).

Formulare verstehen und bearbeiten

Bei vielen Gelegenheiten muss man Formulare ausfüllen, z. B. für den Fußball-verein, für die Schule oder für eine Bewerbung - auf einem Papierausdruck oder am Bildschirm.

1 Arbeitet zu zweit: Alisa ist dabei, ein Formular auszufüllen, wie es vom Auswahlgremium für die Bewerbung um ein Schülerstipendium verlangt wird.
- Lest die Kurzinformation zu Alisa und schaut euch den Ausschnitt des Formulars an.
- Sprecht darüber, was das Gremium wissen möchte und wie geantwortet werden soll.
- Habt ihr selbst schon Formulare ausfüllen müssen? Berichtet von euren Erfahrungen.

1. Hast du ein eigenes Zimmer? ☐ Ja ☐ Nein
   → Wenn du „Nein" angekreuzt hast:
   Mit vielen Personen teilst du dir ein Zimmer?
   Mit ___ Personen
2. Kannst du zu Hause ohne Störungen
   konzentriert lernen, wenn du möchtest? ☐ Ja ☐ Nein
   → Falls nein: Warum nicht? _____
3. Hast du einen eigenen Schreibtisch? ☐ Ja ☐ Nein
4. Hast du einen eigenen PC oder Laptop? ☐ Ja ☐ Nein
5. Hilfst du im Haushalt mit? ☐ oft ☐ manchmal ☐ nie
6. Kümmerst du dich um Geschwister oder
   andere Familienmitglieder/Freunde? ☐ Ja ☐ Nein
   → Wenn du „Ja" angekreuzt hast: In welchem zeitlichen
   Umfang kümmerst du dich? ___ pro Woche
7. Gibt es eine besondere Belastung in deiner Familie,
   wie eine kranke/pflegebedürftige Person? ☐ Ja ☐ Nein
   → Wenn du „Ja" angekreuzt hast: Erkläre kurz, was das
   für dein Leben bedeutet: _____

Das ist Alisa. Sie ist 14 Jahre und wohnt mit ihren Eltern und zwei Schwestern in Duisburg. Dort besucht sie die Schule in der 8. Klasse. In ihrer freien Zeit ist sie gern mit ihrer Freundin Mia zusammen. Beide tanzen gern und lernen zusammen. Alisa möchte später im Beruf etwas mit Menschen zu tun haben. Sie teilt ihr Zimmer mit ihrer älteren Schwester. Es ist sehr geräumig. Beide haben ihre eigene Schlaf- und Wohnecke. Sie teilen sich einen Laptop. Das führt häufiger zu Streit. Ärger gibt es immer wieder auch mit ihrer Freundin. Sie zeigt wenig Verständnis, wenn sie gemeinsame Unternehmungen absagt, weil sie sich um ihre kleine behinderte Schwester kümmern muss – was nicht selten ist ...

2 Druckt den Ausschnitt aus dem Formular aus oder bearbeitet in digital am Bildschirm. Nutzt die Hinweise im Methodenkasten und die Kurzinfo zu ihrer Person.

→ Medienpool: Formular

METHODE ▸ **Ein Formular ausfüllen**

1. Lies das Formular genau. Überlege, worauf du eine Antwort geben sollst.
2. Kläre, was du nicht verstehst. Nutze bei einem online-Formular die Hilfsfunktion; bei einem Papierformular findest du Hilfen oft auf der Rückseite oder auf einem Extrablatt.
3. Mache deine Angaben: Kreuze entsprechend an; formuliere in offenen Felder in Stichworten oder kurzen Sätzen, in Papierformularen am besten mit dem Bleistift (das lässt sich leichter korrigieren).
4. Kontrolliere jeden Eintrag auf Richtigkeit. Korrigiere, falls nötig.

SPRACHE UNTERSUCHEN

Präpositionalobjekte erkennen und bilden

Viele Verben haben nicht nur ein Akkusativ- oder ein Dativobjekt (Kasusobjekte), sondern (zusätzlich) ein Präpositionalobjekt.

1 a) Lies die Sätze a und b und ermittle die Satzglieder mithilfe der Umstellprobe.

    a. Annalena interessiert sich für ein Schülerstipendium.

    b. Sie fragt ihre Lehrerin.

    b) Unterstreiche die Objekte (Folientechnik) und vergleiche sie: Was fällt dir auf? Nutze die Hinweise in „Wissen und Können".

> **WISSEN UND KÖNNEN**   **Präpositionalobjekte erkennen und formulieren**
>
> **Präpositionalobjekte** werden mit einer Präposition eingeleitet. Sie sind fest mit einem Verb verbunden. Achte also besonders auf die Verben mit festen Präpositionen: sich interessieren für ..., berichten von ..., achten auf, anfangen mit ...
> Präpositionalobjekte erfragst du mit einem W-Wort und der Präposition, die zum Verb gehört (wofür, wovon, worauf, womit, worüber, woran, wozu, wovor ...):
> Ich interessiere mich für ein Schülerstipendium. **Frage:** Wofür interessierst du dich?
> **Präpositionalobjekt:** für ein Schülerstipendium.

2 a) Tilo will sich für ein Schülerstipendium bewerben. Lies, was er dazu machen muss:

    a. Informiere dich über das Angebot.

    b. Suche im Internet nach Programmen und finde die Unterschiede heraus.

    c. Erkundige dich nach Voraussetzungen, die du erfüllen musst.

    d. Überlege, für welches Programm du dich am besten eignest.

    e. Entscheide dich für ein Programm.

    b) In den Sätzen sind die Verben mit den Präpositionen unterstrichen. Frage nach dem Präpositionalobjekt (Worüber informierst du dich?) und **markiere** es (Folie).

Wo... beschäftigst du dich?

3 Lies, was Tilo sonst noch beachtet:

    f. Eingehend beschäftige ich mich mit den Bewerbungsunterlagen.

    g. Ich achte auf die Vollständigkeit meines Lebenslaufs.

    h. Sorgfältig bereite ich mich auf mein Motivationsschreiben vor.

    i. Ich weise im Motivationsschreiben besonders auf meine Fähigkeiten hin.

    j. Ich konzentriere mich genau auf meine Ziele und Berufswünsche.

    k. Natürlich kümmere ich mich auch um die korrekte Rechtschreibung.

    l. Abschließend spreche ich mit meiner Lehrerin über den Inhalt meiner Bewerbung.

    m. Von meiner Bewerbung erzähle ich auch meinen Freunden.

    a) Unterstreiche die Verben mit zugehörigen Präpositionen (Folientechnik).

    b) Erfrage die Präpositionalobjekte und markiere sie.

Eine Selbstpräsentation ausarbeiten

ZEIGE, WAS DU KANNST

1 Lege ein **Portfolio** an. Wähle aus, was dir während der Arbeit an diesem Kapitel besonders gelungen ist und deine besondere Leistung zeigen kann. Begründe die Auswahl mündlich.

wortstark!

Mein Portfolio zu ... enthält ...
Besonders gelungen ist mir ...
Gelernt habe ich dabei ...
Spaß gemacht hat mir ...
Ich fand interessant ...
Weiterarbeiten möchte ich ...

2 Entscheide dich für Aufgabe **A** oder B.

A Überarbeite den Anfang von Janniks Text für seine Bewerbung.

a) Überlege: Was erfahren die Adressaten über Jannik? Das erfahren sie: ...
Welche Mängel fallen dir in seinem Text auf? Das sollte man verbessern: ...

b) Schreibe den Text verbessert auf.

> Ich heiße Jannik Becker und bin 14 Jahre alt. Ich gehe in die 8. Klasse der Helmholtzschule. Mit meinen Eltern und meinen drei jüngeren Brüdern wohne ich in einem superscharfen Haus am Stadtrand von Hannover mit total irrem Ausblick auf einen nahen Wald. Weil ich mich zu Hause häufig mit meinen behämmerten Brüdern gezofft habe, bin ich in der Schule ins Streitschlichter-Team gegangen. Da können wir durch meine exzellente und geniale Mitarbeit viele Streitfälle klären. Außerdem bin ich der Superstar in unserem Tischtennisverein. Ich habe einen Hammeraufschlag und mache jeden Gegner nass ...

B Schreibe Anastasias Text für eine Bewerbung um ein Schülerstipendium. Nutze dazu die Angaben auf dem Zettel.

– Was sollte Anastasia nacheinander schreiben, um über sich zu informieren und für sich zu werben? Halte deine Überlegungen in einem Schreibplan fest.

– Schreibe mithilfe des Schreibplans Anastasias Text. Beachte beim Formulieren, was du gelernt hast. Ich heiße Anastasia Schwarzbach und wohne mit ... in ...

– Anastasia Schwarzbach, 14 Jahre
– 8. Klasse Erich-Kästner-Schule
– wohne in Gießen mit Eltern und zwei Geschwistern
– Mitglied in der Theatergruppe der Schule
– unterstütze die Leiterin bei den Proben
– Mitarbeit beim Bühnenbild
– kann gut im Team arbeiten
– Mitglied bei Streitschlichtern und in der Schülervertretung
– besser werden im Zeichnen und Malen für Bühnenbild
– besser werden beim Theaterspiel (Theater-Workshops besuchen)
– Traum: Ausbildung oder Studium im Bereich „Darstellen"
  (Schauspiel oder Bühnengestaltung)
– von anderen bei Workshops lernen; brauche finanzielle Unterstützung,
  um an Workshops (auch auswärts) teilnehmen zu können

Literarische Figuren charakterisieren

Wenn ihr literarische Texte untersucht, sollt ihr oft auch die Figuren charakterisieren. Dann arbeitet ihr heraus, was die besonderen Merkmale und Eigenschaften der Figuren sind. Dabei könnt ihr zu ganz verschiedenen Einsichten kommen. Hier übt ihr, die Ergebnisse schriftlich festzuhalten und eure Aussagen am Text zu belegen.

SCHREIBEN

1 Lest den Anfang der Geschichte „Kahlschnitt" von Kirsten Boie. Sprecht anschließend über eure ersten Eindrücke.

Kirsten Boie

Kahlschnitt

Ömchen stellte die Kanne auf den Tisch und setzte sich zu mir. „Mit den Umgangsformen bin ich ja schon bei deiner Mutter gescheitert", sagte sie und sah auf meinen Kopf, als nähme sie die neue Frisur jetzt überhaupt zum ersten Mal wahr. „Und bei dir habe ich auch nur deshalb noch Hoffnung,   5 weil du gerade mitten in der Pubertät steckst, und da sagen ja die Psychologen, dass das rebellische Wesen dazugehört. Zwei Jahre gebe ich dir noch. Diese Haare!" Und sie schüttelte mehr verständnislos als wirklich angewidert den Kopf. „Ist doch geil", sagte ich, weil mir sonst dazu nicht viel einfiel.   10 Mit der neuen Frisur hatte ich wirklich einen guten Griff getan, auch wenn Irene überhaupt nicht reagiert hatte. Und dass Irene reagieren sollte, war ja eigentlich der Grund für den Kahlschnitt gewesen.

→ *Die Erklärung der Begriffe Figur und Erzählperspektive findet ihr in „Wissen und Können", S. 278.*

2 Lernt die Geschichte kennen.
a) Welche Figuren kommen vor? Wer ist Ömchen? Vermutet, wer Irene ist.
b) Aus welcher Perspektive ist die Geschichte erzählt? Wer erzählt?
c) Erklärt den Titel.

In der Geschichte kommen verschiedene Figuren vor: …

In Ömchen steckt das Wort „…". Ömchen ist eine Koseform von …

Irene ist bestimmt …

Die Geschichte ist in der … erzählt. Das erkennt man z. B. daran, …

Die Geschichte heißt „Kahlschnitt", weil …

Mit der Geschichte ins Gespräch kommen

**Wenn du eine Geschichte liest, erlebst du mit, was die Figuren erleben.
In einem Literaturgespräch könnt ihr eure Eindrücke austauschen.**

→ S. 279: Ein Literatur-
gespräch führen

1 Lest die Fortsetzung der Geschichte „Kahlschnitt" und führt ein <u>Literaturgespräch</u>.

15 In der Klasse hatten sie sich regelrecht in zwei
Gruppen aufgespalten, die darüber stritten,
ob ich nun mutig oder einfach nur blöde war.
Die Theorie, ich wäre so hübscher, vertrat allerdings niemand ernsthaft.
20 Auch die Lehrer hatten mir einige Aufmerksamkeit geschenkt und bei Rübelsberger in Biologie
hatte ich sogar nach vorne kommen müssen, weil
er sich, sagte er, so eine einmalige Gelegenheit, die
menschliche Schädelform am lebenden Beispiel zu
25 demonstrieren, nicht entgehen lassen wolle.
Ich hatte ihn dreist gefunden, aber ich hatte nicht
protestiert, weil das so hätte aussehen können,
als wäre mir meine Glatze peinlich. Und das war
sie ja nun ganz und gar nicht. Ich hatte sie mir
30 ganz bewusst rasieren lassen, obwohl ich erst im
dritten Friseursalon eine Friseuse gefunden hatte,
die dazu bereit gewesen war. Die beiden vorigen
hatten erklärt, dazu bräuchte ich als Minderjähri-
ge die Einwilligung meiner Eltern, was bestimmt
35 der größte Unfug des Jahrhunderts ist. Ich glaube
nicht, dass sich die Gesetzgeber in Stadt und Land
jemals mit der Frage beschäftigt haben, wer über
die Haarlänge von Minderjährigen entscheidet.
Die Friseusen waren einfach zu feige.
40 Die dritte dagegen war von meiner Idee total
begeistert gewesen und hatte dann auch noch den
Einfall mit der lila Ponysträhne beigesteuert. Dafür war ich ihr jetzt regelrecht dankbar. Ganz kahl
hätte ich mir vielleicht doch nicht so gut gefallen,
45 aber dieser lila Pony, der zur linken Seite hin in
einer langen Strähne vor dem Ohr auslief, machte
die Frisur sogar noch ein bisschen verwegener.
Ömchen guckte immer noch auf meinen Kopf.

„Zum Wesen einer Dame
gehört es seit eh und je,
dass sie sich nicht auffällig
benimmt", sagte Ömchen.
„Na."
Ich schlürfte vorsichtig
meinen Kaffee. „Zwei Jahre
gibst du mir ja noch", sagte ich.
„Bis dahin sind sie nachgewachsen."
„Und was sagt meine Tochter dazu?"
Ich zuckte die Achseln. Das war eben das Ärger- 60
liche an der Sache, dass Irene gar nichts dazu gesagt
hatte. Einen Blick hatte sie geworfen, einen ziemlich
spöttischen, und dann hatte sie Rudolf, der gerade
in der Küche das Gemüse schnitt, zu uns gerufen.
„Guck dir deine Tochter an", hatte sie gesagt. Das
war es gewesen und das wurmte mich immer noch. 65
Ich meine, ein bisschen mehr Reaktion kann man
als Tochter wohl erwarten, wenn man sich fast eine
Vollglatze scheren lässt. Wenigstens ein bisschen!
Aber Irene erzählt ja immer diese Geschichte,
wie sie sich als junges Mädchen die Haare wachsen 70
lassen wollte und wie Ömchen jedes Mal mit einer
Schere die ungepflegten Zotteln auf Ohrläppchen-
länge zurückgeschnitten hatte, dass die dreizehn-
jährige Irene aussah wie ein Arsch mit Ohren.
„Und da hab ich mir geschworen", schloss Irene 75
ihre Geschichte jedes Mal, „mich später in die
Frisuren meiner Kinder nie, nie, niemals ein-
zumischen. Niemals! Und daran halte ich mich."
Und sie hatte sich tatsächlich daran gehalten.
Nicht einmal über meine Glatze hatte sie sich 80
aufgeregt, und das war doch wirklich das Äußers-
te, was man ihr bieten konnte. Ich seufzte.

wortstark!

Beim Lesen ging mir
durch den Kopf …
Mir fällt auf …
Ich finde das Mädchen …
Ich verstehe nicht,
warum …

Eine Figur beschreiben

Wenn du eine Figur aus einem literarischen Text beschreibst, gehst du auf ihr Verhalten und ihre Gedanken und Gefühle ein. Manches wird direkt ausgedrückt, oft musst du aber auch „zwischen den Zeilen lesen", um Gedanken und Gefühle zu erschließen.

1 Was erlebt die Hauptfigur in der Geschichte? Fasse in wenigen Sätzen zusammen, um welches Ereignis es in der Geschichte geht.

In der Geschichte geht es um ein besonderes Ereignis: Ein Mädchen ...

2 Was erfährst du über die Hauptfigur? Suche im Text nach Antworten auf die folgenden Fragen. Mache dir Stichpunkte.

a. Was macht das Mädchen, um die Frisur zu bekommen?

b. Wie sieht die Frisur aus?

c. Wie fühlt sich das Mädchen mit der neuen Frisur?

WISSEN UND KÖNNEN ▸ **Eine Figur beschreiben**

Wenn du eine Figur aus einem literarischen Text beschreibst, geht es darum, ihre besonderen Merkmale und Eigenschaften herauszustellen.
Achte dabei auf Folgendes:

1. **Aussehen, Alter und Lebensumstände** der Figur;
2. **Verhalten** der Figur, das ihre Eigenschaften deutlich macht;
3. **Gedanken und Gefühle** der Figur, die zeigen, was in ihr vorgeht.

Beachte: Was in der Figur vorgeht, kann im Text direkt ausgedrückt sein

– als wörtliche Rede: „Ist doch geil", sagte ich. (Z. 10)
– als Gedankenwiedergabe: Mit der neuen Frisur hatte ich wirklich einen guten Griff getan. (Z. 11/12)

Oder es steht „zwischen den Zeilen," d. h. du musst es aus dem Zusammenhang erschließen: „Ich zuckte die Achseln." (Z. 59) Das könnte bedeuten: Die Figur ist in dieser Situation ratlos.

---

3 Arbeite mit deinen Ergebnissen weiter.

– Welche Charaktermerkmale und Eigenschaften kannst du erkennen?
– Wem stimmst du zu? Suche im Text nach Belegen für die Schüleräußerungen.

Das Mädchen weiß ganz genau, was es will.

Das Mädchen will „verwegen" aussehen.

Das Mädchen ist selbstbewusst.

Im Mittelpunkt der Geschichte steht ein Mädchen.
Sie hat sich eine ganz besondere Frisur machen lassen.
Sie findet die Frisur „geil" (Z. 10), aber sie will damit vor
allem ihre Mutter provozieren. Das steht im 2. Textabsatz.
Fast alle Haare sind wegrasiert, bis auf einen lila Pony mit
einer langen Strähne vor dem linken Ohr. Das Mädchen
findet diese Frisur „verwegen" (Z. 47). Das zeigt uns, wie
das Mädchen aussehen will: wild und furchtlos.

4 Lies den Anfang des Texts, den Jamal zu der Hauptfigur geschrieben hat.
– Was findet Jamal wichtig?
– Belegt er seine Aussagen?
– Wie hat er die Belege in seinen Text eingebaut?

5 Zur Fortsetzung seines Texts hat Jamal Tipps zur Überarbeitung bekommen.
– Überarbeite seinen Text mit Hilfe der grün gedruckten Tipps.
– Füge zu jedem Abschnitt einen Beleg ein. Nutze dazu die Hinweise im Wissen-und-Können-Kasten und auf dem wortstark!-Zettel.

In der Geschichte wird erzählt, was das Mädchen alles
gemacht hat, um die Frisur zu bekommen.

Es geht auch um die Gedanken und Gefühle des Mädchens.
Das Mädchen findet seine Frisur gut.

Was hat sie denn alles gemacht?
Welche Eigenschaften des Mädchens
werden dadurch deutlich?
Schreibe genauer, was in ihr vorgeht:
Wie fühlt sie sich? Warum?

WISSEN UND KÖNNEN ▸ **Belege anführen**

Wenn du eine Figur charakterisierst, musst du genau angeben, auf welche Stellen im Text du dich beziehst. So kannst du Belege anführen:
– Belege in Anführungszeichen **direkt wiedergeben** (wörtlich zitieren). Bei wörtlichen Zitaten solltest die Zeilennummer in Klammern dahintersetzen:
  Sie findet die Frisur „verwegen" (Z. 47).
– Gedanken und wörtliche Rede **in indirekter Rede wiedergeben**:
  Sie sagt zu Ömchen, dass sie die Frisur geil finde.
– **in eigenen Worten wiedergeben**:
  Sie geht in drei Friseursalons, bis sie Erfolg hat.

wortstark!
Im Text steht …
In Zeile … lesen wir …
Dazu findet man einen Beleg im Text:
In Zeile …
Im Abschnitt … gibt es einen Hinweis …

6 Beschreibe die Oma in einem zusammenhängenden Text.
– Stelle „Ömchen" kurz vor.
– Beschreibe, wie sie sich im Gespräch verhält. Arbeite heraus, welche Eigenschaften dadurch deutlich werden. Mache deutlich, was Ömchen über die Frisur denkt.
– Schreibe, wie du die Figur findest.
– Belege deine Beschreibung der Figur mit Stellen aus dem literarischen Text.

Die Beziehung zu anderen Figuren beschreiben

In einer Geschichte kommen in der Regel mehrere Figuren vor. Wenn wir eine Figur charakterisieren, müssen wir auch über ihre Beziehung zu den anderen Figuren nachdenken.

1 In der Geschichte „Kahlschnitt" ist sehr wichtig, wie die anderen auf die neue Frisur reagieren. Dadurch wird die Beziehung des Mädchens zu den anderen Figuren deutlich.

   a) Schreibe alle wichtigen Figuren auf ein Blatt. Verbinde die Namen mit Pfeilen und schreibe dazu, was die anderen über die Frisur der Hauptfigur denken.

   b) Was erfährst du über die Beziehung der Ich-Erzählerin zu diesen Figuren? Zu welcher Figur hat das Mädchen wohl die engste Beziehung?

   c) Sprecht über eure Ergebnisse.

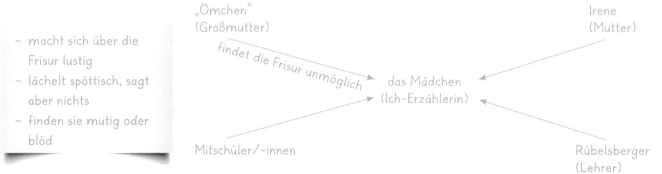

- macht sich über die Frisur lustig
- lächelt spöttisch, sagt aber nichts
- finden sie mutig oder blöd

„Ömchen" (Großmutter) — findet die Frisur unmöglich → das Mädchen (Ich-Erzählerin) ← Irene (Mutter)

Mitschüler/-innen — das Mädchen (Ich-Erzählerin) ← Rübelsberger (Lehrer)

2 Denke über die Beziehung des Mädchens zur Mutter nach.

Markiere (Folientechnik) im Text wichtige Stellen, an denen deutlich wird,

   a) wie die Mutter sich verhält.

   b) warum sie sich so verhält.

   c) wie das Mädchen ihr Verhalten findet.

Nutze die Hinweise im Wissen-und-Können-Kasten.

METHODE   **Figuren und ihre Beziehungen beschreiben**

Wenn du eine Figur charakterisierst, musst du auch ihre **Beziehungen zu anderen Figuren** beschreiben. Frage dich:

- Wie stehen die Figuren zueinander? Mögen sie sich? Gibt es Spannungen, Probleme und Konflikte?
- Wie gehen sie miteinander um?
- Welche Figur steht der Hauptfigur besonders nahe, warum? Was bestimmt ihre Beziehung?

3 Lies noch einmal den Schluss der Geschichte (S. 99, Z. 59-82) und untersuche ihn genauer.

An einigen Stellen musst du „zwischen den Zeilen lesen", um die Beziehung zwischen Mutter und Tochter zu verstehen. Übernimm dazu die Tabelle und ergänze sie.

Das steht in der Geschichte ...	So verstehe ich das ...
Das war eben das Ärgerliche an der Sache, dass Irene gar nichts dazu gesagt hatte. (Z. 59-61)	Das Mädchen ist vom Verhalten der Mutter enttäuscht, weil ...
Einen Blick hatte sie geworfen, einen ziemlich spöttischen ... (Z. 61-62)	Die Mutter denkt ...
„Guck dir deine Tochter an" (Z. 64)	Irene will, dass der Vater ...
Wenigstens ein bisschen! (Z. 68)	Das Mädchen erwartet von der Mutter ...
Ich seufzte. (Z. 82)	Das Mädchen fühlt sich ...

4 Wie siehst du die Beziehung von Mutter und Tochter? Ergänze die Satzanfänge:

Die Mutter spielt in der Geschichte eine wichtige Rolle:
Wegen der Mutter hat sich das Mädchen diese Frisur machen lassen.
Im 1. Abschnitt steht ... Daran können wir erkennen ...
Die Mutter sagt nichts über die Frisur zu ihrer Tochter. Zum Vater sagt sie aber ...
Das verstehe ich so: ...
Das Mädchen ist ..., weil ... Einen Hinweis hierzu findet sich im Text in den Zeilen
...
Am Ende möchte ich zusammenfassen, wie ich die Beziehung zwischen Mutter
und Tochter sehe: ...

5 Beschreibe die Beziehung des Mädchens zur Oma.
  – Warum ist diese Beziehung wichtig?
  – Warum nennt das Mädchen die Oma wohl „Ömchen"? Was erkennst du daran?
  – Wie verhält sich die Oma gegenüber ihrer Enkeltochter?
  – Wie siehst du die Beziehung der beiden: Verstehen sie sich gut oder nicht so gut?
    Begründe deine Meinung mit Stellen aus dem Text.

Eine Stellungnahme zu einer Figur abgeben

Wenn wir über die Figuren nachdenken, kommen wir zu ganz verschiedenen Schlussfolgerungen. Es ist wichtig, dass wir unsere Sicht auf die Figuren am Text belegen.

1 Im Text steht (Z. 15-19):

In der Klasse hatten sie sich regelrecht in zwei Gruppen aufgespalten, die darüber stritten, ob ich nun mutig oder einfach nur blöde war. Die Theorie, ich wäre so hübscher, vertrat allerdings niemand ernsthaft.

a) Wie findest <u>du</u> die Ich-Erzählerin? Ist sie „mutig", „blöde" oder „hübscher"? Begründe deinen Standpunkt.
b) Schülerinnen und Schüler aus der 8b haben aufgeschrieben, wie sie die Figuren sehen. Welcher Äußerung stimmst du zu? Welchen nicht? Notiere auch eigene Gedanken.

> Paul: Die Großmutter versteht ihre Enkeltochter nicht.

> Berivan: Irene müsste mit ihrer Tochter reden.

> Jana: Das Mädchen will Irene mit der Frisur provozieren!

2 Schreibe auf; wie du die Hauptfigur siehst. Wähle Aufgabe **A** oder B aus:

A Nutze die Satzanfänge.
Im Mittelpunkt der Geschichte steht ... Besonders an ihr ist ...
Ich finde das Mädchen ... (mutig, selbstbewusst, unsicher, extrem, nicht normal).
Diese Meinung kann ich am Text belegen ...
Jana meint: „Das Mädchen will Irene provozieren". Ich stimme dieser Aussage zu/nicht zu. Meine Begründung: Im Text ...

B Schreibe in einem zusammenhängenden Text auf, wie du die Hauptfigur siehst. Nutze die folgenden Schreibhinweise:
– Stelle zunächst die Hauptfigur vor. Erläutere, was für dich die wichtigsten Eigenschaften der Hauptfigur sind. Gehe auf ihr Äußeres, ihr Verhalten und ihre Gedanken und Gefühle ein. Belege deine Aussagen mit Stellen aus der Geschichte.
– Führe aus, was du von der Ich-Erzählerin und ihrem Verhalten hältst.
– Nimm Stellung zu einer der Äußerungen aus Aufgabe 1.

Figuren charakterisieren und die Ergebnisse in einem zusammenhängenden Text aufschreiben

Wenn du eine Figur charakterisierst, musst du zunächst herausfinden, was du im literarischen Text über ihren Charakter erfährst. Dazu markierst du wichtige Stellen im Text. Dann machst du dir Notizen und erstellst eine Figurenskizze. Schließlich schreibst du die Ergebnisse in einem zusammenhängenden Text auf.

1 Lies den folgenden Text einmal durch.
- Unterstreiche (Folie) zwei bis drei Stellen, die du besonders wichtig findest.
- Sprecht anschließend darüber, warum ihr diese Stellen unterstrichen habt.

David Bischoff

„Du bist alles, was ich brauche"

Harold Lightman tupfte seine Lippen mit einer Papierserviette ab und legte sie neben seinen Teller. „David, heute ist ein Treffen der Gemeindejugend. Ich dachte, wo deine Mutter nicht hier ist, könnten wir zusammen hingehen."
„Nein, vielen Dank, Dad."
5 Mit einem verzweifelten Kopfschütteln verließ sein Vater den Tisch und nahm seinen Teller mit. Das Klappern von Porzellan im Spülbecken drang aus der Küche. Harold Lightman stürmte aus der Tür, das Gesicht rot angelaufen, wütend. „Aber du wärst sofort dabei, wenn ich mit dir in deine <u>stupiden</u> Spielhallen gehen würde oder in einen Science-Fiction-Film oder um eine Punkrock-Band zu hören, nicht wahr?"

stupide: dumm, geistlos, stumpfsinnig

10 „Bitte, Dad! Man nennt das heute New Wave."
„Mir ist es schnurz, wie man es nennt, David. Ich nenne es Mist!"
David verzog das Gesicht. Er war traurig; sie verstanden einander nicht. Er hob seine Gabel mit einem kleinen Haufen von Bohnen und Würstchen zum Mund.
„Weißt du, Dad, das Zeug ist wirklich gut."
15 „Wechsle nicht das Thema."
„Beruhige dich, Dad. Ich will nicht zu diesem Kirchenabend gehen und auch nicht zu irgendeiner dieser anderen Sachen, weil ich mein Programm zu Ende bringen muss. Okay?"
„Bei Gott, ich glaube, du magst diesen Computer da oben lieber
20 als Mädchen. Und deine Mutter hat sich Gedanken über Mädchengeschichten gemacht. In dem Punkt braucht sie sich wirklich keine Sorgen zu machen. Du hast keine Mädchen."
David zuckte die Achseln und trank einen Schluck Milch.
„Dad, lass mich doch bitte in Ruhe, ja? Geh mir von der Pelle."

25 „Ich möchte nur wissen, was an Computern so faszinierend ist. Worin liegt die Magie
dieser Maschinen, mit denen du Stunde um Stunde und ganze Tage dort oben ver-
bringst, an dieser Tastatur und dem Bildschirm klebst und Ziffern und Befehle tippst
oder Angreifer aus dem Weltraum vernichtest oder was du sonst noch alles tun magst?"
David stand auf, nahm sein Sachen zusammen und klemmte sie unter den Arm.

30 „Es macht mir Spaß, Dad."
„Du hast den Teller nicht leer gegessen."
„Gib Ralph den Rest. Er wühlt draußen in der Mulltonne herum."

In seinem Zimmer schaltete David seine Geräte ein und machte sich an die Arbeit.
Er brauchte nur eine Stunde, um die richtigen Geräusche festzulegen und sie in das

35 Spiel zu programmieren. Dann spielte er „Planetenvernichter".
Während die Lichter zuckten und die Raumschiffe explodierten, schweiften Davids
Gedanken ein wenig von dem Spiel ab. Der alte Herr verstand ihn einfach nicht –
versuchte nicht wirklich, ihn zu verstehen. Niemand versuchte das … Sie waren alle
zu beschäftigt, zu fest eingefahren in ihren gefrorenen Gewohnheiten, in ihren

40 eigenen Spielen, die in einer endlosen Schleife verliefen, wie ein fehlerhaftes
Programm … Er erledigte den letzten Raumkreuzer der Erde mit einer mächtigen
Raketensalve. Die grafische Darstellung des Planeten Erde kam in Sicht, schob sich
vor Davids Fadenkreuz. „Du bist alles, was ich brauche", sagte er zu seinem Computer.
Er drückte auf den roten Knopf des Steuerknüppels.

45 Energieblitze fuhren in die Erde. Atomraketen mit feurigen Schweifen zischten auf
ihre Ziele zu. David schob den Lautstärkeregler weiter nach oben. Dieses Mal kam das
Ende der Welt nicht nur mit einem Knall, sondern auch mit Schreien und Kreischen
und dem Grollen von Explosionen und, schließlich, mit einem Trauermarsch.
Ein Hämmern gegen die Tür. „David! Was, zum Teufel, war das? Alles in Ordnung?"

50 David schaltete den Computer aus und lächelte.

2 Sammle wichtige Informationen zur Geschichte.
– Wie heißt die Geschichte und wer hat sie verfasst?
– Wo spielt die Geschichte?
– Welche Figuren kommen vor? Was machen die Figuren?

3 Untersuche die Geschichte genauer. Markiere die Stellen im Text, die Hinweise
auf den Charakter der Figuren enthalten (Folientechnik).
– Wie verhalten sich David und sein Vater? Welche Eigenschaften kannst du
daraus ableiten?
– Wie sprechen Vater und Sohn miteinander?
– Was geht im Innern der Figuren vor? Schreibe ihre Gedanken und Gefühle auf.

4 Im Text wird die Beziehung zwischen Vater und Sohn oft nicht direkt beschrieben.
Du musst sie aus dem Zusammenhang erschließen („zwischen den Zeilen lesen").
Wie verstehst du die folgenden Stellen? Übernimm die Tabelle und ergänze sie.

Das steht in der Geschichte ...	So verstehe ich das ...
„Nein, vielen Dank, Dad!" (Z. 4)	Der Junge will seine Ruhe.
Mit einem verzweifelten Kopfschütteln ... (Z. 5)	Der Vater ist ...
Harold Lightman stürmte aus der Tür, das Gesicht rot angelaufen, wütend. (Z. 6/7)	Der Vater ist außer sich, weil ...
„Dad, lass mich doch bitte in Ruhe, ja? Geh mir von der Pelle." (Z. 24)	Der Sohn ist ...
„Du hast den Teller nicht leer gegessen." (Z. 31)	Der Vater macht sich Sorgen ...
„David! Was, zum Teufel, war das? (Z. 49)	Der Vater glaubt ...
Alles in Ordnung?" (Z. 49)	Der Vater befürchtet ...
David schaltete den Computer aus und lächelte. (Z. 50)	David fühlt sich ...

5 Arbeite mit deinen Ergebnissen weiter. Sprecht über die Beziehung der Figuren.
a) Welche Probleme gibt es zwischen Vater und Sohn? Was sind die Ursachen dafür?
b) Melania meint: „Der Vater ist zu Recht besorgt". Nimm Stellung zu dieser Äußerung.
c) Die Geschichte heißt „Du bist alles, was ich brauche". Erkläre den Titel.

6 Charakterisiere die Figuren in einem zusammenhängenden Text.
– Mache dir einen Schreibplan.
– Nutze „Wissen und Können" und deine Arbeitsergebnisse aus den Aufgaben 1 – 5.

WISSEN UND KÖNNEN ▷ **Eine Figur charakterisieren und die Ergebnisse aufschreiben**

1. Nenne in der **Einleitung** Autor/Autorin und Titel der Geschichte.
   Schreibe auch, welche Figuren vorkommen, wo die Geschichte spielt
   und was die Figuren machen.
2. Charakterisiere im **Hauptteil** die Figuren.
   – Gehe auf ihr Verhalten und ihre Eigenschaften sowie ihr Gedanken
     und Gefühle ein.
   – Beschreibe auch die Beziehung der Figuren untereinander:
     Wie gehen sie miteinander um? Welche Konflikte gibt es?
3. Zeige im **Schlussteil**, wie du die Geschichte verstehst.
   – Wie findest du die Figuren?
   – Welche Gedanken und Gefühle löst die Geschichte in dir aus?
   Belege deine Ergebnisse möglichst oft mit Stellen aus dem Text.
   Du kannst dabei eine besonders wichtige Stelle nennen und kommentieren.

Figuren charakterisieren

1 Lies den Auszug aus dem Buch „Sprache des Wassers" von Sarah Crossan.
Mache dir Notizen zu folgenden Punkten:
- Wo spielt die Geschichte?
- Welche Figuren kommen vor?
- Was geschieht?
- Aus welcher Perspektive wird die Geschichte erzählt?

Sarah Crossan

Dalilah

Du bist die Neue in der Klasse
und vielleicht werden sie dich hassen,
anstatt mich.

Sie machen das so:
5 Sie schauen herüber,
sie flüstern,
sie lachen.
Das klingt nicht schlimm,
aber wenn es
10 jeden Tag
vorkommt,
fühlt es sich an, als ob du bergauf läufst
und einen riesigen Felsbrocken
auf den Schultern trägst.

15 Du bist die Neue in der Klasse
und vielleicht werden sie dich hassen,
anstatt mich.

Vielleicht fallen ihnen deine Schuhe auf.
Mir schon.
Sie sind nicht wie die von allen anderen: 20
Sie sind klobig und mit einer Schnalle dran
und du trägst Kniestrümpfe,
das macht sonst niemand.

Aber ich will das nicht richtig –
Ich will nur halb, dass sie dich jagen. 25

Am meisten will ich eine Freundin.

Also schießt meine Hand sofort in die Höhe
und ich biete mich dir an,
als die Lehrerin sagt:
„Lily braucht einen Partner." 30

Und du schaust mich an, lächelnd,
und das
rettet
mir
den Tag. 35

2 Wie beschreibt die Ich-Erzählerin das Mädchen Dalilah?
Beantworte die Fragen schriftlich.

a. In welcher Situation ist Dalilah?

b. Was ist besonders an ihrem Aussehen?

c. Weshalb ist das wichtig?

3 Beschreibe die Beziehung zwischen der Ich-Erzählerin und Dalilah.
Beantworte die Fragen schriftlich.

a. Warum ist Dalilah für die Ich-Erzählerin wichtig?

b. Was wünscht sich die Ich-Erzählerin?

c. Welche Rolle spielen die anderen aus der Klasse?

d. Wie verhält sich die Ich-Erzählerin gegenüber Dalilah?

e. Wie verhält sich Dalilah gegenüber der Ich-Erzählerin?

> Julian: Ganz schön fies!
> Sie will, dass die anderen
> das Mädchen hassen.

> Johanna: Sie will das
> aber nicht richtig.

4 Julian und Johanna sprechen über die Geschichte. Wie findest du das Verhalten
der Ich-Erzählerin? Gehe auf die Meinungen von Julian und Johanna ein.

5 Charakterisiere Dalilah und die Ich-Erzählerin. Wähle Aufgabe **A** oder B aus:

A Ergänze die Satzanfänge.

In der Geschichte geht es um zwei Mädchen ...

Beide Mädchen ...

Über Dalilah erfahren wir ... Das steht in den Zeilen ...

Die Ich-Erzählerin ist in einer schwierigen Situation: Einerseits ... Andererseits ...

Dalilah wirkt auf mich ... Im Text findet sich hierzu auch ein Beleg: ...

Die Ich-Erzählerin finde ich ... Im Text steht ...

Das Ende verstehe ich so ...

B Stelle deine Ergebnisse in einem zusammenhängenden Text dar.

– Mache dir einen Schreibplan.

– Belege deine Aussagen am Text.

– Stelle zunächst Dalilah vor. Nutze deine Ergebnisse aus den Aufgaben 1 und 2.

– Beschreibe die Beziehung der Ich-Erzählerin zu Dalilah. Nutze deine Ergebnisse
aus Aufgabe 3.

– Schreibe zum Schluss, wie du die Figuren findest. Nutze deine Ergebnisse aus
Aufgabe 4. Wie könnte die Beziehung weitergehen?

Informierende Texte vergleichen

Oft bearbeitest du verschiedene Texte, um Informationen zu einem Thema zu sammeln (in diesem Kapitel z.B. zum Thema „Dialekte"). Zunächst machst du dir klar, was es für Texte sind: Wer hat sie verfasst? Für wen? Mit welcher Absicht? Behandeln sie mein Thema? Dann musst du herausfinden, welche Informationen du nutzen kannst. Zum Schluss schreibst du deine Ergebnisse auf.

SCHREIBEN

Ich verstehe nur ...

Ich hab eine Idee, was das heißen könnte ...

Bei uns gibt`s ä Dässl Heeßen, ä Stückl Eierschegge und zum Schluss ä Eierligöör

1 Seht euch die Illustration an und sprecht über die Situation.
  – Was kannst du auf der Speisekarte erkennen?
  – Was soll die Illustration verdeutlichen?

Wenn ich Dialekt höre ...

Ich spreche selbst einen/keinen Dialekt ...

2 Tauscht eure Erfahrungen mit Dialekten aus.
  – Sprichst du Dialekt? Berichte darüber.
  – Warst du schon einmal in einer ähnlichen Situation? Wie hast du dich verhalten?
  – Eine Smartphone-Nutzerin hat der Sprachassistenz-Software eine Frage gestellt. Welches Problem hat sie?

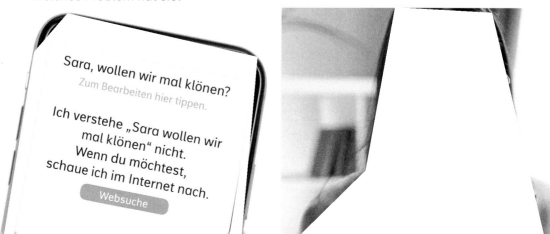

Sara, wollen wir mal klönen?
Zum Bearbeiten hier tippen.

Ich verstehe „Sara wollen wir mal klönen" nicht. Wenn du möchtest, schaue ich im Internet nach.

Websuche

Dialekt-Wörter miteinander vergleichen

wortstark!

1 Sprecht darüber, was an dieser Deutschlandkarte besonders ist.
- Was kann man darauf erkennen?
- In welcher Region gebraucht man welchen Abschiedsgruß?
- Sucht die Region, in der ihr wohnt und prüft, ob ihr euch auch so verabschiedet.
- Welche Abschiedsgrüße gebraucht ihr noch?

tschüss schüss
tschüss schüss tschüss   tschüssing
tschüss schüss tschüss   tschüssing
tschüss schüss tschüss   tschüssing tschüssing
tschüss schüss tschüss tschüssing tschüssing
schüss   tschüss schüss tschüss schüss tschüss schüss tschüss
schüss tschüss schüss tschüss schüss tschüss schüss tschüss
tschüss schüss tschüss schüss tschüss schüss tschüss schüss
tschüss schüss tschüss schüss tschüss schüss tschüss schüss
schüss tschüss schüss tschüss schüss schüss tschüss schüss
tschüss schüss tschüss schüss tschüss schüss tschüss schüss tschüss
tschüss schüss tschüss schüss tschüss schüss tschüss schüss tschüss
schüss tschüss schüss tschüss schüss tschüss schüss tschüss schüss
tschüss schüss tschüss schüss tschüss schüss tschüss schüss tschüss
tschüss schüss tschüss schüss tschüss mach's gut tschüss schüss mach's gut
tschüss schüss tschüss schüss tschüss mach's gut schüss tschüss mach's gut
tschüss schüss tschüss schüss mach's gut tschüss schüss schüss mach's gut
tschüss schüss tschüss schüss mach's gut tschüss schüss tschüss mach's gut
tschüss schüss tschüss mach's gut mach's gut schüss tschüss mach's gut
tschüss schüss tschüss mach's gut mach's gut schüss mach's gut
adieu tschüss schüss mach's gut mach's gut tschüss
adieu tschüss schüss mach's gut tschüss schüss tschüss
adieu schüss tschüss schüss tschüss ade ade schüss
adieu tschüss schüss tschüss ade ade ade ade servus
adieu schüss servus servus ade ade ade ade servus pfüati
tschüss servus servus ade ade ade ade ade servus pfüati
servus ade ade ade ade ade ade servus pfüati servus
ade ade ade ade ade ade ade servus pfüati servus
ade ade ade ade ade ade ade servus pfüati servus pfüati
ade ade ade ade ade ade servus pfüati servus pfüati
ade ade ade ade ade servus pfüati servus pfüati
ade ade ade ade ade servus pfüati servus pfüati
ade ade ade ade ade servus pfüati servus pfüati
ade ade   ade servus pfüati   servus

2 Arbeite als Sprachexperte:
Untersuche den Dialekt, der in deinem Ort oder deiner Gegend gesprochen wird.
- Sammle dazu möglichst viele Wörter, auch solche, die nicht mehr jeder kennt.
- Lege ein Wörterbuch Hochdeutsch-Dialekt und Dialekt-Hochdeutsch an.
- Wen kannst du befragen?

WISSEN UND KÖNNEN ▶ **Dialekte erkennen und unterscheiden**

Eine Sprache, die nur in einer bestimmten Region gesprochen wird und sich recht stark von der Standardsprache unterscheidet, nennt man **Dialekt**, z. B. Bayrisch, Sächsisch oder Kölsch. Dialekte werden von Region zu Region unterschiedlich intensiv genutzt.
Gemeint ist also die Sprechweise der Menschen, die in einem bestimmten Gebiet leben. Der Dialekt kann schon von Ort zu Ort etwas unterschiedlich sein. Dialekte unterscheiden sich von der Standardsprache durch
- Besonderheiten bei manchen Lauten, z. B. ebbes für etwas, dat für das;
- einen besonderen Wortschatz, z. B. Grumbire für Kartoffel;
- grammatische Besonderheiten, z. B. sie hat gsagt gehabt für sie hatte gesagt.

Informationen aus einem Text zusammenfassen

Wenn ihr Informationen aus verschiedenen Texten sammelt, ist es sinnvoll, zunächst einmal die einzelnen Texte zusammenzufassen. So könnt ihr herausfinden, welche Informationen zum Thema sie enthalten.

1 Ihr wollt euch informieren, was Menschen über ihren Dialekt denken, dazu Texte verfassen und sie in einem Portfolio sammeln.

Lies den Text „Fischkopp und Lumpeseggler" und mache dir Notizen zu den Fragen: Was für ein Text ist es? Woher stammt der Text? Wer äußerst sich zum Thema?

„Moin, Moin!" – Die Leute in Norddeutschland nennen sich spaßeshalber auch Fischköppe.

Text 1

Fischkopp und Lumpeseggler

Von Anne Richter

Dit is ja jottweedee! – Ich muss jetze uffe Kleeche. – Du kannsch mer mol de Buggl nunner rudsche, Lumpeseggler! – Joa freilich, Depp, damischer! – Klei mi an Mors.

5 Na, auch nichts verstanden? Das geht wahrscheinlich vielen so, denn der Dialekt ist vom Aussterben bedroht. Denkt ihr euch jetzt: „Na und, ist doch besser so?" Kein Wunder: In Deutschland hat der Dialekt ein echtes Image-

10 problem, dabei gibt es gute Gründe, ihn zu pflegen. Die Zahl der Deutschen, die überhaupt noch ihre regionale Sprache sprechen können, nimmt immer weiter ab. Bei einer Umfrage gaben nur 48 % der Befragten an, Dialekt sprechen zu kön-

15 nen. Vor 100 Jahren hingegen, war es noch fast die gesamte Bevölkerung. Besonders im Norden und Westen von Deutschland geht die regionaltypische Sprache immer mehr verloren.

Auf dem Gymnasium in Halle, meiner Heimat-

20 stadt, war es ein absolutes No-Go, Dialekt zu sprechen. Doch die wenigsten konnten über-

haupt Dialekt sprechen. Ich spreche leider auch keinen Dialekt. Obwohl einige Eltern sogar hörbar Mundart sprachen, hatten die Kinder damit nichts am Hut. Über diejenigen, die Hallesch re- 25 deten, machten sich die anderen teilweise sogar lustig. Es galt als bäuerlich und minderwertig. Die Lehrer lobten nur für besonders schönes Hochdeutsch.

Doch irgendwann dachte ich mir: Warum in al- 30 ler Welt soll es eigentlich so schlimm sein zu hören, woher man kommt? Früher war auch ich Dialekten abgeneigt. Für mich klang es einfach nur primitiv, wenn jemand kein Hochdeutsch sprach. Heute finde ich es total genial, dass es so 35 viele verschiedene Mundarten gibt. Sie sind ein wertvoller Teil der Kultur und das sollten wir feiern! Natürlich heißt das nicht, dass niemand mehr Hochdeutsch sprechen soll. Ich finde es sogar sehr wichtig. Schließlich müssen wir uns ja 40 auch alle untereinander verständigen und manchmal ist Dialekt doch sehr schwer zu verstehen. Allerdings sollten wir aufhören, Dialekte schlecht zu machen. In diesem Sinne: Pfiat eich! Machet jut meinor! Tschöö! Tschüssing! 45

Quelle: www.stern.de *(verändert)*

2 Überprüfe, welche Informationen du für deinen Portfolio-Text nutzen kannst.
- Markiere Wörter und Sätze, die besonders wichtig sind (Folientechnik).
- Mache dir Notizen.
- Fasse die wichtigsten Informationen in einem Text zusammen.
  Orientiere dich an dem folgenden Schreibplan.

Schreibplan

Gliederung des Textes	Formulierungshilfen
Einleitung Nenne Thema, Autorin und Textquelle.	Der Text hat die Überschrift ... Er stammt von ... und ist ...
Hauptteil – Ausgangslage – Erfahrungen – Meinung	Im ersten Abschnitt steht ... Im zweiten Abschnitt berichtet die Autorin ... Im letzten Abschnitt äußert die Autorin ihre Meinung ...
Schluss Formuliere den zentralen Gedanken.	Der wichtigste Gedanke im Text ist: ...

3 Am Anfang und am Ende des Textes werden Äußerungen im Dialekt genannt.
- a) Findet heraus, was die Wörter und Sätze bedeuten und aus welchen Dialekten sie stammen.
- b) Stellt eure Ergebnisse auf einem Poster zusammen.

Fischkopp
Ein „Fischkopp" ist im ursprünglichen Sinne einfach der Kopf eines Fisches.
Doch wenn ein Mensch sagt: „Ich bin ein Fischkopp", bezieht er sich auf seine
Herkunft. Jemand, der an der norddeutschen Küste geboren ist und dort lebt,
kann über sich sagen, dass er ein Fischkopp ist. Fischkopp ist Plattdeutsch.

4 Untersuche den Unterschied der Äußerungen im Dialekt
(Aufgabe 3) zur Standardsprache.
Achte auf Besonderheiten bei manchen Lauten,
im Wortschatz und in der Grammatik.
Schau dir dazu noch einmal den Wissen-und-Können-
Kasten auf S. 111 an.

▶ Sucht im Internet Beispiele für verschiedene Dialekte
in Deutschland.
Hier könnt ihr euch Dialekte anhören oder ein Dialekt-
Ratespiel machen: http://www.dialektkarte.de/.

Texte miteinander vergleichen

Oft wird im Unterricht von dir verlangt, eine Aufgabe zu bearbeiten und dabei Informationen aus verschiedenen Texten miteinander zu vergleichen.
Hier vergleichst du den Text „Fischkopp und Lumpeseggler" (S. 112) mit dem Text „Dialekt ist Heimat".

1 Bearbeite den Text „Dialekt ist Heimat". Mache dir Notizen zu den Fragen:
  – Um was für einen Text handelt es sich?
  – Woher stammt der Text?
  – Welche Informationen zum Thema, die du nutzen kannst, enthält dieser Text?

Dialekt ist Heimat

Herr Ceylan, was lieben Sie an Ihrem Heimatdialekt?

Bülent Ceylan: Er ist sehr bodenständig und warmherzig, es gibt mir ein Heimatgefühl,
5 wenn ich den Mannheimer Dialekt höre.
Ich will zeigen: Hey, es ist wichtig, dass man seine Wurzeln nicht vergisst – und man muss sich für seinen Dialekt auch nicht schämen. Manche Leute genieren sich ja, Dialekt zu
10 sprechen, aus Angst, dass man sie dann für nicht so clever hält. Das finde ich traurig, denn Dialekt ist ja Teil der Kultur und der Herkunft.

Bülent Ceylan: „Dialekt gibt mir ein Heimatgefühl"

Also sollte generell wieder mehr Dialekt gesprochen werden?   **Text 2**

Bülent Ceylan: Ich finde, dass man Dialekt nicht 15 verstecken muss. Wenn jemand, der das nicht kann, mit aller Gewalt versucht Hochdeutsch zu reden, dann klingt das gekünstelt – und dann ist er auch nicht er selbst. Der Dialekt verbindet die Menschen, ob sie es wollen oder nicht. Wenn ich 20 im Fernsehen jemanden mit dem typischen Singsang aus unserer Region höre, erkenne ich das immer gleich – und dann freue ich mich riesig. Und erst recht, wenn ich im Ausland bin und jemanden erkenne, dann heißt es gleich: „Ach, du 25 bist ja auch daher!"

Haben Sie ein Lieblingswort in Ihrem Heimatdialekt?

Bülent Ceylan: Ich finde „Allahopp" gut, gerade am Ende eines Gesprächs. Das kommt ja vom 30 französischen „Allez hop" und heißt so viel wie „los geht's". Es hat was Optimistisches: „Kopf nicht hängen lassen, allahopp!" Das finde ich gerade in dieser Zeit ganz wichtig.

Aus einem Interview mit dem Comedian Bülent Ceylan in der Fernsehsendung „Kulturzeit extra: Hochdeutsch verboten"

Quelle: www.mittelhessen.de   *(verändert)*

2 Celina hat das Interview zusammengefasst.

a) Lies ihre Zusammenfassung. Sprecht darüber: Was hat sie gut gemacht? Was fehlt in ihrer Zusammenfassung?

b) In einer Schreibkonferenz hat sie Tipps von Mitschülerinnen und Mitschülern bekommen. Schreibe ihre Zusammenfassung neu. Nutze die Tipps zur Überarbeitung.

Celinas Zusammenfassung	Tipps für die Überarbeitung
Der Text stammt aus einer Fernsehsendung. Der Comedian Bülent Ceylan liebt den Mannheimer Dialekt.	Aus welcher? Schreibe genauer, was für ein Text es ist. Warum? Schau noch einmal in den Text.
Er meint, dass sich viele Leute schämen, Dialekt zu sprechen.	Hier hast du die Begründung vergessen.
Bülent Ceylan meint, dass der Dialekt die Menschen verbindet.	Welches Beispiel nennt er? Schluss fehlt: Was ist für dich der wichtigste Gedanke im Interview?

3 Vergleiche den Text „Dialekt ist Heimat" mit dem Text „Fischkopp und Lumpeseggler".

a) Sprecht zunächst über folgende Punkte. Nutzt den wortstark!-Zettel:
- Worum geht es in beiden Texten?
- Um welche Text(sorten) handelt es sich?
- Wo sind die Texte erschienen?
- Wer äußert sich zum Thema?

b) Suche in beiden Texten Belege für die folgenden Aussagen und Meinungen. Übernimm dazu die Tabelle und ergänze sie.

wortstark!

In beiden Texten geht es um …
Beim Text „Fischkopp und Lumpeseggler" handelt es sich um …
Der Text stammt aus …
Der Text „Dialekt ist Heimat" ist ein …
Interviewt wird …
Der Text stammt aus …

Aussagen und Meinungen über den Dialekt	Wo steht diese Aussage?
a. Viele Leute schämen sich, Dialekt zu sprechen.	Text 1, Z. … und Text 2, Z. …
b. Der Autor spricht selbst Dialekt.	Text …, Z. …
c. Immer weniger Menschen sprechen einen Dialekt.	
d. Dialekte vermitteln ein Heimatgefühl.	
e. Dialekte sind ein wichtiger Teil der Kultur.	
f. Nur Dialekt sprechen geht nicht.	
g. Dialekte verbinden Menschen.	

4 Nutze die Informationen aus beiden Texten und nimm Stellung zu der Aussage: „Der Dialekt gibt mir ein Heimatgefühl".

a) Erläutere, was Bülent Ceylan damit meinen könnte.

Der Satz von Bülent Ceylan bedeutet …

b) Was denkst du über Dialekte? Schreibe deine Meinung auf und begründe sie.

Ich finde Dialekte … Für mich ist das Thema „Dialekte" wichtig/nicht so wichtig, weil …

Texte vergleichen und die Ergebnisse aufschreiben

**Du hast die Texte „Fischkopp und Lumpeseggler" und „Dialekt ist Heimat"
bearbeitet. Nachdem du Informationen aus beiden Texten gesammelt hast,
kannst du mit deinen Ergebnissen weiterarbeiten und sie aufschreiben.**

1 Schreibe einen Text zum Thema „Dialekte heute". Nutze die Informationen aus
beiden Texten. Orientiere dich am Schreibplan.

Schreibplan

Gliederung	Formulierungshilfen	Verweis auf Texte
Einleitung – Autoren, Titel und Thema nennen	Das Thema „Dialekt" wird zurzeit viel diskutiert. Ich möchte auf folgende Texte eingehen: ...	Text 1, Text 2
Hauptteil – wichtige Informationen zum Thema aus Text 1 zusammenfassen	Im Text ... schreibt Anne Richter, ... Sie berichtet auch von eigenen Erfahrungen: ... Die Autorin vertritt die Meinung, dass ...	Text 1
– wichtige Informationen zum Thema aus Text 2 zusammenfassen	In Text 2 äußert sich Bülent Ceylan über Dialekte. Er spricht selbst einen Dialekt, und zwar ... Er ist der Meinung, dass ... Er nennt auch Beispiele: ...	Text 2
– Gemeinsamkeiten und Unterschiede der Texte kurz beschreiben	In beiden Texten werden Dialekte bewertet. Anne Richter und Bülent Ceylan finden beide ... In Text 1 wird betont, ... In Text 2 werden außerdem wichtige Informationen zu Dialekten gegeben, zum Beispiel ...	Text 1, Text 2
Schluss – begründete Stellungnahme zu den Texten – eigene Meinung zum Thema, mit Begründung	Manches, was die beiden sagen, finde ich richtig. Zum Beispiel ... Ich finde beide Texte nützlich für meine Thema ... Für mich ist der Dialekt wichtig/nicht so wichtig, weil ...	

> **CHECKLISTE** ▸ **Informationen aus Texten entnehmen und aufschreiben**
>
> ✓ Einleitung geschrieben und in das Thema eingeführt?
> ✓ Im Hauptteil wichtige Informationen aus verschiedenen Texten wiedergegeben?
> ✓ Belege aus den Texten eingefügt?
> ✓ Im Schlussteil eine Stellungnahme formuliert und begründet?

Textstellen wiedergeben und Belege nennen

Wenn du eine Aufgabe bearbeitest und Texte nutzt, musst du immer angeben, woher du die Informationen hast. Dazu gibt es verschiedene Möglichkeiten.

1 Mareike hat einen Informationstext über das Thema „Sind Dialekte heute noch aktuell?" geschrieben und dazu den Text „Fischkopp und Lumpeseggler" genutzt.

a) Lest den Anfang ihres Textes: Was findet ihr an ihrem Text gelungen?

b) Wie hat sie die Bezüge zum Text „Fischkopp und Lumpeseggler" ausgedrückt?

Nutzt die Hinweise in „Wissen und Können".

<u>Sind Dialekte heute noch aktuell?</u>

In einem Artikel von der Internetseite „www.stern.de" schreibt die Reporterin Anne Richter über das Thema Dialekte. Sie erklärt im ersten Abschnitt, was man früher über Dialekte dachte. Man war der Meinung, wer Dialekt spricht, ist dumm. Das sieht man heute nicht mehr so. Im zweiten Abschnitt berichtet sie von eigenen Erfahrungen. Im Text steht, dass Dialekt an ihrer Schule verboten war. Anne Richter hat eine klare Meinung zu Dialekten. Sie findet, dass Dialekte ein „wertvoller Teil der Kultur" (Z. 37) seien. Am Ende des Artikels schreibt sie: „Allerdings sollten wir aufhören, Dialekte schlecht zu machen." (Z. 43-44)

c) Die Fortsetzung von Mareikes Text ist ziemlich ungenau.
   Lies die Tipps zur Überarbeitung und schreibe den Text mit den Verbesserungen neu.

Auch Bülent Ceylan tritt für Dialekte ein.   ←   Wo? Bitte Quelle nennen.

Das sagt er in einem Interview.   ←   Füge ein Zitat ein. Nenne auch den Textbeleg.

Er betont, dass Dialekte wichtig sind.   ←   Nenne genau, wo. Gib die Zeile an.

Der Comedian nennt auch Gründe.   ←   Gib die Gründe wieder. Was genau sagt er? Verwende indirekte Rede und nenne den Textbeleg.

Manches, was er sagt, finde ich gut.   ←   Was denn genau? Verweise auf den Text.

WISSEN UND KÖNNEN ▶ **Sich auf Textstellen beziehen, Belege anführen**

Wenn du beim Schreiben Aussagen aus Texten heranziehst, musst du sie in deinen Text einbauen. Hierfür gibt es verschiedene Möglichkeiten:

1. Verweise auf die Texte, Abschnitte oder Zeilen:
   In Text 1 steht ... Im 2. Abschnitt steht ... In Zeile ... werden ... genannt

2. Gib wichtige Stellen wörtlich wieder (mit Zeilennummer in Klammern):
   Der Dialekt gibt mir „ein Heimatgefühl" (Text 2, Z. 1 – 2).

3. Äußerungen und Gedanken kannst du auch in indirekter Rede wiedergeben:
   Der Comedian behauptet, dass der Dialekt die Menschen verbinde.

Texte vergleichen und die Ergebnisse aufschreiben

Du sollst dich mit dem Thema „Dialekte in der Schule" auseinandersetzen und deine Ergebnisse in einem Text formulieren. Bearbeite dazu zwei Texte.

1 Lies die beiden Texte.
- Mache dir Notizen, worum es in beiden Texten geht.
- Formuliere für beide Texte eine passende Überschrift.

Text 3

Von Katharina Dores, Mundartforscherin

Ob „Grüß Gott!", „Moin!" oder „Guude!" – neben der Hochsprache nutzen viele Menschen ihren Dialekt im Alltag. Früher dachte man, wer Dialekt spricht, kann kein Hochdeutsch. Mundarten hielt man für
5 das schlechtere Deutsch. Deshalb waren Dialekte in Schulen verboten. Heute gibt es viele Beispiele für Dialekte an Schulen.
„Griaß Gott und Servus" – so wird man auf der Website einer bayrischen Realschule im Dialekt-
10 Café freundlich via Audio-Datei begrüßt. Hier können sich die Leserinnen und Leser über die besonderen Merkmale des Dialekts informieren, Übersetzungen von bekannten Gedichten in die verschiedenen Dialekte Bayerns nachschlagen
15 und Rätsel zu Redewendungen und Sprichwörtern lösen. Darüber hinaus erklären die mundartlich fitten Schülerinnen und Schüler auch, warum sie ihren Dialekt so mögen.
Das Projekt, an dem Schüler und Lehrer teilneh-
20 men, ist sehr beliebt. Es soll vor allen Dingen die Beziehung zur Heimat stärken. Wer Dialekt spricht, fühlt sich tiefer mit der Heimat verbunden. Dialekt stärkt auch das Zusammengehörigkeitsgefühl.
Die Deutschlehrerin Margret Beier, die das Dialekt-
25 Café betreut, erklärt, was das Ziel des Projekts ist: Die Jugendlichen sollen ihre Mundart kennenlernen und ihren Dialekt selbstbewusst als Teil ihrer Persönlichkeit anerkennen.
(Artikel aus einem Dialekt-Magazin)

Text 4

Von Adrian Müller, Lehrer

Macht Dialekt schlau? Viele Wissenschaftler sind sich sicher: Kinder, die mit dem Dialekt aufwachsen und sich dann erst die Standardsprache aneignen, haben ein besseres Gefühl für Sprache. Dialektsprecher lernen
5 früh, zwischen verschiedenen Sprachen zu unterscheiden. Deshalb können sie besser Sprachen lernen. Wer einen Dialekt sprechen kann, hat später in der Schule weniger Probleme, eine Fremdsprache zu erlernen.
10 Forscher vertreten die Ansicht: Bei Kindern, die mehrere Sprachen beherrschen, ist das zuständige Zentrum im Gehirn besser ausbildet. Der Dialekt ist für ein Kind also die beste Voraussetzung, Sprachen zu lernen.
15 Kinder, die zusätzlich Dialekt sprechen, bemerken bereits sehr früh den Unterschied zwischen gesprochener und geschriebener Sprache. Kinder, die ausschließlich mit Hochdeutsch aufwachsen, haben teilweise
20 größere Schwierigkeiten, die mündliche Sprache in die schriftliche Form zu bringen. Eine Studie der Universität Oldenburg bestätigt das: Über mehrere Jahre hinweg untersuchten Wissenschaftler die Aufsätze
25 von Dritt- bis Sechstklässlern. Das Ergebnis: Mundart sprechende Kinder machten 30 Prozent weniger Rechtschreibfehler.
(Beitrag aus einem Internet-Mundart-Forum)

ZEIGE, WAS DU KANNST

2 Bearbeite beide Texte und vergleiche sie.

a) Suche in Text 1 und Text 2 Gründe für Dialekte in der Schule und markiere sie (Folientechnik).

b) Lege eine Tabelle an und trage die Ergebnisse aus Aufgabe a) in die Tabelle ein:

Gründe für Dialekte in der Schule	In welchem Text steht dieser Grund?
Dialekt stärkt Beziehung zur Heimat	Text 3, Z. 20–21
Dialekt fördert ...	Text ...
...	

3 Wähle Aufgabe **A** oder **B** aus.

A Schreibe einen Text zum Thema „Dialekte in der Schule?".
Nutze die Satzanfänge und berücksichtige die Informationen aus beiden Texten.

Dialekte in der Schule?
Früher waren Dialekte in der Schule verboten. Heute ...
Als Beispiel kann man eine Schule in ...
Den Lehrern geht es vor allem darum, ...
Es gibt aber noch weitere Gründe für Dialekte in der Schule. Im Text ... steht,
was Experten dazu sagen: ...
Dialekte machen schlauer ...
Wer einen Dialekt kann ...
Ich finde, dass Dialekte ...

B „Dialekte in der Schule?"
Beantworte die Frage in einem zusammenhängenden Text.
– Nutze die Informationen aus Text 3 und Text 4.
– Gliedere deinen Text in Einleitung, Hauptteil und Schluss.
– Beachte die Checkliste.

CHECKLISTE ▸ **Texte miteinander vergleichen und die Ergebnisse festhalten**

✓ Text in Einleitung, Hauptteil und Schluss gegliedert?
✓ In der Einleitung Thema und Texte vorgestellt (Titel, Quelle, Autor)?
✓ Im Hauptteil aus beiden Texten Gründe entnommen und wiedergegeben?
✓ Angegeben, wo die Belege in den Texten zu finden sind?
✓ Im Schluss deine Meinung zu den Texten und dem Thema formuliert?

In Sachtexten Zusammenhänge verstehen

Sachtexte enthalten sachliche Informationen, z. B. Daten und Zahlen, oft auch Fotos, Diagramme oder Tabellen. Sachtexte enthalten aber auch Hintergrundinformationen, die Zusammenhänge deutlich machen. Es werden Gründe genannt, Folgen aufgezeigt, Schlussfolgerungen gezogen oder Meinungen wiedergegeben.

TEXTE UND MEDIEN

1 Schaut euch die Fotos und das Schaubild auf dieser Seite an.
   – Was ist auf den Fotos zu sehen?
   – Worüber informiert das Schaubild?

2 Findet Antworten auf die Fragen in den Sprechblasen.
   Notiert weitere Fragen zum Thema „Kleidung und Mode", die euch interessieren.

3 Sprecht darüber:
   – Ist Kleidung für euch wichtig? Warum? Warum nicht?
   – Worauf achtet ihr, wenn ihr Kleidung kauft?
   – Welche Kleidung ist in eurer Klasse angesagt?
   Macht eine Umfrage in eurer Klasse. Haltet die Ergebnisse in einem Schaubild fest.

> Sollte man nur Markenkleidung kaufen?

> Wo wird billige Kleidung eigentlich hergestellt?

> Was bedeutet „faire Mode" oder „faire Kleidung"?

> Wie kann Kleidung so billig sein?

Faire Kleidung immer beliebter
Absatz von Textilien mit Fairtrade-Siegel* in Deutschland (in Mio. Stück)

41902EX © Westermann

2012	2013	2014	2015	2016	2017	2018	2019
2,6	3,6	7,9	9,2	8,5	12,2	14,0	22,2

*Fair angebaute/gehandelte Baumwolle, Förderung von Biobaumwolle
Quelle: TransFair

SALE 2 3€   SALE 3€   SALE 5€

SPRACHE UNTERSUCHEN

Nominalisierungen erklären

**Sachtexte sind oft im Nominalstil verfasst, d. h. sie enthalten viele Nomen.
Viele dieser Nomen stammen von Verben ab. Es sind Nominalisierungen.**

1 Lisa und Henry informieren sich im Internet, was man unter „Fairer Mode" versteht.
Lies den Text und erkläre, was „Faire Mode" ist.

> Mit „Fairer Mode" ist
> Kleidung gemeint, ...

Was ist „Faire Mode"?

„Faire Mode" bezeichnet Kleidung, bei deren Anfertigung ökologische und
soziale Bedingungen berücksichtigt werden. Menschen, Tiere und Natur
erfahren keine Benachteiligung. Das bedeutet:

- Materialien aus biologischem Anbau bei der Herstellung der Kleidung
- keine Chemikalien, weniger Wasser und Energie bei der Verarbeitung
- keine Kinderarbeit, normale Arbeitszeiten, faire Bezahlung bei der Produktion
- weniger Umweltbelastung beim Transport der Waren

FAIR FASHION
Warum auch
deine Kleidung
Klima macht!

2 a) Der Text „Was ist ‚Faire Mode'?" enthält viele Nominalisierungen. Markiere sie.
b) Übernimm die Tabelle und ergänze sie. Nutze die Hinweise in „Wissen und Können".

> → Weitere Hinweise
> zu den Nominalisie-
> rungen findet ihr auf
> Seite 281.

Nominalstil (Information im Satzglied)	Verbalstil (Information im Satz)
bei deren Anfertigung ...	Wenn sie angefertigt wird ...
...	...

WISSEN UND KÖNNEN ▸ **Nominalisierungen erkennen und auflösen**

Aus Verben können Nomen gebildet werden (Nominalisierung): anfertigen →
Anfertigung. Es gibt verschiedene Möglichkeiten der Nominalisierung, z.B.:
- Nomen mit der Endung -ung: herstellen → die Herstellung
- Fremdwörter mit der Endung -(a)tion: produzieren → die Produktion
Fachtexte enthalten wenig Nebensätze und sind oft im Nominalstil verfasst.
Wenn du die Nominalisierungen mit eigenen Worten erklärst, kannst du einen
Satz mit einem Verb formulieren (Verbalstil): Herstellung der Kleidung in
Deutschland → die Kleidung wird in Deutschland hergestellt.

3 Fair Fashion, Öko-Mode – was genau ist das eigentlich? Schau dir die Stichwörter
am Rand an und erläutere sie. Nutze dazu die Formulierungshilfen:
Bei „Fairer Mode" sollte die Kleidung umweltfreundlich ...
Es sollten möglichst recycelte Materialien ... Auf Pestizide ...
Näher und Näherinnen sollten ... Die Öko-Waren sollten in Deutschland ...

Gute Bezahlung der
Näherinnen und Näher

Produktion in Deutschland

Umweltfreundliche
Verarbeitung

Verwendung von
recycelten Materialien

Verzicht auf Pestizide

Wortschatz in Werbeanzeigen untersuchen

wortstark!

Werbeanzeigen sollen uns dazu bringen, ein bestimmtes Produkt zu kaufen. Deshalb wird das Produkt angepriesen. Werbeanzeigen haben meistens ein Foto als Blickfang (Eyecatcher), eine Überschrift (Headline) und einen Werbetext, der über das Produkt informiert und es anpreist.

Ein cooler Look, der Gutes tut

Hochwertige Jeans aus reiner Bio-Baumwolle.
- Klares Design. Liebevolle Details.
- Fair und nachhaltig.
- Designed in Berlin. Made in Europe.

Bei der Produktion werden weniger Wasser und Energie verbraucht.
Das hilft der Natur, den Menschen und dir.
Wir machen Klima. Schön, dass du bei uns bist!
Gut aussehen und Gutes für die Natur tun – das geht zusammen!

1 Schau dir die Werbeanzeige an: Wofür wird geworben?
   a) Beschreibe das **Foto**. Welche Gefühle löst es in dir aus?
   b) Erläutere, was die **Headline** beim Betrachter bewirken soll.
   c) Erkläre den Zusammenhang zwischen Foto und Headline.
   d) Nenne die Informationen, die der **Werbetext** enthält.

Nutze die Hinweise in „Wissen und Können".

2 Markiere (Folientechnik) Wörter, mit denen das Produkt angepriesen wird.

3 Denke über die Werbeanzeige nach.
   a) Was wird dem Betrachter versprochen, wenn er das Produkt kauft?
   b) Wer soll durch die Werbeanzeige wohl besonders angesprochen werden? Begründe.

WISSEN UND KÖNNEN   **Hochwertwörter in der Werbung erkennen**

Werbeanzeigen enthalten Ausdrücke, die bei den Leserinnen und Lesern positive Gefühle und Gedanken auslösen. Diese Wörter nennt man **„Hochwertwörter"**. Zu den Hochwertwörtern zählen:
- Nomen, Adjektive oder Verben, die eine positive Wertung enthalten: Outfit, Geschmack; umweltverträglich, lässig; stylen
- Wortbildungen, die verstärken: hochwertig, Trendjeans
- Bindestrich-Komposita: Bio-Mode. Leder-Label, Five-Pocket-Stil
- Modewörter, die oft aus dem Englischen stammen: fair, mega chic, cooler Look

4 Lies den folgenden Werbetext aus dem Internet.

a) Für welche Produkte wird geworben?

b) Welches Bild würde zum Text passen?

Entscheide dich für ein Foto unten auf der Seite und begründe deine Wahl:

Foto ... würde gut/weniger gut zum Text passen, weil ...

c) Ergänze eine Headline mit einer Werbebotschaft.

Vergleicht eure Lösungen: Welche passt am besten? Warum?

d) Markiere (Folientechnik) Wörter, mit denen geworben wird.

Nutze dazu die Hinweise in „Wissen und Können" (S. 122).

> **bio** – keine Chemikalien beim Anbau der Rohstoffe
> **fair** – keine ausbeuterischen Arbeitsbedingungen
> **cool** – tragen, was nicht jeder hat
>
> Bei uns erhalten Sie **Bio-Kleidung** für Damen, Herren, Kleinkinder und Babys:
> Die Baumwolle oder der Hanf sind aus ökologischem Anbau, die Schurwolle
> stammt von Tieren aus ökologischer Haltung. Die Produkte werden umweltver-
> träglich verarbeitet.
> Alle Produkte sind **fair gehandelt** und **produziert**. [...]
>
> Außerdem entsprechen unsere Produkte den aktuellen Trends: Sie unterscheiden
> sich in Stil und Schnitt nicht von anderer hochwertiger Mode – denn Bio muss
> nicht gleich Kartoffelsack sein. [...]
> Unsere grüne Mode ist für alle, die guten Geschmack und Nachhaltigkeit
> verbinden wollen.

5 Recherchiert im Internet, wie dort für ökologische Kleidung geworben wird.

– Sucht eine Werbung aus, die euch besonders gefällt, und stellt sie in der Klasse vor.

– Sammelt Hochwertwörter aus den Anzeigen und ordnet sie.

Nutzt die Hinweise in „Wissen und Können" (S. 122).

6 Arbeitet zu zweit: Verfasst selbst Werbetexte für ökologische Kleidung.

– Sucht euch ein Produkt aus : Jeans, Turnschuhe, T-Shirts ...

– Stellt eure Anzeige vor und erläutert, wie ihr vorgegangen seid.

Hintergrundinformationen herausarbeiten

In Sachtexten stehen viele Informationen, die miteinander zusammenhängen. Diese Zusammenhänge sind manchmal direkt ausgedrückt, manchmal müssen wir sie beim Lesen erschließen. Oft ist es sinnvoll, ein Schaubild oder eine Mindmap anzulegen, um die Zusammenhänge darzustellen.

wortstark!

Der Produktionsweg ist der Weg, ...
Ein Firmen-Label ist ...
Unter Transportkilometern versteht man ...
Im Wörterbuch steht zu „Baumwoll-plantage": ...
„Schädlingsbekämpfung" besteht aus den Wörtern ...
Die Erklärung für „Billiglohnland" steht im Text in Zeile ...
Wenn wir die Kleider nicht mehr brauchen, dann ...

1 Lies den Text auf S. 125 einmal durch. Lies auch dann weiter, wenn du etwas nicht genau verstehst.
a) Warum hat der Text die Überschrift „Die lange Reise einer Jeans"?
b) Ordne den vier Abschnitten die passende Überschrift zu:

Hohe Umweltbelastungen   Billige Arbeitskräfte
Die zweite Reise   Herstellung der Jeans

2 Versucht gemeinsam, die folgenden Wörter aus dem Text zu klären. Nutzt die Formulierungshilfen auf dem wortstark!-Zettel.

Produktionsweg   Firmen-Label   Transportkilometer
Baumwollplantage   Schädlingsbekämpfung   Herstellungskosten
Billiglohnland   Arbeitsbedingungen   Altkleidersammlung

3 Wo und wie werden Jeans hergestellt? Lies den Abschnitt über die Jeansherstellung noch einmal genau. Sammle wichtige Informationen.
a) Markiere im Text die Länder, die an der Herstellung beteiligt sind (Folientechnik).
b) Zeichne auf der Weltkarte aus dem Medienpool den Produktionsweg der Jeans ein.

→ Medienpool: Weltkarte

c) Schreibe die Ländernamen auf Kärtchen. Notiere dazu in Stichpunkten, was dort mit der Jeans geschieht.
d) Sprecht darüber: Warum stimmt der Satz „Made in Italy" nicht?

Kasachstan
– Baumwolle wird angebaut
– auf großen Plantagen

4 Lies die drei letzten Abschnitte noch einmal genau. Arbeite Zusammenhänge heraus. Nutze die Hinweise in „Wissen und Können" (S. 126).
– Markiere im Text (Folientechnik), welche Folgen die Jeansherstellung hat.
– Ordne die Informationen in einer Tabelle. Kennzeichne die Folgen mit einem Pfeil (→).

Folgen für die Umwelt	Folgen für die Menschen
lange Transportwege	geringe Herstellungskosten
→ starke Umweltbelastung ...	→ ...
hoher Wasserverbrauch	schlechte Arbeitsbedingungen
→ ...	→ ...
Einsatz von Chemikalien und Pestiziden	
→ ...	

Die lange Reise einer Jeans

Bis die Jeans in den Regalen liegen, haben sie in der Regel eine sehr lange Reise hinter sich. Denn die Baumwolle wächst nur in warmen Ländern, z. B. in Kasachstan oder Indien. Verarbeitet wird
5 **sie dagegen dort, wo die Arbeitskräfte am billigsten sind. Gekauft werden Jeans dann in den reichen Industrieländern.**

Um die Reisestationen einer Jeans zu verfolgen, können wir zum Beispiel in Kasachstan anfangen.
10 Hier wächst die Baumwolle in großen Plantagen. Sie wird von Hand oder mit der Maschine geerntet und anschließend in die Türkei versandt. Dort wird die Baumwolle in Spinnereien zu Garn gesponnen. Aus diesem Baumwollgarn wird in den Webereien
15 in Taiwan der Jeansstoff hergestellt. In Polen wird die blaue Farbe zum Einfärben des Jeansstoffes produziert. In Tunesien werden das Garn aus der Türkei und der Jeansstoff aus Taiwan mit der Farbe aus Polen eingefärbt. In Bulgarien wird der jetzt
20 fertige Jeansstoff veredelt, d. h. weich und knitterarm gemacht. In China wird die Jeans zusammengenäht, mit Knöpfen und Nieten aus Italien und Futterstoff aus der Schweiz. Anschließend bekommt die Jeans den letzten Schliff: Sie wird
25 in Frankreich gewaschen, z. B. mit Bimsstein aus Griechenland, wodurch sie den „stone-washed-effect" erhält. Schließlich wird das Firmen-Label in die Jeans eingenäht und sie erhält in Italien z. B. den Aufdruck „Made in Italy".

30 Wenn die Jeans auf dem Ladentisch liegt, hat sie bereits 50 000 Kilometer zurückgelegt und dabei unsere Umwelt stark belastet: Auf den langen Transportkilometern werden viel Benzin verbraucht und Abgase verursacht. Außerdem benöti-
35 gen die Baumwollplantagen gewaltige Mengen Wasser. Viele Chemikalien, die zur Schädlingsbekämpfung eingesetzt werden, gelangen in die

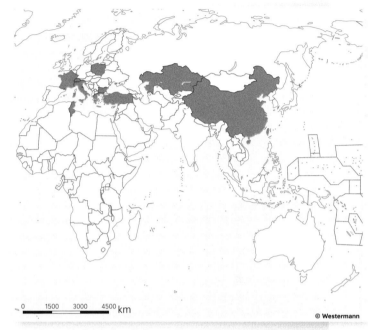

© Westermann

Böden, in das Grundwasser und in die Luft. Die Flüsse in der Nähe der Färbereien sind tote Flüsse, weil dort giftige Farbstoffe eingeleitet werden. 40

Firmen wie Levis oder Diesel stecken viel Geld in die Werbung. Die Herstellungskosten einer Jeans sollen aber gering sein. Deshalb werden Jeans meistens von Frauen und Kindern hergestellt, die nur einen geringen Lohn bekommen. Der Lohn 45 in diesen Billiglohnländern reicht kaum zum Leben. Die Arbeitsbedingungen der Näherinnen in den Fabriken sind extrem schlecht, egal, ob sie für eine Nobelfirma oder einen Discounter arbeiten.

Bei uns ist die Jeans irgendwann altmodisch und 50 wandert in die Altkleidersammlung. Jetzt geht sie ein zweites Mal auf Reise. Meist wird sie zu einem holländischen Betrieb transportiert, der sie per Schiff nach Afrika bringt. So legt die Jeans noch einmal 8000 km zurück. In Afrika wird die Jeans 55 auf Märkten verkauft. Schön für die Menschen dort? Nein, denn das führt dazu, dass viele afrikanische Firmen pleite gehen! *(verändert)*

5 Denkt über den Text nach.

a) Was ist mit der „zweiten Reise der Jeans" gemeint (Z. 52)?

b) Wie bewertet der Autor diese zweite Reise?

c) Woran hast du das erkannt?

> Mit „zweiter Reise" ist gemeint ...

> Der Autor findet, dass ...

> In Zeile ... steht, dass ...

6 Arbeite mit den Ergebnissen weiter. Wähle eine Aufgabe aus.

wortstark!

Das Thema meines Vortrags ist ...
Zuerst erkläre ich ...
Nun gehe ich auf die Folgen für ... ein: ...
Zum Schluss möchte ich meine Meinung zu ... abgeben:
Ich finde, ..., weil ...

A Halte einen **Kurzvortrag** über die „Weltreise einer Jeans". Nutze für deinen Vortrag deine Notizkärtchen und den wortstark!-Zettel in der Randspalte.

B Schreibe einen **Kommentar** für die Schülerzeitung.

– Fasse dazu die wichtigsten Informationen zusammen.

Wo und wie wird unsere Kleidung eigentlich hergestellt? Diese Frage lässt sich sehr gut mit dem Text über die „lange Reise einer Jeans" beantworten: ...

– Gehe besonders auf die Folgen für die Umwelt und die Menschen ein.

Was für Folgen hat dies für die Umwelt und die Menschen? ...

– Gib auch die Meinung des Autors wieder.

Zurecht wird herausgestellt, was das für die Menschen in den Billiglohnländern bedeutet: ...

– Schließe deinen Kommentar mit einer persönlichen Stellungnahme ab.

Deshalb stehe ich auf dem Standpunkt, dass ...

WISSEN UND KÖNNEN ▸ **Zusammenhänge herausarbeiten**

In Sachtexten findest du verschiedene Arten von Informationen:

1. **Zahlen** oder **Tatsachen (Fakten)**, die man überprüfen kann. Beispiel: Wenn die Jeans auf dem Ladentisch liegt, hat sie schon 50 000 km zurückgelegt.

2. **Hintergrundinformationen,** die Fakten erklären und erläutern. Es werden z.B. Gründe, Folgen oder Bedingungen angegeben.

a) Die Zusammenhänge können direkt ausgedrückt sein, dann werden Gründe, Folgen oder Bedingungen im Text genannt.
Beispiel: ..., denn die Baumwolle wächst nur in warmen Ländern. (Z. 2-3)
→ Hier wird der Grund durch die Konjunktion denn ausgedrückt.

b) Oft musst du aber die Zusammenhänge selbst erkennen. Du musst beim Lesen über den Text nachdenken und eigene Schlussfolgerungen ziehen.
Beispiel: ... egal, ob sie für eine Nobelfirma oder einen Discounter arbeiten. (Z. 48-49) → Aha, das bedeutet doch: Auch teure Markenkleidung wird nicht fair und nachhaltig produziert.

Ein Schaubild auswerten

Diagramme und Schaubilder dienen dazu, Informationen grafisch darzustellen. Um sie zu erklären, musst du einen erläuternden Text schreiben. Darin nennst du wichtige Ergebnisse. Schließlich solltest du Schlussfolgerungen, die sich aus den Informationen ziehen lassen, darlegen.

1 Schaut euch die Grafik an und sprecht darüber:
   a) Worüber informiert die Grafik?
      Lest dazu die Überschrift.
   b) Welche Informationen erhaltet ihr aus der Grafik?
      Was bedeuten die Zahlen und Farben?
   c) Was wird an der Grafik deutlich?
      Achtet auf die Prozentangaben und die Größe
      der farbigen Flächen.
   d) Was findest du besonders auffällig?
   e) Worüber kommst du ans Nachdenken?

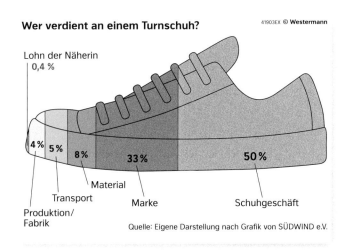

Wer verdient an einem Turnschuh?

41903EX © Westermann

Lohn der Näherin 0,4 %

4% 5% 8% 33% 50%

Transport
Material
Marke
Schuhgeschäft
Produktion/
Fabrik

Quelle: Eigene Darstellung nach Grafik von SÜDWIND e.V.

2 Anna hat einen Text zur Grafik verfasst. Schreibe den Text ab und ergänze die fehlenden Informationen.

Turnschuhe sind teuer. Aber wer verdient alles daran? Wenn ein Turnschuh 100 Euro kostet, bekommt _____ am wenigsten, nämlich nur 40 Cent. Die _____, in der das Leder gegerbt und zugeschnitten wird, bekommt ebenfalls nur einen kleinen Teil von den 100 Euro, etwa 4 €. Und wohin gehen die restlichen Euro? _____ bekommt mit rund 50 € den größten Teil der 100 Euro. Der Markenkonzern bekommt rund _____ für Entwicklung, Werbung und als Profit. Die Kosten für das Material betragen _____. Fünf Euro kostet _____.

3 Sprecht über das Schaubild.

Die Geschäfte verdienen ...

Die Näherinnen werden ausgebeutet, weil ...

Die Markenfirma ...

4 Schreibe einen Abschnitt zu Annas Text hinzu.
   – Was erscheint dir besonders wichtig? Mir fällt besonders auf ...
   – Was wundert dich? Was findest du nicht richtig? Ich finde es nicht richtig, ...
   – Warum ist das wohl so? Der Grund könnte sein, ...
   – Welche Folgen hat das? Das hat Folgen für ...
   – Was müsste geändert werden? Ich denke, die ...

Informationen und Bewertungen unterscheiden

Sachtexte enthalten viele Informationen wie z. B. Zahlen, Fakten oder Hintergrundinformationen. Hinzu kommen oft aber auch noch Bewertungen des Autors oder der Autorin. Du musst also Informationen von Bewertungen unterscheiden.

Fast Fashion (aus dem Englischen, wörtlich: schnelle Mode) ist ein Geschäftsmodell in der Bekleidungsindustrie, bei dem die Kollektionen schnell und trendbezogen designt und zu niedrigen Preisen produziert und verkauft werden.

1 a) Lies die Erklärung zu „Fast Fashion" aus dem Wörterbuch:

b) Formuliere in eigenen Worten, was man unter „Fast Fashion" versteht:

Der Begriff „Fast Fashion" kommt aus …

Bei Fast Fashion produzieren die Bekleidungsfirmen …

Die Kleidung wird bei Fast Fashion …

2 a) Lies den Text auf S. 129 und formuliere für jeden Abschnitt eine Überschrift.

b) Fasse wichtige Informationen zusammen. Beantworte dazu die Fragen schriftlich:

a. Was versteht man unter Fast Fashion?

b. Wie hat Fast Fashion unser Einkaufsverhalten verändert?

c. Was ist problematisch an Fast Fashion?

d. Was kann man gegen Fast Fashion tun?

3 Arbeite heraus, wie der Autor Fast Fashion bewertet.

Nutze dazu die Hinweise in „Wissen und Können".

a) Suche im Text Wörter, die eine Wertung ausdrücken.

b) Markiere Textstellen, an denen der Autor eine direkte Bewertung abgibt.

c) Wie bewertet der Autor Fast Fashion? Fasse zusammen:

Der Autor denkt … Er ist sicher, dass … Er findet es nicht gut, …

Der Autor kritisiert … Er fordert …

WISSEN UND KÖNNEN ▸ **Bewertungen erkennen**

Sachtexte enthalten oft nicht nur Informationen, sondern auch Bewertungen.

1. Die Autorin/der Autor gibt eine direkte Wertung ab, z. B.:

Damit tun wir nicht nur der Umwelt einen Gefallen, sondern auch uns selbst.

2. Bewertungen stecken auch in Wörtern und Wendungen. Achte auf:

– Wörter, die beim Lesen negative oder positive Gefühle hervorrufen, z. B. Schaden (negativ), Gesundheit (positiv).

– bewertende Adjektive, z. B. katastrophal.

– negative Bewertungen, die durch Wortbildung ausgedrückt werden, z. B. durch un- oder -los: menschenunwürdig, verantwortungslos.

– Auch Zusammensetzungen und Bindestrich-Wörter können Bewertungen enthalten, z. B. Kleiderflut, Kleider-Kollaps.

Die Textil-Trends von heute sind der Müll von morgen *(verändert)*

Fast Fashion hat die Textilproduktion revolutioniert: Was heute auf den Laufstegen in New York, Paris oder Mailand präsentiert wird, ist innerhalb weniger Tage als preiswerte Kopie in den Einkaufsmeilen unserer Städte zu finden. Bis zu 24 Kollektionen bieten bekannte Modeketten jedes Jahr an. Ein schnelles Geschäft mit katastrophalen Risiken und Nebenwirkungen: Der Natur werden Unmengen an Rohstoffen entzogen, Umwelt und menschliche Gesundheit nehmen Schaden – beispielsweise durch giftige Chemikalien. Die Herstellung von Fast Fashion findet zudem oft unter verantwortungslosen und menschenunwürdigen Bedingungen statt.

Fast Fashion hat auch unseren Umgang mit Kleidung verändert. Kleidung wird ohne großes Zögern gekauft, denn Mode ist günstig zu haben, insbesondere wenn satte Rabatte zur Schnäppchenjagd einladen. Weil Mode so günstig ist, ist sie zur Wegwerfware verkommen: Die Trends von heute sind der Müll von morgen. Die weltweite Textilproduktion hat sich seit dem Jahr 2000 mehr als verdoppelt. Während deutsche Verbraucher jährlich 10 Kilogramm neue Kleidung kaufen, sind es in den USA 16 Kilogramm und in Afrika/Nahost nur etwa 2 Kilogramm. Mit dem wachsenden Textilkonsum in Industrieländern wachsen die Umweltfolgen in Herstellungsländern wie Bangladesch und China. Allein durch Herstellung, Warentransport und den Gebrauch – Waschen, Trocknen und Bügeln – von Kleidung werden jährlich mehr als 850 Millionen Tonnen CO_2-Emissionen verursacht.

Die Art und Weise, wie Kleidung hergestellt, genutzt und entsorgt wird, bedarf einer Generalüberholung. Modemarken müssen qualitativ hochwertigere Kleidung produzieren, die langlebig, reparierbar, von weiteren Personen tragbar und am Ende vollständig kreislauffähig ist. Um den Kleider-Kollaps zu verhindern, müssen wir uns von Fast Fashion verabschieden. Damit tun wir nicht nur der Umwelt einen Gefallen, sondern auch uns selbst. Das System ist defekt und immer mehr Konsumenten sind bereit für Veränderung. Der einfachste Schritt ist, Kleidung länger zu tragen. Allein die Verlängerung der Lebensdauer unserer Kleidung von einem auf zwei Jahre würde die CO_2-Emissionen um 24 Prozent reduzieren. Wenn es uns gelingt, Kleidung zu schätzen, mit ihr pfleglich umzugehen, sie zu reparieren, sie anders zu kombinieren oder auch mal mit Freunden zu tauschen, können wir etwas gegen die unerträgliche Kleiderflut tun. So tragen wir dazu bei, die Modebranche fit für die Zukunft zu machen.

4 Denke über den Text nach: Wie stehst du zu Fast Fashion?
Formuliere eine eigene Stellungnahme in einem Leserbrief.

In dem Artikel … geht es um … Der Autor des Artikels beklagt, … Er fordert …
Ich stimme zu/teilweise zu/nicht zu, weil … Ich finde …

Informationen herausarbeiten

1 Lies den Text.
a) Formuliere eine zusammenfassende Überschrift für den gesamten Text.
b) Gib jedem Abschnitt eine zusammenfassende Überschrift.

Die Textilindustrie produziert in Massen und extrem günstig, und zwar im Ausland: 90 Prozent der in Deutschland gekauften Bekleidung werden nicht bei uns hergestellt, mehr als 50 Prozent kommt aus China, der Türkei, Bangladesch oder Indien. Ein T-Shirt legt also womöglich 20000 Kilometer zurück, bis es bei uns auf dem Ladentisch liegt – mitunter zu Spottpreisen von vier Euro das Stück. „Dass bei solchen Preisen bei der Vielzahl der Verarbeitungsschritte für die Baumwollbauern oder die Näherinnen kaum etwas übrigbleibt, kann sich jeder selbst ausrechnen", schreibt das Umweltbundesamt in seinem Bericht „Preis der Schönheit".

Für viele Familien, die in der Textilindustrie arbeiten, reicht der Lebensunterhalt nicht aus. Die Folge: Auch die Kinder müssen arbeiten. In Asien, woher die meisten Textilien kommen, arbeiten sieben Prozent aller Kinder und damit insgesamt 62 Millionen Kinder unter ausbeuterischen Bedingungen. Laut der Internationalen Arbeitsorganisation ILO handelt sich hier um Tätigkeiten, welche die körperliche oder seelische Entwicklung der Kinder schädigen und sie ihrer Grundrechte berauben. Kinder, die auf Baumwollplantagen arbeiten, erkennt man leicht an ihren hellen oder rötlichen

Strähnen im Haar", sagt Barbara Küppers von der Hilfsorganisation für Kinder, Terre des Hommes. Die Haarverfärbungen, aber auch Flecken auf der Haut, kämen von den Pestiziden, die beim Anbau von Baumwolle eingesetzt werden, erklärt sie. Dabei fangen viele dieser Kinder bereits vor dem zwölften Lebensjahr an zu arbeiten. Häufig ist Schulabbruch die Folge, wie eine Untersuchung zeigt: In Bangladesch brechen 17 Prozent der arbeitenden Kinder unter 15 Jahren die Schule ab, in Myanmar sind es 20 Prozent. Ein Drittel aller Kinderarbeiter geht erst gar nicht zur Schule. Ihre Zukunft ist damit ungewiss. „Hinzu kommt, dass Kinderarbeit, besonders die schlimmsten Formen, wenn Kinder wie Sklaven schuften, auch oft im Verborgenen stattfindet", betont Barbara Küpper.

Die gute Nachricht ist: Innerhalb der Jahre 2000 bis 2016 ist die Zahl der Kinderarbeiter weltweit stark gesunken: Von 246 Millionen auf 152 Millionen, wie die Internationale Arbeitsorganisation ILO berichtet. „In der Textilindustrie sind keine oder kaum noch Kinder in großen Näherei-Fabriken zu finden", berichtet Barbara Küppers. Das sei schon ein großer Erfolg, auch wenn Kinder immer noch in Spinnereien und vor allem im Baumwollanbau anzufinden seien. Bis zum Jahr 2025 soll Kinderarbeit eigentlich weltweit überwunden sein. „Es ist extrem wichtig, dass es gute kostenlose Bildung gibt", sagt Barbara Küppers. Die Großunternehmer der Textilbranche könnten Druck machen den Firmen vorschreiben, wie sie den Kindern, die unter katastrophalen Bedingungen arbeiten, helfen können.

Inka Reichert *(verändert)*

2 Fasse wichtige Informationen zusammen. Beantworte dazu die Fragen schriftlich.

   a. Woher kommt unsere Kleidung?

   b. Erläutere die Kinderarbeit mit Hilfe der Zahlen im zweiten Abschnitt.

   c. Wie sieht die Arbeit der Kinder auf den Baumwollplantagen aus?

   d. Wie hat sich die Situation der Kinderarbeit seit dem Jahre 2000 verändert?

3 Arbeite Hintergrundinformationen heraus: Welche Auswirkungen und Folgen hat
die Kinderarbeit? Ergänze die Aufstellung.

Folgen und Auswirkungen der Kinderarbeit

   - Kinder müssen auf den Baumwollplantagen oder den Kleiderfabriken arbeiten

   - Kinder werden ausgebeutet

   - Kinder ...

4 Erläutere, wie die Situation im Text bewertet wird.

   a) Erkläre die Wörter und Wendungen:

      – Spottpreise (Z. 8)

      – wie Sklaven schuften (Z. 41)

      – katastrophale Bedingungen (Z. 58)

      – ein großer Erfolg (Z. 50).

   b) Welche Vorschläge zur Verbesserung der Situation
      enthält der Text? Nenne die Vorschläge.

> **wortstark!**
>
> Wenn Kleidung zu „Spottpreisen"
> hergestellt wird, dann ...
> „Wie Sklaven schuften" bedeutet,
> dass die Kinder ...
> Wenn man unter „katastrophalen
> Bedingungen" arbeitet, sind die
> Arbeitsbedingungen ...
> „Das ist ein großer Erfolg" bezieht
> sich auf ...

5 Arbeite mit deinen Ergebnissen weiter. Wähle Aufgabe **A** oder **B** aus.

A Schreibe einen kurzen Text zum Foto:
   Stelle dir vor, du bist das Kind auf dem Foto.

   – Schreibe in der Ich-Form.

   – Beschreibe deine Situation:

   – Was ist schwierig für dich?

   – Schreibe, was du denkst und fühlst.

   – Schreibe auf, was du dir wünschst.

B Formuliere eine kurze Stellungnahme zum Thema „Kinderarbeit in der Textilindustrie".
   Begründe deine Meinung. Du kannst auch Schlussfolgerungen aus dem Text
   verwenden.

   Unsere Kleidung wird vor allem in ... hergestellt: ...

   Firmen bieten Kleidung zu sehr niedrigen Preisen an: ...

   Das führt dazu ...

   Auch Kinder. ...

   Dies hat schlimme Folgen für die Kinder: ...

   Ich bin der Meinung. ...

Anekdoten ... über bekannte ...
auf Fragen ... ...ntare anderer mit einer witzigen
Handlung ... Außerung reagieren. Das überraschend...
...inte genannt. Anekdoten wollen unterhalten und b...
... ...ch für Kalendergeschichten, die ihr ebenfalls ken...

TEXTE UND MEDIEN

> ... ist eine berühmte Person. Sie ist bekannt, weil ...

> Erzählt wird ein besonderes Ereignis: Ein ...

> Das Ende der Geschichten ist witzig: ...

1 Was fällt dir an den Geschichten auf dieser Seite auf? Ergänze die Sprechblasen.

▶ Recherchiert die Personen im Internet: Warum sind sie berühmt?

2 Welche Geschichte gefällt dir am besten? Warum? Lies sie vor.
- Wie musst du lesen, damit sich die Zuhörer die Personen gut vorstellen können?
- Unterstreiche Wörter, die du besonders betonen oder hervorheben möchtest.
- Nutze Gestik und Mimik und verändere die Stimme, wenn es nötig ist.
- Markiere die Pointe, damit du sie besonders hervorheben kannst.
- Präsentiere deinen Textvortrag und lass dir eine Rückmeldung geben.

Einsteins Mantel

Einstein war meist salopp, wenn nicht schäbig gekleidet. „Willst du dir nicht mal einen neuen Mantel kaufen?", fragte ihn ein Freund, der ihn auf einem Spaziergang traf.
„Wozu?", lächelte Einstein. „Hier kennt mich jeder und weiß, wer ich bin."
Der Freund traf Einstein in demselben Mantel einige Zeit später in New York und meinte: „Du trägst ihn ja immer noch!"
„Warum nicht?", fragte Einstein.
„Hier weiß ja niemand, wer ich bin."

Queen Elisabeth

Auf dem Weg zum Schloss Balmoral in Schottland entdeckte die englische Königin Elisabeth II. am Straßenrand einen kleinen Laden und betrat ihn neugierig.
Die Verkäuferin sah sie ungläubig an: „Sie sehen der Königin außerordentlich ähnlich."
Elizabeth II. erwiderte: „Oh, wie beruhigend!"

Franz Beckenbauer

In seiner aktiven Zeit wurde Franz Beckenbauer, einer der erfolgreichten deutschen Fußballspieler, vom Sportmoderator einmal gefragt: „Herr Beckenbauer, Sie verdienen im Monat viermal so viel wie der Bundeskanzler. Worauf führen Sie das zurück?"
Franz Beckenbauer lächelte schelmisch und erwiderte: „Nun ja, der Bundeskanzler spielt eben nicht so gut Fußball wie ich!"

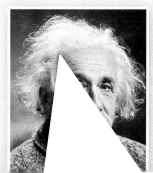

Mit Fachwörtern über Anekdoten sprechen

1 Lies den Wissen-und-Können-Kasten zur Anekdote.
   a) Unterstreiche (Folientechnik) Hinweise zur Erklärung der Wörter
      bekannte Persönlichkeiten, Pointe und Charaktereigenschaft.
   b) Erkläre die fett gedruckten Fachbegriffe mit eigenen Worten.
      Nutze dazu den wortstark!-Zettel.

> **WISSEN UND KÖNNEN** ▸ **Anekdoten**
>
> **Anekdoten** sind kurze Erzählungen, die zunächst vor allem **mündlich weiter-
> gegeben** wurden. Sie handeln in der Regel von **bekannten Persönlichkeiten**,
> z. B. von Politikern, Sportlern, Künstlern oder Wissenschaftlern. Ob die **Hand-
> lung** tatsächlich so stattgefunden hat oder der Person nur angedichtet wurde,
> ist häufig nicht klar.
> In der Anekdote erlebt die Hauptfigur eine **besondere Situation**. Sie reagiert
> darauf mit einer schlagfertigen, oft witzige Aussage oder Handlung, die die
> Leserinnen und Leser so nicht erwartet haben. Diese unerwartete Wendung
> nennt man **Pointe**. Die Hauptfigur zeigt dabei eine **besondere Charakter-
> eigenschaft**: Arroganz, Bescheidenheit, Mut, Neugier, Humor …

wortstark!

*Anekdoten sind …
mündlich weiter-
gegeben bedeutet …
Eine bekannte Persön-
lichkeit ist eine Person …
Mit Handlung ist
gemeint …
Eine besondere
Situation ist …
Unter einer Pointe
versteht man …
Charaktereigenschaften
sind z. B. …*

2 Julian hat einen Text über die Anekdote „Einsteins Mantel" verfasst.
   – Schreibe Julians Text ab und setze die fehlenden Fachwörter ein.
   – Nutze deine Ergebnisse aus Aufgabe 1.

Bei der Geschichte handelt es sich um eine Anekdote. Anekdoten sind sehr kurze
_____ . Sie handeln von _____ . _____ dieser Anekdote ist Albert Einstein.
Einstein ist ein berühmter Physiker. Die Anekdote erzählt von einer _____ :
Ein Bekannter kritisiert Einstein, weil er einen alten Mantel trägt. Einstein reagiert
mit einer _____ Antwort. Diese unerwartete Antwort überrascht uns. Es handelt
sich um _____ . Diese lässt eine besondere _____ der Hauptfigur deutlich werden. Einsteins Einstellung zu Kleidung wird deutlich: Er findet sie unwichtig – und
es ist ihm egal, was die anderen Leute über ihn denken. Einstein erscheint somit
in einem neuen Licht.

*→ Medienpool:
Anekdoten zum
Lesen und Bearbeiten*

3 Schreibe einen Text über eine andere Anekdote. Nutze dazu die Fachwörter.
   Tauscht eure Texte aus und kontrolliert, ob ihr die Fachwörter richtig verwendet habt.

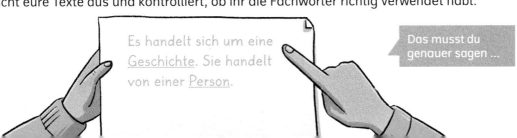

Es handelt sich um eine
<u>Geschichte</u>. Sie handelt
von einer <u>Person</u>.

Das musst du
genauer sagen …

Merkmale einer Anekdote herausarbeiten

**Bestimmt kennst du Christoph Kolumbus. Und vielleicht hast du auch schon
einmal vom „Ei des Kolumbus" gehört? Hier findest du eine Anekdote dazu.**

1 Lest die Anekdote über das Ei des Kolumbus.

▶ Ihr könnt auch
Informationen zu
Christoph Kolum-
bus recherchieren
und einen Steck-
brief erstellen.

Das Ei des Kolumbus

Christoph Kolumbus, der den neuen Erdteil Amerika entdeckt hatte, war nach seiner
Rückkehr im Jahr 1493 bei Kardinal Mendoza zum Essen eingeladen. Berühmte
Anwesende beneideten ihm um seinen Erfolg, und eine der Personen sprach ihn
spöttisch an: „Es ist doch ein Leichtes gewesen, die Neue Welt zu entdecken.
5   Das hätte doch jeder andere auch geschafft!"
Daraufhin verlangte Kolumbus von den anwesenden Personen, ein gekochtes Ei auf
der Spitze aufzustellen. Es wurden viele Versuche unternommen, aber niemand
schaffte es, diese Aufgabe zu erfüllen. Man war schließlich davon überzeugt,
dass es sich hierbei um eine unlösbare Aufgabe handelt, und Kolumbus wurde darum
10 gebeten, es selbst zu versuchen.
Dieser schlug sein Ei mit der Spitze auf den Tisch, sodass sie leicht eingedrückt
wurde und das Ei stehenblieb. Als die Anwesenden protestierten, dass sie das auch
gekonnt hätten, antwortete Kolumbus: „Der Unterschied ist, meine Herren, dass Sie
es hätten tun können, ich hingegen habe es getan!"

2 Sprecht nach dem Lesen über eure ersten Eindrücke.

Die Anekdote han-	Kolumbus wur-	Kolumbus stellte	Über das Ende
delt von Kolumbus.	de von vielen	den Anwesenden	habe ich mich
Kolumbus ist	beneidet, weil …	eine Aufgabe: …	gewundert, weil …
berühmt, weil …			

3 Überprüft, ob ihr die Anekdote verstanden habt. Bearbeitet dazu die Fragen auf dem Aufgabenblatt. Ihr könnt dazu die Methode „Nachdenken – austauschen – vorstellen" nutzen.

→ Wissen und Können, S. 289: Nachdenken – austauschen – vorstellen

Hast du die Anekdote verstanden?

a) Nenne die Hauptfigur. Warum ist sie bekannt?

Die Hauptfigur in dieser Anekdote ist ...

b) Beschreibe die Ausgangssituation.

Die Hauptfigur ist in einer besonderen Situation: ...

c) Wie reagiert die Hauptfigur?

Es passiert etwas Unerwartetes. Die Hauptfigur ...

d) Wie endet die Geschichte?

Die Geschichte endet mit einer Pointe: ...

4 Sprecht über das Bild zur Anekdote.

a) Welchen Teil der Geschichte zeigt es?

b) Wer ist die Hauptfigur? Woran erkennt man das? Wie ist sie dargestellt?

c) Wie wirken die anderen Figuren?

neugierig   ungläubig   zornig   fragend   ratlos   überlegen ...

d) Welche Gedanken gehen den Figuren wohl gerade durch den Kopf? Schreibe Gedankenblasen.

Das ist doch nicht zu fassen: ...

Die wundern sich jetzt bestimmt ...

5 Welche der folgenden Deutungen passt zu der Geschichte über Kolumbus? Belege deine Entscheidung am Text.

a. In manchen Situationen ist Handeln wichtiger als Reden.

b. Auf Neid und Eifersucht anderer sollte man gar nicht reagieren.

c. Man darf sich nie aus der Ruhe bringen lassen.

d. Man muss nur die richtige Idee haben, dann kann man auch für ein schwieriges Problem eine Lösung finden.

6 Welche Merkmale der Anekdote kannst du an der Geschichte über Kolumbus entdecken? Lies dazu die Erklärung im Merkkasten auf Seite 133.

Die Geschichte „Das Ei des Kolumbus" ist eine Anekdote. Anekdoten handeln von bekannten Persönlichkeiten. Christoph Kolumbus ist eine solche bekannte Persönlichkeit, denn er ist ein berühmter ...

Die Hauptfigur Christoph Kolumbus erlebt eine besondere Situation: ...

Ergebnisse einer Textuntersuchung aufschreiben

Bertolt Brecht
(1898 – 1956) gilt als wichtigster deutscher Dichter und Theatermann des 20. Jahrhunderts. Brecht hat Theaterstücke, Gedichte und Kurzgeschichten verfasst. Ob in Japan, Amerika oder Indien: überall kennt, liest und spielt man Brecht.

Herbert Ihering

Die schlechte Zensur

Brecht, der schwach im Französischen war, und ein Freund, der schlechte Zensuren im Lateinischen hatte, konnten Ostern nur schwer versetzt werden, wenn sie nicht noch eine gute Abschlussarbeit schrieben. Aber die lateinische Arbeit des einen fiel ebenso mäßig aus wie die französische des anderen. Darauf radierte der Freund mit einem Federmesser einige Fehler in der Lateinarbeit aus und meinte, der Professor ⁵ habe sich wohl verzählt. Der aber hielt das Heft gegen das Licht, entdeckte die radierten Stellen, und eine Ohrfeige tat das Übrige.
Brecht, der nun wusste, so geht das nicht, nahm rote Tinte und strich sich noch einige Fehler mehr an. Dann ging er zum Professor und fragte ihn, was hier falsch sei. Der Lehrer musste bestürzt zugeben, dass diese Worte richtig seien und er zu viel Fehler ¹⁰ angestrichen habe. „Dann", sagte Brecht, „muss ich doch eine bessere Zensur haben." Der Professor änderte die Zensur und Brecht wurde versetzt.

1 Lerne die Anekdote kennen. Um welche bekannte Persönlichkeit geht es? Lies die Kurzbiografie in der Randspalte.

2 Überprüfe, ob du die Anekdote verstanden hast. Beantworte dazu die Fragen auf dem Aufgabenblatt von Seite 135 schriftlich.

3 Erkenne und deute die Pointe der Anekdote.
a) Was ist überraschend in dieser Geschichte?
b) Welche Eigenschaft der Hauptfigur wird in der Pointe deutlich?
c) Wie findest du die Hauptfigur: vorbildlich, witzig, klug, frech, unverschämt, trickreich, unehrlich, raffiniert …? Begründe deine Einschätzung.

4 Schreibe deine Untersuchungsergebnisse auf. Nutze dazu den Schreibplan.

Schreibplan	Formulierungshilfen
Einleitung	
Titel	Die Geschichte hat den Titel …
Autor/Autorin	und wurde von … verfasst.
Hauptfigur	Es geht um …
Hauptteil	
Ausgangssituation der Hauptfigur	Die Hauptfigur erlebt eine besondere Situation …
Reaktion der Hauptfigur	Sie reagiert darauf und …
unerwartete Wendung	Diese unerwartete Wendung …
Schluss	Die Pointe verdeutlicht …
eigene Deutung der Pointe	Ich verstehe die Geschichte so: …

Als Grammatik-Experte einen Text überarbeiten

SPRACHE UNTERSUCHEN

Wenn du eine Anekdote untersuchst und deine Ergebnisse aufschreibst, ist es wichtig, dass du einen zusammenhängenden Text formulierst. Beim Lesen muss deutlich werden, wie sich die Geschichte abspielt und wie du sie deutest.

1 Carlo hat zur Anekdote „Die schlechte Zensur" einen Informationstext geschrieben. Sprecht darüber, was er gut gemacht hat.

2 Seine Lehrerin hat zu einzelnen Sätzen Kommentare hinzugeschrieben. Überarbeite den Text und schreibe ihn verbessert ab. Nutze die Hinweise im Merkkasten.

Die schlechte Zensur

Die Geschichte ist eine Anekdote. Es geht um den Dich- ← Vermeide die Wiederholung und
ter Bertolt <u>Brecht</u>. <u>Brecht</u> war ein schlechter Schüler.   formuliere einen Relativsatz.
<u>In der Schule ist er schlecht. Brecht soll sitzenbleiben.</u> ← Verbinde die unterstrichenen Sätze.
Brechts Freund ebenfalls. Sie müssen eine gute   Drücke die Begründung aus.
Abschlussarbeit schreiben. <u>Beide bekommen eine</u>   ← Beginne den Satz mit „aber" oder
<u>schlechte Note.</u>   „jedoch".
<u>Der Freund radiert Fehler weg.</u>   ← Drücke die Abfolge aus: daraufhin, dann.
<u>Der Lehrer hält das Heft gegen das Licht.</u> Er sieht die ← Forme den unterstrichenen Satz in einen
radierten Stellen.   Nebensatz mit „als" um.
<u>Er wird bestraft.</u>   ← Beginne den Satz mit „deshalb".
Brecht hat eine bessere Idee. Er nimmt rote Tinte und
streicht noch mehr <u>Stellen</u> an. <u>Die Stellen</u> sind keine ← Bilde einen Relativsatz.
Fehler.
<u>Er</u> meint, er hat zu viel Fehler angestrichen. <u>Er</u> fordert ← Achtung! Es ist unklar, wer jeweils mit
eine bessere Note. <u>Er</u> hat Erfolg.   „er" gemeint ist.
<u>Die Pointe zeigt, Brecht ist ein kluger Mensch.</u>   ← Bilde einen dass-Satz.
Er löst sein Problem. Er ist unehrlich.   ← Nutze „zwar … aber …".

WISSEN UND KÖNNEN ▶ **Den Textzusammenhang verdeutlichen**

Achte beim Schreiben darauf, deine Sätze zu verknüpfen, damit der Zusammenhang deutlich wird. Verwende sprachliche Mittel für

- Abfolgen (Adverbien, Temporalsätze): zunächst, dann, daraufhin, als …
- Begründungen (Adverbien, Kausalsätze): darum, deshalb, weil …
- Einschränkungen: aber, jedoch; zwar …, aber …

Die Botschaft einer Geschichte verstehen

Bertolt Brecht hat viele kurze Geschichten verfasst, die von einem Herrn Keuner handeln. Hier lernst du eine dieser Geschichten kennen. Der Zeichner Ulf K. hat Bilder dazu gezeichnet – und daraus eine kurze „Graphic Novel" gemacht.

1 Schau dir die Graphic Novel einmal im Ganzen an. Sprecht darüber:
  – Woraus besteht die Graphic Novel?
  – Warum passen die Bilder zum Text?

Bertolt Brecht & Ulf K.

KEUNER und die Flut

HERR KEUNER GING DURCH EIN TAL, ...

... ALS ER PLÖTZLICH BEMERKTE, DASS SEINE FÜSSE IN WASSER GINGEN.

DA ERKANNTE ER, DASS SEIN TAL IN WIRKLICHKEIT EIN MEERESARM WAR UND DASS DIE ZEIT DER FLUT HERANNAHTE.

ER BLIEB SOFORT STEHEN, UM SICH NACH EINEM KAHN UMZUSEHEN, ...

... UND SOLANGE ER AUF EINEN K HOFFTE, BLIEB ER STEHEN.

ALS ABER KEIN KAHN IN SICHT KAM, GAB ER DIESE HOFFNUNG AUF ...

... UND HOFFTE, DASS DAS WASSER NICHT MEHR STEIGEN MÖCHTE.

ERST ALS IHM DAS WASSER BIS ANS KINN GING, ...

... GAB ER AUCH DIESE HOFFNUNG AUF UND SCHWAMM.

HERR K. HATTE ERKANNT, DASS E SELBER EIN KAHN WAR.

2 Schau dir auf Seite 138 die obere Bildreihe der Graphic Novel „Keuner und die Flut"
genauer an. Achte auf Bild und Text. Sprecht darüber:
a) In welcher Situation befindet sich Herr Keuner am Anfang der Geschichte?
b) Was denkt Herr Keuner wohl? Schreibe seine Gedanken zu den Sprechblasen auf.

3 Sprecht nun über die ersten 4 Bilder der unteren Bildreihe (S. 138).
a) Wie entwickelt sich die Handlung weiter?
b) Warum ist die Situation gefährlich für Herrn K.?
c) Was geht Herrn Keuner wohl durch den Kopf? Was bedeutet es, dass der Kahn
durchgestrichen ist? Was könnte der Wasserhahn bedeuten?
d) Johannes meint: „Die Geschichte ist wirklich spannend!" Warum? Begründe.

Lies den Text zu
den Bildern: Welche
Erklärungen zu den
Fragen erhältst du?

4 Sprecht über das letzte Bild der unteren Bildreihe.
a) Was genau ist dargestellt?
b) Was ist besonders an diesem Bild?
c) Warum ist dieses Bild besonders wichtig?

Am Anfang ist Herr K. ...

Herr K. reagiert erst, als ...

5 Denkt über die Geschichte nach. Vergleicht eure Ideen.
a) Wie verhält sich Herr Keuner in dieser Geschichte – am Anfang und am Ende?
b) Wie würdest du Herrn Keuner charakterisieren? Wie verändert er sich? Wähle aus
den Adjektiven aus: ängstlich, verzweifelt, hoffnungsvoll, mutig, optimistisch ...

Ich kann nicht
verstehen, dass ...

Am Ende erkennt er, ...

6 „Herr K. hatte erkannt, dass er selber ein Kahn war." – Wie deutet ihr diesen Satz?
Nutzt die Ergebnisse aus Aufgabe 5 und den wortstark!-Zettel.

7 Schreibe einen Text zu der Geschichte „Keuner und die Flut".
Nutze die Ergebnisse aus den Aufgaben 1 – 6.

Die Hauptfigur der Geschichte ist ...
Er befindet ich in einer schwierigen Situation ... Zunächst denkt er ...
Die Situation wird immer ... Herr K. ... Dann aber ... Schließlich erkennt er ...
Ich verstehe den letzten Satz so ...
Die Geschichte enthält eine Lehre ...
Wir können diese Lehre auch auf andere Situationen beziehen ...

wortstark!

Das letzte Bild enthält
eine Lehre: ...
Wenn wir in Not sind,
müssen wir ...
Wir können diese Lehre
auch auf andere Situa-
tionen beziehen ...

Eine Kalendergeschichte gemeinsam erschließen

Johann Peter Hebel (1760-1826)

Kalendergeschichten gibt es schon seit dem 15. Jahrhundert. Sie waren auf der Rückseite von Kalendern abgedruckt und enthalten oft Ratschläge und Lebensweisheiten. Hier lernt ihr eine Kalendergeschichte von Johann Peter Hebel aus dem Jahr 1811 kennen – die Sprache ist also schon alt.

1 Lest die Kalendergeschichte und macht euch klar, was Ungewöhnliches erzählt wird.

Johann Peter Hebel

Das seltsame Rezept

Es macht sonst keinen großen Spaß, wenn man ein Rezept in die Apotheke tragen muss; aber vor langen Jahren war es doch einmal sehr lustig. Da hielt ein Mann von einem entlegenen Hof eines Tages mit einem Wagen und zwei Ochsen vor der Stadtapotheke. Sorgsam lud er eine große Stubentür aus Tannenholz ab und trug sie hin-
5   ein. Der Apotheker machte große Augen und sagte: „Was wollt ihr da, guter Freund, mit eurer Stubentür? Der Schreiner wohnt zwei Häuser weiter links." Darauf sagte der Mann: „Der Doktor ist bei meiner kranken Frau gewesen und hat ihr eine Medizin verordnen wollen. Im ganzen Haus war aber keine Feder, keine Tinte und kein Papier gewesen, nur eine Kreide. Da hat der Herr Doktor das Rezept an die Stubentür ge-
10   schrieben, und nun soll der Herr Apotheker so gut sein und die Medizin kochen."
Richtig so, wenn die Medizin nur gutgetan hat. Wohl dem, der sich in der Not zu helfen weiß.

In der Geschichte kommen Dinge vor, die es heute nicht mehr gibt: ...

Was ist denn eine Stubentür?

2 a) Woran erkennt ihr, dass die Geschichte in früheren Zeiten spielt?
     b) Welche Belehrung oder Lebensweisheit enthält die Geschichte?
     c) Erzählt die Geschichte mit eigenen Worten. Nutzt dazu den Methodenkasten.

METHODE ▸ **Eine Geschichte gemeinsam erzählen**

Arbeitet in Kleingruppen (3–4 Schülerinnen und Schüler):
1. Einer von euch übernimmt die Erzählerrolle und erzählt die Geschichte.
   Er wendet sich den Zuhörenden zu, spricht diese auch direkt an.
2. Die anderen hören aktiv zu: Sie fragen nach und kommentieren.
3. Am Ende sprecht ihr über die Geschichte: Was hat euch daran gefallen?
   Wie versteht ihr die Geschichte?

Ihr könnt die Geschichte auch Abschnitt für Abschnitt erzählen.

→ Medienpool: Der kluge Richter (Audio)

3 Hört die Kalendergeschichte „Der kluge Richter" von Johann Peter Hebel.
Erzählt sie anschließend gemeinsam nach. Nutzt die Hinweise im Methodenkasten.

Eine Anekdote untersuchen und die Ergebnisse aufschreiben

Kurt Tucholsky
Der Floh

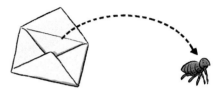

Im Departement du Gard - ganz richtig, da, wo Nimes liegt und der Pont du Gard: im südlichen Frankreich – da saß in einem Postbureau ein älteres Fräulein als Beamtin, die hatte eine böse Ange-
5 wohnheit: Sie machte ein bisschen die Briefe auf und las sie. Das wusste alle Welt.
Das Fräulein also las die Briefe und bereitete den Leuten manchen Kummer. Im Departement wohnte auf einem schönen Schlosse ein kluger Graf.
10 Und dieser Graf tat eines Tages Folgendes: Er bestellte sich einen Gerichtsvollzieher auf das Schloss und schrieb in seiner Gegenwart an einen Freund:

Lieber Freund!
Da ich weiß, dass das Postfräulein Emilie Dupont
dauernd unsere Briefe öffnet und sie liest,   15
weil sie vor lauter Neugier platzt, so sende ich dir
anliegend, um ihr einmal das Handwerk zu legen,
einen lebendigen Floh.
Mit vielen schönen Grüßen
Graf Koks   20

Und diesen Brief verschloss er in Gegenwart des Gerichtsvollziehers. Er legte aber keinen Floh hinein. Als der Brief ankam, war einer drin.

1 Lies die Anekdote und wähle Aufgabe **A** oder B aus.

A Beantworte die Aufgaben schriftlich.
    a. Fasse zusammen, was in der Anekdote passiert.
    b. Was ist daran unerwartet, ungewöhnlich, überraschend?
    c. Welche besondere Eigenschaft der Hauptfigur wird deutlich?
    d. Wie verstehst du die Anekdote?

B Bearbeite zunächst die Fragen a – d aus Aufgabe A.
    Fasse anschließend deine Ergebnisse in einem schriftlichen Text zusammen.
    Nutze den Schreibplan.

Schreibplan	Formulierungshilfen
Einleitung Titel Autor/Autorin	Die Anekdote hat den Titel ... und wurde von .... verfasst. Es geht um ...
Hauptteil Ausgangssituation Reaktion der Hauptfigur Unerwartete Wendung	Die Ausgangssituation ist ... Daraufhin ... Dann geschieht etwas Überraschendes: ...
Schluss Deutung der Pointe	Ich verstehe die Anekdote so: ... Mir gefällt die Anekdote (nicht), weil ...

1 Lest einen Abschnitt aus dem Buch „Die Sprache des Wassers" von Sarah Crossan.

Sarah Crossan

Ganz falsch

Heute habe ich erfahren,
dass ich die falsche Tasche habe.
Heute habe ich erfahren,
dass meine Tasche *ein Witz* ist.
5 Ich habe mir die
anstößige Tasche genau angesehen.

Es ist eine ganz normale Schultasche
für Schulbücher
mit Fächern
für Kleinkram.   10
Heute habe ich erfahren,
dass sie *komplett daneben* ist.
Ich schaue sie an.
Ich wünschte, ich wüsste,
was daran falsch ist.   15
Aber ich komme einfach nicht drauf.

Ich-Erzählerin,
Sie-Erzählerin ...
→ *Wissen und Können,*
S. 278

2 Sprecht darüber:
- Wovon erzählt die Ich-Erzählerin?
- Wo könnte sich die Situation abspielen?
- Worüber denkt die Ich-Erzählerin nach? Wie fühlt sie sich?
- Warum sind einige Wörter *kursiv* gedruckt?

3 Stellt euch vor, die Ich-Erzählerin kommt mit den anderen ins Gespräch.
Spielt das Gespräch oder schreibt es auf.

> Die ist ja voll krass!

- Was könnte das Mädchen antworten?
- Wie würden die anderen darauf reagieren?

> Was hast du denn da dabei?

4 Wechsle die Perspektive und nimm die Rolle der Sie-Erzählerin ein:
Das Mädchen hatte eine neue Schultasche bekommen. Sie fand die Tasche praktisch, mit Fächern für Bücher, Hefte und Bürokram. Aber ...

Einen Tagebucheintrag schreiben

**In vielen Geschichten müsst ihr euch in die Figuren hineinversetzen und
„zwischen den Zeilen lesen", um herauszufinden, was in ihnen vorgeht.
Ihr könnt ihre Gedanken und Gefühle aufschreiben, z. B. als Tagebucheintrag.**

1 Lies die Geschichte. Schreibe deine ersten Eindrücke auf:
  – Welche Figuren lernst du kennen?
  – Wo spielt die Geschichte?
  – Was fällt dir besonders auf?

Max Bolliger

Sonntag

① „Was möchtest du?", fragte der Vater.
Daniela studierte die Karte und entschied sich für
Riz colonial. (...)
„Wie geht es in der Schule?", fragte der Vater.
5 „Wie immer", antwortete Daniela.
„Wird es fürs Gymnasium reichen?"
„Ja, ich hoffe es."
Daniela wusste genau, dass ihre Noten weder in
Mathematik noch in Französisch genügten. Dann
10 eben eine kaufmännische Lehre …, oder Arztgehilfin
… Sie wollte jetzt nicht daran denken.
„Für mich waren Prüfungen nie ein Problem", sagte
der Vater.
Daniela war froh, als der Kellner das Essen brachte.
15 Der Reis mit Fleisch und Früchten schmeckte ihr.
„Deine Mutter konnte nie richtig kochen", sagte
der Vater.
Daniela gab darauf keine Antwort.
„Ich brauche einen neuen Wintermantel", sagte sie.
20 „Schon wieder?"
„Ich bin seit dem letzten Jahr zehn Zentimeter
gewachsen."
„Wofür bezahl ich eigentlich Alimente*?"
„Mutter sagt, das Geld reiche nur für das Nötigste."

** In Deutschland stehen Kindern von getrennten oder
geschiedenen Eltern regelmäßige Aufwendungen für den
Lebensunterhalt zu, die als Alimente bezeichnet werden.*

„Gut! Aber ich will die Rechnung sehen." 25
„Wünschen die Herrschaften ein Dessert?"
Der Kellner versuchte mit Daniela zu flirten.
„Nein, danke!", sagte sie, obwohl sie sich heute früh
in der Kirche ausgedacht hatte, Vanilleeis mit heißer
Schokoladensoße zu essen. 30
Nach dem Essen fuhren sie am See entlang.
Der Vater hatte ein neues Auto.
Er sprach über Autos wie die Jungen in der Schule.
Daniela verstand nicht, warum man sich über ein
Auto freuen konnte, nur weil es einen starken Motor 35
hatte.
Aus dem Radio erklang Volksmusik. Sie fiel Daniela
auf die Nerven. Aber sie stellte sie trotzdem lauter.
„Hast du viel Arbeit?", fragte sie.
„Wir bauen eine neue Fabrik." 40
Der Vater war Ingenieur. Daniela betrachtete ihn von
der Seite, neugierig, wie einen Gegenstand. Sein Ge-
sicht war braun gebrannt, sportlich. Der Schnurrbart
stand ihm gut.
Hatte er ihre Gedanken erraten? 45
„In zwei Wochen werde ich vierzig! Aber alle schätzen
mich jünger."
Daniela lachte. Ihr schien er älter.

„Wie alt bist du eigentlich?"

50 „Hundert!", sagte Daniela.

„Nein, ehrlich …!"

„Das solltest du doch wissen. Du fragst mich jedes Mal … Im Februar dreizehn."

„Dreizehn! Hast du einen Freund?"

55 „Nein!", sagte Daniela.

„Das wundert mich. Du siehst hübsch aus!"

„Findest du?"

„So … erwachsen!"

Auf einer Terrasse am See tranken sie Kaffee.

60 Daniela beobachtete die Segelschiffe.

Der schöne Herbstsonntag hatte unzählige Boote aufs Wasser hinausgelockt.

Der Vater war verstummt und schaute alle fünf Minuten auf seine Uhr.

65 „Ich habe um vier Uhr eine Verabredung."

„Also, gehen wir doch", sagte Daniela und erhob sich.

Der Vater schien erleichtert.

„Ich bringe dich nach Hause", sagte er.

② „Ach, du bist schon wieder da?", sagte die Mutter.

70 Sie war noch immer im Morgenrock. Während der Woche arbeitete sie halbtags in einer Modeboutique.

„Sonntags lasse ich mich gehen", sagte sie zu ihren Freunden, „sonntags bin ich nicht zu sprechen."

„Er hatte eine Verabredung", erzählte Daniela.

75 Die Mutter lachte.

„Ich möchte wissen, warum er eigentlich darauf besteht, dich zu sehen. Im Grunde liegt ihm doch nichts daran. Nur weil es das Gericht so entschieden hat und um mich zu ärgern."

80 Daniela wurde wütend.

„Es geht ihm ausgezeichnet", sagte sie. „Er hat sich ein neues Auto gekauft und sieht prima aus."

Die Mutter zuckte bei ihren Worten zusammen.

„Und den Wintermantel?", fragte sie.

85 „Bewilligt!"

Die Mutter griff sich mit der Hand an die Stirne.

„Diese Kopfschmerzen!", stöhnte sie. „Hol mir eine Tablette im Badezimmer!"

Daniela gehorchte.

„Ich gehe jetzt", sagte sie nachher. 90

„Hast du keine Aufgaben?"

„Nein!"

„Aber komm nicht zu spät zurück!"

„Ich esse bei Brigitte."

„Gut, bis neun Uhr. Ich lege mich wieder hin." 95

③ Als Daniela die Tür des Lokals öffnete, schlug ihr eine Welle von Rauch- und Kaffeegeruch entgegen. An den niederen Tischen saßen junge Leute, die meisten in Gespräche vertieft. Die Wände waren mit Posters tapeziert. Danielas Augen gewöhnten sich 100 allmählich an das Halbdunkel. Suchend schaute sie sich um.

Der Discjockey nickte Daniela zu.

„Well, I left my happy home to see what I could find out", sang Cat Stevens. Ja, er hatte recht. Um heraus- 105 zufinden, wie die Welt wirklich war, musste man sein Zuhause verlassen.

Heinz hatte Daniela den Text übersetzt. Heinz war schon sechzehn Jahre alt. Sie war stolz, darauf. Er saß in einer Ecke und winkte. 110

Aufatmend setzte sich Daniela neben ihn.

Er legte einen Arm um ihre Schultern.

„Hast du den Sonntag überstanden?", fragte er.

„Ja, Gott sei Dank!"

„War es schlimm?" 115

„Es geht … wie immer."

„Mach dir nichts draus."

Daniela kuschelte sich an ihn.

„Was meinst du, werden wir es besser machen?", fragte sie. „Wenn wir einmal erwachsen sind?" 120

In ihrer Stimme klangen Zweifel.

„Natürlich", sagte Heinz, „natürlich werden wir es besser machen."

2 Bildet drei Gruppen. Jede Gruppe übernimmt einen Abschnitt der Geschichte.
- Versetzt euch in die Figuren und stellt aus eurem Abschnitt eine Textstelle als Standbild dar: Daniela mit ihrem Vater, mit ihrer Mutter oder mit Heinz.
- Bestimmt in jeder Gruppe Gedankensprecher, die Gedanken und Gefühle einer Figur äußern.

→ *Situationen im Standbild darstellen, S. 58*

3 Versuche zu verstehen, was in den Figuren vorgeht.
a) Manches wird in der Geschichte nicht direkt ausgedrückt.
   Überlege an den markierten Stellen, was die Personen denken und fühlen. Schreibe ihre Gedanken und Gefühle auf.
b) Denke über die Hauptfigur nach. Im Text steht:
   „Ja, ich hoffe es." Daniela wusste genau, dass ihre Noten weder in Mathematik noch in Französisch genügten. (Z. 7-9)
   Das, was Daniela denkt, und das, was sie sagt und tut, steht manchmal im Widerspruch zueinander.
   - Suche zwei weitere Belege im Text.
   - Was könnte der Grund dafür sein? Schreibe Danielas Gedanken auf.

4 Wechsle die Erzählperspektive. Versetze dich dazu in Daniela und schreibe einen **Tagebucheintrag**. Wähle einen Abschnitt oder eine Textstelle aus.
- Schreibe zunächst, wie du die Situation erlebst.
- Was denkst und fühlst du (als Daniela) bei der Begegnung mit dem Vater:
  Heute wieder ein Treffen mit Papa ...
  Zuerst ... Später ...
  Er fragt immer nach der Schule. Wenn der wüsste! ...
  Und die Bemerkungen über Mama! Wie ich das hasse! ... .
  ...
  Dann wieder zu Hause! Mama im Morgenmantel ...

5 Versetze dich in Heinz und schreibe seinen Tagebucheintrag.
- Schreibe, wie du (als Heinz) die Begegnung mit Daniela erlebst.
- Gib auch seine Gedanken und Gefühle wieder.

WISSEN UND KÖNNEN ▸ **Einen Tagebucheintrag schreiben**

In einem **Tagebucheintrag** nimmst du die Perspektive einer Figur ein und versetzt dich in die Figur hinein. Du schreibst in der Ich-Form, wie du den Tag oder eine bestimmte Situation erlebt hast und was nun in dir vorgeht. Überlege dir, bevor du mit dem Schreiben beginnst, wie die Figur das Geschehen erlebt hat und was sie denkt und fühlt. Das fällt dir leichter, wenn du als Vorbereitung Gedankenblasen formulierst.

Eine Geschichte um- und weiterschreiben

**Wenn du eine Geschichte verstehen willst, kannst du sie neu erzählen –
z. B. aus der Sicht einer anderen Figur. Du kannst auch eine Vorgeschichte
erfinden oder die Geschichte weiterschreiben.**

1 Lies die Geschichte.
- Welche Figuren kommen vor?
- Wo spielt die Geschichte?
- Worum geht es?
- Welche Fragen hast du?

Angelika Domhof

Er hat alles, was er braucht

Sie hatte ihn besucht. Er war krank. Irgendjemand hatte ihr erzählt, dass er krank sei.
Er selbst hätte sie deswegen nicht angerufen, nicht um ihren Besuch gebeten.
Sie hatte sich Sorgen gemacht, war gleich zu ihm gegangen, hatte ihn bettlägerig
angetroffen. Er freute sich nicht über ihren Besuch. Komm mir nicht so nahe, hatte
5 er gesagt, du wirst dich anstecken. Ich habe keine Angst vor Ansteckung, hatte sie
gesagt. Ich bleibe auch nicht lange. Ich wollte nur sehen, wie es dir geht.
Sie hatte sich einen Stuhl in die Nähe seines Bettes gezogen, versuchte, die Befangen-
heit, seine und ihre, zu überspielen, indem sie ihm etwas Belangloses erzählte.
Sie spürte, dass ihr Besuch ihm nicht angenehm ist. Er teilte seine Hilflosigkeit nicht
10 gern, schon gar nicht mit ihr. Die Blumen sind hübsch, sagt er, lieb von dir. Ja, sagte
sie, ich habe sie gestern gekauft, eigentlich für mich.
Ich hatte sonst nichts, was ich dir hätte mitbringen können.
Sie fühlt sich nicht wohl, wünscht plötzlich nicht gekommen zu sein. Ich hätte anrufen sollen, denkt sie. Es wär einfacher gewesen.
15 Sie sieht das Tablett auf seinem Nachttisch: Mineralwasser, eine nicht zu Ende geges-
sene Brotschnitte, Fieberthermometer, Medikamente. Er war mit den Augen ihren
Blicken gefolgt.
Ich habe alles, was ich brauche, sagt er, ich komme zurecht.
Ja, ich sehe, sagt sie und steht auf, um sich zu verabschieden.
20 Ach bitte, sagt er, als sie schon an der Tür ist, stell bitte die Vase mit den Blumen so,
dass ich sie sehen kann.

2 a) Lass deiner Fantasie freien Lauf und notiere deine Ideen.
- Wie stellst du dir die Figuren vor? (Alter, Aussehen)
- Warum könnte der Mann im Krankenhaus sein?
- In welcher Beziehung stehen die Figuren wohl zueinander? (Freunde, Verwandte?)

b) Schreibe eine **Vorgeschichte**. Erfinde Antworten auf die Fragen von Aufgabe a).

3 Wie fühlen sich die Figuren in der Situation?
- Lies die Textstellen auf dem Notizzettel.
- Sprecht über die Gedanken und Gefühle der Figuren.

Sie hatte sich Sorgen gemacht. (Z. 3)

Sie denkt: Hoffentlich ist nichts Ernstes!

Er freute sich nicht über ihren Besuch. (Z. 4)

Sie spürte, dass ihr Besuch ihm nicht angenehm ist. (Z. 9)

Sie spürt bestimmt, dass er lieber allein wäre.

Sie fühlte sich nicht wohl. (Z. 13)

„Stell bitte die Vase mit den Blumen so, dass ich sie sehen kann." (Z. 20/21)

Er freut sich also doch …

4 Erzähle die Geschichte **aus der Perspektive des Mannes oder der Besucherin**.
Nutze deine Ergebnisse aus Aufgabe 3.
- Gestern besuchte mich …
- Gestern war ich bei …

5 Schreibe, wie die Geschichte **weitergehen** könnte.
- Was hat sich in der Geschichte angebahnt?
- Wie könnte die Handlung weitergehen?
- Wie könnten sich die Figuren und ihre Beziehung entwickeln?
- Wie könnte die Geschichte enden?

6 Erläutere, wie du beim Schreiben vorgegangen bist.
- Wie bist du zu deinem Text gekommen?
- Was war dir dabei besonders wichtig?
- Was war schwierig?
- Worauf musst du beim Schreiben besonders achten?

Ich wollte ausdrücken …

Ich habe die Geschichte zuerst gründlich gelesen und …

Beim Schreiben fand ich schwierig …

METHODE ▸ **Eine Geschichte durch Schreiben erschließen**

In einer Geschichte ist oft vieles ausgespart, wir Leser können diese „leeren"
Stellen mit unseren Ideen ausfüllen. So erschließen wir uns die Geschichte.
- Geschichten haben oft einen **offenen Anfang**: Erfinde eine Vorgeschichte.
- **Gefühle und Gedanken** werden **ausgespart**: Lies „zwischen den Zeilen" und
  ergänze, was die Figuren denken und fühlen. Schreibe einen Abschnitt dazu.
- Die Geschichte hat einen **offenen Schluss**: Erzähle, wie es weitergehen könnte.

Du kannst die Geschichte auch **aus einer anderen Perspektive erzählen**.
- Überlege und entscheide, ob du die Geschichte in der Ich-Form oder
  in der Er-/Sie-Form erzählst.
- Versetze dich in die Figur und mache dir klar, wie sie die Situation erlebt.

SPRACHE UNTERSUCHEN

Auf Merkmale gesprochener Sprache achten

In literarischen Texten werden die Gedanken und Gefühle einer Figur oft unmittelbar wiedergegeben. Wir erfahren, was im Innern einer Figur vorgeht. Die Figur spricht mit sich selbst. Die Sprache klingt wie gesprochene Sprache.

1 Lies den Anfang der Geschichte:
Warum heißt die Geschichte „Eifersucht"?

Tanja Zimmermann

Eifersucht

Diese Tussi! Denkt wohl, sie wäre die Schönste. Juhu, die Dauerwelle wächst schon raus. Und diese Stiefelchen von ihr sind auch zu albern. Außerdem hat sie sowieso keine Ahnung. Von nix und wieder nix hat
5 die 'ne Ahnung.
Immer, wenn sie ihn sieht, schmeißt sie die Haare zurück wie 'ne Filmdiva. Das sieht doch ein Blinder, was die für 'ne Show abzieht.

Ja, o. k, sie kann ganz gut tanzen. Besser als ich. Zugegeben. Hat auch 'ne ganz gute Stimme, schöne 10 Augen, aber dieses ständige Getue. Die geht einem ja schon nach fünf Minuten auf die Nerven.
Und der redet mit der ... stundenlang. Extra nicht hingucken. Nee, jetzt legt der auch noch den Arm um die. Ich will hier weg! Aber aufstehen und gehen, das 15 könnte der so passen. Damit die ihren Triumph hat.

2 Was denkt und fühlt die Ich-Erzählerin? Untersuche dazu die Sprache der Geschichte.
a) Was fällt dir an der Sprache auf: Untersuche die unterstrichenen Wörter und Sätze. Nutze die Hinweise in „Wissen und Können".
b) Suche weitere Beispiele für gesprochene Sprache im Text.

WISSEN UND KÖNNEN   ▶   **Merkmale gesprochener Sprache erkennen**

In vielen Geschichten wird **gesprochene Sprache** verwendet, um Wertungen, Sichtweisen und Gefühle der Figuren ganz unmittelbar auszudrücken:
– kurze oder unvollständige Sätze: Denkt wohl, ... **statt** Sie denkt wohl, ...
– verkürzte Wörter: 'ne **statt** eine; ich geb' **statt** ich gebe
– Floskeln: Von nix und wieder nix
– umgangssprachliche Wörter: schmeißen **statt** werfen
– Wörter, mit denen auch Wertungen mitgemeint sind: Tussi **statt** Mädchen
– Interjektionen (Ausdrucks- und Empfindungswörter): Juhu
– bestimmter Artikel statt des Pronomens: Die geht ... **statt** Sie geht ...

So schreibt man eigentlich nicht ...

3 Sprecht darüber: Welche Wirkung entsteht durch diese Sprache?

4 Schreibe, wie die Geschichte weitergeht – in der gleichen Sprache.

Mit Wörtern und Redewendungen Gefühle ausdrücken

wortstark!

1 Katharina hat den Anfang der Geschichte von S. 146 neu erzählt.

a) Hat Katharina wiedergegeben, was die Hauptfigur denkt und fühlt? Nenne Beispiele.

b) Überarbeite Katharinas Text. Beachte die Tipps neben ihrem Text.

Du kannst die folgenden Sätze an den passenden Stellen einsetzen:

Ihr Herz klopfte wie verrückt.   Das war ihr so was von peinlich.

Sie wäre am liebsten im Erdboden versunken.   Sie schaute nach unten.

Sie sah ihm nicht in die Augen.   Sie freute sich.

Katharinas Text	Tipp
Das Mädchen hatte einen Anruf erhalten. Ihr Vater lag im Krankenhaus. Er lag da schon über eine Woche. Sie machte sich große Sorgen.	Schreibe genauer, wie sie sich fühlt.
Sie spürte sofort, dass ihr Besuch ihm nicht angenehm war. Das sah sie ihm an.	Was geht in ihr vor? Beschreibe die Gefühle genauer.
Sie fühlte sich so was von mies.	Versuche genauer zu beschreiben. Beachte auch Gestik und Mimik.
Aber als sie „Tschüss" sagte, ging es ihr eigentlich ganz gut. Sie lächelte.	Was empfindet sie?

2 Lies, wie Kian die Geschichte weitergeschrieben hat.

a) Überarbeite seinen Text. Beachte die Tipps und die Hinweise in „Wissen und Können".

b) Schreibe einen Schlusssatz.

Kians Text	Tipps
Sie wollte gehen und hatte schon die Klinke in der Hand.	Wie fühlt sie sich?
Dann dachte sie, vielleicht gibt es doch noch Hoffnung.	Was hofft sie?
Sie drehte sie sich um.	Mit welchem Gesichtsausdruck?
Er reagierte anders, als sie erwartet hatte. Das freute sie.	Was macht er? Was fühlen die beiden? Beachte auch Gestik und Mimik.

WISSEN UND KÖNNEN ▸ **Gefühle ausdrücken**

Gefühle kannst du auf unterschiedliche Art ausdrücken:

– mit Adjektiven: „Sie fühlte sich so was von mies."

– mit Beschreibung von Gestik und Mimik: Sie lächelte.

– mit Redewendungen: Sie wäre am liebsten im Erdboden versunken.

– mit Wörtern, mit denen ein Gefühl ausgedrückt wird: Hoffnung, sich freuen …

Eine Geschichte unterschiedlich erschließen

**Um die Figuren zu verstehen, musst du dich in sie hineinzuversetzen. Du kannst
aus ihrer Perspektive schreiben oder auch Kontakt zu ihnen aufzunehmen:
ein Interview mit ihnen führen, ihnen einen Brief oder eine Nachricht schreiben.**

1 Lerne die Geschichte „Im Spiegel" kennen. Überlege dir, wie du den Text gliedern
kannst, und zeichne zu jedem Abschnitt ein Bild.

Margret Steenfatt

Im Spiegel

„Du kannst nichts", sagten sie, „du machst nichts",
„aus dir wird nichts." Nichts. Nichts. Nichts.
Was war das für ein NICHTS, von dem sie redeten und
vor dem sie offensichtlich Angst hatten, fragte sich
5 Achim, unter Decken und Kissen vergraben.
Mit lautem Knall schlug die Tür hinter ihnen zu.
Achim schob sich halb aus dem Bett. Fünf nach eins.
Wieder mal zu spät. Er starrte gegen die Zimmer-
decke. – Weiß. Nichts. Ein unbeschriebenes Blatt
10 Papier, ein ungemaltes Bild, eine tonlose Melodie,
ein ungesagtes Wort, ungelebtes Leben.
Eine halbe Körperdrehung nach rechts, ein Finger-
druck auf den Einschaltknopf seiner Anlage.
Manchmal brachte Musik ihn hoch.
15 Er robbte zur Wand, zu dem großen Spiegel, der beim
Fenster aufgestellt war, kniete sich davor und betrachtete sich: lang, knochig, graue Augen im blassen
Gesicht, hellbraune Haare, glanzlos. „Dead Kennedys"
sangen: „Weil sie dich verplant haben, kannst du
20 nichts anderes tun als aussteigen und nachdenken."
Achim wandte sich ab, erhob sich, ging zum Fenster
und schaute hinaus. Straßen, Häuser, Läden, Autos,
Passanten, immer dasselbe. Zurück zum Spiegel,
näher heran, so nahe, dass er glaubte, das Glas
25 zwischen sich und seinem Spiegelbild durchdringen
zu können. Er legte seine Handflächen gegen sein
Gesicht im Spiegel, ließ seine Finger sanft über Wangen, Augen, Stirn und Schläfen kreisen, streichelte,
fühlte nichts als Glätte und Kälte.

Ihm fiel ein, dass in dem Holzkasten, wo er seinen 30
Kram aufbewahrte, noch Schminke herumliegen
musste. Er fasste unters Bett, wühlte in den Sachen
im Kasten herum und zog die Pappschachtel heraus,
in der sich einige zerdrückte Tuben fanden. Von der
schwarzen Farbe war noch ein Rest vorhanden. 35
Achim baute sich vor dem Spiegel auf und malte zwei
dicke Striche auf das Glas, genau dahin, wo sich seine
Augenbrauen im Spiegel zeigten. Weiß besaß er
reichlich. Er drückte eine Tube aus, fing die weiche
ölige Masse in seinen Händen auf, verteilte sie auf 40
dem Spiegel über Kinn, Wangen und Nase und
begann, sie langsam und sorgfältig zu verstreichen.
Dabei durfte er sich nicht bewegen, sonst verschob
sich seine Malerei. Schwarz und Weiß sehen gut aus,
dachte er, fehlt noch Blau. Achim grinste seinem Bild 45
zu, holte sich das Blau aus dem Kasten und färbte
noch die Spiegelstellen über Stirn und Augenlidern.
Eine Weile verharrte er vor dem bunten Gesicht,
dann rückte er ein Stück zur Seite, und wie ein Spuk
tauchte sein farbloses Gesicht im Spiegel wieder auf, 50
daneben eine aufgemalte Spiegelmaske.
Er trat einen Schritt zurück, holte mit dem Arm weit
aus und ließ seine Faust in die Spiegelscheibe
krachen. Glasteile fielen herunter, Splitter verletzten
ihn, seine Hand fing an zu bluten. Warm rann ihm 55
das Blut über den Arm und tröpfelte zu Boden. Achim
legte seinen Mund auf die Wunden und leckte das
Blut ab. Dabei wurde sein Gesicht rot verschmiert.
Der Spiegel war kaputt. Achim suchte sein Zeug
zusammen und kleidete sich an. Er wollte runter- 60
gehen und irgendwo seine Leute treffen.

2 In den Zeilen 1 und 3 ist von „sie" die Rede.
- Was meinst du, wer mit „sie" gemeint ist? Wen stellst du dir vor?
- Lass die Figur oder die Figuren, die sich hinter dem „sie" verbergen, in der Geschichte auftreten: Schreibe einen **Abschnitt dazu**.

  „Du kannst nichts", sagten sie, „du machst nichts", „aus dir wird nichts."
  Nichts. Nichts. Nichts. Wie oft hatte er das schon hören müssen?
  Und das von ...

3 Wie fühlt sich Achim am Anfang der Kurzgeschichte?
Markiere die Stellen im Text, die dir Hinweise geben (Folientechnik).

4 Denke über die Geschichte nach. Wähle dazu eine Aufgabe aus.
Du kannst die Textanfänge nutzen oder einen vollständig eigenen Text schreiben.

A Achim spricht zu seinem Bild im Spiegel. Schreibe auf, was er in **Gedanken** zu seinem Spiegelbild sagt.

   Du siehst total nach nichts aus ... Wenn ich dich anschaue, ...

B Abends, als Achim zurückkommt, sieht er den zerstörten Spiegel. Schreibe Achims **Tagebucheintrag**.

   Diese Scherben! Was war eigentlich los mit mir? Heute ...

C Nimm Kontakt zu Achim auf. Versuche ihn zu verstehen und schreibe ihm einen **Brief**.
   Mache ihm klar, wie du seine Situation siehst.

   Lieber Achim,
   ich habe gehört, was passiert ist. Ich meine die Sache
   mit dem Spiegel. Ich frage mich, warum du das gemacht
   hast und ob ich dir irgendwie helfen kann ..

D Führe ein **Interview** mit Achim.
   Überlege dir fünf Fragen. Schreibe auch Achims Antworten auf.

   Interviewer/-in: Sag mal Achim, was ist eigentlich passiert,
   als du vor dem Spiegel gestanden hast?
   Achim: Das ist nicht so einfach zu erklären, ich hab in den Spiegel
   geguckt und da ...

5 Wie bist du zu deinem Text gekommen? Erläutere deinen Text.
- Was war dir dabei besonders wichtig?
- Was war schwierig?
- Worauf musst du beim Schreiben besonders achten?

Eine Geschichte durch Schreiben erschließen

1 Lerne die Geschichte kennen: Mache dir Notizen zu den Fragen:

– Welche Figuren lernst du kennen?
– Wo spielt die Geschichte?
– Was passiert?

Irmela Brender

Eine

Eine drehte sich um nach ihm, als alle anderen die Köpfe schon wieder über die Bücher beugten. Er nahm das den anderen nicht übel, er wusste, ein Neuer in der Klasse ist nicht so interessant, dass man ihn die ganze Stunde hindurch anstarren könnte, schließlich ging der Unterricht weiter, und er musste eben dasitzen und
5 sich eingewöhnen.

Aber die eine im blauen Kleid sah immer wieder hin zu ihm, nicht neugierig, noch nicht einmal lächelnd. Das Profil, das sie ihm zeigte, manchmal auch noch ein bisschen Wangenfläche dazu, war ernst und aufmerksam, als habe sie über ihn nachzudenken. Das halbe Klassenzimmer lag zwischen ihnen, und er konnte ihre
10 Augenfarbe nicht erkennen. Braun, schätzte er, und ein paar Sommersprossen auf der Nase, und das ganze Gesicht ein bisschen zu mager.

Die gehört nicht zu den Niedlichen, dachte er, die sich um einen Neuen kümmern, weil das so gut passt zu ihrer Niedlichkeit und weil sie dann noch einen haben, der sie nett findet. Die gehört vielleicht noch nicht mal zu den Netten. Eine Struppige ist
15 das, überlegte er, eine, die kicken kann, fast wie ein Junge, und plötzlich wegläuft, wenn man glaubt, sie sei ein Kumpel. Eine, die nicht mit Freundinnen kichert und tuschelt, sondern viel allein herumläuft, nicht spazieren geht, sondern eben herum-läuft, und die allerhand kennt in der Stadt. Eine, von der man manches erfahren kann, aber nicht unbedingt das, was zählt.
20 Es fiel ihm ein, dass er sich irren könnte, aber er glaubte es nicht. Ich werde ihr ein Zeichen geben, sagte er sich, und wenn sie reagiert, dann habe ich mich nicht geirrt. Dann ist sie eine, die ich mögen könnte, zumindest mögen.

Als sie sich wieder umsah, lächelte er. Da stand sie auf und brachte ihm ihr Buch. Fast unfreundlich legte sie es vor ihm auf den Tisch. Er sah dabei, dass sie magere
25 Finger hatte mit ganz kurzen Nägeln. Das passte auch.

„Danke, ich geb's dir nachher wieder", sagte er schnell, bevor sie etwas sagen konnte. Sie nickte und ging zurück an ihren Platz. Alle beugten die Köpfe über die Bücher, er auch. Aber er gab acht, dass er den Augenblick nicht verpasste, in dem sie sich noch einmal nach ihm umschaute und beinahe lächelte.

ZEIGE, WAS DU KANNST

2 Was denkt und fühlt der Junge?
Schreibe **Gedankenblasen** zu den grau markierten Textstellen.

3 Was erfährst du im Text über den Jungen? Wie stellst du ihn dir vor?
Schreibe einen **Abschnitt dazu**. Schreibe auch, wie der Junge sich fühlt.

... und er musste eben dasitzen und sich eingewöhnen. (Z. 4/5)
Er war neu, kannte niemanden ...
Er fühlte sich ...

4 Arbeite mit deinen Ergebnissen weiter. Suche dir eine Aufgabe aus.

A Schreibe den **Tagebucheintrag** des Jungen. Schreibe,
  – was in der Klasse passiert ist.
  – was der Junge denkt und fühlt.
  – was er sich wünscht.

B Schreibe eine **Fortsetzung** der Geschichte:
Wie könnte die Beziehung der beiden weitergehen?
Am anderen Tag ...

C Versetze dich in das **Mädchen** und erzähle die Geschichte
aus ihrer Perspektive.
  – Schreibe, was in der Klasse passiert ist.
  – Gehe auch auf die Gedanken und Gefühle des Mädchens ein.
  – Nutze die Satzanfänge.

Heute war ein Neuer in unserer Klasse.
Mein Eindruck von ihm ...
Er hat mich angelächelt. Das hat mich ...
Dann bin ich aufgestanden und habe ...
Ich habe genau gespürt ...
Ich bin gespannt ...
Ich finde den Jungen ...

5 Erläutere, wie du gearbeitet hast.
Schreibe in einem kurzen Text auf:
  – Wie bist du vorgegangen?
  – Wie bist du zu deinem Text gekommen?
  – Was wir dir dabei besonders wichtig?

Beim Lesen eines Ge...chts versuch... die zentrale Idee zu erfa... Gedanken und Gefühle sind in Gedichte... ganz unterschiedlich ausgedrückt. Wenn ihr sie miteinander vergleicht, könnt ihr ihre Besonderheiten besser erkennen und beschreiben. Es geht in den Gedichten um das Thema „Auf dem Weg zu dir und zu anderen".

TEXTE UND MEDIEN

1 Lest die beiden Gedichte auf dieser Seite.
  – Welches Gedicht gefällt dir besser? Warum?

2 Beschäftigt euch weiter mit diesen Gedichten.
  – Worüber spricht das lyrische Ich?
  – Was fällt dir an der Sprache auf?
  – Welche Fragen hast du beim Lesen?

> *lyrisches Ich:*
> *In vielen Gedichten spricht ein „Ich" über seine Gedanken und Gefühle. Dieses lyrische Ich darfst du nicht mit dem Autor/ der Autorin verwechseln. Der Autor/ die Autorin hat das Gedicht verfasst, das lyrische Ich hat er/sie sich ausgedacht: Es ist die „Person", die im Gedicht spricht.*

> Geht es um Freundschaft oder um Liebe? Warum?

> Das Wort „fehlen" hat zwei Bedeutungen: Einmal ...

> Ich kenne das Gefühl, so geht es mir oft, wenn ...

> Warum braucht man eine Insel im Meer?

> Mir fallen die Wiederholungen auf: ...

> Mir gefällt das Gedicht ... besser, weil ...

Mascha Kaléko

Was man so braucht

Man braucht nur eine Insel
allein im weiten Meer.
Man braucht nur einen Menschen,
den aber braucht man sehr.

Jürg Schubiger

Wie's einem so geht

Wenn mir etwas fehlt,
ist Mutter da.
Wenn Mutter nicht da ist,
fehlt mir was.

Manchmal fühlt man sich allein   5
In seiner Haut.
Und manchmal ist man froh,
dass niemand sonst drin Platz hat.

→ *Informationen zu **Jürg Schubiger** auf S. 165.*

Mascha Kaléko (1907–1975) wurde in Chrzanow (Polen) geboren. Mit elf Jahren zog sie mit ihren Eltern nach Berlin, wo sie zu einer bekannten Dichterin wurde. Mascha Kaléko war Jüdin. Deshalb ging sie 1938 ins Exil in die USA.

Erste Eindrücke zu einem Gedicht notieren

Wenn du ein Gedicht liest, denkst du darüber nach. Es ist gut, wenn du deine ersten Gedanken gleich notierst. Dabei wird dir klarer, wie du das Gedicht verstehst. Dann kannst du dich genauer mit dem Text befassen.

1 Sammle erste Eindrücke und Gedanken zum Gedicht in einem Cluster.
  - Notiere alles, was dir einfällt.
  - Was denkst und empfindest du, wenn du das Gedicht liest?

Kristiane Allert-Wybranietz
Scheinfreundschaft

Du bist gekommen
Und wir legten unsere
Freundschaft zusammen.

Du stecktest meine ein
Wie einen Geldschein.   5

2 Denke über das Gedicht nach.

> Das lyrische Ich fühlt sich …

> Im Gedicht geht es um …

> In diesem Gedicht steht oft das Wörtchen „du": …

> Das Gedicht heißt „Scheinfreundschaft", weil …

Unsere Freundschaft –
Ein Gutschein,
den du hervorholst,
wenn du etwas willst?
Sonst nichts?   10

3 Welche Sprachbilder (Vergleiche und Metaphern) entdeckst du? Erläutere, was sie ausdrücken.
  - Womit wird die Freundschaft verglichen?
  - Was ist mit den letzten beiden Zeilen gemeint?

Ab heute bleibt mein Schalter
geschlossen!

WISSEN UND KÖNNEN ▷ **Metaphern erkennen und entschlüsseln**

Eine **Metapher** ist ein sprachliches Bild. Metaphern haben eine „übertragene Bedeutung". Zum Beispiel der Satz: Das Leben ist eine Straße.
Hier wird die Straße als Bild für das Leben genommen. Das passt gut, weil Straße und Leben vieles gemeinsam haben: Es geht rauf und runter, es gibt Einbahnstraßen und Sackgassen, das Ziel ist nicht immer leicht zu finden.

---

4 Was ist der zentrale Gedanke des Gedichts? Wählt Aufgabe **A** oder **B** aus.
  A Sprecht darüber: Was ist die Hauptaussage in diesem Gedicht?
  Nutzt dabei die Ergebnisse aus den Aufgaben 1 – 3.
  B Führt ein Schreibgespräch über den zentralen Gedanken des Gedichts.
  Nutzt dazu die Hinweise in „Wissen und Können" auf Seite 180.

Das Textverständnis im Gedichtvortrag ausdrücken

Wenn du ein Gedicht vorträgst, kannst du damit zeigen, wie du es verstehst. Vorher musst du das Gedicht aber gut kennen und dir Gedanken darüber machen, wie du es vortragen willst.

→ *Medienpool:*
Weitere Gedichte,
die sich gut zum
Vortragen eignen:
– Bernhard Lins:
Ich will dich heut
nicht sehen
– Hans Manz:
Sich mögen

1 Lest das folgende Gedicht und sprecht darüber:
  – Worüber macht sich das lyrische Ich Gedanken?
  – Warum steht zwischen den beiden Strophen das Wort „Oder"?
  Vorher war bestimmt ein Streit und jetzt ….
  Das „Oder" bedeutet, dass …

Hans-Jürgen Netz

Vertragen?

Ich mich mit dem vertragen? Niemals!
Der hat doch angefangen mit dem Streit,
der hat es so gewollt.
Jetzt können wir uns nicht mehr riechen.
5　Wir gehen uns aus dem Weg.
Wenn wir uns treffen,
werfen wir uns böse Blicke zu.
Meine Schuld ist es nicht.
Er hat angefangen.

Oder:

Bin ich auch schuld an dem Streit? Vielleicht.　　10
Vielleicht ein wenig.
Es ist schwer, ihm die Hand zu geben.
Ich will es versuchen,
ich will ihm die Hand geben,
ich will den Streit beenden,　　15
ich will mich mit ihm vertragen.
Ob er wohl auch will?

Ein Gedicht vortragen
– Wo muss ich die Stimme senken oder heben?
– Was sollte ich betonen? Warum?
– Wie sollte ich sprechen: laut, leise, wütend, anklagend, versöhnlich …?
– An welchen Stellen muss ich eine Sprechpause machen?
– Welche Mimik und Gestik kann ich einsetzen?

2 Bereitet das Gedicht zum Vortragen vor.
Nutzt die Hinweise auf dem Zettel.
  – Experimentiert mit dem Gedicht und probiert verschiedene Sprechweisen aus.
  – Ihr könnt euren Vortrag aufnehmen und abhören. Was könnt ihr verbessern?
  – Versucht auch, das Gedicht zu zweit vorzutragen.

3 Stellt eure Vorlesefassung vor und sprecht anschließend über den Vortrag.
  – Was haben die Vortragenden gut gemacht?
  – Ist die Hauptaussage deutlich geworden?

Fragen zu einem Gedicht beantworten

Oft sollst du Fragen zu einem Gedicht beantworten. So kannst du zeigen, wie du ein Gedicht verstehst. Lies die Fragen genau und beantworte sie in ganzen Sätzen.

Bertolt Brecht

Der Radwechsel

Ich sitze am Straßenhang.
Der Fahrer wechselt das Rad.
Ich bin nicht gern, wo ich herkomme.
Ich bin nicht gern, wo ich hinfahre.
5   Warum sehe ich den Radwechsel
mit Ungeduld?

Hinweise zu
Bertolt Brecht
findet ihr auf S. 136
in der Randspalte.

1 Beantworte die Fragen zu diesem Gedicht:
   a. Wie heißt das Gedicht und wer hat es verfasst?
      Das Gedicht hat den Titel … Es wurde von … verfasst.
   b. Was sind deine ersten Eindrücke vom Gedicht? Was ist besonders?
      In dem Gedicht denkt das lyrische Ich über sein Leben nach …
   c. Wie ist das Gedicht aufgebaut?
      In den ersten beiden Versen … In den folgenden Versen …
      Das lyrische Ich wundert sich über sich selbst …
   d. Was fällt dir an der Sprache auf?
      Drei Verse beginnen mit „Ich". Daran sehen wir, …
      Die Formulierung „ich bin nicht gern, wo …", wird wiederholt.
      Dadurch wird deutlich, …
      Das Gedicht endet mit einer Frage …
   e. Worüber kommst du ins Nachdenken, wenn du das Gedicht liest?
      Beim Lesen habe ich mich gefragt …
   f. Was hältst du für den zentralen Gedanken in diesem Gedicht?
      Der zentrale Gedanke ist für mich …

2 Paul schreibt: „Das Gedicht heißt *Radwechsel*, aber es geht um mehr als eine Reifenpanne." Nimm Stellung zu dieser Deutung.
   Ich stimme Paul zu. Es ist kein Gedicht über …
   Das lyrische Ich hat wegen der Reifenpanne die Gelegenheit,
   über sein Leben nachzudenken.
   Wichtig ist, was das lyrische Ich in dieser Situation denkt und fühlt …
   Der zentrale Gedanke in diesem Gedicht ist für mich …

→ *Medienpool:*
   Auch zu diesem
   Gedicht kannst du
   Fragen beantworten:
   – Kurt Tucholsky:
      Luftveränderung

Form und Sprache eines Gedichts untersuchen

Wenn du dich mit Gedichten beschäftigst, achtest du auf ihre besondere Form und Sprache: Sie sind in Strophen und Versen angeordnet, enthalten oft Reime und sind in einem bestimmten Versmaß verfasst. Sie enthalten meistens sprachliche Bilder (Vergleiche, Metaphern, Personifikationen), die du deuten musst.

1 Lest das Gedicht „Der Panther".
- Welches Bild habt ihr vor Augen, wenn ihr das Gedicht lest?
- Was fällt euch an der Sprache besonders auf?
- Welche Verse sind schwer zu verstehen? Warum?

Rainer Maria Rilke

Der Panther

Sein Blick ist vom Vorübergehn der Stäbe
so müd geworden, dass er nichts mehr hält.
Ihm ist, als ob es tausend Stäbe gäbe
und hinter tausend Stäben keine Welt.

5   Der weiche Gang geschmeidig starker Schritte,
der sich im allerkleinsten Kreise dreht,
ist wie ein Tanz von Kraft um eine Mitte,
in der betäubt ein großer Wille steht.

Nur manchmal schiebt der Vorhang der Pupille
10 sich lautlos auf –. Dann geht ein Bild hinein,
geht durch der Glieder angespannte Stille –
und hört im Herzen auf zu sein.

Rainer Maria Rilke (1875–1926) war ein österreichischer Schriftsteller. Er ist vor allem für seine Gedichte berühmt. Das Gedicht „Der Panther" hat Rilke 1902 in Paris geschrieben.

2 Der „Panther" kommt nur im Titel des Gedichts vor. In den einzelnen Strophen wird er aber beschrieben.
a) Markiere im Gedicht, was du über den Panther erfährst (Folientechnik).
b) Ergänze Laras Zusammenfassung.

→ *Medienpool: Form und Sprache könnt ihr auch am Gedicht „Der rechte Weg" von Franz Werfel untersuchen.*

In der ersten Strophe geht es um den Blick des Panthers. Der Panther ...
In der zweiten Strophe wird beschrieben, wie der Panther sich im Käfig bewegt: Er ...
In der dritten Strophe geht es um besondere Augenblicke. Manchmal ...

3 Untersuche Form und Sprache des Gedichts. Bearbeite Strophe für Strophe.

a) Was versteht man unter den folgenden Fachwörtern?

Assonanz, Jambus, Metapher, Kreuzreim, Personifikation, Vergleich, Wiederholung

Schlage die Bedeutung der Fachwörter in „Wissen und Können" nach (Seite 278).

b) Schreibe die Beispiele aus dem Gedicht „Der Panther" ab und ordne ihnen die Fachwörter zu:

Z. 1:	Sein Blick ist vom Vorübergehn der Stäbe	→ Jambus
Z. 1–2:	Sein Blick ist … so müd geworden	
Z. 3:	Ihm ist, als ob es tausend Stäbe gäbe	
Z. 1, 3, 4:	Stäbe … Stäbe … Stäben	
Z. 5–8:	… Schritte / … dreht / … Mitte / … steht	
Z. 7:	… wie ein Tanz von Kraft	
Z. 9–10:	Nur manchmal schiebt der Vorhang der Pupille sich lautlos auf	

4 Wie wirkt das Gedicht durch diese besondere Sprache?
Ergänze die Schüleräußerungen:

Jan: In der ersten Strophe wird das Wort … drei Mal wiederholt.
Es ist wichtig, weil es das Einzige ist, was der Panther noch sieht.

Corinna: Das Versmaß ist ein …, das Gedicht klingt dadurch ganz ruhig.

Julia: Der Panther wird personifiziert, er wirkt wie ein Mensch. In Vers … heißt es: …

Sven: Die Bewegungen des Panthers werden mit … verglichen.
Dadurch erscheint der Panther als sehr elegant und stark, aber auch müde und …

5 Denke über das Gedicht nach. Sprecht darüber, was der zentrale Gedanke im Gedicht sein könnte. Wem stimmst du zu? Begründe.

Oskar: In dem Gedicht geht es um ein gefangengehaltenes Tier, das innerlich schon fast tot ist. Es bekommt gar nicht mehr mit, was um es herum passiert.

Ich stimme Oskar zu. Der Panther ist …

Adriana: Der Panther erscheint wie ein Mensch. Man kann sich total in ihn hineinversetzen und hat Mitleid mit ihm. Das Gedicht zeigt, wie schlimm es ist, eingesperrt zu sein.

Ich finde, Adriana hat recht. Der Panther …

Dana: Eigentlich hat der Panther einen starken Willen. Er hat auch viel Kraft.
Er ist aber wie betäubt. Das steht in den Versen … Vielleicht schafft er es ja einmal, aus dem Käfig rauszukommen.

Dana meint, … Das sehe ich auch so, denn …

Gedichte miteinander vergleichen

**Wenn du Gedichte zu einem Thema (z.B. „Auf dem Weg zu dir und zu anderen")
miteinander vergleichst, kannst du die Besonderheiten dieser Gedichte besser
erkennen und herausarbeiten.**

1 Lies die beiden Gedichte und schau dir die Illustration an. Sprecht darüber:
– Was hat die Illustration mit den Texten zu tun?
– Welches Thema wird in den beiden Gedichten angesprochen?

Robert Gernhardt
*(1937 – 2006) ist ein
bedeutender Dichter,
Autor, Zeichner und
Maler. Er hat viele
Literaturpreise
gewonnen.*

Robert Gernhardt
Pfadfinder

Ein Schritt vom Wege
Zwei Schritte vom Wege
Drei Schritte vom Wege
Wo ist der Weg?

5   Vier Schritte vom Wege
Fünf Schritte vom Wege
Sechs Schritte vom Wege
Da ist kein Weg!

Sieben Schritte vom Wege
10   Acht Schritte vom Wege
Neun Schritte vom Wege
Ist da ein Weg?

Zehn Schritte vom Wege
Elf Schritte vom Wege
15   Zwölf Schritte vom Wege
Das ist der Weg!

Edward van de Vendel
Karte

Die Linien in meiner Hand,
sie zeigen mir ein fremdes Land.
In Geheimschrift – lauter
neue Wege?

5   Sodass ich mir überlege,
wie ich diese Karte lesen soll,
die keiner versteht.
Sind es Straßen, die man
nur mit einem andern geht?
10   Komm her zu mir,
lass uns vergleichen,
darfst mir deine Hände reichen:
Bisher war ich allein.
Wissen wir jetzt unsern Weg
15   zu zwei'n?

***Edward van de
Vendel*** *ist 1964 in
Leerdam (Niederlan-
de) geboren.
Bevor er Schriftsteller
wurde, arbeitete er
als Lehrer.*

2 Komme mit den Gedichten ins Gespräch.
- Was fällt dir an den Gedichten besonders auf?
- Welches Thema haben die Gedichte gemeinsam?

Hinweise dazu findest du auf Seite 155.

3 Versuche, den zentralen Gedanken der Gedichte zu erfassen.
Notiere zu jedem Gedicht Fragen. Sprecht über eure Antworten:
- Worüber macht sich das lyrische Ich Gedanken?
- Was bedeuten die Titel der Gedichte?
- Worüber kommst du ins Nachdenken, wenn du die Gedichte liest?

Hinweise dazu findest du auf Seite 164.

4 Was fällt dir an Form und Sprache besonders auf?
Beantworte die Fragen und nenne Belege.
- In welchem Gedicht gibt es viele Wiederholungen? Warum wohl?
- In welchem Gedicht spricht das lyrische Ich sein Gegenüber direkt an?
  Mit welcher Absicht?

Hinweise dazu findest du auf Seite158/159.

> In beiden Gedichten geht es darum, ...

> „Weg" ist in beiden Gedichten eine Metapher: Gemeint ist ...

> Im Gedicht „Pfadfinder" sucht jemand allein seinen Weg. Im Gedicht „Karte" jedoch ...

5 Welches Gedicht gefällt dir besser? Begründe deine Entscheidung.

6 Arbeite mit deinen Ergebnissen weiter. Wähle Aufgabe **A** oder B aus.

A Vergleiche die beiden Gedichte. Ergänze die Sätze:

In den beiden Gedichten geht es um das Thema ...
Im Gedicht „Pfadfinder" beschreibt das lyrische Ich ...
Ich verstehe das Gedicht so: ...
Im Gedicht „Karte" erzählt das lyrische Ich ...
Die zentrale Idee des Gedichts könnte sein: ...
Mir gefällt das Gedicht „..." besser, weil ...

B Vergleiche die beiden Gedichte und schreibe das Ergebnis in einem Nachdenktext auf.
- Worum geht es in den beiden Gedichten?
- Wie verstehst du die Titel der Gedichte?
- Was fällt dir an Form und Sprache besonders auf?
  Welche Ähnlichkeiten und Unterschiede erkennst du?
- Was ist deiner Meinung nach der zentrale Gedanke der beiden Gedichte? Vergleiche.
- Gib zum Schluss eine persönliche Stellungnahme ab: Welches Gedicht gefällt dir
  besser? Begründe.

Ein eigenes Gedicht schreiben und präsentieren

Hast du Lust, selbst ein Gedicht zu schreiben? Hier findest du Ideen dazu.
Ihr könnt eine Ausstellung mit euren Gedichten machen oder sie in einem Poetry-Slam vorstellen (informiert euch im Internet, was ein Poetry Slam ist).

→ *Medienpool:*
Schatzkarte (Audio)
Im Medienpool
findet ihr auch
den vollständigen
Gedichttext.

1 Hört das Gedicht „Schatzkarte" von Bas Böttcher. Es kommt nicht darauf an, alles zu verstehen. Sprecht nach dem Hören darüber, was euch alles aufgefallen ist.

> Das Gedicht ist schwer zu verstehen, weil ...

> Zwei Wörter werden oft wiederholt: ...

> Das Gedicht heißt „Schatzkarte", weil ...

Bastian („Bas")
Böttcher *(geb. am*
31. Dezember 1974
in Bremen) ist ein
deutscher Schrift-
steller und Slam-
Poet.

2 Wie hat Bas Böttcher sein Poetry-Slam-Gedicht geschrieben?
Ergänzt die folgenden Schreibtipps. Nennt Beispiele aus dem Gedicht.
– Tipp 1: Sprich über dich und deine Erfahrungen, z. B. ...
– Tipp 2: Sprich deine Zuhörer direkt an, z. B. ...
– Tipp 3: Spiele mit der Sprache, z. B. ...

3 Schau dir die letzten Strophen des Gedichts „Schatzkarte" auf Seite 163 an:
a) Wo findest du Beispiele für die Tipps aus Aufgabe 2?
b) Welche weiteren Tipps könnt ihr formulieren?
– Tipp 4: Wiederhole Wörter, Satzglieder oder Satzanfänge, z. B. ...
– Tipp 5: Verwende Gegensätze, z. B. „manchmal ..., aber ..."
– Tipp 6: Verwende mehrdeutige Wörter, z. B. „von Wegen" bedeutet
zum einen ... zum anderen ...

4 Schau dir Ranas Gedicht auf Seite 163 an.
a) Über welches Thema hat sie geschrieben?
b) Welche Tipps aus den Aufgaben 2 und 3 hat Rana in ihrem Gedicht umgesetzt?

5 Schreibe dein eigenes Poetry-Slam-Gedicht zum Thema „Unterwegs zu dir und zu anderen". Nutze die Themen und Ideen aus dem Kapitel.
a) Schreibe einfach drauflos. Die folgenden Fragen geben dir Anregungen:

Welchen Weg willst du einschlagen?   Wonach suchst du?
Hast du einen Plan?   Hast du etwas zu erzählen?
Was sagen die anderen?   Wie fühlst du dich manchmal?
Welche Fragen hast du? ...

b) Überarbeite deinen Text. Nutze die Tipps aus den Aufgaben 2 und 3.
c) Überlege dir, wie du dein Gedicht präsentieren willst.
Nutze die Infos im Methodenkasten auf Seite 163.

Bas Böttcher

Schatzkarte

[...] Ich selber bin mein Leben lang am Suchen
in Spiegelkabinetten, auf Landkarten
in Spielstätten, auf Wanderpfaden

Manchmal lauf ich Gefahr, aber wenigstens lauf ich
5   manchmal geh ich verloren, aber wenigstens geh ich
manchmal spiel ich verrückt, aber wenigstens spiel ich

Und hab noch immer keinen Plan – von Wegen
von Wegen, die sich gleichen
von Wegen, die im Kreis führen
10   von Wegen, manche vertraut, manche verbaut.

Und aus dem Publikum meinte neulich jemand zu mir:
Es gehört gar nicht so viel dazu
man bekommt es irgendwie immer hin
Wenn man nur will, dann wartet ein Weg auf jeden
15   und auch mit einem harten Los geht's

Es stimmte
Es gehört gar nicht so viel dazu – so viel dazu.
Man bekommt es irgendwie immer hin – immerhin.
Wenn man nur will, dann wartet ein Weg auf jeden – auf jeden!
20   Und auch mit einem harten Los geht's – los geht's!

Mein Weg

Wo ist mein Weg?
Bin durcheinander
in diesem Durcheinander
Keine Ahnung
wo ich hingehe

Meine strenge
Lehrerin sagt:
Streng dich an!
Anstrengend.

Meine Eltern sagen:
Flocken müssen rauskommen!
Ich will nur irgendwie auskommen

Wer von euch hat einen Plan?
Manchmal hab ich so viele Ideen
manchmal weiß ich einfach nicht
wie's weitergeht
Wie geht's?

Rana

METHODE ▸ **Eigene Gedichte unterschiedlich präsentieren**

1. Gestaltet eine **Wandzeitung** mit euren Texten. Dazu könnt ihr zeichnen und
   mit Farben arbeiten. Präsentiert eure Texte in einer Ausstellung.
2. Tragt eure Texte wie in einem **Poetry-Slam** vor. Überlegt vorher:
   – Lerne ich den Text auswendig oder lese ich ab?
   – Welche Stimmung gibt mein Text vor?
   – Welches Vortragstempo ist angemessen?
   – Wo mache ich Pausen oder wechsle die Stimmlage?
   – Gibt es Stellen, an denen ich das Publikum einbeziehen kann?
   – Wen schaue ich an? Wie bewege ich mich?
   – Ist der Text auch für einen Teamvortrag geeignet?
   Übt, wie ein Slamer/eine Slamerin auf einer Bühne vor Publikum zu stehen.

Ein Gedicht in einem Gespräch deuten

Ein Gedicht löst in uns ganz verschiedene Gefühle und Gedanken aus.
Wenn wir über ein Gedicht sprechen, können wir unsere Ideen austauschen.

1 Lies das Gedicht einmal still für dich und notiere deine Eindrücke und Ideen.
Was bedeutet das Ein- und Auspacken? Was ist mit dem „imaginären Zug" gemeint?
Warum heißt das Gedicht „Dazwischen?"

*Alev Tekinay wurde
1951 in Izmir geboren.
1971 zog sie nach
München, studierte
Germanistik und
arbeitete an der Uni-
versität Augsburg im
Bereich Deutsch als
Fremdsprache. Seit
1986 veröffentlicht
sie auch literarische
Texte.*

Alev Tekinay

Dazwischen

Jeden Tag packe ich den Koffer
ein und dann wieder aus.

Morgens, wenn ich aufwache,
plane ich die Rückkehr,
5　aber bis Mittag gewöhne ich mich mehr
an Deutschland.

Ich ändere mich
und bleibe doch gleich
und weiß nicht mehr,
10　wer ich bin.

Jeden Tag ist das Heimweh
unwiderstehlicher,
aber die neue Heimat hält mich fest,
Tag für Tag noch stärker.

Und jeden Tag fahre ich　　　　　　　15
zweitausend Kilometer in einem
imaginären Zug
hin und her,
unentschlossen zwischen
dem Kleiderschrank und dem Koffer,　　20
und dazwischen ist meine Welt.

2 Bildet Gruppen zu dritt oder vier und führt eine Gespräch über das Gedicht.
Geht so vor, wie im Methodenkasten beschrieben.

METHODE ▸ **Ein Gespräch über ein Gedicht führen**

1. Schreibt Fragen zu eurem Gedicht auf einzelne Zettel, z. B.:
   – Worüber spricht das lyrische Ich?
   – Wie fühlt es sich? Warum?
   – Mit welchen Sprachbildern werden Gedanken und Gefühle ausgedrückt?
   – Was fällt an der Form und der Sprache auf?
2. Legt fest, wer anfangen soll. Er/Sie nimmt sich einen Zettel und gibt eine Antwort auf die Frage, die darauf steht.
3. Der/Die Nächste geht auf diesen Gesprächsbeitrag ein: Er/Sie fragt nach, stimmt zu oder vertritt eine ganz andere Ansicht.
4. Wer hat noch eine Antwort auf die Frage? Wenn niemand sich zu Wort meldet, sucht sich der/die Nächste eine neue Frage aus.

→ Medienpool:
Auch dieses Gedicht
könnt ihr gut im
Gespräch deuten:
– Edward van de
  Vendel: Weg

Zentrale Gedanken von Gedichten herausarbeiten

ZEIGE, WAS DU KANNST

Jürg Schubiger

Unser Tisch

Jeder hat einen Stuhl
an unserem Tisch.
Auch Papa.

Jeder hat einen Teller
5 auf unserem Tisch.
Auch Papa.

Jeder hat eine Suppe
auf unserem Tisch.
Seine ist kalt geworden.

Jürg Schubiger

Bei uns zu Haus

Das Licht geht an,
der Kuchen auf,
die Schwester aus
bei uns zu Haus.

Die Türen gehn, 5
die Freunde sehn herein
und grüßen.

Nur Tische, Stühle,
Betten stehn
bei uns zu Haus 10
bockstill und auf vier Füßen.

Jürg Schubiger
(1936 – 2014) war ein
Schweizer Schrift-
steller. Er arbeitete
zunächst als Gärtner,
Holzarbeiter und
Maurer. Danach stu-
dierte er Germanistik,
Psychologie und
Philosophie. Ab 1980
arbeitete er als freier
Schriftsteller.

1 Vergleiche beide Gedichte. Finde Gemeinsamkeiten und Unterschiede.
Wähle Aufgabe **A** oder **B** aus.

A Ergänze die Sätze.
  Die beiden Gedichte stammen von ...
  In beiden Gedichten geht es um das Thema ...
  Beide Gedichte bestehen aus ...
  Im Gedicht „Unser Tisch" beschreibt das lyrische Ich ...
  Der zentrale Gedanke ist: ...
  Im Gedicht „Bei uns zu Haus " erzählt das lyrische Ich ...
  Hier ist die zentrale Idee: ...
  Gemeinsam ist beiden Gedichten ...   Es gibt aber auch Unterschiede ...
  Mir gefällt das Gedicht ... besser, weil ...

B Vergleiche die beiden Gedichte und schreibe das Ergebnis in einem Nachdenktext auf.
  – Worum geht es in den beiden Gedichten?
  – Was „erzählt" das lyrische Ich von sich und anderen?
  – Was fällt dir an Form und Sprache besonders auf?
    Welche Ähnlichkeiten und Unterschiede erkennst du?
  – Was ist deiner Meinung nach der zentrale Gedanke der beiden Gedichte? Vergleiche.
  – Gib zum Schluss eine persönliche Stellungnahme ab: Welches Gedicht gefällt dir
    besser? Begründe.

Einen Jugendroman lesen

Es macht Spaß, gemeinsam einen Jugendroman zu lesen. Ihr könnt alle das gleiche Buch lesen – oder ihr lest parallel verschiedene Bücher.
In diesem Kapitel bekommt ihr Lesetipps sowie Hinweise und Anregungen, wie ihr das gemeinsame Lesen organisieren könnt und wie ihr euch mit dem Buch beschäftigen könnt.

TE UND MEDIEN

1 Auf diesen Seiten findet ihr Vorschläge für Jugendromane, aus denen ihr für eure Klassenlektüre auswählen könnt. Macht euch zunächst einmal mit den Lesetipps vertraut.

Der Tote im Dorfteich

Roman

Ein Dorf schweigt.

Ribberow – Grausiger Fund im Weiher

Am Wochenende machten Jugendliche beim Angeln eine schauerliche Entdeckung: In dem Gewässer kam ein Skelett zum Vorschein. Dabei handelt es sich um die Überreste von Frank Schelk. Der Tote war an Teile eines Ackerpflugs gefesselt und lag offenbar bereits fünf Jahre im Weiher. Die Polizei geht von Mord aus. Für Angaben aus der Bevölkerung, wer Schelk zuletzt gesehen hat, oder für Hinweise, wo sich der Rest des Ackerpflugs befindet, ist die Polizei dankbar.
Schockiert lässt Jannek die Zeitung sinken. Der Pflug steht in der Scheune seiner Oma ...
Präzise und ungeheuer fesselnd offenbart sich nach und nach das Ausmaß eines erschreckenden Geheimnisses, in das die Dorfbewohner verstrickt sind.

(Buchankündigung auf der Homepage des Verlags)

„Kick it like Beckham" – Narinder Dhami
Die 17-jährige Jess spielt leidenschaftlich gern Fußball. Regelmäßig schleicht sie sich aus dem Haus, um mit ein paar Jungs im Park zu kicken. Doch ihre aus Indien stammenden, überaus traditionsbewussten Eltern sind alles andere als begeistert ...

„Mira schwer verliebt" – Alexa Hennig von Lange
Mira lebt in einer Patchworkfamilie und hat es oft nicht leicht. Von ihrem Stiefvater Jan fühlt sie sich nicht anerkannt und ihr leiblicher Vater Leo hält nur selten Versprechungen.
Und dann verliebt sich Mira auch noch ausgerechnet in Moritz, der sie zusammen mit seiner Clique ständig ärgert und schikaniert.
Ob sie dennoch Chancen bei ihm hat?

„Ich bin ja nicht rechts, aber ..." – Anna Siebenstein
Nils muss umziehen, weil sein Vater den Job wechselt – schon wieder! Er steht ohne Freunde da, an einer neuen Schule, an der er niemanden kennt. Doch dann findet Nils schneller Anschluss als gedacht. Seine neuen Kumpel sind ziemlich cool – auch wenn sie anscheinend ein Problem mit Menschen haben, die ihrer Meinung nach nicht nach Deutschland gehören ...

„Ohne Handy voll im Arsch" – Florian Buschendorff
Ihr Deutschlehrer schlägt der Klasse vor, dass eine Hälfte der Schülerinnen und Schüler, die durch Los ausgewählt werden und geheim bleiben sollen, das Handy für zwei Wochen abgibt, um zu erfahren, wie ein Leben ohne Handy aussieht.

2 Auf Seite 166 wird der Jugendroman „Der Tote im Dorfteich" vorgestellt.
– Worum geht es in diesem Buch?
– Was für eine Art von Buch ist es?
– Welche Situation aus dem Buch ist wohl auf dem Bild dargestellt?

3 Welcher Buchtipp spricht dich an? Erläutere den anderen, woran das liegt.

▶ Ihr könnt auch nach anderen Jugendromanen recherchieren und eure eigenen Vorschläge der Klasse vorstellen. Schaut euch z.B. in Buchhandlungen und Büchereien oder auf Vorschlagslisten von Kinder- und Jugendbuchpreisen im Internet um.

4 Legt gemeinsam mit eurer Lehrerin oder eurem Lehrer fest, welches Buch oder welche Bücher im Unterricht gelesen werden sollen.

Die Handlung des Buchs verstehen

Wenn ihr gemeinsam ein Buch lest, müsst ihr zunächst festlegen, wie ihr das Lesen organisiert und welche Aufgaben ihr bearbeiten wollt.

1 a) Lest im Methodenkasten, wie ihr das gemeinsame Lesen organisieren könnt.

    b) Macht euch anschließend mit den Arbeitsanregungen (S. 169 – 171) vertraut. Vieles darin wird euch bekannt vorkommen. Erklärt, was jeweils erwartet wird.

    c) Sprecht mit eurer Lehrerin oder eurem Lehrer ab, wie ihr das gemeinsame Lesen organisiert und welche Arbeitsanregungen bearbeitet werden sollen.

METHODE ▸ **Einen Jugendroman mit Lesepausen lesen**

1. Legt fest, wann ihr Lesepausen einlegen wollt, um über das Gelesene zu sprechen (z. B. immer nach einem oder mehreren Kapiteln).

2. Lies die abgesprochenen Seiten/Kapitel und bearbeite dazu ausgewählte Arbeitsanregungen.

3. Sprecht zu zweit, in Gruppen oder in der Klasse über die gelesenen Seiten:
   - Was ist euch beim Lesen aufgefallen? Was hat euch besonders beeindruckt?
   - Worum geht es auf den Seiten? Was habt ihr vielleicht noch nicht verstanden?
   - Wie könnte die Geschichte weitergehen?

   Ihr könnt eure Arbeitsergebnisse vorstellen und die Partner- und Gruppenaufgaben bearbeiten.

4. Lies weiter und verabrede dich anschließend wieder zu einer Lesepause.

Um Partner für die Lesepausen zu finden, könnt ihr das „Lerntempo-Duett" nutzen: → Wissen und Können, S. 289

---

2 Lege dir eine Lesemappe an, in der du deine Arbeitsergebnisse sammeln und abheften kannst. Du nutzt sie
   - um beim Lesen des Buchs den Überblick zu behalten,
   - für den Austausch mit anderen im Unterricht,
   - zur Auswahl für ein Leseportfolio. Darin stellst du Arbeitsergebnisse zusammen, die dir besonders wichtig ist.

→ Genauere Hinweise zum Leseportfolio findest du auf Seite 177.

3 Beginnt nun mit der Lektüre eures Buchs, bearbeitet die ausgewählten Arbeitsanregungen und tauscht euch in der Klasse oder in Gruppen über das Gelesene und eure Arbeitsergebnisse aus.

Vorschläge, um beim Lesen den Überblick zu behalten:

Um beim Lesen des Buchs den Überblick zu behalten, helfen euch die folgenden Vorschläge. Ihr könnt eure Notizen nutzen, um euch später an das Gelesene zu erinnern,
z. B. für das Gespräch im Unterricht oder für die weitere Beschäftigung mit dem Buch.

Mit dem Bleistift lesen

In deinem eigenen Buch kannst du unterstreichen
und Notizen machen, z. B.
– Figuren einkreisen, wenn sie zum ersten Mal
  vorkommen,
– Informationen zu den Figuren unterstreichen,
– Textstellen, die du wichtig findest/über die du spre-
  chen willst, mit einem Ausrufezeichen kennzeichnen,
– Textstellen, die du nicht verstanden hast, mit einem
  Fragezeichen kennzeichnen,
– spontane Eindrücke und Gedanken am Rand notieren.

In ein ausgeliehenes Buch darfst du nicht hineinschrei-
ben. Dann kannst du Post-it-Zettel auf die Seiten kleben
und diese beschriften. Oder du notierst deine Anmerkungen mit Seiten- und Zeilenangabe auf einem Blatt
für die Lesemappe.

Notizen zum Inhalt machen
– Notiere zunächst Seitenzahl und Kapitelüberschrift.
  Wenn es keine Kapitelüberschriften gibt, kannst du
  dir passende ausdenken. Du kannst die Kapitel auch
  unterteilen und Zwischenüberschriften einfügen.
– Notiere darunter Stichworte zum Inhalt.
– Du kannst auch zum Gelesenen zeichnen und
  später erläutern, was du im Bild dargestellt hast.
– Notiere Fragen, die du mit anderen besprechen willst.

Notizen zu den Figuren machen
– Lege ein **Figurenverzeichnis** mit Namen, Berufen
  und/oder verwandtschaftlichen Beziehungen an.
– Notiere auf **Spickzetteln** nach und nach, was du über
  die Hauptfiguren erfährst – mit Seitenangaben, damit
  du die Stellen später leichter wiederfindest.

EINS   *Worum geht es
                             hier überhaupt?*

Der größte Teil des Skeletts lag noch in der
Dunkelheit. Doch etwas hatte sich verändert.
Etwas war in Bewegung geraten. Der Sommer   *?*
war lang und trocken gewesen. Durch den harten
Boden zogen sich fingerbreite Risse, die Sonnenblu-
menfelder waren vertrocknet, der Mais verbrannt.
Die Flachsfasern des dicken Seils waren verrottet.
Aus der Tiefe reckte sich eine Knochenhand empor.
Sie zeigte nach oben, als hätte sie ein Ziel.   *!*

Eine Woche. Die ganzen Herbstferien. Im Arsch.   *?*
Jannek lehnte mit dem Kopf an der Fensterscheibe.
Die kleine graue Welt flog draußen vorbei. Baum,
Baum, Hügel, Haus, Schranke, Auto, Baum, Tunnel.
Jannek schloss die Augen. Die Luft war schwer und
trocken, und das gleichmäßige Ruckeln des Zuges
wirkte einschläfernd. Zughypnose, dachte Jannek.

---

*S. 5 – 14: Jannek in den Herbstferien bei seiner Oma
– Jannek auf dem Weg nach Ribberow
– die letzten Kilometer muss er zu Fuß laufen
– zufällig trifft er seinen alten Freund Till
  wieder, der ihn im Auto mitnimmt
– 1. Begegnung mit seiner Großmutter Hanne
– fettgedruckte Textabschnitte?
– Verhältnis: Jannek – Hanne – Mutter?*

---

*Jannek Jensen
– Enkel von Hanne
Till Hempel
– Sandkastenfreund von
  Jannek, jetzt Polizist
...*

*Jannek Jensen
– Spitzname: JJ (S. 8)
– 16 Jahre alt (S. 15)
– freundlich (S. 17)
– ängstlich (S. 23)
– ...*

Weitere Ideen, die ihr allein oder gemeinsam bearbeiten könnt:

Katharina hat diese Textstelle ausgewählt:

Weit unten, im Dunkel, ruhte das Skelett, zwischen zerbrochenen Flaschen, alten Autoreifen und einem Fahrrad auf einer alten Pflugschar wie auf einem Thron. Es schien, als hätte ein Künstler die Totengebeine in dieses Stillleben gesetzt. Das Bild jedoch blieb verschwommen, bedeckt vom Schleier des Vergessens, wie alles, was hier versank. (S. 7)

Sie erläutert, was ihr daran gefällt:

Ich habe diese Stelle ausgewählt, weil ich sie spannend finde. Man will wissen, wie das Skelett mit der eigentlichen Handlung um Jannek zusammenhängt.

- **Lieblingsstellen auswählen und vorstellen**
  - Markiere Textstellen, die dir besonders gut gefallen, weil sie lustig, überraschend, rätselhaft, spannend ... sind. Wenn du nicht ins Buch schreiben darfst, notiere Seite und Zeilen.
  - Lies den anderen deine Textstelle vor und erläutere, warum du sie ausgewählt hast.

„Warte, ich helfe dir", sagte Jannek und war mit zwei Schritten bei ihr. Hanne drehte sich kurz zu ihm um, die Vase glitt ihr aus der Hand und fiel, Jannek fing sie gerade noch auf.
„Ich hätte das auch allein geschafft, hättest du mich nicht erschreckt", murrte Hanne und setzte sich an den Küchentisch, ohne Jannek anzusehen.
Jannek blieb einen Moment mit dem Rücken zu Hanne stehen und schloss die Augen. Er nahm sich vor, es wenigstens mit ihr zu versuchen. Seiner Mutter zuliebe und weil er sonst gar nicht hätte herkommen brauchen. (S. 36)

Torbens Gruppe hat sich über diesen Textabschnitt ausgetauscht:

An dieser Stelle wird deutlich, was in Jannek vorgeht. Er möchte seiner Oma helfen, auch wenn sie sich so seltsam benimmt.

Hanne verhält sich ihrem Enkel gegenüber total verschlossen und distanziert.

- **Stimmung, Einstellung oder Verhalten der Figuren einschätzen**
  - Wie fühlt sich eine Figur in einer bestimmten Situation? Wie würdest du ihre Einstellung oder ihr Verhalten beschreiben? (un)glücklich, (un)zufrieden, (un)freundlich, distanziert, verschlossen, offen, sympathisch, ängstlich, seltsam, geheimnisvoll, einfühlsam, ehrlich ...
  - Stell den anderen deine Einschätzung vor und begründe sie.
  - Sehen sie das genauso oder schätzen sie die Situation anders ein?

Das muss doch einen Grund haben: Warum verhält sie sich so merkwürdig? ...

● Tagebucheinträge der Figuren verfassen

- Wähle eine Figur aus, die in dem gelesenen Abschnitt eine Rolle spielt, und schreibe in einem Tagebucheintrag auf, wie sie das Geschehen erlebt hat und darüber denkt.
- Ihr könnt eure Tagebucheinträge in der Gruppe vorstellen und erklären, warum ihr das so geschrieben habt.

> Ich habe zu den Seiten ... einen Tagebucheintrag von ... geschrieben.

> Ich wollte deutlich machen, warum ...

> Mir war an dieser Stelle wichtig ...

Aische hat zu dem Textabschnitt S. 47–53 folgenden Tagebucheintrag für Jannek geschrieben:

Heute Morgen wollte ich in die Scheune. Abgeschlossen. Früher war sie immer offen. Habe mich durch einen Spalt reingequetscht. Ein einziges Durcheinander. Anscheinend betritt sie die Scheune gar nicht mehr. Sehr merkwürdig ...
Plötzlich war ich wie gelähmt: Unter einer Plane lag ein halber Ackerpflug. Die andere Hälfte fehlte – wie die, auf dem das Skelett befestigt war! Plötzlich war Hanne in der Scheune und schaute mich schweigend und mit eisigem Blick an. Das machte mir Angst. Schließlich verschwand sie wieder im Haus.
Seitdem kreist es in meinem Kopf: Hat sie etwas mit dem Toten im Dorfteich zu tun?

● Situationen aus dem Text als Comics gestalten

- Wähle eine Szene aus dem gelesenen Textabschnitt aus. Zeichne dazu einen Comic mit 4 – 6 Panels (Einzelbildern). Verwende auch Zwischentexte sowie Sprech- und Denkblasen.
- Stell deinen Comic vor und lass dir ein Feedback geben.
- Ihr könnt Comics auch zu zweit gestalten und vorstellen.

(Anfang eines Comics zu S. 70 – 76)

● Textstellen vortragen oder szenisch darstellen

Bildet Gruppen und gestaltet die gelesenen Abschnitte aus, indem ihr

- gemeinsam einen Lesevortrag entwickelt,
- Standbilder stellt und erläutert,
- Figureninterviews führt oder
- die Abschnitte szenisch darstellt.

Nutzt dazu die Hinweise im Kapitel „Theatertexte lesen und erschließen" (S. 52–61).

Das Buch genauer untersuchen und deuten

Ergänzend zur Beschäftigung mit der Handlung könnt ihr euch näher mit der Erzählweise eures Buchs auseinandersetzen und weiter über das Gelesene nachdenken. Dazu könnt ihr die folgenden Lesekarten nutzen.

1 Orientiert euch, wie ihr mit den Lesekarten arbeiten könnt:
  – Auf den Lesekarten bekommt ihr Hinweise, mit denen ihr euer Buch unter bestimmten Fragestellungen genauer untersuchen und deuten könnt.
  – Zu dem Buch „Der Tote im Dorfteich" findet ihr unter den Lesekarten Vorschläge, die ihr zu diesem Buch bearbeiten könnt. Von diesen Vorschlägen könnt ihr euch auch für die Arbeit mit anderen Büchern anregen lassen.

2 Entscheidet, welche Lesekarten ihr bearbeiten wollt.

Lasst euch von eurer Lehrerin oder eurem Lehrer beraten.

  – Ihr könnt bei der Bearbeitung einer Lesekarte die Methode „Nachdenken – austauschen – vorstellen" nutzen (S. 289).
  – Sammelt schriftliche Arbeitsergebnisse weiterhin in euren Lesemappen.

LESEKARTE 1 ▸ **Wie Leserinnen und Leser zum Weiterlesen motiviert werden**

Manche Bücher möchte man am liebsten in einem Zug durchlesen, weil die Figuren uns interessieren und die Handlung uns fesselt.
Manchmal sind es auch bestimmte Textstellen oder sogar einzelne Sätze und Formulierungen, die uns ansprechen, weil dort z.B. anschaulich beschrieben und erzählt wird, was die Figuren gerade erleben und was in ihnen vorgeht. Oder weil manches nur angedeutet wird und wir gespannt sind, wie es weitergeht: Warum verhält sich diese Figur so? Wie wird das ausgehen? ….

● Stellt Textstellen vor, die euch beim Lesen eures Buchs besonders angesprochen oder neugierig gemacht haben:
  – Wählt passende Seiten aus dem Buch aus und markiert die entsprechenden Textstellen.
  – Lest die ausgewählten Seiten vor. Die Zuhörenden lesen mit und unterbrechen an Stellen, die sie selbst ansprechend oder spannend finden. Sie erläutern, warum das so ist.
  – Die Vorlesenden ergänzen weitere Textstellen, die sie selbst markiert haben, und erläutern sie.

● Sucht gemeinsam danach, wo die Andeutungen im Buch aufgegriffen werden und dazu weitererzählt wird: Was erfahrt ihr dort? Wodurch bleibt die Spannung möglicherweise erhalten?

So könnt ihr zum Buch „Der Tote im Dorfteich" arbeiten:

● Untersucht an dem folgenden Textauszug, wie dort Spannung aufgebaut wird.
  – Ordnet die Sprechblasen den unterstrichenen Textstellen zu, auf die sie sich
    beziehen, und erläutert eure Zuordnung.
  – Erläutert an weiteren Textstellen, wie dort Spannung aufgebaut wird.
    Welche Fragen stellen sich beim Lesen?

● Sucht im Buch, wo ihr zu euren Fragen mehr erfahrt.

Diese Stelle ist spannend, weil man zunächst gar nicht weiß, was gemeint ist.

Jannek kommt mit seinen Überlegungen nicht weiter, aber als Leser ahnen wir schon, was er entdeckt hat …

> Janneks Blick fiel auf die dunkle Plane. Ein brauner, rostiger dünner Arm ragte
> daraus hervor. Ganz schwach glaubte sich Jannek zu erinnern, wozu dieser Arm
> gehörte, er hatte ihn auf jeden Fall schon mal gesehen. Er stieg vom Traktor und
> zwängte sich an der Hollywoodschaukel vorbei zu dem Gerät unter der Schutz-
> plane. Langsam, um nicht zu viel Staub aufzuwirbeln, hob er die Plane an.
> Der rostige Arm war der Handgriff an einem Pflugsterz. Der Pflugkörper mit
> dem Streichblech, der Pflugschar und der Pflugsohle stand auf dem Fußboden.
> Die Räder, der Stellbügel und die Zugzange fehlten. Jannek starrte den Pflug
> eine Weile an, erst dann ließ er die Plane wieder langsam darüber fallen.
> Er stand wie gelähmt in der Mitte der Scheune. Unter der Schutzplane lag ein
> halber Ackerpflug. Es war genau die Hälfte, die bei dem Ackerpflug, auf dem
> das Skelett gelegen hatte, fehlte. Janneks Gedanken drehten sich im Kreis. Er sah
> das halbe Ding, er begriff, was er sah, aber er konnte nicht weiterdenken. ‚Acker-
> pflug', ging ihm wie im Stakkato in Wiederholungsschleife durch den Kopf.
> Auf einmal hörte er ein Geräusch. Jemand war auf dem Hof. Blitzschnell erwach-
> te Jannek aus seiner Erstarrung und bahnte sich dem Weg zum Tor. Er spähte
> durch die Latte, konnte aber niemanden erkennen. Eine Weile wartete er, und
> als sich nichts tat, zwängte er sich schließlich aus der Scheune nach draußen.
> Er spürte sofort, dass ihn jemand beobachtete.
> Intuitiv blickte Jannek nach links. Nur wenige Meter entfernt von ihm stand
> Hanne. Sie sah ihn regungslos an und ihre Augen wirkten noch eisiger als sonst.
> Jannek deutete hinter sich auf die Scheune und wollte etwas sagen, doch er brachte
> kein Wort heraus. Es kam ihm so vor, als wäre Hanne mit ihrem Schweigen viel
> lauter als er mit jedem Wort hätte sein können. Sie nahm ihm die Stimme. *(S. 50f.)*

● Untersucht mithilfe der Lesekarte an weiteren Textstellen im Buch, wie dort Spannung aufgebaut und zum Weiterlesen motiviert wird.

▶ Was hat euch zum Weiterlesen des Buchs motiviert?
  Erinnert euch und nennt Beispiele. Wenn es Momente gab, wo ihr am liebsten das
  Buch zur Seite gelegt hättet, dann sprecht darüber, woran das lag.

Ein Beispiel für eine
Figurenkonstellation
findet ihr auf S. 102.

LESEKARTE 2 ▸ **Wie sich Beziehungen der Figuren entwickeln**

In einem Jugendroman kommen mehrere Figuren vor - auch als Hauptfiguren.
Wenn ihr eine Figur näher charakterisiert, müsst ihr auch über ihre Beziehung
zu anderen Figuren nachdenken und darüber, wie sich diese im Laufe des
Buchs ändert. Abschließend könnt ihr über eure Sichtweise ins Gespräch
kommen und euch auch schriftlich äußern.

● Stellt in einer Figurenkonstellation dar, welches Verhältnis eine Hauptfigur
   zu anderen Figuren hat. Sucht dazu passende Textstellen im Buch.
   Nutzt auch eure Aufzeichnungen aus dem ersten Lesen.
   – Wie stehen die Figuren zueinander? Mögen sie sich?
      Gibt es Spannungen, Probleme und Konflikte?
   – Wie gehen sie miteinander um?
   – Welche Figur steht der Hauptfigur besonders nahe?

● Kommentiert euer Ergebnis und belegt dabei eure Aussagen.
   Ihr könnt Formulierungen vom wortstark!-Zettel nutzen.

● Beschreibt, wie sich die Beziehung zwischen den Figuren im Laufe der Zeit
   ändert; belegt eure Meinung mit passenden Textstellen. Oder lasst eine
   Figur darüber nachdenken, wie sich ihre Beziehung zu anderen Figuren
   ändert: Formuliert dazu einen Tagebucheintrag oder Sprechblasentexte.

wortstark!

Ihr Verhältnis ist ...
Das wird deutlich
durch ...
Das sieht man daran,
dass ...
Außerdem ...
Wenn sie sprechen ...
Man erfährt auch ...

So könnt ihr zum Buch „Der Tote im Dorfteich" arbeiten:

● Welches Verhältnis hat Jannek zu Beginn des Buchs zu seiner Großmutter Hanne?
   – Lest noch einmal auf S. 9 (Z. 14-18) und S. 11 (Z. 29) nach und findet selbst
      weitere Textstellen, die dazu etwas verdeutlichen. Nutzt auch eure Aufzeichnun-
      gen aus dem ersten Lesen.
   – Übernehmt die angefangene Figurenkonstellation und ergänzt die Beschriftungen.
   – Findet Antworten auf die folgenden Fragen. Schreibt sie als Sprechblasen dazu:
      Wie verhalten sich Jannek und Hanne?
      Wie sprechen sie miteinander?
      Welche Eigenschaften könnt ihr ablesen?
      Was geht im Innern von Jannek und von Hanne vor?

→ Ihr könnt euch auch
   eine vorbereitete
   Figurenkonstellation
   aus dem Medienpool
   herunterladen und
   am PC ausgestalten.

Gibt sich Mühe

Jannek ◄────────────►

● Kommentiert euer Ergebnis. Nutzt dazu den wortstark!-Zettel (S. 174).

● Janneks Verhältnis zu Hanne ändert sich während seines Aufenthalts in Ribberow.
  – Erläutert diese Entwicklung mit Textbelegen von S. 166 (Z. 7) bis S. 168 (Z. 20).
  – Jannek denkt darüber nach, wie sich sein Verhältnis zu Hanne verändert hat.
    Ergänzt seinen Tagebucheintrag.

Kurz vor Abfahrt gab es ein schönes Gespräch mit Hanne. Endlich ...

● Untersucht und erläutert, wie sich das Verhältnis zwischen Till und Rike im Laufe der Zeit entwickelt. Belegt eure Aussagen mit passenden Textstellen aus dem Buch.

LESEKARTE 3 ▶ **Welchen Einfluss die Lebenswelt auf die Figuren hat**

Wenn ihr über die Lebenswelt von Figuren nachdenkt, untersucht ihr, wie Ort, Zeit, Wohn- und Lebenssituation ihre Gedanken, Äußerungen und Verhaltensweisen beeinflussen. Um das zu verdeutlichen, geht so vor:

● Erinnert euch daran, wo und wie die Figuren leben. Sucht im Buch nach Textstellen, in denen ihr etwas dazu findet. Notiert Seite und Zeile. Nutzt auch eure Aufzeichnungen aus dem ersten Lesen.

● Erläutert, wie sich der Einfluss der Lebenswelt in ihren Gedanken, Äußerungen und Verhaltensweisen zeigt, Überlegt, warum das wohl so ist. Belegt eure Ergebnisse.

● Führt ein Interview mit einzelnen Figuren: Bereitet dazu Fragen vor. Wer die Rolle der Figur im Interview übernimmt, antwortet auf die Fragen.

So könnt ihr zum Buch „Der Tote im Dorfteich" arbeiten:

● Wie werden Gedanken, Äußerungen und Verhaltensweisen von Jannek und Till durch ihre Wohn- und Lebenssituation beeinflusst?
  – Lest dazu noch einmal auf S. 8 (Z. 19 – 21) und S. 138 (Z. 17 – 20) nach.
  – Sucht weitere Textstellen, die deutlich machen, wie die Lebenswelt ihr Sprechen und Verhalten prägt. Nutzt auch eure Aufzeichnungen aus dem ersten Lesen.

Man merkt an Tills Äußerungen, dass er auf dem Dorf lebt und Jannek in der Stadt ...

● Erläutert, was ihr herausgefunden habt.

● Führt das Interview mit Till mit zwei weiteren Fragen und möglichen Antworten fort:
  Till, warum machst du so komische Andeutungen, dass Jannek aus der Stadt kommt?
  Till: Der sieht ja jetzt ganz anders aus, und redet auch anders als wir hier im Dorf ...

- Untersucht, wie die Lebenswelt im Dorf Gedanken, Äußerungen und Verhaltensweisen der Bewohner beeinflusst. Sucht nach Textstellen, die das verdeutlichen können. Kommentiert und diskutiert die Textstellen im Gespräch miteinander. Ihr könnt auch mit einer Figur oder mehreren Figuren des Dorfes ein Interview führen.

Textstellen deuten –
beachtet dazu auch die
Hinweise in „Wissen und
Können", S. 264.

LESEKARTE 4 ▶ **Sich über die Deutung des Buches austauschen**

Beim Lesen des Buchs könnt ihr mitverfolgen, was die Figuren erleben, und dies deuten. Ihr kommt ins Nachdenken und findet Antworten auf Fragen wie:
– Was sind Themen des Buchs, die euch als Leserinnen und Leser ansprechen?
– Wie verhalten sich die Figuren in diesem Zusammenhang?
– Wie beurteilt ihr das Verhalten der Figuren?

- Wählt Textstellen aus, die bestimmte Themen beleuchten, und stellt sie in einer Gesprächsrunde vor: Erklärt, was euch daran interessiert und wie ihr das Verhalten der Figuren deutet. Die anderen können Nachfragen stellen und ihre Meinung dazu äußern.

- Nehmt Stellung zum Verhalten einzelner Figuren. Formuliert das in einem persönlichen Brief an diese Figuren oder in einem Brief, den eine Figur an eine andere schreibt.

- Wählt eine Textstelle aus und deutet sie in einem Nachdenktext: Worum geht es? Was denken, fühlen und tun die Figuren? Wie findest du ihr Verhalten?

wortstark!

Ich möchte sprechen über ...
Mein Thema ist ...
Mich beschäftigt ...
Erwartet/Nicht erwartet
hätte ich ...
Ich deute das Verhalten
von ... so: ...
Ich kann nachvollziehen/
nicht nachvollziehen ...

So könnt ihr zum Buch „Der Tote im Dorfteich" arbeiten:

- Erinnert euch, welches Verhalten von Figuren euch besonders beschäftigt hat und wie ihr es beurteilt. Das können ganz unterschiedliche Themen sein, z. B. das lange Schweigen der Dorfbevölkerung zum Kriminalfall, die Entwicklung der Beziehung zwischen Jannek, Till und Rike oder zwischen Jannek und seiner Großmutter. Macht das zum Thema in eurer Gesprächsrunde.

Lieber Dietmar,
du wusstest, wie
es zum Tod von
Schelk kam und
hast lange nichts
gesagt – wie alle
anderen ...

- Jannek, Till und Rike bringen Herrn Hempel zum Reden darüber, wie es zum Tod von Schelk kam. Erinnert euch und lest dazu Kapitel 13 (S. 152 – 162). Rike schreibt in einem Brief an Herrn Hempel, wie sie über sein Geständnis denkt. Schreibe diesen Brief.

- „Das ganze Dorf wusste über den Mord Bescheid und kein einziger hat etwas gesagt. Warum?" (S. 152, Z. 1 – 2)
Erkläre in einem Nachdenktext, wie du über Tills Frage denkst.

Mit den Ergebnissen weiterarbeiten

Ihr habt einen Jugendroman gelesen und euch mit einigen Fragen näher ausein-andergesetzt. Mit den Arbeitsergebnissen könnt ihr weiterarbeiten, indem ihr sie euren Mitschülerinnen und Mitschülern auf unterschiedliche Weise präsentiert.

A Erstelle ein **Portfolio** mit deinen Arbeitsergebnissen, die dir besonders wichtig sind.
- – Wähle Texte, Zeichnungen, Übersichten … aus deiner Lesemappe aus.
- – Schreibe zu jedem Beispiel in wenigen Sätzen auf, warum du es ausgewählt hast.
- – Fertige für die Veröffentlichung ein Deckblatt und ein Inhaltsverzeichnis an.
- – Präsentiere das Portfolio mündlich oder lege es zum Lesen und Anschauen aus.
- – Lass dir von deinen Leserinnen und Lesern eine Rückmeldung geben.

> **wortstark!**
> Ich habe diese Beispiele ausgewählt, weil …
> Gelungen ist mir …
> Sie zeigen …
> Ich habe gelernt …
> Spaß gemacht hat mir besonders …
> Schwierig war für mich …

B „Hi, eigentlich lese ich ja nicht so gern, aber in der Schule sollen wir ein Buch vorstellen. Hast du einen Lesetipp für mich? Tom"
Antworte Tom in einem **persönlichen Brief** und empfiehl ihm das Buch, das du gelesen hast. Er soll Lust bekommen, das Buch ebenfalls zu lesen.
- – Überlege zunächst, was dir an dem Buch besonders gut gefallen hat, und notiere es.
- – Formuliere deinen Brief so, dass deine Begeisterung deutlich wird. Du kannst die folgenden Formulierungen nutzen:

> Ganz am Anfang merkst du schon …   … wird dich bestimmt auch interessieren, weil …
> Du kannst gar nicht mehr aufhören zu lesen, denn …   … genau das Richtige für dich, weil …   Du wirst bestimmt auch …   Ich bin mir sicher, dass …
> Wenn du dieses Buch …

> Hi Tom,
> für deine Buchvor-stellung kommt nur ein Buch in Frage, nämlich …

C Schreibe eine **Leseempfehlung** zu deinem Buch für die Schul-Homepage. Erkläre darin, was dir gefallen hat und was eher nicht.

> Ich möchte euch das Buch … von … empfehlen.
> Am Anfang erfährt man …
> Besonders interessant fand ich …
> Du musst selbst lesen, wie …
> Ich konnte mich gut in … hineinversetzen …
> Etwas schade fand ich …
> Langweilig/Schön/Verrückt/Aufregend fand ich …
> … hat mich nachdenklich gemacht …
> … solltet ihr unbedingt lesen, wenn …

D Wenn du mehr Zeit hast, kannst du auch eine **Präsentation** zu deinem Buch und zum Autor/zur Autorin erstellen. Lies dazu in „Wissen und Können" nach (S. 273) und nutze die Formulierungshilfen im Medienpool.

> → *Medienpool: Formulierungshilfen für eine Buchpräsen-tation*

Nachrichten aus dem Netz einschätzen

Im Internet stößt man immer wieder auf Nachrichten mit reißerischen Schlagzeilen, gefälschten Bildern und unwahren Behauptungen. Einige dieser Texte wollen nur unterhalten oder durch witzige Übertreibungen auf Missstände aufmerksam machen. Andere sind bewusste Falschmeldungen, die wir anklicken, liken und weiterleiten sollen. Es ist wichtig, solche „Nachrichten" zu erkennen und nicht auf sie hereinzufallen.

TEXTE UND MEDIEN

a. **Abschlussprüfung ohne Papier – Schüler schreiben Prüfungen auf Tablet-PC**
b. **Polizei blitzt Frau mit Kinderwagen**
c. **Bremen ersetzt als erstes Bundesland Schulnoten durch Emojis**
d. **Unbekannte mauern S-Bahn-Tür zu**
e. **Bundesregierung beschließt: Hinter jedes Wort darf jetzt ein Komma kommen**
f. **Feuerwehr wäscht Frau nach Feueralarm die Haare**

→ Auch Bilder und Videos können wie echt aussehen, sind jedoch „gefakt". Recherchiere dazu im Internet z. B. nach Videos des Künstlers Kevin Lustgarten.

→ Ihr könnt im Internet testen, ob Meldungen richtig oder falsch sind. Den Link zu dieser Seite findet ihr im Medienpool.

1 Lest die Schlagzeilen a-f aus dem Internet.
  – Stimmt darüber ab, ob die Nachricht eine Tatsache berichtet oder eine Falschmeldung ist.
  – Übernehmt die Tabelle und notiert darin die Abstimmungsergebnisse.

	Schlagzeilen	wahr	falsch
a.	Abschlussprüfung ohne Papier – Schüler schreiben ...		

2 Diskutiert, warum ihr die einzelnen Meldungen für eine Tatsache oder für eine Falschmeldung haltet.

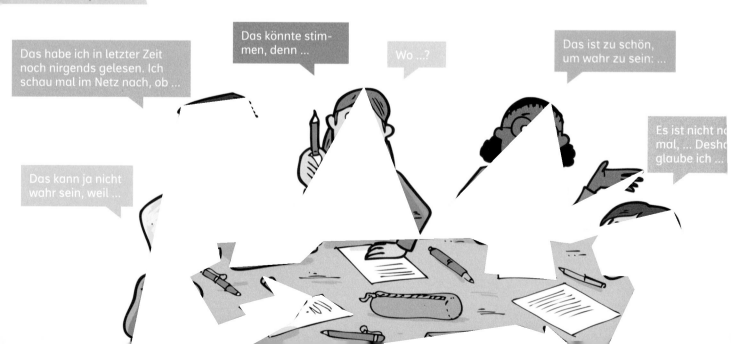

Genau und treffend formulieren

wortstark!

Es gibt viele verschiedene Arten von falschen Nachrichten. Wenn du sie kennst, fällt es dir leichter, eine Nachricht einzuordnen und zu bewerten.

1 a) Lies den Text und unterstreiche die Typen von „falschen Nachrichten", die genannt werden (Folientechnik).

b) Lege eine Wörterkarte an und trage die Typen von Falschmeldungen ein.

c) Formuliere Erklärungen zu den Begriffen, die im Text nicht erklärt werden. Schau dazu im Internet nach und schreibe die Erklärungen auf.

Lügengeschichten sind Geschichten, die …
Gerüchte sind Nachrichten, die …

> Lügengeschichten
>
> Falschmeldungen

Falsche Meldungen sind nichts Neues

Seit vielen hundert Jahren werden Lügengeschichten und Gerüchte verbreitet, um Meinungen und Stimmungen zu beeinflussen. Früher nutzten die Menschen dazu noch Telegramme, Flugblätter und Zeitungen, später dann das Radio oder das Fernsehen und heute die sozialen Netzwerke.

Am 13. April 1844 druckte die „New York Sun", damals eine der auflagenstärksten Zeitungen der USA, die sensationelle Neuigkeit, dass der Ballonfahrer Monck Mason in einem 75-Stunden-Flug den Atlantik überflogen hätte. Die erfundene Geschichte verbreitete sich wie ein Lauffeuer und wurde von vielen großen Zeitungen nachgedruckt – obwohl sie frei erfunden war.

Vor den Fake News, die sich mit Hilfe des Internets schnell und unüberschaubar verbreiten, gab es Begriffe für Meldungen, die Unwahrheiten beschrieben, wie Zeitungsenten oder Aprilscherze. Auch in Satiren finden sich Aussagen, die nicht stimmen. Die Satire ist ein Text, der mit Über- und Untertreibungen Personen oder Ereignisse kritisiert. Moderne Formen von falschen Meldungen sind auch Hoaxes. Ein Hoax ist eine Falschmeldung im Internet, die absichtlich als solche in Umlauf gebracht wird: angefangen bei harmlosen Scherzmeldungen bis hin zu weniger witzigen „Horrormeldungen", Angst machenden Kettenbriefen oder gefakten Fotos.

WISSEN UND KÖNNEN Falsche Nachrichten unterscheiden

Zum **Oberbegriff** „falsche Nachricht" gibt es zahlreiche **Unterbegriffe**: Lügengeschichte, Gerücht, Fake News …

Falsche Nachrichten kannst du durch Adjektive beschreiben. Hier gibt es viele **Synonyme** (Ersatzwörter): erfunden, falsch, unglaubwürdig, unzuverlässig, ungesichert, unseriös, witzig …

Durch **Antonyme** (Gegenwörter) kannst du falsche Nachrichten von echten abgrenzen: Echte Nachrichten sind wahr, glaubwürdig, zuverlässig, gesichert, seriös …

Über Nachrichten nachdenken

Als Internetnutzer musst du lernen, dir Informationen zu verschaffen und auf ihre Echtheit zu überprüfen. Hier denkst du darüber nach, wie du Gerüchte, Falschmeldungen oder auch lustige Übertreibungen erkennen kannst.

> Die vielen Emojis bringen den Leser total durcheinander!

> So würden Schüler doch nie reagieren: ...

1 Lest den Zeitungsbericht aus dem Internet auf S. 181.
   a) Fasse die wichtigste Information in wenigen Sätzen zusammen.
   b) Was kommt dir an diesem Zeitungsbericht seltsam oder komisch vor?
   c) Überprüft in einem Schreibgespräch, ob der Bericht stimmt oder ob es sich um eine erfundene Nachricht handelt. Nutzt dazu den Methodenkasten.

> Ich bin ziemlich sicher, dass der Bericht ..., denn ...

> Beim Schreibgespräch ist mir klar geworden, ...

> Ich bin noch unsicher: Der Bericht ... Aber ...

2 Formuliere deine Meinung zum Zeitungbericht. Wähle Aufgabe **A** oder **B** aus.

> Hallo Jan, ich habe einen Bericht über ... im Netz gelesen. Dort steht, ...
> Eigentlich bin ich ziemlich sicher, dass diese Meldung falsch/richtig/über-trieben ist: ...
> Was meinst du? Können wir den Bericht brauchen?

A Nele und Jan suchen Material für ein Referat „Neue Ideen für die Schule".
   – Nele hat den Internetbericht gefunden und schreibt eine Mail an Jan.
   – Nutze die Formulierungshilfen in der Randspalte.

B Schreibe einen Leserbrief an die Redaktion.
   – Was soll mit dem Text wohl erreicht werden? Achte auch auf die Illustration, den Namen der Zeitung und auf die angegebene Nachrichtenagentur „dpo".
   – Findest du den Text witzig? Warum? Warum nicht?
   – Begründe, wie du den Bericht einschätzt.

METHODE   Ein Schreibgespräch führen

Bei einem **Schreibgespräch** wird nur geschrieben, nicht gesprochen. Das geht so:
1. Nehmt zwei Blätter. Auf das eine Blatt schreibt ihr oben „Die Nachricht ist wahr", auf das andere „Die Nachricht ist ausgedacht oder falsch". Legt die Blätter auf einzelne Tische.
2. Geht reihum und schreibt auf jedes Blatt einen Kommentar dazu. Begründet eure Kommentare und bezieht euch dabei auf den Text.
3. Bildet anschließend Gruppen und wertet euer Schreibgespräch aus: Welchen Kommentaren stimmt ihr zu? Was erscheint euch besonders wichtig? Was hat das Schreibgespräch gezeigt? Begründet eure Meinungen.

Der Postillon

Ehrliche Nachrichten - unabhängig, schnell, seit 1845

Dienstag, 17. November 2015

Bremen ersetzt als erstes Bundesland Schulnoten durch Emojis

Bremen (dpo) – Deutsch: 😳 , Sport: 😃 , Mathe: 💩 – so oder so ähnlich könnte schon ab nächstem Schuljahr ein typisches Zeugnis eines Bremer Schülers aussehen. Denn der Senat der Hansestadt hat angekündigt, das Benotungssystem ab dem nächsten Schuljahr vollständig auf Emojis umzustellen. Die neuen Zensuren sollen es Schülern erleichtern, ihre Leistungen in den verschiedenen Unterrichtsfächern richtig einzuschätzen.

Bildungssenatorin Claudia Bodegan: „Die Jugendlichen von heute können mit komplexen Bewertungssystemen wie dem Zahlenraum von 1 bis 6 nichts mehr anfangen, kennen aber jedes einzelne Emoji in- und auswendig. Ich habe Schüler gesehen, die bei einer 5 verständnislos mit den Schultern zucken. Dieselben Schüler brechen in Tränen aus, wenn sie ein 🏠 bekommen und geloben feierlich Besserung." Im neuen Notensystem soll allerdings nicht jede Note durch ein vorab festgelegtes Emoji ersetzt werden. Stattdessen können Lehrer aus hunderten der kleinen Bilder das für die Leistung des jeweiligen Schülers passende Symbol aussuchen. Sitzenbleiben ist nach dem neuen Notensystem nach wie vor ab der 9. Klasse möglich. Wer mehr als vier 😧 oder zwei 💩 oder zwei 📗 und ein 👹 hat, fällt durch. Es sei denn, der Schüler kann seine schlechten Zensuren mit 🏠 , 😃 , 🚀 oder 🙃 ausgleichen.

| Betragen | 😼 | Mitarbeit | 😫 |
| Fleiß | 🐢 | Ordnung | 🧑 |

Einschätzung

🙁

Leistungsübersicht

Deutsch	😏	Mathematik	📱
Englisch (1. Fremdsprache)	😍	Biologie	🏠
Französisch (2. Fremdsprache)	😬	Chemie	😟
Kunsterziehung	👻	Physik	😋
Musik	🦏	Informatik	😐
Geschichte	😳	Astronomie	😇
Gemeinschaftskunde	🦍	Ethik	😇
Geografie	😴	Sport	🐼

Merkmale von Fake News herausarbeiten

Die meisten Internetseiten werden von niemandem geprüft. Jeder kann dort Texte und Bilder einstellen. Deshalb sind nicht alle Informationen richtig oder wahr.

Fake News   Text 1

Was sind Fake News?

Fake News sind erfundene oder verfälschte Nachrichten, die im Internet verbreitet werden. Fake News sind manchmal kaum von seriösen Nachrichten zu unterscheiden. Darum werden sie von vielen als wahr eingestuft und schnell weiterverbreitet. Es kann sein, dass es den Fake-News-Machern einfach nur darum geht, Scherze zu   5
machen. Meistens werden damit aber andere Ziele verfolgt.

Warum gibt es überhaupt Fake News?

Fake News werden gezielt eingesetzt, um zu verunsichern oder eine bestimmte Meinung zu verbreiten. Dabei werden oft bestehende Vorurteile oder Ängste ausgenutzt. Besonders zu politischen Themen sind viele Fake News im Umlauf. Oft werden dabei   10
bestimmte Gruppen von Menschen schlecht gemacht. Im Internet nimmt der Hass auf Menschen oft menschenverachtende Formen an: Beleidigungen, Bedrohungen

und Gewaltaufrufe nehmen zu. Es geht aber auch ums Geldverdienen. Wenn eine Nachricht sensationell und aufregend klingt, dann wird sie auf den Plattformen angeklickt.   15
Die Fake-News-Macher können so viele Tausend Euro verdienen! Das Geld bekommen sie durch die Werbung, die auf den Internetseiten gezeigt wird.

❶ Lies Text 1 und erkläre, was Fake News sind.
Schreibe dazu einen Text, wie er im Lexikon stehen könnte.
Unter Fake News versteht man ...
Sie finden sich ...
Oft sind Fake News ...

❷ Warum werden Fake News verbreitet? Schreibe eine Warn-Mail an deine Freunde.
Hallo zusammen!
Habe heute eine Fake News über ... erhalten. Achtung! Fake News sind gefährlich.
Die Macher dieser Falschmeldungen wollen ...

3 Wie kann man Fake News erkennen?
Lies dazu Text 2 und formuliere Tipps auf einem Plakat.

Wie man Fake News erkennt

Frage dich zunächst einmal: Kann das wirklich stimmen? Wenn du zweifelst, solltest du vorsichtig sein und dir die Nachricht genauer anschauen. Verdächtig ist auch, wenn der Schreiber will, dass wir

5 etwas Bestimmtes glauben, Angst bekommen oder schockiert sind, damit wir die Nachricht weitergeben. Es gibt eine Reihe von Checks, mit denen du überprüfen kannst, ob eine Nachricht echt oder gefakt ist:

👤 **1. Autoren-Check:** Wer hat den Artikel geschrieben?
10 Stammt die Nachricht aus einer bekannten Zeitung? Sind Zeitung und Autor vertrauenswürdig? Gibt es für die Internetseite ein Erscheinungsdatum und ein Impressum?

→← **2. Vergleichs-Check:** Erscheint die Nachricht
15 auch auf anderen, bekannten Nachrichten-Seiten? Finden sich in anderen seriösen Quellen die gleichen Informationen?

🔍 **3. Fakten-Check:** Können die Informationen überhaupt wahr sein? Werden Zahlen und Fakten der Mel-
20 dung belegt? Werden die Informationsquellen genannt?

📷 **4. Bilder-Check:** Zeigen die Bilder oder Videos wirklich das, was in der Meldung steht? Über die Bildersuche von Suchmaschinen kannst du ein Bild hochladen, um zu sehen, woher es stammt und ob es veraltet oder aktuell ist. Bei Fake News sind 25 die Fotos meist schon mehrere Jahre alt und stammen aus einem komplett anderen Zusammenhang.

🗨 **5. Sprach-Check:** Wie ist die Nachricht gestaltet? Ist sie wie ein Bericht oder eine Meldung aufgebaut? Ist die Nachricht sachlich oder reißerisch 30 formuliert? Enthält sie viele Bewertungen? Dann handelt es sich wahrscheinlich eher um eine Fake News. Manchmal enthalten Fake News auch auffällige Rechtschreib- und Grammatikfehler.

Wenn du dir unsicher bist, ob eine Nachricht wahr 35 ist, solltest du sie auf keinen Fall in sozialen Netzwerken oder Messengern teilen, denn die Nachricht könnte anderen schaden! Du kannst Fake News bei Faktenchecker-Websites melden und mit deinen Eltern oder anderen 40 Vertrauenspersonen darüber sprechen.

GIB FAKE NEWS KEINE CHANCE!

Autoren-Check
Überprüfe,
– wer den Artikel geschrieben hat.
– wo …

Vergleichs-Check
Überprüfe,
– ob die Nachricht …
– …

Fakten-Check
Überprüfe,
– ob Informationen …

Bilder-Check
Überprüfe,
– ob das Foto zum Text …

Sprach-Check
Überprüfe,
– wie die Nachricht …

Nachrichten genau überprüfen

Gibt es überhaupt fliegende Beuteltiere? Das ist bestimmt falsch!

Hier lernst du Schritt für Schritt, wie du Falschmeldungen von „echten Meldungen" unterscheiden kannst.

In dieser Nachricht gibt es viele Informationen und Zahlen: ...

1 Lest die beiden Texte aus dem Internet. Sprecht darüber:
a) Über welche Ereignisse wird berichtet?
b) Was ist euer erster Eindruck: Ist die Nachricht richtig oder falsch? Begründet.

 SUCHE   **Spektrum**.de   MAGAZINE | ARCHIV | ABO/SHOP | SERVICE

ASTRONOMIE | BIOLOGIE | CHEMIE | ERDE/UMWELT | IT/TECH | KULTUR | MATHEMATIK | MEDIZIN | PHYSIK | PSYCHOLOGIE/HIRNFORSCHUNG

Robert Gast
Der Autor ist Physiker und war Redakteur bei »Spektrum.de« und »Spektrum der Wissenschaft«.

© *juniors@wildlife*

Impressum
Spektrum der Wissenschaft
Verlagsgesellschaft mbH
Anschrift: Postfach 104840,
D-69121 Heidelberg

ARTENSCHUTZ
Das fliegende Beuteltier

Der Südliche Großflugbeutler gleitet in Australien von Baum zu Baum. Und er hat zwei enge Verwandte, wie Wissenschaftler nun herausgefunden haben.
von Robert Gast

Akrobat der Lüfte

Der *Südliche Großflugbeutler (Petauroides volans)* zählt zu den knuffigeren Tieren des Planeten – und womöglich bald auch zu den bedrohten: In den vergangenen 20 Jahren ist die Zahl der Tiere immer weiter zurückgegangen. Die zwischen 35 und 45 Zentimeter großen Beuteltiere leben an der Ostküste Australiens und ernähren sich dort bevorzugt von Eukalyptus. Dank Membranen zwischen Armen und Beinen   5
können sie bei Bedarf bis zu 100 Meter weit gleiten, etwa wenn sie für die nächste Mahlzeit auf einen besonders verlockenden Eukalyptusbaum gelangen wollen.

Schon länger vermuten Experten, dass *Petauroides volans* in Wahrheit aus drei unterschiedlichen Arten besteht. Ein Team um Kara N. Youngentob von der *Australian National University* hat diese nun bestätigt: Es untersuchte das Erbgut   10
von 63 Südlichen Großflugbeutlern aus fünf verschiedenen Populationen und fand zum Teil deutliche Unterschiede. Folglich müsse man künftig von drei *Petauroides*-Arten sprechen; neben *P. volans* gibt es nun auch *P. minor* und *P. armillatus*, schreiben die Forscher im Fachmagazin „Scientific Reports".

TAGES-NEWS
Unabhängige Tageszeitung

Nr. 430   Neuigkeiten aus aller Welt   1. April 2021

Lebendiges EINHORN von Bergsteigern entdeckt!!!!

Reykjavik. Eine Wandergruppe aus Österreich hat am Hang des Hvannadalshnúkur in Island ein lebendiges Einhorn entdeckt. Eine unglaubliche Entdeckung! Einfach FANTAS
5 TISCH!!! Das ungewöhnliche Tier stand eine halbe Stunde allein auf einer Weide und fraß genüsslich Gras. Die Wanderer trauten ihren
10 Augen nicht – eine wahre Weltsensation. Noch niemals vorher wurde ein solches Tier gesichtet. Das Tier mit dem Namen „Einhyrningur" war bislang nur als Kuscheltier oder aus Filmen bekannt. Die Wanderer machten vom Fabeltier Fotos, 15 die mittlerweile um die ganze Welt gegangen sind.

> Sieht doch aus wie eine echte Nachricht: Es gibt …

> Beim Datum hat es bei mir direkt „klick" gemacht: …

2 Welche der beiden Nachrichten ist echt, welche ist eine Falschmeldung?
Arbeitet zu zweit, vergleicht die beiden Nachrichten und prüft, ob sie echt sind.
– Nutzt euer Plakat „Gib Fake News keine Chance!".
– Übernehmt dazu die Tabelle und vervollständigt sie.

Checks	„Beuteltier"	„Einhorn"
Autoren-Check	– Autor genannt und vorgestellt – Kontakt und Impressum vorhanden – …	– kein Autor genannt – … – …
Vergleichs-Check	– Diese Meldung findet man … – …	– Wenn man die Überschrift eingibt, dann …
Fakten-Check	– Der Autor hat seine Information aus … – …	
Bilder-Check	– …	– habe das Foto in eine Suchmaschine eingegeben: Das Tier ist ein … – …

3 „Wir müssen da mal etwas richtigstellen!" melden die „Tages-News" am 2. April.
Schreibe eine Meldung, in der die Nachricht als Aprilscherz erläutert wird.

4 Prüfe, ob die Nachrichten im Medienpool echt oder falsch sind.

→ Medienpool:
Nachrichten aus dem Internet: echt oder falsch?

Kettenbriefe einschätzen

Fast jeder hat vermutlich schon einmal einen Kettenbrief als Textnachricht erhalten. Dabei kann es sich einfach um nervige Spam-Nachrichten, aber auch um gefährliche Falschmeldungen handeln.

1 Lest die Textnachricht auf dem Smartphone. Sprecht darüber:
   – Was fällt euch an der Nachricht auf?
   – Was beabsichtigt der Verfasser der Textnachricht wohl?

2 a) Handelt es sich bei dieser Textnachricht um einen Kettenbrief?
   Begründe deine Meinung. Nutze die Hinweise in „Wissen und Können".
   b) Warum heißt der Kettenbrief eigentlich Kettenbrief?

3 Habt ihr auch schon einmal Kettenbriefe erhalten?
   – Was stand in diesen Briefen?
   – Was habt ihr gemacht?
   – Stellt Tipps zusammen, was man tun sollte.

> Ist die Nachricht eigentlich für mich, es fehlt doch …

> Hier steht ja gar nicht, von wem …

> Typisch für einen Kettenbrief ist, dass man …

Sag mal bitte allen Leuten in deiner Liste, dass sie den Kontakt „Tobias Mathis" nicht annehmen sollen! Das ist ein Virus, der zerstört die ganze Festplatte und zieht sich die Daten runter, wenn ihn einer deiner Kontakte erwischt, bist du auch betroffen, weil er sich durch die Liste frisst! Wenn dich die Nummer 01719626509 anruft, nimm ja nicht ab! Ist ein Hacker und es werden auch all deine Kontakte betroffen sein! Es ist heute Morgen auch von EUROP1 und SAT1 bestätigt worden! Weiterleiten!

WISSEN UND KÖNNEN   ▶   **Kettenbriefe erkennen und darauf reagieren**

Kettenbriefe sind digitale Textnachrichten, die möglichst viele Empfänger erreichen sollen. Deshalb enthalten sie in der Regel keine persönliche Anrede und keinen Absender sowie die Aufforderung, die Nachricht an möglichst viele Kontakte weiterzuleiten.

Es gibt harmlose Kettenbriefe (z. B. Scherzmeldungen oder Verabredungen zu witzigen Aktionen), aber du musst vorsichtig sein, wenn sie

– Drohungen enthalten oder vor angeblichen Gefahren warnen (z. B. vor Viren oder Datenverlust),
– Belohnungen versprechen (z. B. Geldgewinne, Preise),
– verdächtige Verlinkungen auf Werbeseiten enthalten („Schleichwerbung"),
– Nachrichten übermitteln, die echt aussehen, aber gefälscht sind und persönliche Daten (z. B. Adressen, Passwörter) „abfischen" sollen (Phishing),
– zu Mobbing oder Stalking aufrufen.

Auf solche Kettenbriefe solltest du nicht reagieren und sie am besten sofort löschen!

4 Lies die Textnachrichten auf den Smartphone-Displays.

a) Erläutere, warum es sich um Kettenbriefe handelt.

Belege deine Aussagen mit Beispielen aus den Textnachrichten.

Gib Textteile eines Kettenbriefes in eine Suchmaschine ein, dann kannst du die Falschmeldungen schnell entlarven. Internetseiten wie <u>Watchlist</u> Internet oder <u>Mimikama</u> informieren ständig über Falschmeldungen.

> In Kettenbriefen wird man aufgefordert, ... In Beispiel ...

> Kettenbriefe wollen dir oft Angst machen! Das sieht man gut im Beispiel ...; Hier ...

b) Was soll mit den verschiedenen Textnachrichten erreicht werden?
– Nutze den wortstark!-Zettel in der Randspalte.
– Belege deine Aussagen mit Beispielen aus den Kettenbriefen.

c) Was fällt dir an der Sprache der Kettenbriefe auf?
Erläutere die Merkmale mit Beispielen aus den Briefen.

wortstark!

Angst machen
Panik erzeugen
vor etwas warnen (z. B. vor Gefahren, Gebühren oder Viren)
zum Kaufen verführen
mit etwas drohen
zu gemeinsamen Aktionen auffordern
zu einem Kauf oder Abo verführen
persönliche Daten abgreifen

> Es kommen oft Imperativsätze vor ...

> Mir fällt die Rechtschreibung und Zeichensetzung besonders auf: ...

> Es sollen vor allem Jugendliche angesprochen werden. Das sieht man daran, ...

An alle mädels und nur für die :)

Am 23. September ist Tag der pinken Oberteilen und Offenen Haaren

Bitte an alle mädchen eurer Kontakte weitersenden

Die Jungs sollen sich wundern

PS: nicht an Jungs weiter schicken

Guck mal:
http://anananan.de/.

100€ Gutscheine von A & N. Sie feiern ihren Jahrestag. Ich glaube, es ist ein beschränktes Angebot.

Ich habe mir meinen schon geholt.

Leite diese Info an deine Kumpels weiter.

Wenn du dein Handy weiter nutzen willst, dann schick diese Nachricht sofort an 20Leute. Ein Junge hat das ignoriert und sein Handy war nach ein paar Stunden gesperrt. Für immer!
Ich habdas natürlich sofort gemacht, weil ich mein Handy brauche

Selber Schuld, wenn du das nicht machst

SPRACHE UNTERSUCHEN

Ziel und Zweck angeben

Mit welchem Ziel und Zweck werden Fake News eigentlich verfasst? Wenn du das formulieren willst, kannst du verschiedenen sprachliche Mittel verwenden.

> Manche Fake News werden nur geschrieben, damit die Leser Spaß haben.

> Manche schreiben auch Fake News, um anderen Angst zu machen.

> Sehr oft werden Fake News zur Stimmungsmache eingesetzt.

1 Welche Ziele haben Fake News?
- Unterstreiche (Folientechnik) dazu die Antworten in den Sprechblasen.
  - Nutze die Hinweise in „Wissen und Können".

WISSEN UND KÖNNEN ▶ **Ziel und Zweck erkennen und formulieren**

Wenn du herausfinden willst, welche Absichten jemand verfolgt, kannst du Ziel und Zweck nennen. So kannst du einschätzen, wofür etwas getan wird. Es gibt verschiedene sprachliche Mittel, um Ziel und Zweck zu formulieren:

1. Nebensatz mit der Konjunktion damit:
Kettenbriefe nicht weiterleiten, damit keine Unwahrheiten verbreitet werden.

2. Formulierung mit um ... zu ... (Infinitivsatz):
Kettenbriefe nicht weiterleiten, um keine Unwahrheiten zu verbreiten.

3. Präposition mit zu oder für:
Sie werden auch zur Unterhaltung verbreitet.

4. Adverbien mit dazu oder dafür:
Unwahrheiten werden verbreitet. Dazu werden Kettenbriefe weitergeleitet.

---

2 Schreibe einen Aufruf „Stoppt Kettenbriefe!".
- Ergänze dazu die Sätze a-d mithilfe der Formulierungen in der Randspalte.
- In den Sätzen e-g kannst du Ziel und Zweck selbst formulieren und ergänzen.

... damit wir bestimmte Produkte kaufen.

... um Angst zu machen und zu drohen.

... damit die Nachricht viele Adressaten erreicht.

zum Spaß

<u>Stoppt Kettenbriefe!</u>

Bekommt ihr ab und zu auch Kettenbriefe?

a. Alle Kettenbriefe werden geschrieben, ...

b. Manche schreiben harmlose Kettenbriefe nur ...

c. Kettenbriefe enthalten Links auf Werbeseiten, ...

d. Gefährliche Kettenbriefe werden geschrieben, ...

e. Seid vorsichtig! Gebt keine persönlichen Daten an, ...

f. Leitet keine Kettenbriefe weiter, ...

g. Und bei Mobbing und Stalking: Redet unbedingt mit Eltern oder Lehrern, ...

Internetbeiträge überprüfen

Glück für Autofahrer
Polizei blitzt Frau mit Kinderwagen
18.11.2019, 10:54 Uhr | dpa

*Genau in dem Moment, als das Auto mit Tempo 61 in einer
50er-Zone geblitzt wurde, schob eine Frau einen Kinderwagen
durchs Bild. (Foto: dpa/Kreispolizeibehörde)*

(https://www.t-online.de/)

**Balve (dpa) - Glück für einen Autofahrer im
Sauerland: Genau in dem Moment, als er mit
Tempo 61 in einer 50er-Zone geblitzt wurde,
schob eine Frau einen Kinderwagen durchs Bild.**

Das Foto, das die Polizei am Montagmorgen 5
veröffentlichte, zeigt Mutter und Kind im Buggy
– Kennzeichen und Fahrer des Autos im Hintergrund sind verdeckt.
In diesem Fall werde es für den Autofahrer
„wohl keine Post nach Hause geben", notierte 10
die Polizei zu dem ungewöhnlichen Foto, das
bereits vor einer Woche in Balve entstanden sei.
Der Fahrer des Wagens kann sich bei der Frau
bedanken: 15 Euro Verwarnungsgeld hätte ihn
das Blitzerfoto wohl gekostet. 15

*Anmerkung der Redaktion: Diese Nachricht der Deutschen
Presse-Agentur (dpa) ist Teil eines automatisierten Ange-
bots. Die dpa arbeitet aber streng nach journalistischen
Standards. Sollten Sie dennoch Fehler entdecken, freuen
wir uns über eine Rückmeldung. Herzlichen Dank!*

1 Die Klasse 8a sucht für ihr Medienprojekt nach kuriosen Meldungen. Roberta
hat Mario die Internetnachricht „Polizei blitzt Frau mit Kinderwagen" gemailt.
a) Lies die Nachricht und prüfe, ob sie echt oder falsch ist.
b) Denke über die Nachricht nach: Was war bei der Überprüfung klar, wo warst
du unsicher, was war schwierig? Schreibe die Antworten auf.

> → *Im Medienpool findest
> du eine weitere Inter-
> netnachricht, die du mit
> den gleichen Aufgaben
> bearbeiten kannst.*

2 Arbeite mit deinen Ergebnissen weiter. Wähle Aufgabe **A** oder **B** aus.

A Schreibe Marios Mail an Roberta. Nutze die Formulierungen
auf dem Zettel.

B Die Schülerzeitung will den Bericht als „kuriose Meldung" aufnehmen.
Schreibe einen Brief an die Redaktion der Schülerzeitung.
– Schreibe einleitend, warum du diesen Brief verfasst.
– Formuliere im Hauptteil deine Einschätzung der Nachricht.
Nutze deine Ergebnisse aus Aufgabe 1.
– Schreibe abschließend, was du von der Redaktion erwartest.

> Liebe Roberta,
> du hast mir einen Text aus
> dem Internet weitergeleitet.
> Der Text kommt mir komisch/
> echt vor, …
> Es wird behauptet, …
> Das kann nicht stimmen/
> stimmen, denn …
> Der Text ist also …
> Ich finde den Internettext …
> Viele Grüße …

Einen Film untersuchen und deuten

Es gibt verschiedene Arten von Filmen, die ihr im Fernsehen, im Kino oder auch im Internet sehen könnt. In diesem Kapitel beschäftigt ihr euch mit einem Kurzfilm. Einen Kurzfilm müsst ihr euch ganz genau anschauen, denn es kommt auf jedes Detail an. Mit welchen Mitteln erzählt der Film seine Geschichte? Wie ist er aufgebaut? Welche Wirkung wird damit erzielt? Was ist die Botschaft des Films?

TEXTE UND MEDIEN

Klausur: schriftliche Prüfungsarbeit, z. B. eine Klassenarbeit

Schaut euch zunächst nur den Anfang des Films an.
→ Medienpool: „Die Klausur", Anfang – 0:16

1 Schaut euch den Anfang des Kurzfilms „Die Klausur" an. Sprecht anschließend darüber:
   – Welche Figuren kommen vor? Wo spielt der Film? Was passiert?
   – Was könnten die Figuren denken? Schreibt Denkblasen.

2 a) „Die Klausur" ist ein Kurzfilm. Informiert euch, was darunter zu verstehen ist.
   – Was unterscheidet einen Kurzfilm von einem „normalen" Spielfilm?
   – Was sind typische Merkmale?

   b) Tauscht eure Ergebnisse aus. Ergänzt dazu den Sachtext über Kurzfilme und tragt die fehlenden Fachwörter ein: Bilder, Handlung, Länge, Figuren, Schauplätze, Dialoge.

Das wichtigste Merkmal eines Kurzfilms ist seine _____. Er dauert höchstens 30 Minuten. In einem Kurzfilm kommen meist nur wenige _____ vor. Auch die _____ wechseln nicht, meistens spielt der Film an einem Ort. In einem Kurzfilm wird nur gezeigt, was unbedingt erzählt werden muss. Die _____ ist einfach. Kurzfilme enthalten meist wenige _____. Um mit den Zuschauern zu „sprechen", nutzt der Kurzfilm vor allem _____. Eine abwechslungsreiche oder außergewöhnliche Bildsprache macht den Film interessant und spannend.

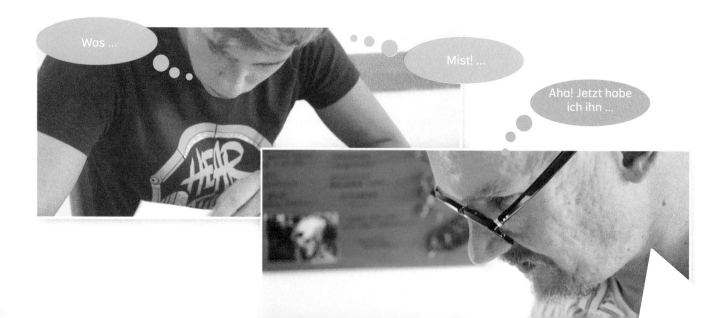

Einen ersten Zugang zum Film finden

Wenn ihr einen Film seht, spielt ihr als Zuschauer mit: Im Film wird nämlich nicht alles gezeigt. Beim Sehen findet ihr heraus, worum es geht. So entsteht die Geschichte in eurem Kopf.

1 Schaut euch den ganzen Film „Die Klausur" an.
Setzt euch anschließend zusammen und sprecht über eure ersten Eindrücke.
Nutzt die Hinweise im Methodenkasten.

> *Schaut euch nun einmal den ganzen Film an.*
> → *Medienpool: „Die Klausur", Anfang – Ende*

> **METHODE** **Ein Filmgespräch führen**
>
> Setzt euch nach dem Anschauen zusammen und sprecht über den Film. Dabei könnt ihr euch an den folgenden Leitfragen orientieren:
> – Wie findest du den Film: lustig, traurig, spannend?
> – Was ist deiner Meinung nach das Thema des Films?
> – Was ist für dich schwer zu verstehen?
> – Was fällt dir besonders auf?
> – Was gefällt dir am Film?

2 Lies den Auszug aus einem Zeitungsbericht gemeinsam mit einem Partner.
– Was erfahrt ihr über die Entstehung des Films „Die Klausur"?
– Überlegt euch fünf Fragen, die die Mitschüler beantworten sollen.

> Wer hat den Film gedreht?

> Was ...?

3 Schreibe einen Filmtipp für die Schülerzeitung. Verrate aber nicht zu viel.

Junge Bonner drehen prämierten Kurzfilm

Schüler einer Bonner Schule haben einen Kurzfilm mit dem Titel „Die Klausur" gedreht. Mit ihrem dreieinhalb Minuten langen Streifen haben die jungen Filmemacher jede Menge Aufsehen
5 erregt. Denn ihre Produktion wurde mit mehreren Preisen ausgezeichnet. Patrick Büchting hatte die Idee für das Projekt. Mit fünf Klassenkameraden entwickelte er die Geschichte und schrieb mit ihnen das Drehbuch. Anschließend stellten sie
10 ein Team für die Arbeit vor und hinter der Kamera zusammen. Unterstützung bei dem Projekt bekamen die Filmemacher von ihrer Schule. „Schwierig war allerdings die Koordination", ergänzt Büchting. „Es ist gar nicht so einfach, bei so vielen Beteiligten die verschiedenen 15 Aufgaben zu koordinieren und alles unter einen Hut zu bringen."

Den Aufbau des Films erkennen

Filme sind verschieden aufgebaut. Wenn ihr einen Film untersucht, müsst ihr zunächst einmal seinen „Bauplan" verstehen.

Während ihr die Auf-gaben des Kapitels bearbeitet, könnt ihr den ganzen Film oder Teile daraus immer wieder anschauen.
→ Medienpool: „Die Klausur", Anfang – Ende

1 Der Film besteht aus zwei Durchläufen: Das Geschehen wird noch einmal wiederholt.
- Wo hört der erste Durchlauf auf, wo fängt der zweite an?
- Was unterscheidet die beiden Durchläufe? Beschreibe die Unterschiede. Achte auch auf die Musik.

Der erste Durchlauf ist die Sicht des Lehrers. Wir sehen …

Der zweite Durchlauf zeigt, was wirklich passiert ist: …

Die Handlung wird aus zwei Perspektiven gezeigt.

Nachdem man den zweiten Durchlauf gesehen hat, versteht man, was los ist.

2 Welche Wirkung wird durch diesen Aufbau erreicht?
- Nenne Belege für die Äußerungen in den Sprechblasen.

Die haben den Lehrer ganz schön reingelegt.

3 Zwei Szenen spielen außerhalb des Klassenraums (2:11– 2:18 und 3:20– 3:25).
     a) Was sprechen die Schüler miteinander? Schreibt die Dialoge auf.
     b) Erklärt, warum diese Szenen besonders wichtig sind?

→ Vergleicht die Einstellungen 2:11 – 02:18 und 03:20 – 03:25.
Falls ihr nicht alles direkt versteht, müsst ihr euch die Szene mehrmals anschauen.

Die Handlung des Films wiedergeben

Wenn ihr die Handlung eines Films wiedergebt, müsst ihr angeben, worum es im Film geht, wer die Hauptfiguren sind und welche Geschichte erzählt wird.

1 Was passiert im Film?
Fasst die Filmhandlung mündlich zusammen.
Nutzt den wortstark!-Zettel.

2 Nichts entgeht den aufmerksamen Blicken des Lehrers bei der Prüfung. Wer bei ihm schummeln will, muss sich schon etwas Besonderes einfallen lassen ...
Was haben sich die Schülerinnen und Schüler alles einfallen lassen?

Schaut euch die Standbilder an und sprecht darüber.
– Aus welchem Durchlauf des Films stammen die Standbilder?
– Was ist auf den Standbildern zu sehen?
– Was haben alle Standbilder gemeinsam?
– Warum sind die dargestellten Szenen im Film besonders wichtig?

3 Schreibe eine Inhaltswiedergabe des Films.
Nutze dazu die Standbilder und die Satzanfänge.

Erzählt wird eine kurze Geschichte: ...
Die Handlung wird aus zwei Perspektiven wiedergegeben.
Zunächst wird aus der Sicht ...
Anschließend wird die Handlung in einem zweiten Durchlauf noch einmal gezeigt. Nun ...
Die Spickzettel stecken aber nicht einfach i
n den Schreibmäppchen, die Schüler ...
Auf der Schuhsohle ...
Eine andere Mitschülerin hat ...
Anschließend halten ...
Am Ende ist klar ...

wortstark!
Der Film heißt „...".
Es geht um ...
Die Filmhandlung spielt vor allem in ...
Die Hauptfiguren im Film sind ...
Im Film wird erzählt, ...

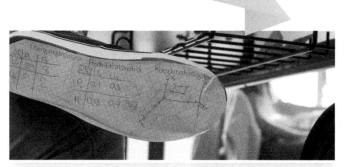

Sich in die Filmfiguren hineinversetzen

Im Kurzfilm „Die Klausur" wird das Geschehen aus verschiedenen Sichtweisen dargestellt. Dabei wird vieles ausgelassen und man muss Zusammenhänge zwischen den Bildern erschließen. Darauf beruht die besondere Wirkung des Films.

1 Versetzt euch in die Filmfiguren und erzählt aus ihrer Sicht, was im Film passiert.
 – Bildet Gruppen und wählt jeweils Aufgabe **A**, **B** oder **C** aus.
 – Bereitet eure Szene in der Gruppe vor. Ihr könnt euch Notizen auf Karteikarten machen, sollt beim Spielen aber nicht ablesen. Entscheidet, wer mitspielt und wer „Regie" führt. Probt mehrere Male.

A Spielt die Szene außerhalb der Klasse: Die beiden Schüler unterhalten sich über die bevorstehende Klausur:

Was können wir machen, um die schwierige Klausur zu schaffen?

Wir müssen aufpassen, dass ...

Ich habe eine Idee: ...

Ich könnte ...

B Stell dir vor, der Lehrer trifft seine Kollegin nach der Klausur. Die Kollegin stellt ihm Nachfragen. Spielt das Gespräch.

Was hat dich denn stutzig gemacht?

Also heute ist mir etwas Eigenartiges passiert. Ich habe in der 8c eine Klausur geschrieben ...

C Ein Schüler/eine Schülerin telefoniert nach der Klausur mit einem Freund/einer Freundin. Spielt das Telefongespräch. Der Freund/die Freundin stellt Nachfragen.

Und, wie war eure Klausur?

Es hat eigentlich ganz gut geklappt. Zuerst ...

2 Präsentiert eure Szenen und sprecht darüber:
 – Passt die Szene zum Film?
 – Ist klar geworden, was die Figuren denken?
 – Konnte man die Figuren gut verstehen?
 – Was findest du besonders gelungen? Warum?

Figuren und Figurenbeziehungen beschreiben

Figuren und ihre Beziehungen spielen in Filmen eine wichtige Rolle. In einem Kurzfilm erleben wir die Figuren oft in einer besonderen Situation.

1 Im ersten Teil des Films wird das Geschehen aus der Perspektive des Lehrers erzählt.

a) Wie findest du den Lehrer?
Wähle aus den Adjektiven aus und begründe deine Einschätzung.

fair   freundlich   genau   gerecht   hilfsbereit   misstrauisch   streng   unnachgiebig

b) Beschreibe die Beziehung zwischen Schülerinnen und Schülern und Lehrer im ersten Teil des Films. Nenne Beispiele aus dem Film. Nutze die Standbilder.

Die Schüler sind sehr ..., weil ...
Der Lehrer denkt, ... Deshalb ...

2 Wie erscheinen die Schülerinnen und Schüler im zweiten Teil des Films?

a) Sprecht darüber:
- Was machen sie, um den Lehrer zu „überlisten"? Schaut euch dazu auch noch einmal die Standbilder von S. 193 an.
- Woran erkennt man als Zuschauer, dass sie zusammenhalten?

b) Ergänzt die Sprechblasen und nennt Belege aus dem Film.

Die Klasse hält zusammen:
Ein Schüler z. B. ...

Die Schüler sind dem Lehrer überlegen ...

Die Schülerinnen und Schüler haben gute Ideen: ...

Der Lehrer hat keine Ahnung, was eigentlich passiert. Das erkennt man daran, ...

Filmsprachliche Mittel herausarbeiten

Filme „lesen" wir wie Bücher, die Filmsprache versteht man auf der ganzen Welt.
Mit welcher Sprache und welchen Besonderheiten arbeitet der Film?
Warum wird diese Filmsprache eingesetzt? Was soll vermittelt werden?
Dazu könnt ihr die folgenden Aufgaben in Gruppen bearbeiten.

→ *Medienpool, Glossar*
„Filmsprache":
Hier findet ihr die
unterstrichenen
Fachbegriffe.

1 Durch die <u>Kameraeinstellung</u> lassen sich die Figuren oder das Geschehen von weiter weg oder aber von ganz nah beobachten.
a) Beschreibe die Kameraeinstellungen der beiden Filmstandbilder.
b) Gib an, welche Wirkung durch die Kameraeinstellung erreicht wird.

Das Filmstandbild stammt aus dem ... Teil
des Films.
Es zeigt ...
Man sieht ...
Der Zuschauer bekommt durch das Bild
einen Eindruck, ...

Auf dem Filmstandbild erkennt man ...
Die Kamera ist ...
Das Schreibmäppchen wird in der Detailaufnahme
gezeigt, weil ...
Dieses Standbild stammt ...
Der Lehrer denkt ...

2 a) Suche zwei weitere Standbilder, die du für wichtig hältst.
– Aus welchem Teil des Films stammt das Standbild?
– Was ist auf dem Standbild zu sehen?
– Welche Kameraeinstellung wurde gewählt
und wie wirkt die Einstellung auf dich?
b) Stelle die Standbilder in der Klasse vor.

▶ Vielleicht habt ihr Lust, filmsprachliche Mittel einmal selbst auszuprobieren?
Arbeitet mit einem Partner/einer Partnerin. Überlegt euch eine typische Szene im
Klassenraum. Filmt euch gegenseitig, wie ihr euch langweilt, Prüfungsstress habt,
euch für eine Sache begeistert. Probiert verschiedene Kameraeinstellungen aus.
Stellt eure Szenen den anderen vor und kommentiert sie.

3 Die <u>Kameraperspektive</u> zeigt, aus welchem Blickwinkel die Kamera filmt.
a) Beschreibe die Kameraperspektive der beiden Filmstandbilder.
b) Wie wirken die Kameraperspektiven auf den Zuschauer?

Das Filmstandbild zeigt ...
Die Kamera erfasst ...
Der Zuschauer sieht ... aus der Perspektive ...
Diese Perspektive macht deutlich ...

Das Standbild zeigt ...
Die Kamera ist ...
Die Zuschauer sehen den Lehrer von unten ...
Dadurch wirkt der Lehrer ...

4 a) Suche zwei weitere Standbilder und erkläre die Kameraperspektive.
   – Aus welchem Teil des Films stammt das Standbild?
   – Was ist auf dem Standbild zu sehen?
   – Welche Kameraperspektive wurde gewählt und wie wirkt die Perspektive
     auf dich?
b) Stelle die Standbilder in der Klasse vor.

5 Untersuche Ton und Musik im Kurzfilm.
   – An welchen Stellen wird Musik verwendet? Welche Stimmung wird dadurch
     erzeugt?
   – An welchen Stellen wird gesprochen? Warum wird gerade an diesen
     Stellen gesprochen und an anderen nicht?

6 Nimm Stellung zu der Kritik von Nicolas.
Nutze die Formulierungen vom wortstark!-Zettel.

Der Film ist eine richtig coole
Idee. Ihr hättet nur in weiteren/
größeren Einstellungen filmen
sollen und nicht in so vielen
Nahaufnahmen. Außerdem wäre
es besser, wenn ihr eine ange-
spanntere Musik gewählt hättet.

wortstark!
Er kritisiert zwei Dinge:
Erstens findet er ...
Zweitens kritisiert er ...
Bei den Kameraeinstellungen stimme
ich ihm zu/nicht zu, weil ...
Es gibt auch ...
Die Musik des Films hat mir aber
gefallen/auch nicht so gefallen,
weil ...

Über die Deutung des Films sprechen

Wir können Filme wie literarische Texte deuten. Oft müssen wir uns als Zuschauer selbst Gedanken machen und uns im Kopf ausmalen, was die Figuren denken und fühlen und was die Bilder bedeuten. Wir verstehen die Aussage des Films unterschiedlich.

1 Was ist für dich das Thema des Films?
  – Gib dem Film einen anderen Titel und begründe deinen Vorschlag.
  – Prämiert eure Vorschläge.

> Es geht im Film vor allem um …

> Der Film kritisiert …

> Der Film ist lustig, weil

> Der Film zeigt, …

2 Im Film spielt ein Zettel eine wichtige Rolle.
  – Was steht auf dem Zettel?
  – Wer hat den Zettel geschrieben? Warum?
  – Wozu dient der Zettel im Film?

> Auch die Sache mit dem Zettel ist ein Trick: …

3 Schaut euch noch einmal die letzte Szene des Kurzfilms an.
  – Sprecht darüber: Was macht der Lehrer?
  – Was geht ihm in dieser Szene wohl durch den Kopf?
  Schreibt seine Gedanken auf.

Ob sich Mut und Kreativität der Schüler am Ende auszahlen, das erfährt der Zuschauer nicht. „Nein, darauf geben wir keine Antwort", sagt Patrick Büchting und lacht. „Das Ende kann sich jeder selbst ausmalen."

4 Wie endet der Film? Lies dazu einen weiteren Ausschnitt aus dem Zeitungsbericht von S. 191.
  – Was meint Patrick Büchting mit diesem Satz?
  – Wie könnte der Film weitergehen? Überlege dir einen Schluss.
  – Vergleicht eure Vorschläge.

5 Wähle Aufgabe **A** oder **B** aus.
  A Einige Schülerinnen und Schüler haben mitbekommen, dass der Lehrer nach der Klausur einen Blick auf die Tafel geworfen hat. Sie unterhalten sich nach dem Unterricht darüber, wie sie sich jetzt verhalten sollen. Spielt das Gespräch.
  B Was passiert am nächsten Tag im Unterricht? Spielt die Szene.

Den Film einordnen und bewerten

Du hast den Film untersucht und kannst ihn einschätzen und beurteilen.
Arbeite mit deinen Ergebnissen weiter und schreibe eine Filmkritik.

1 Ist der Film nah an der Wirklichkeit oder total übertrieben?
- Vergleicht die Meinungen von Stefan und Mareike.
- Wem stimmst du eher zu? Begründe deine Ansicht mit Beispielen aus
  dem Film.

> Ich frage mich: Soll der Film etwa beim Schummeln helfen? Schüler werden angeleitet, den Lehrer auszutricksen! *Stefan*

> Dieser überspitzte Kurzfilm ist ausschließlich zur Unterhaltung gedacht. Von jeglicher Nachahmung ist abzuraten ;) *Mareike*

2 Schreibe eine Filmkritik für die Schülerzeitung. Nutze den Schreibplan.

Schreibplan für eine Filmkritik

Gliederung	Formulierungshilfen
Einleitung Allgemeine Informationen zum Film: Titel, Regisseur/-in	Der Film hat den Titel „..." Gemacht/Gedreht wurde er von ... Es handelt sich um ... Das Besondere an diesem Film ist ...
Hauptteil Thema Schauplatz Hauptfiguren und Handlung Charakterisierung der Figuren und ihrer Beziehungen	Im Film geht es um das Thema ... Der Film spielt ... Erzählt wird eine kurze Geschichte: ...
Bewertung des Films	Bemerkenswert ist ... Ich finde den Film ..., weil ... Besonders gefällt mir ...
Schluss Zusammenfassende Meinung Empfehlung, den Film (nicht) zu schauen	Ich denke, dass der Film ... Ich würde den Film empfehlen/eher nicht empfehlen, weil ...

3 Überarbeite deinen Text.
- Hast du alle wichtigen Punkte einer Filmkritik berücksichtigt (siehe Schreibplan)?
- Hast du das Besondere des Films herausgestellt?

Sprache untersuchen

Wenn du dich mit Grammatik beschäftigst, entdeckst du die Regeln, nach denen Sprache funktioniert. Du denkst über Sprache nach und wendest dein Wissen beim Sprechen und Schreiben an. Dein Grammatikwissen hilft dir, Texte besser zu verstehen und dich gut auszudrücken.

SPRACHE UNTERSUCHEN

1 Sanna hat auf dem Computer einen Text über Berufsinteressen geschrieben.
- Lest ihren Text. Sprecht darüber, was euch auffällt.
- Was hat sie gut gemacht, was sollte sie verbessern?

Das automatische Recht-schreibprogramm zeigt, ...

> Ich interessiere mich für mode. Ich werde gern selbst Kleidungsstücke nähen. Ich kann mir aber auch vorstellen in einem Geschäft zu arbeiten. Ich könnte mir auch einen beruf vorstellen der mit computer zu tun hat. Ich habe gern einen Beruf der mir Spas macht. Ich werd gern Modedeseinerin.

Der Text klingt noc nicht so gut, weil ..

2 Die Schülerinnen und Schüler der 8a sprechen in einem Grammatikgespräch über den Text von Sanna.
a) Ergänzt die Sprechblasen der Schülerinnen und Schüler.
b) Wo findet ihr in diesem Kapitel Hinweise, die euch helfen, den Text zu überarbeiten?

Alle Sätze fangen mit „Ich" an. Mit Umstellproben ...

In diesem Text kommen überhaupt keine Kommas vor. Kann das stimmen, denn ...

In welchem Geschäft denn? Wenn du das genauer for-mulieren willst, musst du ...

Hier müsste der Konjunktiv II stehen, weil ...

Was ist eigentlich der Konjunktiv II?

Als Sprachexperte einen Text überarbeiten

1 Lies, was Laura über ihr Praktikum in einem Kindergarten schreibt.

a) Was fällt dir an ihrem Bericht auf? Welche Stellen klingen noch nicht so gut? Warum?

b) An einigen Stellen hat Laura Synonyme für „Kinder" verwendet, die nicht in einen Praktikumsbericht passen: Welche Wörter sind das? Warum passen sie nicht?

Synonyme: Wörter mit ähnlicher oder gleicher Bedeutung

Ich war in den zwei Wochen meines Praktikums in der Regenbogengruppe.
In der Regenbogengruppe waren 25 Kinder zwischen 3 und 6 Jahren. Jeder Tag
lief gleich ab. Die Kids setzten sich um 8.00 Uhr in einen Stuhlkreis. Die Erzieherin war auch dabei. Die Erzieherin überprüfte dann die Anwesenheit der Kinder.
5   Wir begrüßten uns dann immer mit Gesang. Jedes Kind konnte dann selbst
entscheiden, in welche „Ecke" es möchte: die Puppenecke, den Bauteppich oder
die Hochburg. Die Kiddies sollten dann bis 11 Uhr gefrühstückt haben.
Ich musste dann darauf achten und den Kiddies Bescheid sagen, falls die Kiddies
noch nicht gefrühstückt hatten. Ich spielte im Laufe des Tages mit den
10   Kindern, las den Kindern Geschichten vor, bastelte mit den Kindern und
hörte den Geschichten der Kinder zu. Das war sehr interessant; ich konnte
sehen, wie offen die Kids doch sind und welche Eindrücke die Kids aus
dem Alltag aufnehmen. Ich war abends aber ziemlich kaputt, denn die Minis
sind anstrengend.

2 a) Markiere die Wiederholungen. (Folientechnik)

b) Ersetze die ersten beiden Wiederholungen (in der Regenbogengruppe, Erzieherin). Nutze die Hinweise in „Wissen und Können".

c) An welchen Stellen kannst du die Nomen Kinder, Kids und Kiddies durch ein Pronomen oder ein passendes Synonym ersetzen?

d) Betone den Tagesablauf: Stelle Zeitangaben an den Anfang.

e) Vermeide die Wiederholung von dann. Wähle passende Synonyme (zuerst, anschließend, danach, später, schließlich).

METHODE ▸ **Mit Proben Texte überarbeiten**

Du kannst deine Texte mit Hilfe verschiedener Proben überarbeiten:

1. Achte darauf, ob du Wörter nicht zu oft wiederholst. Mache **Ersatzproben** und ersetze die Wiederholung durch Adverbien (z. B. in der Regenbogen-gruppe → dort), **Pronomen** (die Erzieherin → sie) **oder passende Synonyme** (die Kinder → die Kleinen, die Mädchen und Jungen).

2. Achte darauf, dass nicht alle Sätze gleich gebaut sind. Setze das Satzglied an den Anfang, das du besonders betonen willst. Mache dazu **Umstellproben**. Ich war abends ziemlich kaputt. → Abends war ich ziemlich kaputt.

Mit Verweiswörtern Textbezüge herstellen

Wenn du einen Text schreibst, ist es wichtig, die Sätze miteinander zu verbinden.

Weg mit dem Dreck

Unsere Straße ist immer voll vermüllt! <u>Deshalb</u> treffe ich mich Montag
nachmittags mit Lena, Joshua, Milla und Marius. Dann sammeln wir den
Abfall auf den Gehwegen. Dort finden wir alles, was die Leute einfach weg-
geworfen haben. Immer sind Zigarettenstummel dabei. Zigarettenstummel
sind sehr schädlich für die Umwelt. Darum ist es verboten, sie wegzuwerfen.   5
Vielleicht wissen das die Menschen gar nicht. Gründlich suchen wir alles ab.
Jeder in der Gruppe hat einen Eimer. Darin finden sich auch Bonbonpapiere,
Kaffeebecher, weggeworfene Lebensmittel und vieles mehr.

1 Lies, was Elsa über ihre Arbeit als „Müllsammlerin" schreibt.

a) Markiere die Wörter, mit denen sie ihre Sätze und Gedanken miteinander
verknüpft hat (Folientechnik). Achte dabei besonders auf die die Wörter am
Satzanfang.Nutze die Hinweise in „Wissen und Können".

b) Übertrage die Tabelle. Ordne die markierten Wörter in die passende Spalte ein.

Ort/Richtung *Wo? Wohin? Woher?*	Zeit *Wann?*	Art und Weise *Wie? Womit?*	Grund *Warum?*
dort	...	...	...

2 Lies, was Elsa weiterschreibt. Überarbeite ihren Text: Setze die Adverbien ein, damit
die Bezüge zwischen den Sätzen deutlicher werden: täglich, so, überall, daher, dazu,
gern. Achtung: Du musst die Sätze dazu neu formulieren!

Die Straßenreinigung kommt in die Straße. In der Straße stehen Abfalleimer.
Die Menschen werfen ihren Müll aber nicht in die Abfalleimer. Sie sind einfach   10
zu faul und bequem. Sie werfen ihren Abfall einfach auf die Straße. Ich arbeite
als Müllsammlerin! Ich kann etwas für unsere Umwelt tun.

WISSEN UND KÖNNEN   **Textbezüge herstellen**

Texte sind besser verständlich, wenn die Bezüge zwischen den Sätzen durch
Verweiswörter ausgedrückt werden. Hierzu kannst du **Adverbien** verwenden.
Adverbien verweisen auf

- einen Ort oder eine Richtung (**Ortsadverbien**): hier, dort, überall; dorthin ...
- einen Zeitpunkt (**Zeitadverbien**): heute, morgen, nie, danach, dann ...
- die Art und Weise (**Modaladverbien**): so, damit, gern, vielleicht ...
- einen Grund (**Kausaladverbien**): darum, deswegen, deshalb, daher, sonst ...

Über die Chat-Spache nachdenken

Wenn wir Kurznachrichten, Mails und Chatbeiträge im Internet formulieren, benutzen wir eine besondere Sprache.

1 Lies die Chat-Beiträge. Was fällt dir an der Sprache auf?

> Die Rechtschreib-regeln werden nicht immer beachtet, z. B. ...

> Ich hab extreme Kringellocken bis zur Hüfte und weisnich ob ichs machen soll meine Haare helllila zu färben ... Ich würd mich über eure Meinung freuen ob ichs machen soll und ob ihr euch vorstellen könt dass es mir steht 😊

> maches! 😊 ich hab mal einen kerl gesehen, der hatte auch lila haar und es stand ihm wie es dir bestimmt auch stehen wird: SUUUUPER!!! ♥♥♥

> Boah!!!! Daswürd hammergeil aussehen mit deinen locken!!! Von denen träum ich auch bb Hey hasdu tolle haare! Ichwürd dir erstmal zu dip dye raten!!! 😊

2 a) Suche Beispiele für die Merkmale der Chat-Sprache in den Beiträgen in Aufgabe 1. Nutze die Hinweise in „Wissen und Können".

   b) Ergänzt weitere Beispiele. Nutzt dazu auch eure eigenen Smartphone-Nachrichten.

WISSEN UND KÖNNEN ▸ **Merkmale der Chat-Sprache erkennen**

Die **Chat-Sprache** wird vor allem im Internet (z. B. in Chat-Beiträgen) oder beim Austausch von Nachrichten (z. B. mit dem Smartphone) verwendet. Besondere Merkmale sind:

- häufig grundsätzliche Kleinschreibung, absichtliche oder unabsichtliche Falschschreibungen (z. B. wieda statt wieder),
- fehlende Satzzeichen (vor allem Kommas und Punkte),
- Wiederholung und Großschreibung von Buchstaben (SOOOOOOO) oder Satzzeichen (boing!!!!) zur Verstärkung,
- Verwendung von Smileys, Emoticons (☺) oder Abkürzungen (hdl),
- Gebrauch von **Interjektionen** und Gefühlswörtern (aha, ey),
- Merkmale der gesprochenen Sprache (vgl. dazu S. 148).

---

3 Welchen Meinungen stimmst du eher zu? Begründe deinen Standpunkt.

   a. Mit der Chat-Sprache kann man schnell schreiben.

   b. In der Chat-Sprache kann ich meiner Fantasie freien Lauf lassen.

   c. Die Chat-Sprache ist oft schwer zu verstehen.

   d. Ich verwende die Chat-Sprache nur bei meinen Freunden.

   e. Auf die Chat-Sprache sollte man verzichten.

Über Fremdwörter nachdenken

**Zu allen Zeiten haben wir Wörter aus anderen Sprachen ins Deutsche über-
nommen. Diese Wörter nennt man Fremdwörter.**

1 Lest den Anfang eines Zeitungsartikels. Was ist mit „Denglisch" gemeint?

> „Denglisch" ist ein zusammengesetztes Wort. Es besteht aus …

> Mit „Denglisch" meint man Wörter, die …

Sönke Krüger

Deutsch + Englisch = Denglisch

In Funk und Fernsehen, in der Alltagssprache und in Zeitungen ist immer
häufiger Denglisch zu vernehmen oder zu lesen. Mal werden Flüge *gecancelt*
und leere Weinflaschen *recycelt*, mal wird der Nachwuchs *gepampert* und
eine Datei *downgeloadet*.

2 Sammelt die „denglischen" Wörter aus dem Text und erklärt sie.

> **WISSEN UND KÖNNEN** ▸ **Über Fremdwörter nachdenken**
>
> Zu allen Zeiten haben wir Wörter aus anderen Sprachen ins Deutsche über-
> nommen. Viele dieser Wörter stammen aus dem Griechischen (z. B. Theater von
> théatron), aus dem Lateinischen (z. B. Fenster von fenestra) oder Französischen
> (z. B. Adresse von adresse). Diese Wörter werden in Aussprache und Schreibung
> aber nicht mehr als fremd empfunden. Man nennt sie daher **Lehnwörter**.
> **Fremdwörter** werden heute vor allem aus dem Englischen übernommen
> (z. B. Jeans, Computer, downloaden). Sie gehören ganz selbstverständlich
> zum deutschen Wortschatz. Fremdwörter kann man an ihrer besonderen
> Aussprache und Schreibung erkennen (z. B. Fake, Shampoo).

→ Fremdwörter richtig
schreiben
(S. 238 – 240)

3 Lest die Fortsetzung des Artikels. Fast zusammen, was der Autor über das
Denglische denkt.

Solche Wortschöpfungen klingen grauenhaft und sie sorgen für unnötige   5
Verwirrung. Derlei Probleme lassen sich ganz einfach umgehen, indem man
auf denglische Wortschöpfungen verzichtet und stattdessen auf deutsche
Wörter zurückgreift. Schon stolpert kein Leser mehr, weil der gecancelte Flug
nunmehr „gestrichen" ist, weil die recycelte Flasche genauso gut „wiederver-
wertet" werden kann, weil die gepamperten Kinder „verwöhnt" werden, weil   10
die downgeloadete Datei auch einfach „heruntergeladen" werden kann.
Wir sehen: Zum Sprachpansch gibt es durchaus eine sinnvolle Alternative –
die deutsche Sprache.

4 Sönke Krüger schlägt vor, Fremdwörter ins Deutsche zu übersetzen. Nehmt Stellung zu diesem Vorschlag. Geht das und ist das sinnvoll? Lest dazu auch diesen Beitrag:

Rudolf Hoberg

Von Kids und Infopoints

Die Wörter werden nicht einfach aus dem Englischen übernommen, sondern sie bekommen im Deutschen eine bestimmte Bedeutung. Ich will das an einem Beispiel klarmachen. Das Wort „cool", das heute alle Jugendlichen gebrauchen, ist ja nicht dasselbe Wort „cool" wie im Englischen. Wir reden ja heute nicht

5 von einem coolen Bier. Da haben wir immer noch das Wort „kühl" und das „kühl" wird überhaupt nicht tangiert. Wir behalten das Wort „kühl". D.h. zunächst mal muss man sagen, dass Fremdwörter eine Bereicherung sind.

„cool" oder „kühl"?

5 Vergleicht die Standpunkte: Welche Meinung hat Rudolf Hoberg? Welches Beispiel nennt er?

WISSEN UND KÖNNEN ▶ **Fremdwörter gebrauchen**

Fremdwörter stammen aus anderen Sprachen, gehören aber jetzt zu unserer Sprache.

1. Fremdwörter sind oft internationale Wörter, die in vielen Sprachen gebraucht werden, z. B.: Computer, WorldWideWeb, Chat. Sie erleichtern die Verständigung.
2. Oft gibt es für das Fremdwort kein deutsches Wort oder die deutsche Entsprechung ist zu umständlich, z. B. Jeans, Spray, zoomen.
3. Fremdwörter haben im Deutschen eine andere Bedeutung als in der Sprache, aus der sie übernommen wurden:
   – cool bedeutet im Deutschen nicht „kalt/kühl", sondern „ruhig/gelassen".
   – Job bedeutet etwas anders als „Beruf". Ein Job ist meist eine kurze Tätigkeit, für die man keine besondere Ausbildung braucht. Für einen Beruf hat man dagegen eine Ausbildung gemacht.
4. Fremdwörter werden auch verwendet, um etwas anzupreisen, herauszustellen und als modern zu bewerten, z. B. in der Werbung: light, trendy, Infopoint, Sale.

→ *Über den Gebrauch von Fremdwörtern nachdenken (S. 241)*

6 Geht auf die Suche nach Texten mit Fremdwörtern aus dem Englischen. Achtet besonders auf Texte aus Werbung, Medien, Musik, Mode, Sport ... Unterstreicht die Fremdwörter und ergänzt die Sammlung aus Aufgabe 2.

7 Nimm Stellung zu der folgenden Frage: „Ist es möglich und sinnvoll, Fremdwörter ins Deutsche zu übersetzen?"

Den Gebrauch der Zeiten in Texten unterscheiden

Wenn wir über Vergangenes berichten, verwenden wir verschiedenen Zeitformen.

1 Lies den Anfang eines Lexikonartikels über Marie Curie.

a) Markiere alle Verbformen (Folientechnik). Nenne die Zeitform, die im Lexikonartikel verwendet wird.

b) Begründe, warum diese Zeitform gebraucht wird. Nutze die Informationen in
   „Wissen und Können".

Marie Curie

Als Maria Sklodowska wurde Marie Curie am 7. November 1867 in
Warschau (Polen) geboren. Nach dem Abitur arbeitete sie sechs Jahre als
Lehrerin. Ab 1891 studierte sie an der Pariser Sorbonne die Fächer Physik
und Mathematik, im Jahre 1894 schloss sie ihr Studium als Beste ihres
Jahrgangs ab und heiratete den Physiker Pierre Curie. Bis zum frühen Tod   5
von Pierre arbeiteten die beiden Wissenschaftler eng zusammen.

WISSEN UND KÖNNEN ▶ **Zeitformen gebrauchen**

In Lexikonartikeln, in denen die Lebensgeschichte von bekannten Personen
wiedergegeben wird, steht in der Regel das Präteritum. Auch in Geschichts-
büchern wird meist das **Präteritum** verwendet. Dadurch wird das Geschehen
in weite Ferne gerückt. Der Berichtende schreibt unpersönlich und unbeteiligt:
Ab 1891 studierte Marie Curie in Paris.
Wenn über eine bekannte Person aus einer vergangenen Zeit berichtet wird,
kann auch das **Präsens** verwendet werden. Dadurch wird das Ereignis leben-
diger und gegenwärtiger: Ab 1891 studiert sie an der Pariser Universität.
In Gesprächen oder mündlichen Erzählungen über Ereignisse aus der Vergan-
genheit verwenden wir oft das **Perfekt**: Ich habe in Paris studiert.

2 Lies die Fortsetzung des Texts und ergänze die Verben in der passenden Zeitform.

Die beiden (arbeiten) auf dem Gebiet der Radioaktivität. Sie (entdecken) dabei
zwei neue Elemente, die sie Polonium und Radium (nennen). Die Curies (verändern) das Weltbild der Physik. Für ihre Erkenntnisse (erhalten) die beiden den
Nobelpreis für Physik. Als ihr Ehemann 1906 bei einem Verkehrsunfall (sterben),   10
(lehren) sie als erste Frau an der Pariser Universität. 1911 (erhalten) sie als erster
Mensch einen zweiten Nobelpreis in Chemie. Am 4. Juli 1934 (sterben) Marie
Curie in Sancellemoz an Leukämie.

3 a) Lies den Bericht aus einem Jugendmagazin. Was erfährst du neu über Marie Curie?

b) In welcher Zeitform steht der Text? Erläutere, warum diese Zeitform verwendet
   wird. Nutze die Hinweise in „Wissen und Können".

Katharina Beckmann

Marie Curie – Allein unter Männern

Marie Curie ist ein naturwissenschaftliches Genie – und eine Frau.
Das passt in der Männerwelt des späten 19. Jahrhunderts schwer zusammen.

20

Als Marya Sklodowska wird Marie
Curie am 7. November 1864 in
Warschau geboren. Nach dem Abitur
1883 <u>arbeitet</u> sie zunächst sechs Jahre
5 in Polen als Lehrerin, um sich ihren
Wunschtraum, ein Physikstudium
in Frankreich, erfüllen zu können.
Ab September 1891 <u>studiert</u> Marya
an der Pariser Universität die Fächer
10 Physik und Mathematik.
Nach kaum drei Jahren <u>beendet</u> sie
ihr Physikstudium als Beste des Jahrgangs. Bald darauf <u>trifft</u> sie Pierre
Curie. Marie und Pierre <u>heiraten</u> und
15 <u>forschen</u> jahrelang gemeinsam. Im
Juli 1898 <u>entdecken</u> die beiden ein
Element, das sie nach Maries Heimat-
land „Polonium" <u>nennen</u>. Im Dezember entdecken sie ein weiteres Ele-

ment, das Radium. Damit <u>verändern</u>
die Curies das Weltbild der Physik.
Für ihre Erkenntnisse <u>bekommen</u>
Marie und Pierre 1903 den Nobelpreis für Physik. Marie Curie <u>ist</u>
damit die erste Nobelpreisträgerin   25
überhaupt. 1906 <u>stirbt</u> ihr Mann nach
einem Unfall. Nun <u>lehrt</u> Marie als
erste Frau an der Universität in Paris.
Forscher und Studenten aus allen
Ländern <u>strömen</u> nach Paris, vor   30
allem viele junge Frauen. 1911 <u>erhält</u>
Marie Curie als erster Mensch überhaupt einen zweiten Nobelpreis,
diesmal in Chemie. Ende der 1920er
Jahre <u>zieht sich</u> die kranke Marie   35
Curie schweren Herzens aus der
Forschung <u>zurück</u>. Sie stirbt am 4. Juli
1934 in den Armen ihrer Tochter Eve.

4 In dem Bericht sind einige Prädikate unterstrichen. Übertrage die Tabelle und
schreibe diese Verbformen im Infinitiv und in den angegebenen Zeitformen auf.

Infinitiv	Präsens	Präteritum	Perfekt
arbeiten	sie arbeitet	sie arbeitete	sie hat gearbeitet
…	sie studiert	…	

5 Bildet Zweiergruppen und begebt euch auf eine Zeitreise: Stellt euch vor, ihr führt als
Reporterin oder Reporter ein Interview mit der berühmten Forscherin Marie Curie.
– Formuliert zu den Informationen aus dem Bericht und dem Lexikonartikel Fragen.
– Stellt die Fragen und beantwortet sie als Marie Curie. Formuliert im Perfekt.
   Frau Curie, Sie haben 1883 ihr Abitur bestanden. Was haben Sie danach getan?
   Marie Curie: Nach meinem Abitur habe ich zunächst …

Konjunktiv II gebrauchen

Den Konjunktiv II brauchst du, um einen Wunsch oder eine Bedingung auszudrücken. Diese Sätze werden oft mit der Konjunktion „wenn" eingeleitet.

Ich habe noch keinen Hund. In ein paar Wochen ziehen wir aufs Land. Dann werden wir einen bekommen. Natürlich muss er in die Hundeschule. Aber ich werde ihm auch viele Dinge beibringen. Ich gehe jeden Tag mit ihm ein paar Stunden raus. Auch morgens vor der Schule drehen wir schon eine Runde. In die Ferien werden wir ihn natürlich auch mitnehmen.

Ich hätte so gern einen Hund! Natürlich müsste er in die Hundeschule. Aber ich würde ihm auch viele Dinge beibringen. Ich ginge jeden Tag mit ihm ein paar Stunde raus. Auch morgens vor der Schule würden wir schon eine Runde drehen. In die Ferien würden wir ihn natürlich auch mitnehmen. Es wäre schön, wenn der Hund nachts neben meinem Bett schliefe.

1 Vergleiche die beiden Texte.

a) Welcher Text drückt einen Wunsch aus, welcher ein Vorhaben?

b) Woran wird das deutlich? Nutze die Hinweise in „Wissen und Können".

c) Übertrage die Tabelle und trage die Verbformen aus den beiden Sprechblasen in die passenden Spalten ein. Ergänze auch die Infinitivformen.

Verbformen im Indikativ	Verbformen im Konjunktiv II	Infinitivformen
ich habe	ich hätte	haben
…	…	…

→ Hinweise, wie man den Konjunktiv bildet, findest du in „Wissen und Können", S. 283

WISSEN UND KÖNNEN Konjunktiv II bilden und gebrauchen

Wenn eine Aussage sicher ist, steht die Verbform im **Indikativ**:

Ich gehe jeden Tag mit ihm spazieren.

In Sätzen, die etwas nur Gewünschtes oder Vorgestelltes ausdrücken, stehen die Verbformen im **Konjunktiv II**:

Ich ginge jeden Tag mit ihm spazieren.

Der Konjunktiv II wird mit Hilfe der Präteritumformen des Verbs gebildet. Der Konjunktiv II der Verben sein, haben, können, müssen und sollen kommt häufig vor. Viele andere Formen des Konjunktivs II klingen für uns altmodisch, z. B. wir nähmen … mit, stattdessen benutzt man die würde-Form: wir würden mitnehmen. In der gesprochenen Sprache benutzt man eher die würde-Form. Man nimmt diese auch dann, wenn sich die Indikativform und die Konjunktivform nicht unterscheiden, z. B. er würde schauen statt er schaute.

2 Joachim stellt sich in seiner Traumwelt vor, was er alles machen würde, wenn er Millionär wäre.
– Drücke mit dem Konjunktiv II aus, dass es sich nicht um etwas Wirkliches handelt, sondern um Wünsche und Träume.
– Wann klingt die würde-Form besser? Nutze die Hinweise im Kasten auf S. 208.

Ich bin Millionär. Ich kann mir alle Wünsche erfüllen. Ich kaufe mir ein neues Auto mit einem Chauffeur. Der fährt mich überall hin. Zuerst schau ich mir mal Paris an und steige auf den Eiffelturm. Dann fliege ich zum Shoppen nach New York. Ich nehme auch alle meine Freunde mit. Sie können sich dort alle Wünsche erfüllen. Natürlich habe ich auch den allerneuesten Computer und die coolsten Spiele. Und in meinem Haus habe ich ein eigenes Kino mit einer riesigen Leinwand. Mein eigener Koch bereitet für alle meine Freunde ihr Lieblingsessen zu.

Ich wäre gern Millionär. Dann würde ich ...

3 Was wärest du gern und was würdest du dann machen? Schreibe deine Wünsche und Träume auf. Formuliere im Konjunktiv II und in der würde-Form.

4 a) Lies die ersten beiden Strophen des Liedtextes von Mascha Kaléko „Wenn ich eine Wolke wäre ...“. Worum geht es im Gedicht?
b) Unterstreiche die Verbformen, die im Konjunktiv II stehen (Folientechnik). Welche Konjunktiv-II-Formen sind schwer zu erkennen? Warum ist das so?
c) Formuliere den Gedichttext um und verwende die würde-Form:

Wenn ich eine Wolke wäre
würde ich ...

d) Warum klingt das Gedicht mit den anderen Formen schöner?
e) Ergänze eine eigene Strophe.

Wenn ich eine Wolke wäre
Flöge ich ...

Wenn das lyrische Ich eine Wolke wäre, dann ...

Mascha Kaléko

Wenn ich eine Wolke wäre ...

Wenn ich eine Wolke wäre
Segelt' ich nach Irgendwo
Durch die weiten Himmelsmeere
Von Berlin bis Mexiko.

Blickte in die Vogelnester,
Rief die Katzen auf dem Dach,
Winkte Brüderchen und Schwester
Morgens aus dem Schlafe wach.

5

Mit dem Passiv den Vorgang betonen

Verben können im Aktiv oder im Passiv stehen.

> Im Text steht, dass auf der Neumayer-Station ...

① Lies den Text und erkläre, was auf der Neumayer-Station passiert.

> Auf der Station ...

Forschung in der Antarktis

Auf der Neumayer-Station in der Antarktis wird wissenschaftlich gearbeitet: Biologen erforschen die Tiere und Pflanzen, die
man am Südpol findet. Geologen untersuchen die Entwicklung
des Eises, Meteorologen suchen in der Antarktis nach Erklärungen für bestimmte Entwicklungen des Wetters. Hier wird   5
das ganze Jahr über geforscht. Insgesamt verbringen jedes Jahr
etwa 1000 Menschen den Winter am Südpol.

WISSEN UND KÖNNEN ▶ **Aktiv und Passiv unterscheiden**

In fast allen Sätzen unserer Sprache wird betont, wer etwas tut:
Geologen beobachten das Wetter. Diese Sätze stehen im **Aktiv**.
Das **Passiv** wird benutzt, wenn der Vorgang besonders betont wird und
es eher unwichtig oder unbekannt ist, wer eine Handlung durchführt:
Auf der Station wird wissenschaftlich gearbeitet.
Gebildet wird das Passiv mit dem Hilfsverb werden und dem Partizip II:
Das Wetter wird beobachtet. Es hat (wie das Aktiv) eigene Zeitformen.
Das Passiv wird häufig bei Beschreibungen von Gebrauchsanweisungen
und Anleitungen, von Arbeitsvorgängen und Rezepten oder von Regeln
und Vorschriften benutzt.

> → Informationen zu
> den Zeitformen des
> Passivs findest du
> in „Wissen und Kön-
> nen", S. 282/283.

② Markiere (Folientechnik) im Text die beiden Sätze, die im Passiv stehen.
Erkläre, warum hier das Passiv benutzt wird. Nutze die Hinweise in „Wissen und Können".

③ Die Neumayer-Station erarbeitet einen Flyer,
um über ihre Arbeit zu informieren.
Die Wissenschaftler haben dazu Material
gesammelt (siehe S. 211 oben).
a) Schau dir die Fotos an und lies die Notizen.
b) Schreibe einen Informationstext für den Flyer.

> **Das wird alles gemacht!**
> • Wetterballone werden ...
> • Auf dem Dach ...
> • Regelmäßig ...
> • ...

Auf dem Foto sieht man mich, wie ich mit meinem Kollegen auf dem Dach der Station eine Antenne zum Empfang von Daten installiere.

Ein Kollege steht vor einer Windkraftanlage. Sie liefert Energie zum Heizen und Schneeschmelzen.

Wir machen alles, was so anfällt, also Geräte warten und reparieren, Messungen durchführen und Daten sammeln und auswerten. Dazu kommen auch „normale Arbeiten" wie Schnee schippen oder Räume reinigen. Manchmal besuchen uns auch neugierige Pinguine ...

Hier starten wir einen Wetterballon vom Dach unserer Station.

Regelmäßig entnehmen wir Schneeproben von der Eisoberfläche.

Auf dem Foto richten wir gerade ein neues Labor ein.

4 Lies den Text über die Neumayer-Station.
a) Markiere (Folientechnik) alle Passivformen.
c) Bestimme die Zeitformen der Passivformen.
  Nutze „Wissen und Können" (S. 282/283).

Neumayer-Stationen I – III

1982 wurde auf dem Eis der Antarktis die erste Neumayer-Forschungsstation gebaut. Sie wurde nach dem deutschen Polarforscher **Georg von Neumayer** benannt. Die Stärke des Windes und die Zusammensetzung der Polarluft wurden erforscht. 10 Jahre später wurde eine zweite Station gebaut und am 20.9. 2009 wurde Neumayer-Station III feierlich eröffnet.   5
Warum sind innerhalb von 27 Jahren 3 Stationen errichtet worden?
Da ständig der Schneesturm über die Stahlrohre pfiff, war die erste Neumayer-Station von Jahr zu Jahr mehr von Schneemassen zugedeckt worden.
Auch die zweite Station war mit der Zeit von Schnee bedeckt worden.
Die Ingenieure haben sich daraufhin einen Trick ausgedacht: Die Neumayer-   10
Station III wurde auf 16 Stelzen gebaut, die höhenverstellbar sind.
Heute wird auf der Station vor allem der Klimawandel erforscht.

Mit Attributen beschreiben

Attribute sind zusätzliche Angaben zu Nomen. Mit ihrer Hilfe kannst du Nomen, also Gegenstände, Lebewesen oder Vorgänge, beschreiben.

1 Vergleiche die beiden Texte miteinander.
- Welcher Text stammt wohl aus der Webeanzeige eines Internetanbieters?
- Begründe deine Entscheidung.

Wir produzieren Fashion

Unsere Mode steht für Qualität und hängt länger im Kleiderschrank. Wir gehören zu den Läden, die Produkte in Qualität anbieten.

Mode bedeutet, dass
- Materialien genutzt werden,
- keine Chemikalien verwendet werden,
- Bedingungen für die Arbeiter gelten (Verbote, Arbeitszeiten, Bezahlung)

Wir produzieren nur Slow Fashion

Slow Fashion wird auch nachhaltige oder grüne Mode genannt. Sie steht für gute Qualität und trendige Anziehsachen, die länger im Kleiderschrank hängen. Wir gehören zu den nachhaltigen Läden, die faire Produkte in modischer Qualität anbieten. Nachhaltige Mode bedeutet, dass
- nur Materialien aus biologischem Anbau genutzt werden,
- keine umweltschädlichen Chemikalien verwendet werden,
- faire Bedingungen für die Arbeiter gelten (z. B. Verbot von Kinderarbeit; verbindliche Arbeitszeiten, die auch eingehalten werden; gerechte Bezahlung).

WISSEN UND KÖNNEN ▸ **Attribute unterscheiden und verwenden**

Ein Text wird informativer und anschaulicher, wenn er zusätzliche Angaben zu wichtigen Nomen enthält. Solche Ergänzungen zu einem Nomen nennt man **Attribute**. Attribute bilden mit dem Nomen ein gemeinsames Satzglied. Sie stehen links oder rechts vom Nomen, auf das sie sich beziehen. Wir unterscheiden:

1. **Adjektivattribute**: öko-faire Mode,
2. **Genitivattribute**: der Kleidungsstil der Jugendlichen,
3. **präpositionale Attribute**: ein Laden für öko-faire Kleidung,
4. **Attributsätze** (Relativsätze): Die Hersteller verwenden Biobaumwolle, die ökologisch angebaut wird.
5. **Einschübe** (Appositionen), die durch Kommas oder Gedankenstriche markiert werden: Baumwolle, ein bedeutender Rohstoff der Kleiderindustrie, benötigt sehr viel Wasser.
6. **In manchen Komposita** beschreibt das Bestimmungswort das Grundwort genauer: Bio-Baumwolle ist eine Baumwolle aus biologischem Anbau.

2 Bestimme in der Anzeige des Internetanbieters aus Aufgabe 1 die Attribute.
– Übertrage und ergänze dazu die Tabelle.
– Nutze die Hinweise in „Wissen und Können".

Art des Attributs	Beispiele
Adjektivattribut	Slow Fashion, nachhaltige Mode, ...
Relativsatz	...
...	...

3 Sprecht darüber: Was wird mit den Attributen erreicht?
– Welche Mode wird herausgestellt?
– Was ist typisch für diese Mode?
– Welchen Eindruck bekommen wir von der Firma?

4 Wie lässt sich die Internetanzeige des Ladens „fair & modisch" verbessern?
– Formuliere die Anzeige neu und setze die Attribute an den passenden Stellen ein.
– Achte auf die Veränderungen der Adjektive und des Satzbaus.

---

fair & modisch

fair & modisch ein Laden mit einer Auswahl an Mode. (schön, super groß)

Wir verkaufen sowohl Klamotten und Kleidung. (stylisch, öko-faire)

Unsere T-Shirts oder Pullover sind aus Baumwolle. (super modisch, lässig, Bio-)

Wir zeigen Ihnen auch gern unsere Jeans. (Die Jeans sind aus Biobaumwolle.)

Wir verkaufen nur Kleidung. (Die Kleidung ist fair gehandelt.)

---

5 Die Schülerinnen und Schüler der Klasse 8a haben ein Werbeplakat für faire Mode gestaltet. Auf den Schildern haben sie sehr viele Relativsätze verwendet. Überarbeite die Texte: Ersetze dazu die unterstrichenen Relativsätze durch kürzere Attribute.

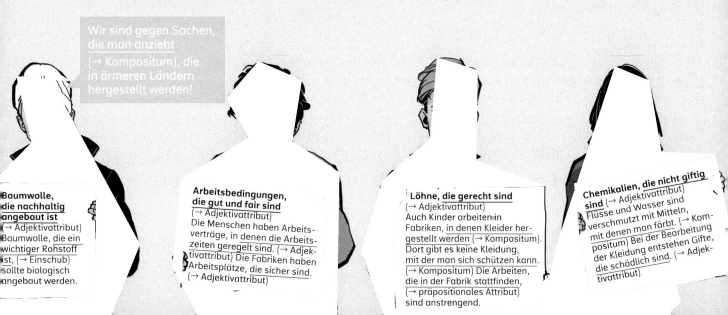

Mode, die fair ist (→ Adjektivattribut)

Faire Fashion ist Mode, die nachhaltig und ökologisch ist. (→ Adjektivattribut)

Wir sind gegen Sachen, die man anzieht (→ Kompositum), die in ärmeren Ländern hergestellt werden!

Baumwolle, die nachhaltig angebaut ist (→ Adjektivattribut) Baumwolle, die ein wichtiger Rohstoff ist, (→ Einschub) sollte biologisch angebaut werden.

Arbeitsbedingungen, die gut und fair sind (→ Adjektivattribut) Die Menschen haben Arbeitsverträge, in denen die Arbeitszeiten geregelt sind. (→ Adjektivattribut) Die Fabriken haben Arbeitsplätze, die sicher sind. (→ Adjektivattribut)

Löhne, die gerecht sind (→ Adjektivattribut) Auch Kinder arbeiten in Fabriken, in denen Kleider hergestellt werden (→ Kompositum). Dort gibt es keine Kleidung, mit der man sich schützen kann. (→ Kompositum) Die Arbeiten, die in der Fabrik stattfinden, (→ präpositionales Attribut) sind anstrengend.

Chemikalien, die nicht giftig sind (→ Adjektivattribut) Flüsse und Wasser sind verschmutzt mit Mitteln, mit denen man färbt. (→ Kompositum) Bei der Bearbeitung der Kleidung entstehen Gifte, die schädlich sind. (→ Adjektivattribut)

Satzglieder bestimmen

Hier kannst du noch einmal wiederholen, was Satzglieder sind und woran man die verschiedenen Satzglieder erkennen kann.

1 Wie kannst du Satzglieder bestimmen? Lies dazu die Hinweise in „Wissen und Können" und schau dir den Überblick über die Satzglieder genau an.

> **WISSEN UND KÖNNEN** ▸ **Satzglieder bestimmen**
>
> Sätze bestehen aus mehreren Satzgliedern. Dabei spielt das Prädikat eine wichtige Rolle, denn es steht im Zentrum des Satzes. Das Prädikat bestimmt seine „Mitspieler" – die anderen Satzglieder. Durch W-Fragen kannst du herausfinden, welche Mitspieler zum Verb gehören. Beispiel:
>
> von etwas erzählen: Wer   erzählt   wem   wovon?
>
> Ein Fotograf erzählt   seinen Lesern   von einem Selfie.
>
> Subjekt   Prädikat Dativobjekt   Präpositionalobjekt
>
> Gehe beim Bestimmen der Satzglieder vom Verb aus und suche seine Mitspieler.

→ *Nähere Informationen zum Präpositionalobjekt findest du auf Seite 96.*

Subjekt Wer oder was?	Prädikat	Objekte	Adverbiale Bestimmungen
		Akkusativobjekt: Wen oder was?	**Ort:** Wo? Wohin?
		Dativobjekt: Wem?	**Zeit:** Wann? Seit wann? Wie lange?
		Präpositionalobjekt Wovon? Wofür? Worüber? ...	**Art und Weise:** Wie?
			Grund: Warum?

2 Formuliere zu den Satzgliedern des Beispielsatzes die passenden W-Fragen:
Ein Fotograf erzählt seinen Lesern von einem Selfie.
– Subjekt: Wer erzählt seinen Lesern ...
– Dativobjekt: W...
– Präpositionalobjekt: ...

Die „Mitspieler" sind die anderen Satzglieder.

3 Was bedeutet der Satz: Das Prädikat bestimmt seine „Mitspieler".
a) Erläutere die Äußerungen in der Randspalte mit Beispielen.
b) Wie viele Mitspieler gehören zu den Verben blühen, erkennen, geben?
Bilde dazu passende Beispielsätze.

Vom Prädikat hängt ab, wie viele Satzglieder ein Satz haben kann.

4 Lies die Überschrift eines Berichts über eine besondere Freundschaft. Schreibe sie ab und unterstreiche Prädikat, Subjekt und Präpositionalobjekt farbig.

Der irische Fotograf George Karbus freut sich über ein ganz besonderes Selfie

Die zerklüftete Westküste Irlands ist ein großer Abenteuerspielplatz – besonders für Delfine. Hier hat George Karbus bei einem seiner 5 Tauchgänge Malinká getroffen. Malinká ist ein Delfin-Mädchen, vier Meter lang, aber sehr zutraulich. Sie lebt, anders als ihre Artgenossen, hier allein und sucht die Nähe der Menschen. Seit 15 Jahren verbringt George oft Stunden 10 mit dem Delfin im eiskalten Meer. Der Delphin verhält sich neugierig, achtsam und vorsichtig. Er hat mit George Freundschaft geschlossen.

5 Lies nun den Anfang des Berichts.
a) Ermittle in den markierten Sätzen die Anzahl der Satzglieder mit Hilfe der Umstellprobe. Schreibe die Sätze auf und klammere die Satzglieder ein: (George Karbus) (hat) (Malinká) …
b) Bestimme die Satzglieder genauer. Nutze den Überblick über die verschiedenen Satzglieder auf S. 214.

> Im zweiten Satz gibt es insgesamt … adverbiale Bestimmungen, nämlich …

> Das Prädikat heißt …

> Das Subjekt habe ich mit … erfragt. Im ersten Satz heißt das Subjekt …

6 Lies die Fortsetzung des Berichts.
a) Markiere in den Sätzen die Prädikate (Folientechnik).
b) Übernimm die Tabelle und trage für jedes Satzglied drei Beispiele aus dem Text ein.

Subjekt	Objekt	Adverbiale Bestimmung
George	…	…

c) Bestimme die Objekte genauer: Um welche Objekte handelt es sich?
d) Bestimme die adverbialen Bestimmungen genauer nach Ort, Zeit, Art und Weise oder Grund.

George wartet oft stundenlang am Strand auf den Delfin. Im Winter zieht er wegen 15 der Kälte seinen Neoprenanzug an. George schaut auf das Meer nach einer Flosse, einer ungewöhnlichen Wellenbewegung oder einem Sprung. Dann steigt er ins kalte Wasser. Manchmal taucht er 15 Meter in die 20 Tiefe. Er hat immer seine Kamera dabei. Dann ist sie plötzlich da. Vorsichtig nähert sich der Delfin dem Fotografen. Sie begrüßen sich, schwimmen eine Weile nebeneinander und tauchen gemeinsam in die Tiefe. 25 George macht unter Wasser viele Fotos. George und seine Delfin-Freundin kommunizieren über Körpersprache. Das Lächeln der beiden spricht Bände.

Prädikatsklammern erkennen

Das Prädikat eines Satzes kann einteilig oder zweiteilig sein.
Zweiteilige Prädikate bilden eine Prädikatsklammer.

> In Satz a heißt
> das Prädikat ...,
> in Satz b. ...

1 Vergleiche die beiden Sätze:

a. Svenja schaut sich nach der Schule ihre Nachrichten auf dem Smartphone an.

b. Svenja schaut nach der Schule direkt auf ihr Smartphone.

> Die beiden Verben
> haben eine
> verschiedene
> Bedeutung: ...

a) Markiere in beiden Sätzen die Prädikate (Folientechnik).

b) Wie heißen die Infinitive der Verben?

c) Worin unterscheiden sich die beiden Verben? Nutze „Wissen und Können".

WISSEN UND KÖNNEN > **Zweiteilige Prädikate erkennen**

Prädikate in einem Satz können einteilig (Svenja besitzt ein Smartphone)
oder **zweiteilig** sein: Svenja schaltet ihr neues Smartphone ein.
Die beiden Teile des Prädikats bilden dann eine **Prädikatsklammer**.
Es gibt verschiedene Prädikatsklammern:

1. Trennbare Verben mit einer Vorsilbe (Präfix): Ich schalte mein Handy aus.

2. Zusammengesetzte Zeitformen (Perfekt, Futur, Plusquamperfekt):
Ich habe ein neues Handy bekommen.

3. Prädikate mit Modalverben: Ich will mir ein neues Handy kaufen.

4. Prädikate im Passiv: Mein Smartphone wird gerade repariert.

Der konjugierte Teil des zweiteiligen Prädikats steht immer an der zweiten
Satzgliedposition, der Rest des Prädikats steht meist am Satzende.

> → Hinweise und Aufga-
> ben zu verschiede-
> nen Prädikatsgrup-
> pen findest du auf
> S. 217.

2 Lies, welche Internetregeln in einer Familie vereinbart wurden.

a) Markiere alle zweiteiligen Prädikate (Folientechnik).

b) Übernimm die Tabelle und trage diese Prädikate mit den Infinitivformen ein.

Zweiteiliges Prädikat	Infinitiv des Verbs
ich habe ... bekommen (Perfekt)	bekommen

In unserer Familie nutzen wir ziemlich viele digitale Medien. Papa und Mama
haben ihr eigenes Handy. Ich habe gerade ein neues Smartphone zum Geburtstag bekommen. Papa hat sein Tablet immer dabei. Mama will sich einen
neuen Laptop kaufen. Der alte Computer wird gerade repariert. Wir haben
in unserer Familie klare Regeln abgemacht: Meine jüngere Schwester Kris-
tin darf nicht allein im Netz surfen. Mein kleiner Bruder Olaf darf jeden Tag
eine halbe Stunde am Computer spielen. Nach dem Abendessen wird der
Computer ausgeschaltet. Auch ich schalte dann mein Handy ab. Am liebsten bin ich bei den Pferden im Reitstall. Da schalte ich kein Handy ein.

5

Prädikate aus mehreren Bestandteilen erkennen

Das Prädikat eines Satzes kann aus mehreren Teilen bestehen.

> Die konjugierte Verbform „bin" ist noch nicht das vollständige Prädikat. Zum Prädikat gehört noch …

1 Lies, was Daniel aus Hannover über die Schule schreibt:

Ich besuche die 8. Klasse einer Realschule. Ich bin kein ▓▓▓▓▓, aber auch nicht schlecht. In der Grundschule war das ▓▓▓▓▓. Da war ich wirklich ▓▓▓▓▓. Mein Lieblingsfach ist ▓▓▓▓▓. Von der Theater AG bin ich auch ▓▓▓▓▓. Außerdem tanze ich gern. Vielleicht werde ich einmal ▓▓▓▓▓.

a) Schreibe den Text ab und ergänze die fehlenden Wörter: Schauspieler, Sport, begeistert, Musterschüler, faul, anders.

b) Markiere in deinem Text alle Prädikate. Nutze die Hinweise in „Wissen und Können".

WISSEN UND KÖNNEN ▸ Prädikate aus mehreren Bestandteilen erkennen

1. Das Prädikat eines Satzes ist normalerweise leicht zu erkennen: Es besteht aus dem konjugierten Verb: Ich besuche die 8. Klasse einer Realschule. Solche Prädikate nennt man **einteilige Prädikate**.

2. Neben einteiligen Prädikaten gibt es auch **mehrteilige Prädikate**. Diese bestehen aus einer konjugierten Verbform und weiteren Wörtern:
   - **Verb + Verb:** Wir gehen in der Pause spielen.
   - **Nomen (ohne Artikel) + Verb:** Sie gibt sich beim Lesen Mühe. Er hat im Dunkeln manchmal Angst. Das Skaten macht Spaß! Ich bringe das Fahrrad morgen in Ordnung. …
   - **sein/bleiben/werden + Nomen:** Ich bin/bleibe/werde Schauspieler.
   - **sein/bleiben/werden + Adjektiv:** Ich bin/bleibe/werde gesund.
   - **sein/bleiben + Adverb:** Sie sind/bleiben dort.

---

2 Lies, was Alba aus Saarbrücken über die Schule schreibt:

Ich bin 13 Jahre alt und besuche die 8. Klasse. Ich bin eine ziemlich gute Schülerin. Ich gebe mir wirklich Mühe. Biologie und Kunst sind meine Lieblingsfächer. Der Biologieunterricht macht mir besonders viel Spaß. Unsere Lehrerin ist klasse. Sie überlegt sich immer interessante Projekte. Wir gehen oft in den Schulgarten arbeiten. Ich betreue z. B. ein Bienenvolk. Vielleicht werde ich später Bio-Bäuerin.

a) Markiere alle einteiligen Prädikate (Folientechnik).

b) Unterstreiche alle mehrteiligen Prädikate.

> Bei Satz a ist „haben" ein vollständiges Prädikat, „haben" bedeutet hier so viel wie …

3 Erkläre den Unterschied zwischen den Sätzen a und b:

a. Ich habe ein Wörterbuch.   b. Ich habe Zeit.

Wie heißten die Prädikate? Wie kannst du das herausfinden?

Infinitivsätze erkennen und bilden

Infinitivsätze sind verkürzte Nebensätze. Sie enthalten zusätzliche Informationen zum Hauptsatz.

→ Hinweise zu den Merkmalen von Haupt- und Nebensätzen findest du in Wissen und Können, S. 284.

1 Vergleiche die beiden Sätze:

  a. Ich habe mir vorgenommen, dass ich weniger Fleisch esse.

  b. Ich habe mir vorgenommen, weniger Fleisch zu essen.

– Unterstreiche jeweils Hauptsatz und Nebensatz verschiedenfarbig (Folientechnik).

– Worin unterscheiden sich die beiden Nebensätze? Nutze die Hinweise in „Wissen und Können".

WISSEN UND KÖNNEN   ▸   **Infinitivsätze erkennen**

Infinitivsätze sind verkürzte Nebensätze. Sie enthalten kein Subjekt und keine konjugierte Verbform, sondern nur einen Infinitiv und das Wörtchen zu:
Ich habe mir vorgenommen, weniger Fleisch <u>zu essen</u>.
Infinitivsätze können auch durch Konjunktionen wie um, ohne, statt, anstatt, außer **eingeleitet werden:** Sie trainiert täglich, um ihre Leistung <u>zu verbessern</u>.
In diesen Sätzen steht zwischen Haupt- und Infinitivsatz immer ein Komma.
Infinitivsätze kannst du meist in dass-Sätze umformulieren (vgl. die Sätze in Aufgabe 1). Infinitivsätze wirken knapper und eleganter.

2 Was ist hier verboten? Formuliere Infinitivsätze. Achte auf die Kommasetzung.

  Rauchen verboten! – Es ist verboten, ...

3 Überarbeite die Sätze. Formuliere kürzere Infinitivsätze.

  a. Ernährungsexperten empfehlen uns, dass wir weniger Fleisch essen sollen.

  b. Sie raten uns, dass wir auch auf Süßigkeiten verzichten sollen.

  c. Es ist wichtig, dass wir jeden Tag Obst, Gemüse und Salat essen.

  d. Mediziner fordern uns auf, dass wir uns mehr bewegen sollen.

  e. Sport hilft uns, dass wir gesund bleiben und uns fit fühlen.

Subjektsatz und Objektsatz bestimmen

Die Rollen des Subjekts oder Objekts können in machen Sätzen auch durch Nebensätze ausgedrückt werden. Diese Sätze heißen „Subjektsatz" und „Objektsatz".

a. Der Preis dieser Jacke ärgert mich.
b. Dass diese Jacke so viel kostet, ärgert mich.
c. Ich erwarte eine gute Beratung.
d. Ich erwarte, dass ich gut beraten werde.

1 Bestimme in den Sätzen a-d die Satzglieder.
a) Unterstreiche die Subjekte und markiere die Akkusativobjekte (Folientechnik).
b) Was fällt dir auf? Nutze die Hinweise in „Wissen und Können".

> Das Subjekt besteht nicht immer nur aus einem Wort!

> **WISSEN UND KÖNNEN** › **Subjektsatz und Objektsatz erkennen**
>
> Die Position des Subjekts oder eines Objekts wird in machen Satzgefügen durch einen Nebensatz (Subjektsatz oder Objektsatz) ausgedrückt:
>
> 1. Der **Subjektsatz** übernimmt die Rolle des Subjekts:
>   Dass viele faire Kleidung kaufen, ist gut.
>   (Frage: Wer oder was ist gut? Antwort: dass viele faire Kleidung kaufen)
> 2. Der **Objektsatz** übernimmt die Rolle des Objekts:
>   Marken zeigen, dass faire Kleidung auch modisch sein kann.
>   (Frage: Wen oder was zeigen die Marken? Antwort: dass faire Kleidung auch modisch sein kann)
>   Objektsätze sind für die indirekte Rede typisch:
>   Die Hersteller sagen, dass sie fair produzieren.
>   Subjektsätze und Objektsätze werden oft mit der Konjunktion dass, mit W-Fragewörtern (z. B. wer, was, wie) oder mit der Konjunktion ob eingeleitet. Das konjugierte Verb steht wie bei allen Nebensätzen am Satzende.

2 Bestimme in den folgenden Sätzen, ob es sich bei dem Nebensatz um einen Subjektsatz oder einen Objektsatz handelt.
– Unterstreiche die Subjekte und markiere die Akkusativobjekte (Folientechnik).
– Nutze die Hinweise in „Wissen und Können".
a. Dass faire Mode heutzutage sehr aktuell ist, steht inzwischen fest.
b. Wer Kleidung aus Biobaumwolle kauft, unterstützt die Kleinbauern vor Ort.
c. Für viele Käufer ist aber auch wichtig, dass das Kleidungsstück gut aussieht.
d. Junge Käufer wollen auch, dass Mode nicht zu teuer ist.
e. Wer vegane Mode kauft, rettet das Leben von Tieren.
f. Wer biologisch hergestellte Kleidung kauft, kann die Kleidung sogar kompostieren.
g. Viele Käufer geben an, dass sie auch bei fairer Mode auf den Preis achten.

Adverbiale Nebensätze bilden

Adverbiale Bestimmungen können auch durch Nebensätze ausgedrückt werden.

1 Lies den Sachtext und erkläre, warum Wasser so kostbar ist.

Unser täglicher Wasserverbrauch

insgesamt: 127 Liter pro Person

ca. 15 Liter Wäschewaschen

ca. 8 Liter Putzen, Autowaschen und Gartenbewässerung

ca. 11 Liter Sonstiges

ca. 5 Liter Trinken und Kochen

ca. 34 Liter Toilettenspülung

ca. 46 Liter Duschen und Baden

ca. 8 Liter Geschirrspülen

3137EX_16

Wasser: Kostbarer als Gold und Öl

Wasser ist kostbar, …

Warum ist Wasser so wertvoll? Wasser ist wertvoll, weil wir nicht genug Trinkwasser haben. Obwohl 70% der Erde von Wasser bedeckt sind, herrscht Wassermangel. Wasser ist knapp, weil nur 3% davon Trinkwasser sind. Trinkwasser ist aber auch deshalb knapp, weil wir so viel Wasser verschwenden. Wenn wir baden, brauchen wir beispielsweise 150 bis 200 Liter Wasser! Sehr viel Wasser verbrauchen wir auch, wenn wir die Toilettenspülung betätigen.   5
1,1 Milliarden Menschen haben keinen direkten Zugang zu sauberem Trinkwasser, sodass sie Wasser über weite Strecken nach Hause tragen müssen. Während wir einfach den Hahn aufdrehen, laufen in Afrika viele Frauen zum Wasserholen viele Kilometer. Eine Studie geht von einer zunehmenden Wasserknappheit aus, sodass Wasser in Zukunft noch wertvoller sein wird.   10

2 Unterstreiche im Text die Nebensätze (Folientechnik).

WISSEN UND KÖNNEN   **Adverbiale Nebensätze bilden**

Adverbiale Nebensätze enthalten Angaben zum Hauptsatz. Sie sind mit einer Konjunktion mit dem Hauptsatz verbunden. Das konjugierte Verb steht am Satzende. Wir unterscheiden:

- **Temporalsätze** enthalten Angaben zur Zeit: Während wir duschen, verbrauchen wir viel Wasser. (**Konjunktionen:** als, bevor, bis, nachdem, seit, solange, während)
- **Kausalsätze** enthalten eine Begründung: Weil es wenig Trinkwasser auf der Erde gibt, ist Wasser sehr kostbar. (**Konjunktionen:** weil, da)
- **Konzessivsätze** nennen einen Gegengrund: Obwohl Trinkwasser kostbar ist, verschwenden wir viel Wasser. (**Konjunktionen:** obwohl, wenn auch)
- **Konsekutivsätze** geben eine Folge an: Wasser wird immer knapper, sodass es wertvoller als Gold ist. (**Konjunktionen:** dass, sodass)
- **Finalsätze** geben Ziel und Zweck an: Wir müssen Trinkwasser sparen, damit wir in Zukunft genug davon haben. (**Konjunktion:** damit)
- **Konditionalsätze** geben eine Bedingung an: Wenn wir zu viel Wasser verbrauchen, schaden wir der Umwelt. (**Konjunktionen:** wenn, falls)

3 Bestimme die Nebensätze, die du im Text unterstrichen hast, genauer.
  – Nutze dazu die Hinweise in „Wissen und Können" (S. 220).
  – Übertrage und ergänze die Tabelle.

Nebensatz aus dem Text	Konjunktion	Art
..., weil wir nicht genug Trinkwasser haben.	weil	Kausalsatz
Obwohl 70% der Erde ...		

4 Carlo hat einen Text über Wasser in Kenia gelesen und wichtige Informationen zusammengefasst.
  – Seine Sätze stehen oft unverbunden hintereinander. Verbinde die Sätze mit den angegebenen Konjunktionen.
  – Achtung! Wenn du die Sätze verbindest, ändert sich auch die Wortfolge im Satz.
  – An welchen Stellen musst du ein Komma setzen?

6 Kilometer läuft Cheru in Kenia täglich für Wasser

a. Das Mädchen Cheru muss zusammen mit anderen Kindern täglich mehr als sechs Kilometer laufen.
   Ihre Familie hat Wasser. (**damit**)
b. Cheru ist noch ein Kind.
   Cheru muss Wasser schleppen. (**obwohl**)
c. Jeden Morgen nimmt sich Cheru einen Wasserkessel und ihre Schwester Dina einen Kanister. Sie gehen los. (**bevor**)
d. Die Mädchen holen Wasser.
   Das Leben ihrer Familien hängt davon ab. (**weil**)
e. An der Wasserstelle müssen Cheru und Dina warten.
   Sie sind endlich an der Reihe. (**bis**)
f. Das Wasser ist nicht immer sauber.
   Viele Kinder werden krank. (**weil**)
g. Viele Kinder leiden an Durchfallerkrankungen.
   Sie haben schmutziges Wasser getrunken. (**da**)

5 Verbinde auch die folgenden Sätze aus Carlos Text mit passenden Konjunktionen.

Nur 25 Kilometer weiter lebt Kamama.
h. Kamama ist glücklich. In ihrer Gemeinde wurde eine Leitung für sauberes Wasser gelegt.
i. Kamama muss kein Wasser holen.
   Sie kann zur Schule gehen.
j. Eine Wasserleitung wurde verlegt.
   Ihre Eltern können pflanzen und ernten.

Kommasetzung bei Aufzählungen

Eine Aufzählung besteht aus wenigstens drei Wörtern, Wortgruppen oder Sätzen, die aneinandergereiht werden.

Du kannst dir die Texte auf dieser Seite und den nächsten Seiten auch aus dem Medienpool ausdrucken.

1 a) Lies den Anfang der Biografie über Andreas Steinhöfel und markiere die Textstellen (Folientechnik), an denen Informationen aneinandergereiht werden.

b) Was ist an allen Aufzählungen gleich? Ergänze die Sprechblasen.

In den Sätzen werden oft drei Wörter aufgezählt, z. B. ...

Das Komma steht immer ...

Andreas Steinhöfel wurde 1962 in Battenberg geboren. Er arbeitet als Schriftsteller, Drehbuchautor und Übersetzer. Andreas Steinhöfel wollte ursprünglich Lokomotivführer, Tierarzt oder Regisseur werden. Zu seinen Jugendbüchern gehören z. B. *Dirk und ich, Die Mitte der Welt* oder die Reihe
5   *Rico und Oskar.* Steinhöfels Bücher sind witzig, tiefgründig und spannend.

WISSEN UND KÖNNEN ▸ **Kommas bei Aufzählungen setzen**

Bei Aufzählungen werden die einzelnen Bestandteile durch ein Komma getrennt. Enthalten Aufzählungen ein und, oder oder sowie, dann steht davor kein Komma.

1. Aufzählung von Wörtern: Er schreibt Kinderbücher, Jugendbücher, Drehbücher.
2. Aufzählung von Wortgruppen: Ich mag schräge Typen, witzige Figuren, auch wenn sie manchmal schwierig sind.
3. Aufzählung von Sätzen: Er hat Bücher geschrieben, er hat Filmdrehbücher verfasst (,) und mehrere seiner Jugendbücher sind verfilmt worden.

Hier kannst du vor und oder oder ein Komma setzen, um die Gliederung des Satzes deutlich zu machen.

2 Lies die Fortsetzung der Biografie über Andreas Steinhöfel.

– Markiere (Folie) die Stellen, an denen Informationen aneinandergereiht werden.

– Setze bei diesen Aufzählungen die fehlenden Kommas.

Die Buchhelden von Andreas Steinhöfel sind oft Außenseiter Sonderlinge oder schräge Typen, die alle irgendwie „anders" sind. Sie erleben Trauriges Komisches Gefährliches – wie im richtigen Leben. Dabei zeigen sie Mut Stärke und Durchhaltevermögen. Steinhöfels Bücher sind äußerst originell extrem spannend überaus
10   witzig und sehr unterhaltsam. Andreas Steinhöfel ist Autor zahlreicher bekannter und preisgekrönter Kinder- und Jugendbücher: So erhielt er mehrere Male den *Deutschen Jugendliteraturpreis* er wurde mit dem *Erich Kästner-Preis* ausgezeichnet er bekam den *James Krüss-Preis* sowie den *Luchs* des Jahres 2020. Über seinen Buchhelden „Rico" sagte Andreas Steinhöfel einmal in einem Inter-
15   view: „Er ist mir ans Herz gewachsen. Rico ist so emotional so witzig und traurig. Er kriegt die Leute zum Lachen und zum Weinen."

Kommasetzung bei Relativsätzen

Relativsätze sind Nebensätze, mit denen man etwas genauer beschreiben kann.

1 Lies, was die Journalistin Anna Becker über Andreas Steinhöfel schreibt.
a) Unterstreiche die Relativsätze und markiere die Relativpronomen (Folientechnik).
b) Finde heraus, welche Relativsätze eingeschoben sind. Nutze „Wissen und Können".

> Steinhöfel wollte immer Figuren erfinden, die ganz vielen Kindern aus der Seele sprechen. Rico ist vielleicht die Figur, bei der ihm das besonders gut geglückt ist. So erklärt es der Autor, der Lawinen von Post von Kindern erhielt, in einem Interview. Die Jungen und Mädchen, die sein Buch toll finden, nennen dafür oft diesen
> 5 Grund: Endlich fühlt und denkt mal einer so wie ich. Rico ist ein Held, der Fehler machen darf. Rico ist jemand, der von einem Fettnapf in den nächsten tappt und auch noch darin rumspringt. Rico ist vor allem ein Junge, der nicht perfekt ist. Steinhöfel interessiert sich nicht für Musterschüler, die super gute Noten haben. Der Autor schickt eine klare Botschaft, die Mut machen soll, an seine Leserinnen
> 10 und Leser: „Und die von euch, die jetzt mit ihren Fünfen und Sechsen im tiefen Tal der Tränen sind, glaubt mir: Ihr könnt von anderen *Verlierer* genannt werden, aber das Einzige, was ihr nicht machen dürft, ist, nicht mehr an euch selbst zu glauben."

> **WISSEN UND KÖNNEN** ▶ **Kommasetzung bei Relativsätzen**
>
> Relativsätze sind Nebensätze, das konjugierte Verb steht am Satzende. Sie werden durch ein **Relativpronomen** (z. B. der, die, das) eingeleitet und vom Hauptsatz durch ein Komma getrennt, das vor dem Relativpronomen steht: Rico ist ein Junge, der nicht perfekt ist. Ist der Relativsatz in den Hauptsatz eingeschoben, wird er von zwei Kommas eingeschlossen: Der Autor schickt eine Botschaft, die Mut machen soll, an seine Leserinnen und Leser.

2 Lies, was Larissa über „Rico, Oskar und das Mistverständnis" schreibt. Unterstreiche die Relativsätze, setze die fehlenden Kommas (Folientechnik) und begründe sie.

> Weil der Relativsatz in den Hauptsatz eingeschoben ist, muss ich …

> „Rico, Oskar und das Mistverständnis" ist leider das letzte Buch über die zwei Berliner Jungs die dicke Freunde sind: Der tiefbegabte Rico dem immer ein paar Sachen aus dem Gehirn fallen und der hochbegabte Oskar der im täglichen Leben etwas umständlich und ängstlich ist. Zusammen sind sie aber ein tolles Team das
> 5 gemeinsam Kriminalfälle löst. In diesem Buch wird ihre Freundschaft auf die Probe gestellt: Oskar ist auf Rico der sich in Sarah verknallt hat eifersüchtig. Hinzu kommt, dass das Hinterhof-Grundstück das sie und ihre „Gang" als Spielplatz nutzen in Gefahr ist. Oskar vermutet einen Kriminalfall den er aber allein lösen muss, denn Rico spricht nicht mehr mit ihm …

Kommasetzung bei dass-Sätzen

Das Wörtchen dass ist eine Konjunktion und leitet einen Nebensatz ein.
Es verbindet also zwei Sätze, nämlich Hauptsatz und Nebensatz, miteinander.

1 Was bewegt Jugendliche heute? Das wurde in der Sinus-Studie untersucht.
Nele hat die Ergebnisse der Studie zusammengefasst:

Die Experten der Studie führten stundenlange Interviews mit mehr als 70 Jugendlichen. Dass Jugendliche gegen ihre Eltern rebellierten, haben frühere Studien gezeigt. Die neue Studie verdeutlicht dagegen, dass Jugendliche „wie alle" sein möchten.

a) Unterstreiche in den Satzgefügen die Nebensätze mit dass.
b) An welchen Stellen stehen die Kommas? Begründe.
Nutze dazu die Hinweise in „Wissen und Können".

> ### WISSEN UND KÖNNEN   Kommasetzung bei dass-Sätzen
>
> Die **Konjunktion** dass leitet einen Nebensatz ein; das konjugierte Verb steht am Satzende: Frühere Studien haben gezeigt, dass Jugendliche gegen ihre Eltern rebellierten.
>
> Die Konjunktion dass steht häufig nach Hauptsätzen, in denen solche Verben stehen: befürchten, behaupten, betonen, denken, einräumen, hervorheben, hoffen, meinen, sagen, verdeutlichen, warnen, wünschen, zeigen, zugeben …
>
> Nebensätze mit dass werden immer mit einem Komma vom Hauptsatz getrennt. Der Nebensatz kann auch am Anfang stehen: Dass Jugendliche gegen ihre Eltern rebellierten, haben frühere Studien gezeigt.

2 Lies die Fortsetzung von Neles Zusammenfassung. Unterstreiche die Nebensätze mit dass und setze die fehlenden Kommas ein.

Du kannst dir den Text auch anhören. Achte beim Hören darauf, wo die Sprecherin beim dass-Satz eine kleine Pause macht.
→ Medienpool: Neles Zusammenfassung (Audio)

In den Interviews sagen die Jugendlichen dass das Handy für sie ein Begleiter in allen Lebenslagen ist. Dass sie dabei eine enge Beziehung zu ihrem Smartphone aufgebaut haben betonen viele. Sie meinen auch dass sie sich mit dem Handy sicherer fühlen, wenn sie allein unterwegs sind. Erwachsene warnen oft davor dass Jugendliche durch das Handy einsam werden könnten, weil sie weniger Kontakt mit ihren Mitmenschen aufnehmen. Jugendliche selbst behaupten dagegen dass sie ohne digitale Medien sozial verarmen. Dass sich zum ersten Mal auch negative Aspekte des ständigen Vernetztseins zeigten heben die Experten besonders hervor. Viele Jugendliche räumen ein dass Handys auf Partys oder unter Freunden auch nerven würden. Sie denken dass das „Starren aufs Display" und „dauerndes Getippe" mittlerweile auch „uncool" geworden seien.

Kommasetzung in komplexen Satzgefügen

Satzgefüge bestehen aus einem Hauptsatz und einem Nebensatz. Der Nebensatz wird mit einer Konjunktion eingeleitet und kann an verschiedenen Positionen stehen. So entstehen komplexe Satzgefüge, die nicht leicht zu verstehen sind.

1 Lies, was Experten in einer Studie über das Verhalten der Jugendlichen zum Thema „Umweltschutz" herausgefunden haben:

Jugendliche wollen in Zukunft eigentlich nicht auf das Auto verzichten, obwohl sie über andere Fortbewegungsmöglichkeiten nachdenken.

a) Markiere den Nebensatz. Unterstreiche dazu die Konjunktion und das konjugierte Verb (Folientechnik).

b) Sprecht darüber, wo in diesem Satzgefüge das Komma steht.
Nutzt dazu die Hinweise in „Wissen und Können".

c) Forme den Satz so um, dass der Nebensatz einmal nach dem Hauptsatz steht und das andere Mal in den Hauptsatz eingeschoben ist.

WISSEN UND KÖNNEN ▷ **Kommasetzung in komplexen Satzgefügen**

In Satzgefügen steht zwischen dem Hauptsatz und dem Nebensatz ein Komma.
Der Nebensatz kann an verschiedenen Positionen stehen:
- **hinter** dem Hauptsatz (Normalstellung):
  Faire Kleidung ist nicht beliebt, **wenn** sie zu teuer ist.
- **vor** dem Hauptsatz (Spitzenstellung: Der Inhalt des Nebensatzes wird betont):
  Wenn faire Kleidung zu teuer ist, ist sie nicht beliebt.
- in den Hauptsatz **eingeschoben**:
  Faire Kleidung ist, **wenn** sie zu teuer ist, nicht beliebt.

---

2 Setze in den Satzgefügen die fehlenden Kommas ein:

a. Manche Jugendliche sind obwohl der Umweltschutz für sie eine Selbstverständlichkeit ist oft in ihrem Verhalten zu nachlässig und bequem. b. Andere beteiligen sich an Projekten damit Umweltprobleme gemeinsam gelöst werden können.
c. Viele fühlen sich weil das Thema „Umwelt" in der Schule eine so große Rolle spielt über Umweltprobleme sehr gut informiert. d. Wenn sie zu teuer ist können sich Jugendliche für fair hergestellte Kleidung eher weniger begeistern.
e. Die heutigen 13- bis 17-Jährigen wollen weil sie auch auf bestimmte Modemarken und „stylische Klamotten" stehen keine fair hergestellte Kleidung kaufen.
f. Viele sind nachdem in den Medien immer wieder über den Klimawandel berichtet worden ist in großer Sorge.

1 In dem Text „Einblicke in eine Gasdruckregelstation" stecken einige Fehler.

a) Finde möglichst viele Fehler. Unterstreiche sie im Text (Folientechnik).

b) Tauscht euch über das Ergebnis eurer Fehlersuche aus:

- Welche Fehler habt ihr gefunden?
- Bei welchen Wörtern seid ihr noch unsicher, ob sie richtig geschrieben sind?
- Wie seid ihr bei der Fehlersuche vorgegangen?

Einblicke in eine Gasdruckregelstation

Mit Arnulf Book, dem Abteilungsleiter der Stadtwerke, war ich vor Ort
in einer Gasdruckregelstation. „Dieser kleine ziegelbau am Straßenrand hat es in sich", erklerte er mir schon zu beginn. Und dann
führte er mich durch den engen Rum voller blauer Rohrleitungen
und Behelter, Regelarmaturen und Mesanzeigen. Er berichtete das   5
diese Station eine besondere Bedeutung für die Versorgung im
Gasnetz der Stadt hat. Er führte dabei gleichzeitig auch Kontrol-
arbeiten durch. Wir überprüften besonders den Gaßdruck in den
Leitungen. Die durchgeleiteten Mengen werden vom Netzbetreiber
online registriert. Meer berichten konnte Herr Book nicht, denn er musste   10
sich auf das arbeiten konzentrieren. Zum Schluss wurde die Tür wieder
sorgfeltig veriegelt. Das von außen so unscheinbare aussehen, verbarg
also eine Anklage mit hochmodernen Geräten. Das war für mich ein interessanter einblick in eine völlich neue Welt mit sehr fiel Technik.

Hier stimmt was nicht!

Was ist hier falsch?

2 Überprüft den Text auch mit der Rechtschreibprüfung eines Schreibprogramms:

a) Übernehmt den Text aus dem Medienpool auf einen Rechner, den ihr auch beim Schreiben eurer Texte nutzt.

b) Sprecht über das Ergebnis: Was hat euch überrascht?

c) Vergleicht mit dem Ergebnis einer 8. Klasse: Was ist ähnlich wie bei euch?

- Der Rechner findet viele fehlerhafte Wörter.
- Manche Fehler werden nicht angezeigt.
- Ganze Textteile oder Wörter, die im Text unsinnig sind, werden nicht als fehlerhaft markiert.

→ Medienpool:
  Einblicke in eine Gas-
  druckregelstation

3 „Die Rechtschreibprüfung des Schreibprogramms ist eine große Hilfe bei der Fehlersuche." Diskutiert diesen Standpunkt. Begründet eure Meinung mit Beispielen aus eigener Erfahrung.

4 Sven ist auf Fehlersuche im Text auf S. 226. Er nutzt als Hilfe die Hinweise im Methodenkasten. Schau dir genau an, was in den Sprechblasen und im Methodenkasten steht:

- Welche Fragen gehen ihm wohl durch den Kopf? Zu welchen Ergebnissen kommt er?
- Welche Strategien nutzt er dabei?

Gas | druck besteht aus *Gas* und *druck*.

groß, weil: erweiterbar: den normalen ...

Gas mit s, weil: *viele Gase* s-Laut zu Beginn der zweiten Silbe stimmhaft.

k-Laut in *druck* mit ck, weil: Silbengelenk.

Gasdruck

Wir überprüften besonders den Gaßdruck in den Leitungen ...

5 Kontrolliert zu zweit die Rechtschreibung anderer Wörter aus dem Text auf S. 226 oder aus euren eigenen Texten. Nutzt dazu die Angaben im Methodenkasten.

METHODE **Fehler vermeiden – Fehler finden und berichtigen**

Jeden Satz Wort für Wort durchgehen und dabei

- jedes Wort genau anschauen, halblaut und deutlich mitsprechen.
- Fragen im Kopf stellen wie: Laut anders gesprochen als geschrieben? Wort erweiterbar oder umstellbar? Wortgruppe oder Zusammensetzung? Dass-Satz ergänzt was?
- jede schwierige Stelle als mögliche Fehlerquelle markieren.
- mit Rechtschreibstrategien die richtige Schreibweise finden.
- im Zweifelsfall auch Nachschlagehilfen nutzen.
- Fehler berichtigen.

Regelwissen wiederholen und nutzen

→ Nutzt für das Lösen der Aufgaben die Methode „Nachdenken – austauschen – vorstellen", S.289.

1 Auf den folgenden Seiten findet ihr viele Aufgaben zum Wiederholen und Üben wichtiger Rechtschreibregeln, aus denen ihr auswählen könnt.
– Blättert zu zweit die Seiten durch und informiert euch, wozu es Übungen gibt.
– Lasst euch bei der Auswahl beraten.
– Erstellt zu einigen Übungsaufgaben weitere Aufgaben mit anderen Wörtern.
So erweitert ihr auch das Übungsangebot für Mitschülerinnen und Mitschüler.

Erinnere dich!
Wissen und Können,
S. 286

Wann ll, mm, nn ...?

A Jeweils ein Wort passt nicht in die Wortreihe. Schreibe es auf und begründe.
a. der Löffel, bitter, die Rampe, der Schuppen
b. offen, irre, wir ritten, wir sprinten, der Schatten
c. die Silbe, die Winde, der Falke, der Zettel, die Schwester
Bilde ähnliche Reihen für eine Partnerin oder einen Partner.

B Ergänze die Buchstaben l oder ll. Begründe dabei für dich im Kopf.
Welche Rechtschreibstrategien nutzt du dabei?
a. Vor der Ha e ha ten viele Busse.
b. In der Ha e ha ten laute Rufe und ge ten immer wieder gre e Pfiffe.
c. Die Eintrittskarten ge ten nur für diese Veransta tung.

C Welche Schreibung ist jeweils richtig? Streiche die falsche (Folientechnik).
Begründe!
a. es knallt **oder** es knalt?
b. das Stoftier **oder** das Stofftier?
c. gespannt **oder** gespant?

D Notiere die folgenden Wörter. Markiere und begründe alle Verdopplungen.
a. die Schiff|fahrt, die Kunststofffabrik, das Pappplakat ...
b. zer|rüttet, verrottet, enttäuscht, unnütz, aussperren ...
Ergänze beide Reihen mit ähnlichen Wortzusammensetzungen, zerlege sie
und begründe die Verdopplungen.

E Übt zu zweit:
Einer bildet neue Wörter mit Wortstämmen wie TREFF – KNALL – BRENN – FRESS
... und möglichst vielen verschiedenen Suffixen und Präfixen: vortrefflich ...
Der andere ermittelt die Bausteine und zerlegt die Wörter: vor | treff | lich ...
Sprecht gemeinsam über die Rechtschreibung einiger Wörter.

F Finde die Fehler in den Sätzen, markiere (Folientechnik) und berichtige sie.
Nenne Rechtschreibstrategien, die dabei helfen.
a. In einem spanenden Spiel wolte einfach kein Treffer falen. Keiner traff ins Tor.
b. So kamm es, wie es häuffig komt: Es fiel ein Zufalstreffer in letzter Minute.

Bausteine am Wortanfang (Präfixe):
ab-, an-, auf-,
aus-, be-, bei-,
ein-, ent-, er-,
durch-, hinter-,
los-, miss-, mit-,
nach-, über-,
um-, unter-, ver-,
vor-, weg-, zer-,
zu-, zurück- ...

Bausteine am Wortende (Suffixe):
-chen, -heit,
-keit, -lein,
-ling, -nis,
-schaft, -sal,
-tum, -ung ...
-bar, -ig, -haft,
-isch, -lich,
-sam, -voll,
-los ...

Wann tz, wann ck?

Erinnere dich!
Wissen und Können,
S. 286

A Begründe, welches Wort jeweils nicht in die Reihe passt.

a. die Wurzel, die Fratze, die Grenze, die Stelzen

b. der Korken, die Klinke, der Rücken, die Schranke

c. wir stürzen, wir funkeln, wir schwätzen, wir seufzen, wir zanken

B Erkläre das tz und z, das ck und k in den folgenden Wörtern:

flink, stark, der Spuk, der Blick, der Block, stolz, der Pilz, der Sitz, die Pfütze.
Welche Strategien nutzt du?

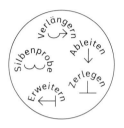

C Erkläre in der Dreckspatz das ck und das tz.
Welche Strategien nutzt du?

D Ergänze die fehlenden Buchstaben z oder tz, k oder ck. Begründe dabei im Kopf.

a. er hei t, es lo t, er fli t, das Hol , der Sto , er win t, der Fun e, die Wur el

b. die Wir lichkeit, der Schmal topf, schmu ig, star , die Kreu ung, die Schau el

c. schre lich, kran , er ni t, die Schau el, der Len drachen, die Spu geschichte

E Übt zu zweit:

– Einer bildet neue Wörter und verwendet dabei Wortstämme wie
PACK – BLICK – GLÜCK – SETZ – NUTZ – SITZ und verbindet sie
mit möglichst vielen verschiedenen Präfixen und Suffixen.

– Der andere ermittelt die Bausteine und zerlegt die Wörter:
die Ver|pack|ung ... ent|setz|lich ...

Präfixe und Suffixe
findest du auf den
Zetteln, S. 228.

F Welche Schreibung ist jeweils die richtige? Streiche die falsche (Folientechnik)
und begründe deine Entscheidung.

a. sie blikt **oder** sie blickt?

b. der Bliz **oder** der Blitz?

c. Holz gehackt **oder** Holz gehakt?

G Markiere alle Wörter mit einem z- oder k-Laut (Folientechnik).
Finde die Fehler in den Sätzen und berichtige sie.
Nenne die Rechtschreibstrategien, die dabei helfen.

a. Nach einem Tanckerunglük verschmuzte auslaufendes Öl den ganzen Strand.

b. Ein schmertzhafter Anblik!

c. Viele halfen mit, den schwartzen Dreck aus dem verdrekten Gefieder der Vögel
zu entfernen.

Erinnere dich!
Wissen und Können,
S. 286

Wann mit s, ss oder ß?

A Schreibe etwa fünf Minuten lang möglichst viele einsilbige Wörter mit einem s-Laut auf. Markiere jeden s-Laut und kontrolliere die Schreibung im Kopf mit einer zweisilbigen Form (Schlüsselwort) oder mit einer Nachschlagehilfe.
er reißt, er liest, der Biss, der Guss, blass, das Gas, der Fuß ...
Setze einige dieser Wörter mit anderen Wörtern zusammen.
das Reißbrett, reißfest, die Reißzwecke ...

Bei Einsilbern hilft oft der Zweisilber!

B Warum schreibt man es fließt mit ß und es floss mit ss?
Warum schreibt man du lässt mit ss und du ließt mit ß?
Warum schreibt man ich las, du liest, du last, er liest immer mit s?
Denke bei *es fließt* an *wir fließen*, bei *floss* an *wir ...*, bei *du lässt* an *wir ...*

C Schreibe die Verben beißen, essen, genießen in unterschiedlichen Zeit- und Personalformen auf. Begründe ihre Schreibung jeweils im Kopf.
du beißt mit ß, weil: *wir beißen*, du *bissest* mit ss, weil: *wir bissen* ...

D Schreibe die folgenden Wörter auf und ergänze in den Wörtern ss oder ß. Begründe dabei für dich im Kopf.
das Flo , das Lo , das Fa , das Gla , bla , der Fu , der Bewei , hä lich, häu lich, der Klo , verlä ich

E Schreibe den Text auf und ergänze s, ss oder ß. Begründe dabei für dich im Kopf.

Wa er ist die Flü igkeit, die auf der Erde am häufigsten vorkommt. Fast drei Viertel der Erdoberfläche ist mit Wa er bedeckt, das sich in einem Krei lauf von Verdunstung, Niederschlag, Flu - und Grundwa er (Sü wa er) sowie Meereswa er (Salzwa er) befindet. Als Ei , Schnee und Hagel bildet es feste Körper; in den Meeren, Seen und Flü en ist es flü ig; als Wa erdampf ist es ga förmig.

Erinnere dich!
Wissen und Können,
S. 286

Wann b, d, g am Wort- oder Silbenende?

A Am Wort- oder Silbenende klingt b wie p, d wie t, g wie k. Lies die folgenden Wörter:
a. lieb, das Kleid, er zeigt, es klebt, gelb, das Lied, rund, streng, er springt
b. bildlich, erfolglos, gelblich, anfänglich, unsagbar, bergab, er schiebt, langsam
Schreibe die Wörter auf und unterstreiche den Problemlaut. Verlängere das Wort im Kopf um eine Silbe und mache hörbar, wie man ihn schreibt.
lieb – mit b, weil: *lieber*, *das Kleid* – mit d, weil: *Kleider*, *zeigt* – mit g, weil: *zeigen* ...

B Oft hilft auch eine Wortform aus der Wortfamilie weiter: der Sand mit d, weil: sandig. Suche auch für die folgenden Wörter eine Wortform, die den markierten Problembuchstaben hörbar macht: die Schuld, der Sprung, selbst, freundlich, wird, es regnet.

C Welche Schreibung ist richtig? Streiche die falsche Schreibung (Folientechnik). Begründe dabei für dich im Kopf: gepflegt – gepflekt, die Feikheit – die Feigheit, die Pfandflasche – die Pfantflasche, der Treipstoff – der Treibstoff, der Einwand – der Einwant, nietlich – niedlich, die Gelbsucht – die Gelpsucht, das Lieplingsbuch – das Lieblingsbuch.

Wörter mit -ig oder -lich?

Erinnere dich! Wissen und Können, S. 286

A In allen Adjektiven der folgenden Wörterreihen hörst du ein l. Jeweils ein Adjektiv passt nicht in die Reihe. Begründe.
Wozu gehört das l – zum Wortstamm oder zum Suffix? Wenn zum Stamm, dann -ig.
a. schriftlich, leserlich, ölig, rötlich, wirklich
b. sachlich, peinlich, männlich, eilig, zierlich
c. kitz(e)lig, üblich, stach(e)lig, knallig, strubb(e)lig

B Bilde aus den folgenden Wörtern Adjektive. Schreibe sie auf und markiere jeweils den Wortstamm und das Suffix unterschiedlich: der Nebel, das Heil, sie kitzeln, sie zappeln, der Stachel. **Was stellst du fest?**

C Warum werden Adjektive wie ölig oder zapp(e)lig mit -ig und nämlich oder peinlich mit -lich geschrieben?

D Streiche die falsche Schreibung in den Wortpaaren durch (Folientechnik) und begründe deine Entscheidung:
freundlich – freundlig   langweilich – langweilig
ziemlig – ziemlich   rötlich – rötlig
kuschelig – kuschelich   schädlig – schädlich
ek(e)lich – ek(e)lig

E Macht zu zweit ein Klopfdiktat: Einer liest die Übungswörter. Der andere gibt immer dann ein Klopfzeichen, wenn in einem Wort -ig geschrieben wird, obwohl ein l zu hören ist. Er schreibt das Wort auf und erklärt das l. Wechselt die Rollen. Ergänze die folgende Wortreihe für das Klopfdiktat mit weiteren Wörtern mit -ig und -lich: drollig, eilig, sachlich, nützlich, stach(e)lig ...

Erinnere dich!
Wissen und Können,
S. 286

Wann ä, wann äu?

A Der Umlaut ä hört sich oft wie ein e an, das äu wie eu. Lies die Wörter mit ä und
   äu: Welchen Laut hörst du? Wie schreibst du ihn?
   a. er fällt, das Gefäß, es fängt an, er behält es, die Fahrräder, schwärzlich ...
   b. bräunlich, enttäuscht, sie läuten, es läuft, sie räumen ab, verträumt, die Zäune ...

B Schreibe die Wortreihen aus Aufgabe A ab: Unterstreiche dabei ä und äu.
   Denke beim Abschreiben der Wörter mit ä an eine andere Form mit a, bei Wörtern
   mit äu an eine andere Form mit au. Bei *er fällt* denke ich an *wir fallen*, bei ... an ...

C Bilde zu einigen Wörtern der Wörterreihen aus Aufgabe A Wortfamilien.
   Schreibe die verwandten Wörter auf. Unterstreiche die Wörter mit a oder au:
   fallen, fällen, fällig, zufällig, der Fall, die Fälle, die Falle, der Fallschirm, ...

D ä oder e? äu oder eu? Streiche in der Markierung den falschen Buchstaben (Folientechnik). Suche nach hilfreichen verwandten Wortformen, auch im Wörterbuch:
   großflä/echig, das Rä/etsel, täu/euer, äu/eußerlich, bedäu/eutend,
   die Beläu/euchtung, die Kräu/euter, sich rä/echen, es läu/eutet,
   sich drä/engeln, etwas erklä/eren, der Bräu/eutigam.

Merkwörter mit besonderen Längezeichen

Erinnere dich!
Wissen und Können,
S. 287

A Die folgenden Wörter haben Schreibbesonderheiten, die man sich merken muss:
   die Beere, die Haare, die Moore, das Fohlen, der Rahmen, die Sahne, die Bühne,
   die Uhren, der Haarschnitt, der Kühlschrank, die Fahrradstraße. Mache die Silbenprobe: Was beobachtest du? Unterstreiche die Schreibbesonderheit (Folientechnik).

B Schreibe die Wörter aus Aufgabe A geordnet nach ihren Schreibbesonderheiten auf
   und unterstreiche jeweils die Merkstelle. Es können in einem Wort mehrere sein.
   Ergänze die Listen mit weiteren Wörtern.

C Präge dir möglichst viele Wörter mit der gleichen Merkstelle ein und schreibe sie
   als Eigendiktat auf.

D Ein Wort passt nicht: das Boot, das Moor, die Not, der Zoo.
   Bilde ähnliche Wortreihen. Eine Partnerin oder ein Partner soll jeweils das Wort
   finden, das nicht passt, und die Entscheidung begründen.

E Bilde Sätze mit vielen Merkwörtern. Nutze sie für ein Eigen- oder Partnerdiktat.

Wörter mit ent oder end?

Erinnere dich!
Wissen und Können,
S. 287

A Schreibe möglichst viele Wörter mit End-/end- und dem Präfix Ent-/ent- auf.
Nutze dazu auch das Wörterbuch. Markiere jeweils die Wortbausteine.

B Schreibe die folgenden Sätze richtig auf. Entscheide, ob du in die Lücken ein d
oder ein t setzen musst.

 a. Die En scheidung fiel en gültig in der En phase.

 b. Mit großer En schlossenheit setzte er zu einem tollen En spurt an.

 c. Das En ergebnis am En e der Saison ist im En effekt eine tolle En wicklung.

Groß oder klein?

Erinnere dich!
Wissen und Können,
S. 287

A Warum schreibt man kochen und essen in den folgenden Sätzen mal klein, mal groß?

 a. Wir kochen und essen gern gemeinsam.

 b. Beim Essen unterhalten wir uns dann über das gemeinsame Kochen.

B Schreibe den Text in richtiger Groß- und Kleinschreibung ab.
Kontrolliert eure Texte zu zweit.

Mathematik zum einparken

Eine britische Mathematikerin hat eine formel zum perfekten einparken
entwickelt. Ihre komplizierte gleichung verrät dem einparkenden autofahrer
immer schon vor dem einparken, ob ein einparkversuch die mühe wert ist.
Das ausrechnen dürfte für den laien allerdings so viel zeit in anspruch nehmen,
dass die ersehnte parklücke dann schon weg sein könnte.

Fehler vermeiden – Fehler finden und berichtigen

A Finde und berichtige die Rechtschreibfehler in dem folgenden Text.

B Welche Strategien haben dir geholfen? Nenne Beispiele.

Ich mache mir in lezter Zeit immer mehr Gedancken über die Berufsausbildung,
die für mich in drei Jahren anfengt. Mein Beruf muß mir vor allem freude machen.
Mein erstes praktikum möchte ich im nächsten Jahr in einer größeren Lebens-
mitelfabrik machen. Während des Praktikums bekomme ich hofentlich einen
guten überblick über möklichst viele berufe, die mann in einer Lebensmittelfabrik
erlehrnen kan. Vielleicht endere ich meine Plene und mache das Praktikum bei
den Gebeudereingern. Ich hofe, dass ich dannach nicht meer so hilfloss vor der
berufsendscheidung stehe, die ich über kurtz oder lank treffen mus.

Rechtschreiben gemeinsam üben

1 Übt gemeinsam mit der **Placemat**-Methode.

a) Lest in „Wissen und Können" (S. 289) noch einmal nach, wie die Placemat-Metho-de funktioniert und was ihr dabei beachten und vorbereiten müsst.

b) Bereitet die gemeinsame Übung vor:
   – Setzt euch in Dreier- oder Vierergruppen zusammen und einigt euch auf ein Thema:

Wann s, ss, ß?

Wann Wörter mit ll, mm, nn?

Wann groß oder klein?

Wann mit ä und mit äu?

Wann mit b, d, g?

Wann *dass*?

...

   – Legt ein Placemat mit vier Einzelfeldern und einem Gemeinschaftsfeld an.

c) Beachtet die Angaben zum Ablauf der Rechtschreibübung im Methodenkasten.

d) Sprecht nach der Übung darüber, was euch gelungen ist und was ihr ändern wollt.

METHODE   **Rechtschreiben üben mit der Placemat-Methode**

Übt zu einem Rechtschreibthema in drei Schritten:

1. Jedes Gruppenmitglied schreibt in das Feld, das vor ihm liegt, seine Lösungen und Gedanken zu Fragen wie:

  – Was hört man? Wie schreibt man?

  – Warum mit ... und nicht mit ...?

  – Welches verwandte Wort wird auch so geschrieben?

  – Welche Strategien helfen weiter?

2. Findet eine gemeinsame Antwort:

  – Tauscht euch darüber aus, was ihr notiert und herausgefunden habt. Das Placemat wird dabei im Uhrzeigersinn gedreht, sodass alle die Notizen der anderen lesen können.

  – Das gemeinsame Ergebnis wird in dem Gemein-schaftsfeld in der Mitte notiert.

3. Stellt euer Ergebnis anderen Gruppen vor und diskutiert mit ihnen darüber. Nutzt dazu eure Notizen aus dem Gemeinschaftsfeld.

2 Übt gemeinsam mit der Methode **Rechtschreiblesen**.

a) Lernt die Methode kennen. Nutzt dazu den Übungstext und den Methodenkasten.

In der letzten Übungsstunde berichtete ich in einem Kurzreferat über meine Steinsammlung. Viele wollten etwas über sie erfahren. Ich hatte mich vorher gut auf meinen Kurzvortrag vorbereitet. Trotzdem war ich am Anfang sehr nervös. Das änderte sich aber schnell, da keiner dumme Bemerkungen oder Witze machte. Einige stellten auch zwischendurch Fragen. Sie wollten noch mehr Einzelheiten wissen. Als alle am Ende des Vortrags klatschten, war ich mächtig stolz. Auch mein Lehrer war überrascht über meine Leistung und lobte meinen Vortrag. Ich hatte eine Menge gewusst.

b) Sucht für eurer Rechtschreiblesen Texte aus. Das können Texte aus Zeitschriften, Zeitungen oder aus den Schulbüchern anderer Fächer sein. Sie sollen für das Rechtschreiblesen möglichst fehlerfrei sein, damit ihr von der richtigen Schreibweise lernen könnt. Wenn ihr trotzdem Fehler findet, berichtigt sie.

c) Führt das Rechtschreiblesen mit einem der ausgesuchten Texte durch.

▶ Ihr könnt euch auch zu Experten für bestimmte Rechtschreibprobleme und Strategien machen. Legt dazu fest, wer für welche Rechtschreibprobleme und Strategien zuständig sein soll. Die Aufgaben könnt ihr nach einer gewissen Zeit neu verteilen.

METHODE ▶ **Rechtschreiben üben mit dem Rechtschreiblesen**

Das **Rechtschreiblesen** könnt ihr zu zweit, in kleinen Gruppen oder mit der gesamten Lerngruppe durchführen. Es kann jederzeit unterbrochen und später fortgesetzt werden. So könnt ihr beim Rechtschreiblesen auf mögliche Fehlerquellen aufmerksam werden:

1. Einigt euch auf einen Übungstext.

2. Alle Beteiligten lesen zunächst den Übungstext.

3. Danach beginnt das Rechtschreiblesen:

- Der erste Satz wird laut vorgelesen.
- Wer will, nennt ein Wort oder eine Wortgruppe und begründet, welche Schwierigkeit es beim Schreiben des Wortes geben könnte.
- Diese Stelle wird im Wort markiert.

4. Mithilfe einer oder mehrerer Rechtschreibstrategien wird ausprobiert und im Gespräch erklärt, wie sich ein Fehler an der markierten Stelle vermeiden lässt.

5. So wird der Text Satz für Satz und Wort für Wort durchgegangen.

Auf die Wortbedeutung achten

1 a) Lies, was sich Joana und Björn mitteilen. Worum geht es?

b) Unterstreiche in den Sätzen wieder und wider (Folientechnik).
Was fällt dir dabei auf? Sprich mit einer Partnerin oder einem Partner darüber.

Liebe Joana,
als Sprecher der Umwelt-AG wiederhole ich noch mal meinen Standpunkt, dass wir auch in diesem Jahr für die Schule den Umweltpreis wiederholen sollten. Wir könnten dazu die Idee zur Aktion „Nur mit dem Fahrrad zur Schule" wiederbeleben. Am besten besprechen wir wieder bei der nächsten SV-Sitzung, wie das am besten ablaufen könnte.

Hallo Björn,
ich widerspreche dir ungern, weil ich den Umweltpreis wichtig finde. Aber ich habe mit den anderen von der SV gesprochen und möchte dir erwidern, dass so eine Aktion gar nicht möglich ist. Bei meinem Widerspruch denke ich vor allem an die Schülerinnen und Schüler aus den weiter entfernten Nachbarorten. Das Ganze wird sicher auch am Widerstand der Eltern scheitern.
Viele Grüße
Joana

2 Versuche mit eigenen Worten zu erklären, was diese Wörter in den Sätzen jeweils bedeuten. Lies dazu auch die Hinweise im Wissen-und-Können-Kasten.

wiederholen: den Standpunkt noch einmal sagen, ...

widersprechen: dagegen sprechen, ...

> **WISSEN UND KÖNNEN**   **Wann wieder, wann wider?**
>
> Wörter mit wieder und wider werden gleich ausgesprochen, haben aber eine unterschiedliche Bedeutung:
> - **wieder** wird im Sinne von *noch einmal, nochmals, erneut* verwendet:
>   Kannst du die Ansicht wiederholen? → Kannst du die Ansicht noch einmal sagen?
> - **wider** bedeutet *gegen, entgegen*: Ich werde dieser Ansicht widersprechen.
>   → Ich werde gegen diese Meinung sprechen.

3 a) Füge in den Wörtern ie oder i ein und schreibe die Sätze richtig auf.

a. Keine W_derworte!

b. Das w_derholte die Schiedsrichterin immer w_der.

c. Das Training macht w_der Spaß.

d. Das wird durch unsere Leistung nicht w_derlegt.

b) Erkläre die Schreibung des i-Lautes mit eigenen Worten.

Widerworte mit i: etwas gegen die Entscheidung sagen, wiederholte mit ie: ...

4 Arbeitet zu zweit. In jedem der folgenden Satzpaare kommen Wörter vor, bei denen es leicht zu Verwechslungen kommt und die deshalb oft falsch geschrieben werden.

→ *Medienpool: Übungssätze*

a) Markiert die Wörter (Folientechnik). Welches Problem taucht auf?

b) Überlegt, was man tun kann, um die Rechtschreibschwierigkeit zu lösen.

c) Überprüft, ob euch Nachschlagehilfen und die Rechtschreibkontrolle eines Schreibprogramms hier weiterhelfen.

    a. Man braucht viel Zeit, um einem Papagei das Sprechen beizubringen.
       Schon mancher Reiter fiel vom Pferd.

    b. Früher wurden Sklaven wie eine Ware gehandelt.
       Auch eine spannende Geschichte kann eine wahre Geschichte sein.

    c. Andorra ist ein europäischer Staat.
       In diesem Restaurant isst man besonders gut.

    d. Zu *Mann* gibt es einen Plural.
       Zu dem Wörtchen *man* kann man keinen Plural bilden.

5 Das Rechtschreibprogramm zeigt in den folgenden Sätzen keine fehlerhafte Stelle an, obwohl Fehler vorhanden sind. Finde die Fehler und berichtige sie. Achte bei der Fehlersuche auf die Wortbedeutung und nutze Nachschlagehilfen.

    a. Hoch über der alten Lerche singt eine Lerche ihr Lied.

    b. Die Beeren in den Wäldern ernähren sich auch von Beeren.

    c. Wir brauchen die Boote auf den Kanälen, damit der Boote auch
       auf dem Wasserweg die Post zustellen kann.

    d. Die Mühle malt das Korn und der Künstler malt die Mühle.

    e. Das Meer überflutet das Land immer meer.

6 Schreibe die Sätze auf den Zetteln richtig auf: Setze in die Lücke die passende Wortergänzung ein und begründe deine Lösung. Nutze das Wörterbuch zur Kontrolle.

Stiel oder Stil?

    a. Dieser Bau   gefällt mir.

    b. Er hat einen flüssigen Schreib .

    c. Der Besen   ist ihm durchgebrochen.

    d. Der Blumen , der Kirsch , der Apfel   und der Blatt   sind Pflanzenstängel.

Mal oder Mahl?

    a. Das Denk   steht mitten auf dem Marktplatz.

    b. Die zeit ist das Essen, das zu einer bestimmter Tageszeit gegessen wird.

    c. Am Oberarm hat er ein Mutter .

    d. Ich sage es nun schon zum dritten . Beim nächsten   ist endgültig
       Schluss.

Fremdwörter richtig schreiben – Merkstellen erkennen

Aber Kind! Du hattest dir doch ein Tablett gewünscht?!

1 Worin besteht der Witz? Schau dir die Illustration genau an und tausche dich mit anderen aus.

2 Berichtet und sprecht auch darüber:
– Wo begegnen euch im Alltag Fremdwörter?
– Woran erkennt ihr Fremdwörter?

3 Wenn man unsicher ist, wie ein Fremdwort z. B. ausgesprochen oder geschrieben wird, kann man sich in einem Wörterbuch informieren.

a) Schaut euch zu zweit den folgenden Wörterbucheintrag an und sprecht darüber:
– Welche Informationen erhaltet ihr?
– Was bedeuten die Abkürzungen?

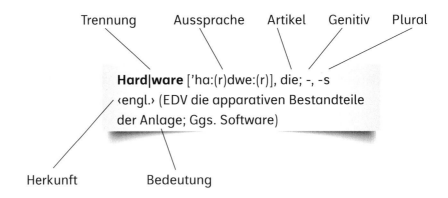

b) Macht zu zweit einen Durchgang durch das eigene Wörterbuch und sucht nach Fremdwörtern. Unterhaltet euch dabei über alles, was euch auffällt, und macht euch Notizen. Stellt euch auch Aufgaben und Fragen wie:
– Zu welchem Präfix gibt es besonders viele Fremdwörter?
– Welche Wörter lassen sich besonders schwer aussprechen?
– Welches Nomen hat mehrere Pluralendungen und Trennmöglichkeiten?
– Zu welchem Wort gibt es eine zweite Schreibweise (Variante)?

c) Tauscht euch mit anderen Partnergruppen aus. Nutzt eure Notizen.

4 Im folgenden Text sind alle Fremdwörter falsch geschrieben.
- Schreibe die Fremdwörter so auf, wie du sie schreiben würdest.
- Kontrolliere deine Schreibung mit Nachschlagehilfen. Berichtige, falls nötig.

> **Redaktör kritisiert Interviu mit Promminentem**
> Der Redaktör hat in der Printwersion des Artickels das Interviu mit dem
> Promminenten nicht abgedruckt. In seiner Kolummne kritisiert er den
> Streamindienst, der einen Film von ihm anbietet. Er meint, dass besonders
> die ungewöhnlichen Kameraperspektieven zu einer Mannipulation der
> Zuschauer führen. Außerdem werde die Reallität durch übertriebenen
> Einsatz der Bildbearbeitungssoftwär verfälscht.

5 Arbeitet zu zweit. Untersucht die Wörter auf den Zetteln mit den Aufgaben a)-d).
- Nutzt Nachschlagehilfen.
- Notiert, was ihr entdeckt.
- Sprecht mit anderen Partnergruppen über eure Entdeckungen. Nutzt eure Notizen.

a) Welche Laute in den Wörtern auf dem grünen Zettel hören sich fremd an?
- Schreibt die Wörter auf und markiert die Stelle im Wort.
  die Lyrik, ...
- Lest die Wörter laut. Worin unterscheiden sie sich in Aussprache und
  Schreibung von deutschen Wörtern? Überprüft die Aussprache auch mit
  Nachschlagehilfen.

> die Lyrik, die Tour,
> der Kakao, das Baby,
> der Chef, das Theater,
> der Jongleur ...

b) Welche Buchstaben/Buchstabenverbindungen in den Wörtern auf dem
   blauen Zettel sehen für euch „fremd" aus? Markiert sie (Folientechnik).
- Schreibt sie nach ihren Besonderheiten geordnet in Wortlisten auf.
  die Apotheke, ...
  die Metapher, ...
  ...
- Ergänzt die Wörterlisten mit weiteren Wörtern.
  Markiert die Schreibbesonderheit.

> die Apotheke, der Athlet,
> die Metapher, das
> Mikrophon, der Phosphor,
> die Physik, der Rhabarber,
> der Rhythmus,
> das Thermometer,
> der Thymian ...

c) Die Wortbausteine auf dem gelben Zettel findet ihr am Wortanfang in
   Fremdwörtern und auch in deutschen Wörtern.
- Sucht Beispiele in euren Schulbüchern und mit Nachschlagehilfen.
  Schreibt sie auf und markiert sie.
  der Antialkoholiker, ...
- Erklärt die Bedeutung dieser Wortbausteine.
  anti (gegen), ...

> Anti-/anti-, Bio-/bio-,
> Contra-/contra-,
> Hyper-/hyper-, Inter-/
> inter-, Mega-/mega-,
> Neo-/neo-, Light-/light-,
> Öko-/öko-, Prä-/prä-,
> Soft-/soft-, Super-/super-

-ie, -iker, -ion, -ik, -ismus, -ist
-ität, -or, -at, -ant, -and, ...

-al, -iv, -iell, - ös, -bel, -istisch,
- os, -ual ...

-ier, isier ...

die Amphibien, der Apostroph,
die Apotheke, der Delphin,
die Geographie, das Ghetto,
der Joghurt, das Mikrophon,
der Phosphor, die Photographie,
die Physik, der Rhythmus,
die Spaghetti, das Thema,
der Thron, der Thunfisch

d) Auf dem roten Zettel stehen einige typische Bausteine,
wie sie am Ende in Fremdwörtern vorkommen.
– Übernehmt die Tabelle und ergänzt sie mit weiteren
Beispielen. Unterstreicht die Bausteine.

Nomen	Adjektive	Verben
der Elektriker	brutal	demonstrieren
der Direktor	naiv	...
die Physik	dubios	
...	nervös	

6 Untersucht zu zweit die Wörter auf dem Zettel. Macht euch Notizen.
  a) Unterstreicht die Stelle in den Wörtern, die für euch „fremd" ist.
     Begründet.
  b) Versucht die Wörter zu finden, zu denen es eine weitere Schreib-
     weise (Variante) gibt, und schreibt sie auf. Es sind acht.
  c) Diskutiert, welche Schreibweise ihr weiter nutzen wollt.
     Unterstreicht sie.
  d) Sucht im Wörterbuch nach weiteren Fremdwörtern mit einer
     Schreibvariante. Was stellt ihr bei eurer Suche fest?

7 a) Sammelt Fremdwörter - auch in anderen Fächern und Schulbüchern.
       Denkt über ihre Schreibweise nach.
    b) Übt mit den Wörtern. Wählt dazu aus den folgenden Übungen **A – H** aus.
       Nutzt eine Nachschlagehilfe.
    c) Ändert Übungen und erfindet neue. Ergänzt so die Sammlung.

> **A** Erklärt die Bedeutung der Frendwörter mit eigenen Worten.
> **B** Überprüft, ob es Wörter mit einer weiteren Schreibweise gibt.
>   Notiert beide. Unterstreicht die, die ihr nutzen wollt.
> **C** Sortiert die Fremdwörter, z. B. nach Nomen, Verben und Adjektiven
>   oder nach ihren Schreibauffälligkeiten am Anfang und am Ende.
> **D** Stellt zu einigen Wörtern Wortfamilien zusammen.
>   Vergleicht die Schreibung der Wörter, was stellt ihr fest?
> **E** Setzt einige Fremdwörter mit deutschen Wörtern zusammen.
>   Unterstreicht das Fremdwort. das Physikbuch, ...
> **F** Verwendet die Fremdwörter in Sätzen.
> **G** Diktiert euch Wörter, in denen Laute durch andere Buchstaben
>   geschrieben werden als im Deutschen.
> **H** Wählt Wörter aus, die für euch wichtig sind, und führt über sie
>   Rechtschreibgespräche.

Über den Gebrauch von Fremdwörtern nachdenken

1 Lies den folgenden Text über den Besuch einer Musikveranstaltung:

Open Air-Event im Stadion

Endlich habe ich eines der limitierten Tickets für die Liveshow im
Weststadion ergattert! Aber ich muss zunächst mal mit Tausenden von
anderen Fans durch die Security-Kontrolle am Einlass. Schließlich finde
ich meinen Platz im Stadion. Die Atmosphäre im Publikum ist ange-
5 spannt. Als endlich in einer gigantischen Lightshow meine
Lieblingsband „Airco" auf die Bühne kommt, begrüßt sie frenetischer
Beifall. Frontmann Elco eröffnet das Intro und zaubert mit seiner Lead-
gitarre ein fantastisches Solo voll rockender Dynamik. Die Playlist für die
weitere Session ist völlig neu zusammengestellt, aber auch einzelne
10 altbekannte Tracks treiben die Fans zu enthusiastischem Applaus.
Ich werde von dem Hype mitgerissen. Solch eine Liveshow ist doch
etwas ganz anderes als ein Filmmitschnitt auf einem Videokanal!

2 Welche Wörter sind für euch „fremd"? Überlegt zu zweit und markiert (Folientechnik):
– Welche Wörter haben Buchstaben oder Buchstabenverbindungen,
   die es in deutschen Wörtern nicht gibt?
– Welchen Wörtern hört man an, dass sie anders sind, weil sie in der Aussprache
   von deutschen Wörtern abweichen?

3 Findet für die Fremdwörter im Text eine deutsche Bedeutung. Nutzt Nachschlagehilfen. Versucht möglichst viele Fremdwörter im Text zu ersetzen.

4 Tauscht euch aus und diskutiert:
– Wann würdet ihr die Übersetzung verwenden und wann nicht?
– Wie verändert sich dadurch die Wirkung des Textes?

5 In dem folgenden Text steht an einigen Stellen mal ein Fremdwort,
mal ein deutsches Wort zur Auswahl. Begründe im Gespräch, für welches Wort
du dich jeweils entscheiden würdest.

Für meinen Cousin/Vetter sind Annoncen/Anzeigen in Printmedien/
Zeitungen substanzielle/wesentliche Hilfen bei seinem Hobby/Steckenpferd.
Sie werden von vielen Abonnenten/Dauerbeziehern der Zeitung gelesen und
erzielen so eine hohe Effektivität/Wirkungskraft. Das Inserat/die Anzeige,
mit der er sein Mountainbike/Fahrrad für die Berge verkaufen wollte, sorgte
für eine exorbitante/gewaltige Zahl an Anfragen interessierter Käufer.

Abkürzungen richtig schreiben

1 Schaut die beiden Anzeigen genau an. Sprecht darüber:
Was fällt sofort auf? Welche würdet ihr verwenden? Diskutiert es.

> **Zu verkaufen**
> Mountainbike Racerider, Farbe Rot- und Silbermetallic, Rahmenhöhe 40 Zentimeter, Shivas Kettenschaltung, hydraulische Felgenbremsen, neuwertig (circa ein halbes Jahr Restgarantie) mit reichlich Zubehör: Getränkehalter, Schutzblech vorne und hinten und vieles mehr. Achtung: keine Ausstattung nach Straßenverkehrszulassungsordnung!

> **Zu verkaufen**
> Mountainbike Racerider, Farbe Rot- und Silbermetall., Rahmenh. 40 cm, Shivas Kettensch., hydraul. Felgenbr., neuw. (ca. ein halbes Jahr Restgar.) mit reichl. Zubehör: Getränkeh., Schutzbl. v. u. h. uvm. Achtung: keine Ausstatt. nach StVZo!

USA	usw.
Pkw	bzw.
km	vgl.
SPD	d. h.
WC	Abk.
TÜV	z. B.
ABC	max.
SOS	u. a.
S	s. o.

2 a) Finde heraus, was die Abkürzungen auf dem grünen Zettel bedeuten.
   b) Zu welcher der beiden folgenden Gruppen gehören sie?
      a. buchstabiert gesprochen
      b. als vollständiges Wort gesprochen
   c) Ergänzt beide Gruppen a und b mit eigenen Beispielen.

3 Hinter machen Abkürzungen auf dem Zettel steht ein Punkt, hinter anderen fehlt er.
Wann wird ein solcher Punkt gesetzt, wann nicht?
– Lies die Abkürzungen laut.
– Formuliere, was dir auffällt. Vergleiche es mit den Angaben im Wissen-und-Können-Kasten (S. 243).

4 Ersetze die unterstrichenen Wörter in den Sätzen a und b durch Abkürzungen.
Überprüfe deine Lösung mit einer Nachschlagehilfe.
   a. Früher wurde die Leistungsstärke von Motoren in Pferdestärke ausgedrückt.
      Heute verwendet man zur Angabe der Leistung Kilowatt.
   b. Am 1. Januar 2000 hat das 21. Jahrhundert begonnen.
      Das 20. Jahrhundert dauerte von 1900 bis zum Jahre 1999.

5 Untersucht Kleinanzeigen in Zeitungen und Zeitschriften:
– Warum kommen Abkürzungen in Kleinanzeigen besonders häufig vor?
– Welche sind gut verständlich, welche nicht?

6 Arbeitet zu zweit. Wählt aus:

A Macht Vorschläge für eine Abkürzung, z. B. zu Fachbegriffen aus dem Schulalltag, aus der Freizeit, zu Gebäuden deines Wohnortes. Überprüft die Schreibweise mit den Hinweisen im Wissen-und-Können-Kasten.

B Entwerft eine Kleinanzeige und bietet darin einen Gegenstand zum Verkauf an. Fasst euch kurz und verwendet Abkürzungen, die jeder verstehen kann. Diskutiert eure Vorschläge.

C Findet an folgenden Beispielen heraus, wie Abkürzungen gebildet werden:

SV:	Abkürzung für Sportverein
ICE:	Abkürzung für Intercityexpresszug
LKW, auch **Lkw:**	Abkürzung für Lastkraftwagen
Gew.:	Abkürzung für Gewicht
Sa.:	Abkürzung für Samstag

a) Vergleicht Abkürzung und abgekürztes Wort:
   – Was bleibt vom Wort übrig? Markiere es (Folientechnik).
   – Wird die Abkürzung als Abkürzung oder im vollen Wortlaut gelesen?
b) Notiert, was ihr herausgefunden habt.
c) Sucht für eure Entdeckung weitere Beispiele. Nutzt ein Wörterbuch.
d) Vergleicht es mit dem Ergebnis anderer Partnergruppen.

WISSEN UND KÖNNEN ▶ **Abkürzungen mit und ohne Punkt**

1. Werden Abkürzungen als **Abkürzung gesprochen**, steht meistens kein Punkt:
   Ufo, Lkw, USA, ARD, ZDF.

2. Bei Abkürzungen für **Maßeinheiten** in Naturwissenschaften und Technik, für **Himmelsrichtungen** und für bestimmte **Währungseinheiten** setzt man meistens keinen Punkt:
   km (für: Kilometer), g (für: Gramm), W (für: Watt), NO (für: Nordosten), CAD (für: Kanadischer Dollar).

3. Abkürzungen, die **in vollem Wortlaut gesprochen** werden, werden dagegen mit einem Punkt geschrieben:
   Abk. (Abkürzung), usw. (und so weiter), z. B. (zum Beispiel), u. a. (unter anderem).
   Sie werden zur Unterscheidung Kurzwörter genannt.

Groß oder klein? Nominale Kerne im Satz finden

Erinnere dich!
Wissen und Können,
S. 287/288

→ Medienpool:
Wegwerfen vermeiden!

1 Nur die Satzanfänge sind im folgenden Text großgeschrieben.

a) Finde die Wörter (nominalen Kerne), die außerdem großgeschrieben werden müssen.
Unterstreiche sie (Folientechnik) und berichtige sie.
Wenn du unsicher bist, nutze die Ergänzungs- und Umstellprobe.

b) Vergleiche deine Ergebnisse mit einer Partnerin oder einem Partner.

Wegwerfen vermeiden!

Es gibt zurzeit aufgeregte diskussionen, wie man das wegwerfen
von essensresten aus der schulmensa vermeiden kann. Aber ich
finde, es lohnt sich auch das nachdenken darüber, wie wir alle im
alltag lebensmittel retten können. Manche reste vom essen des
Vortags können durchaus noch weiterverwendet werden. Gekoch-   5
ten reis kann man zum beispiel mit kleingeschnittenem gemüse
in der pfanne knusprig anbraten. Manche meinen, dass verpackte
lebensmittel mit abgelaufenem mindesthaltbarkeitsdatum nicht
mehr essbar sind. Aber man kann durch sehen, riechen und
schmecken beurteilen, ob ein produkt noch genießbar ist. Aber   10
das wichtigste ist: Nie mit hunger einkäufe machen und immer
mit einer vorbereiteten liste, damit man nur das nötige kauft.

2 Forme die Sätze a – f so um, dass die unterstrichenen Wörter großgeschrieben werden.

– Im Zweifelsfall mache die Ergänzungsprobe im Kopf.

– Kontrolliere anschließend die Rechtschreibung im Gespräch mit anderen.

a. Ich brauche viel Zeit, um die Aufgaben zu lösen. → Zum Lösen ...

b. Wenn ich Vokabeln lerne, brauche ich viel Ruhe. → Beim ...

c. Er war sehr müde, nachdem er lange im Stadion trainiert hatte. → ...

d. Als er lachen musste, hat er sich verraten. → ...

e. Wenn sie trinkt, bekommt sie oft einen Schluckauf. → ...

f. Um einen Text zu schreiben, nutze ich meistens mein Tablet. → ...

3 Nicht immer zeigt ein Adjektiv eine Großschreibung an. Das Adjektiv ist dann ein
eigenständiges Satzglied und allein umstellbar.

a) Probiere es an den Beispielen a – c aus. Schreibe einige Umstellmöglichkeiten auf.

b) Finde zu jedem Beispiel drei weitere und schreibt sie auf. Führe dabei die Umstellprobe im Kopf durch. Kontrolliere die Rechtschreibung im Gespräch mit anderen.

a. **Besser treffen** wir uns auf der Skaterbahn als im Schwimmbad.

b. Das sollten wir **lieber lassen**.

c. Meine Freundin kann auf Skatern **gut fahren**.

4 Nicht immer folgt dem Adjektiv der nominale Kern. Er kann eingespart sein.

a) Schaut euch zu zweit die folgenden Sätze genau an. Schreibt sie richtig auf. Beachtet dabei die Hinweise im Wissen-und-Können-Kasten. Stellt mit Pfeilen die Beziehung zwischen dem Adjektiv und dem eingesparten Wort her.

b) Ergänzt drei ähnliche Sätze.

Wir nehmen das bunteste Foto für den Sommer und das stimmungsvollste für den Dezember.
Ein winterliches Motiv muss man sofort erkennen und auch ein herbstliches.
Für den Februar ist ein karnevalistisches Bild gut geeignet, für den Dezember ein ruhiges, für den Mai ein lebendiges.
Für den Juli brauchen wir eine farbige Abbildung, für den Januar kann es auch eine schwarzweiße sein.

> **WISSEN UND KÖNNEN** **Den nominalen Kern nach einem Adjektiv einsparen**
>
> Manchmal wird im Satz das Wort (der nominale Kern) nach einem Adjektiv eingespart. Das Wort ist dann schon vorher aufgeschrieben. Unnötige Wiederholungen werden so vermieden. Das eingesparte Wort kannst du dir hinzudenken. Das Adjektiv als Ergänzung zum eingesparten Wort wird natürlich kleingeschrieben:
>
> (Die unangenehmen Aufgaben) erledige ich zuerst, (die angenehmen) mache ich später.

5 Schreibe die folgenden Sätze ohne störende Wiederholungen auf. Beachte die Groß- und Kleinschreibung. Kontrolliere gemeinsam mit einem Partner oder einer Partnerin.

a. Ich habe mir gerade die neusten Stiefel angeschaut, die roten und grünen Stiefel waren die coolsten Stiefel.

b. Du bist wahrscheinlich für eine bunte Regenjacke. Ich habe eine gelbe Regenjacke mitgenommen.

c. Du hast ja vor kurzem deine rote Regenjacke im Zug liegen lassen. Willst du dir nicht auch noch eine gelbe Regenjacke als Ersatz für deine rote Regenjacke kaufen? Noch gibt es sie.

6 Begründe im Gespräch die Groß- und Kleinschreibung in den folgenden Sätzen.

a. Die Alten sind oft lauter als die Jungen.
Die alten Menschen sind oft lauter als die jungen.

b. Im Tierreich fressen die Starken und Gesunden die Schwachen und Kranken.
Die starken und gesunden Tiere fressen die schwachen und kranken.

Erinnere dich!
Wissen und Können,
S. 288

7 In dem folgenden Text zeigen unbestimmte Zahlwörter wie viel, wenig, nichts, alles, manches, allerlei an, dass das folgende Wort großgeschrieben werden muss. Es hat dann eine Endung. Aufgepasst, wenn die Endung fehlt, wird kleingeschrieben!

a) Finde diese Wörter, unterstreiche (Folientechnik) und berichtige sie.

b) Kontrolliere deine Ergebnisse mit einer Partnerin oder einem Partner.

Beim Abschlussgespräch zu unseren Berufserkundungen zeigte sich, dass es unterschiedliche Erfahrungen gab: Fast alle hatten etwas erfreuliches und auch allerlei aufregendes erlebt. Aber es gab auch viel unerfreuliches und wenig aufregendes zu berichten. So musste jemand fast nur allerlei langweiliges   5
machen und fast nur aufräumen und ausfegen. Andere haben allerdings angegeben, dass für sie viel neu war und auch sehr interessant. Etwas unangenehmes war für die meisten aber der frühe Arbeitsbeginn. Alle bestätigten, dass sie vor Ort allerlei bemerkenswertes und viel neues erfahren haben.   10

8 Arbeitet zu zweit. Findet die Fehler im folgenden Text und berichtigt sie:

Von der Schmiede zum Hightech-Unternehmen

„Wo müssen wir denn jetzt eigentlich hin?", fragt jemand, als wir aus dem Bus gestiegen sind. Unschlüssig stehen wir auf dem platz vor dem alten gebäude-

teil der Firma Niemeier, die unsere Eltern immer noch „Schmiede Niemeier" nennen. Dann hat jemand den eingang entdeckt mit dem Firmennamen aus edelstahlbuchstaben und   5
dem Werbemotto darunter: „Ein Unternehmen mit tradition und zukunft". Hier soll also heute unsere erste Betriebserkun-dung stattfinden.
Als wir etwas Zögernd und unsicher die moderne eingangs-halle betreten, sehen wir sofort, was mit dem Motto gemeint   10
ist: Hinter der Empfangstheke hängt ein großes, dunkles foto von einem Schmied am amboss. Und rundherum an den wänden sehen wir Bilder von riesigen Stahlschornsteinen und von anlagen, die wir noch nie vorher gesehen haben.

Der Betriebsleiter, Herr N., hat uns schon erwartet und führt uns in den   15
pausenraum. Er schaltet den Beamer ein und erklärt uns in einem kurzen vortrag, wie sich die Firma von 1934 bis heute zu der modernen „Niemeier Anlagenbau GmbH" entwickelt hat.

Anredepronomen in der Höflichkeitsform erkennen

1 Lies die Fragen in den Sprechblasen und auf dem Zettel. Achte vor allem auf die
Pronomen in den Sprechblasen. Was fällt dir auf? Sprich mit jemandem darüber.

Haben sie Sie in ihr
Auto steigen sehen?

Haben Sie sie in Ihr
Auto steigen sehen?

Haben sie Sie in Ihr
Auto steigen sehen?

Haben Sie sie in ihr
Auto steigen sehen?

2 Ordne den Fragen a – d die passende Frage aus den Sprechblasen zu.
Notiere deine Lösung. Begründe deine Lösung im Gespräch mit anderen.

a. „Herr Müller, haben Sie gesehen, wie Ihre Nachbarn, die Meiers,
   in Ihr Auto gestiegen sind?"

b. „Oder ist es vielleicht so, dass die Meiers gesehen haben, wie Sie,
   Herr Müller, in das Auto Ihrer Nachbarn gestiegen sind?"

c. „Herr Müller, Sie sind sich jetzt sicher, dass Ihre Nachbarn genau
   gesehen haben, wie Sie in Ihr eigenes Fahrzeug gestiegen sind?"

d. „Ist es nicht so, Herr Müller, dass Sie genau gesehen haben,
   wie die Meiers in ihr eigenes Auto gestiegen sind?"

3 Groß oder klein? Streiche im folgenden Witz den falschen Buchstaben (Folientechnik).
Begründe deine Entscheidung.

Der Lehrer zum Vater von Zwillingen: „Mit i/Ihren Kindern ist das ein Kreuz,
beim Diktat machen s/Sie immer wieder die gleichen Fehler."
„Nun ja", sagt der Vater, „wenigstens haben s/Sie ein gutes Gedächtnis."

> **WISSEN UND KÖNNEN** **Höflichkeitsanreden großschreiben**
>
> Die Pronomen sie, ihr, ihnen … werden auch als Anredepronomen in der
> Höflichkeitsform verwendet. Dann werden sie großgeschrieben. Dadurch ver-
> meidet man Missverständnisse: Ich habe mich gefreut, Sie kennenzulernen.

Zeitangaben richtig schreiben – Regeln nutzen

Soll ich Donnerstag oder am Freitag-
nachmittag kommen? Gern auch noch
heute Nachmittag. Am Donnerstag passt
es mir am besten abends gegen acht.

1 Wie lässt sich die Groß- und Kleinschreibung
der Zeitangaben in den Sätzen der Kurzanfrage
begründen? Tauscht euch darüber aus. Nutzt auch
die Hinweise im Wissen-und-Können-Kasten.

WISSEN UND KÖNNEN ▶ **Zeitangaben – Wann groß, wann klein?**

Groß schreibt man:
- Wochentagsnamen wie Sonntag, Montag, Dienstag …
- zusammengesetzte Zeitangaben wie Sonntagmorgen, Donnerstagmittag …
- Tageszeiten nach Adverbien wie morgen, heute, gestern, übermorgen:
  morgen Mittag, heute Abend ….

Klein schreibt man:
- Zeitangaben wie morgen, gestern, übermorgen und solche mit s am Ende:
  morgens, mittags, sonntags.
- Uhrzeitangaben wie um zwölf, halb zwölf, um halb zwölf, Viertel nach zwölf …

---

2 a) Schreibe die folgenden Zeitangaben richtig auf:

MORGENS   AM SONNTAG   GESTERN   GEGEN MORGEN
SONNTAG HALB ZEHN   MITTAGS   JEDEN ABEND   DREI NACH ZWÖLF
ÜBERMORGEN   SAMSTAGS   MORGEN MITTAG   DIENSTAGS
VORGESTERN NACHT   VIERTEL VOR ZEHN   ABENDS

b) Ordne die Zeitangaben nach der Groß- und Kleinschreibung.
   Übernimm dazu die folgende Tabelle:

Zeitangaben – großgeschrieben	Zeitangaben – kleingeschrieben
Sonntag	morgen
…	…

c) Ergänze die Spalten mit eigenen Wörtern. Kontrolliert die Schreibung der Wörter
   zu zweit mit den Angaben im Wissen-und-Können-Kasten.

3 Erweitere die Zeitangaben der Morgen, der Vormittag, der Mittag, der Nachmittag,
der Abend, die Nacht mit den Zeitangaben gestern, heute, morgen, übermorgen,
vorgestern. Beachte die Angaben dazu im Wissen-und-Können-Kasten.
heute Morgen, …

4 a) Schreibe die folgenden Sätze mit den Tageszeiten richtig auf.

Ich bin HEUTE MORGEN schon früh aufgestanden, um den Schulbus nicht zu verpassen. Denn MORGENS mag ich keine Hektik. Der VORMITTAG in der Schule ist
schnell vergangen. Am MONTAG gibt es in der Mensa immer mein Lieblingsessen,
also HEUTE auch. Und NACHMITTAGS war ich in meiner Musikgruppe und im För-
derkurs. Als ich am späten NACHMITTAG nach Hause kam, spielte ich zuerst mit
unserem Hund Bello. Bis gegen HALB SIEBEN habe ich noch ein bisschen mit der
Konsole gezockt. Ich ging früh ins Bett und habe die ganze NACHT gut geschlafen.

b) Schreibe den Text oder einige Sätze daraus noch einmal auf. Tausche dabei,
wo es möglich ist, die großgeschriebenen durch kleinzuschreibende Zeitangaben
aus und umgekehrt.
Ich bin <u>morgens</u> meistens noch müde …

5 Kontrolliere in den folgenden Sätzen die Rechtschreibung der Zeitangaben.
a) Lies den Text und markiere alle Zeitangaben.
b) Kontrolliere die Zeitangaben mit den Regeln. Berichtige Fehler.
„Hi, können wir unseren Termin auf Dienstag verschieben?"
„Da Heute Donnerstag ist, wäre das Übermorgen. Mir wäre es Mittwochs
Gegen Mittag lieber."
„Gut, ich bin gegen viertel vor Zwölf da. Du warst heute morgen schon so früh
unterwegs?"
„Ja, ich mache regelmäßig sonntags Morgens eine längere Fahrradtour.
Tschüss, bis morgen, ach nein, bis mittwochmittag!"

6 a) Lies den folgenden Text und schreibe die Zeitangaben richtig auf:
am frühen Morgen, den ganzen …

Ein Zebra im Zoo träumt sich in die Welt der Menschen
Wenn ich frei herumlaufen könnte, würde ich am frühen
MORGEN in die Stadt der Menschen gehen und beobachten,
wie sie leben. Den ganzen VORMITTAG würde ich mir die
vielen unterschiedlichen Menschen auf den Einkaufsstraßen
ansehen. Zum Fressen würde ich MITTAGS in den Park gehen
und mir bis zum frühen NACHMITTAG Wiesengras und
Blumen schmecken lassen. Auf dem Rückweg würde ich mich
NACHMITTAGS aus Spaß auf einen Zebrastreifen legen …

b) Schreibe den Text mit möglichst vielen Zeitangaben in Großbuchstaben weiter.
Eine Partnerin oder ein Partner soll ihn dann richtig aufschreiben.

Herkunftsbezeichnungen und Namen richtig schreiben

1 Schau dir Ausdrücke auf den beiden Zetteln genau an.
– Wie erklärst du dir, die unterschiedliche Schreibung der Adjektive?
– Tauscht euch untereinander aus. Nutzt die Angaben im Wissen-und-Können-Kasten.

das Rote Kreuz	der rote Schal
der Atlantische Ozean	das atlantische Tief
die Französische Revolution	die französische Mannschaft
Zur Alten Post	das alte Gebäude

2 a) Überlege, bei welchen Beispielen es sich um Namen handelt:
   a. der STILLE Ozean – das STILLE Wasser
   b. der DEUTSCHE Bundestag – die DEUTSCHE Bevölkerung
   c. der SCHIEFE Baum – der SCHIEFE Turm von Pisa
   d. die ZWEITE Aufgabe – der ZWEITE Weltkrieg
   e. die VEREINTEN Nationen – Mit VEREINTEN Kräften
   f. das WEIßE Haus – die WEIßE Fassade
b) Schreibe alle Beispiele richtig auf.
c) Wo warst du unsicher? Woran mag das liegen?

3 Suche weitere Beispiele wie in Aufgabe 2 und stelle sie als Wortpaare gegenüber.
– Suche z. B. in Stadtplänen oder Namensverzeichnissen deiner Schulbücher.
– Verwende einige Ausdrücke in Sätzen.

4 Schreibe die folgenden Sätze mit den Herkunftsbezeichnungen richtig auf.
   a. In diesem Jahr wollen wir unseren Urlaub auf einer OSTFRIESISCHEN Insel verbringen.
   b. Meine Tante lieb die AACHENER Printen und den WESTFÄLISCHEN Schinken.
   c. Auf ihren Klassenfahrten waren schon viele NORDRHEIN-WESTFÄLISCHE
      Schülerinnen und Schüler im KÖLNER Dom.

WISSEN UND KÖNNEN ▸ **Großschreibung von Namen**

Herkunftsbezeichnungen, die **auf -er** enden, werden großgeschrieben:
Der Kölner Dom, der Edamer Käse ...
Herkunftszeichnungen, die **auf -isch(e)** enden, werden kleingeschrieben:
die italienische Küche, der westfälische Schinken ...
Ist das **Adjektiv** aber **fester Bestandteil eines Namens**, dann muss man es
großschreiben: der Westfälische Friede, die Chinesische Mauer ...
Das Adjektiv ist dann Teil einer Bezeichnung für etwas, das es nur einmal gibt.
Wenn du unsicher bist, nutze eine Nachschlagehilfe (Wörterbuch, Internet).

Zusammen oder getrennt? – Strategien nutzen

1 Lest die folgende Zeitungsmeldung und sprecht darüber:
a) Wie denkt ihr über das Thema?
b) Warum gibt es bei den gelb markierten und auch bei anderen Wörtern im Text
   kaum Schwierigkeiten bei der Zusammen- und Getrenntschreibung?
   Sucht dafür nach Gründen.

Wissenschaftler warnen vor überhöhtem Medienkonsum

Videospiele machen total Spaß, aber sie sollten nicht
das einzige Hobby sein. Das meinen Medienexperten, die
den Zusammenhang von Medienverhalten, Lernleistungen
und Jugendkriminalität untersuchen. Das Fußballtraining,
die Musikschule oder die Skaterbahn sollten dabei nicht
in den Hintergrund rücken. Die Fachleute raten dazu, sich
die Zeit an der Konsole und dem Handy einzuteilen und
immer auch Zeit für andere Beschäftigungen einzuplanen.

5

2 Denkt zu zweit über die unterstrichenen Wörter in den Sätzen a und b nach:
a. Das Wort „Medienkonsum" muss man <u>zusammenschreiben</u>.
b. Die Schreibregel sollen wir in der Gruppe <u>zusammen</u> <u>schreiben</u>.

a) Begründet die unterschiedliche Schreibung.
– Wo liegt die Betonung?
– Wie ändert sich die Wortbedeutung?
b) Formuliert eine Schreibhilfe. Vergleicht sie im Gespräch mit anderen Partnergruppen.

3 Für welche Schreibung würdest du dich in den Sätzen a – d entscheiden?
a. Das Wort „Medienverhalten" muss man <u>zusammenschreiben</u>/<u>zusammen</u> <u>schreiben</u>.
b. Die Schreibhilfe sollen wir <u>zusammen</u> <u>schreiben</u>/<u>zusammenschreiben</u>.
c. Sie wollen das Theaterstück <u>wieder</u> <u>aufführen</u>/<u>wiederaufführen</u>.
d. Den Ort werde ich <u>wieder</u> <u>aufsuchen</u>/<u>wiederaufsuchen</u>.

a) Streiche die falsche Schreibung (Folientechnik).
b) Kontrolliere und begründe deine Schreibung im Gespräch mit anderen:
– Wo liegt die Betonung?
– Kannst du ein Wort dazwischen einschieben?

Zusammen oder getrennt? –
Auf die Bedeutungsveränderung achten

a. Die Referentin
hat während
ihres Vortrags
frei gesprochen.

b. Der Richter
hat den
Angeklagten
freigesprochen.

c. Über dieses Hin-
dernis kann man
leicht fallen.

d. Die Testaufga-
ben sollten euch
leichtfallen.

1 Führt ein Rechtschreibgespräch:
- Warum werden in den Beispielsätzen a und c die unterstrichenen Ausdrücke
  getrennt und in den Sätzen b und d zusammengeschrieben?
- Achtet auf die Bedeutungsveränderung und auf die Betonung.
- Nehmt die Angaben im Wissen-und-Können-Kasten zu Hilfe.

2 Ordne den Verbindungen a–h jeweils die passende Bedeutung 1–9 zu und schreibe
sie zusammen auf. Unterstreiche jeweils die betonte Silbe:
a. dichthalten → 8. nichts verraten,
b. sich kranklachen → …

a. dichthalten   1. ohne Anstrengung zu erledigen
b. sich kranklachen   2. etwas versteckt vor anderen tun
c. madigmachen   3. furchtbar lachen müssen
d. festnageln   4. einen Sachverhalt aufklären
e. schwerfallen   5. Schwierigkeiten haben mit etwas
f. heimlichtun   6. etwas schlechter machen als es ist
g. richtigstellen   7. jemand auf eine Sache festlegen
h. leichtfallen   8. nichts verraten

3 Verwende die Wortbeispiele aus Aufgabe 2 in kurzen Sätzen.
Nutze als Zeitform das Perfekt oder das Futur. Unterstreiche die betonten Silben.
Wir haben einfach dichtgehalten und nichts verraten. / Wir werden einfach dichthalten.

4 Zusammen oder getrennt? Entscheide dich jeweils für eine Schreibweise.
Kontrolliere sie auch mit einer Nachschlagehilfe (Wörterbuch, Internet).
Begründe deine Entscheidung.

a. Damit man alles gut lesen kann, solltest du nicht zu klein schreiben/kleinschreiben.

b. In dieser Übung sind alle Wörter in den Sätzen klein geschrieben/kleingeschrieben.

c. In dem kurzen Bett kann ich mit meiner Größe nicht mehr richtig liegen/richtigliegen.

d. Bist du sicher, dass du mit der Einstellung richtig liegst/richtigliegst?

e. Seine Anschuldigungen haben mich völlig kalt gelassen/kaltgelassen.

f. Das Essen haben wir nicht so kalt gelassen/kaltgelassen, sondern aufgewärmt.

g. Kannst du den Platz neben dir für mich frei halten/freihalten?

h. Wir müssen nichts zahlen, denn er will uns frei halten/freihalten.

5 Welche benachbarten Wörter in den folgenden Sätzen sind falsch geschrieben?
Unterstreiche sie (Folientechnik). Schreibe sie jeweils im Satz richtig auf.

a. Paul befürchtet, dass einige Mitspieler ihn nach seiner Leistung fertigmachen.

b. Du solltest die blaue Hose nehmen, weil sie im Bund schön lockersitzt.

c. In den neuen Schuhen kann ich nicht sicher gehen.

d. Mit dieser Aufgabe werde ich leichtfertig.

6 a) Formuliere mit einigen der folgenden Ausdrücke Sätze für ein Partnerdiktat.
Du kannst auch eigene Ausdrücke nehmen.

freikaufen – frei kaufen freistellen – frei stellen

leichtnehmen – leicht nehmen kaltstellen – kalt stellen

Nutze als Zeitform das Perfekt oder Futur.

b) Überprüfe vor dem Partnerdiktat die Rechtschreibung mit einer Nachschlagehilfe.

WISSEN UND KÖNNEN ▶ **Wortgrenzen erkennen**

1. **Wortgruppen** werden **getrennt** geschrieben. Beide Wörter werden mit
einer kleinen Pause gesprochen und gleich stark betont. Du erkennst sie oft
daran, wenn du ein oder mehrere Wörter dazwischen einschieben kannst.
Beispiel: Auf einem Plakat darfst du nicht so klein (wie im Heft) schreiben.

2. **Zusammensetzungen** schreibt man **zusammen**. Es entsteht ein Ausdruck
mit einer neuen Bedeutung. Beim Sprechen liegt die Betonung nur auf einer
Stelle im Wort. Beispiel: Adjektive musst du kleinschreiben (mit kleinem
Anfangsbuchstaben).

Zusammen oder getrennt? Auf die Betonung achten

HIPPIE   ROCK
SEIDEN   WESTE
RADLER   BLOUSON
STRETCH   SCHUHE
LACK   HOSE
RIPPEN   JACKE
STREIFEN   HEMD

1 Bilde aus den Mode-Wörtern auf dem blauen Zettel zusammengesetzte Nomen.
– In vielen Fällen wirst du sie in einem Wort schreiben. Vielleicht möchtest du das eine oder andere mit Bindestrich schreiben.
– Du kannst auch witzige Fantasiewörter bilden und sie in einem kleinen Modetext oder Slogan unterbringen.
Mach immer eine gute Figur mit Hippie-Hemd und Streifenhose!

Hotdog oder Hot Dog?
Softdrink oder Soft Drink?
Happyend oder Happy End?
Inlineskates oder Inline Skates?
Bigband oder Big Band?
Fairplay oder Fair Play?

2 a) Schau dir auf dem gelben Zettel die Wörter aus dem Englischen an.
– Wie würde du sie schreiben: zusammen oder getrennt?
– Und wie würdest du sie lieber lesen und betonen?
– Entscheide dich für jeweils eine der beiden Schreibweisen und schreibe sie auf.
b) Sprich mit anderen über deine Entscheidung. Klärt auch die Bedeutung.

WISSEN UND KÖNNEN ▸ **Wörter aus dem Englischen**

Wörter wie Blue Jeans haben im Englischen zwei Betonungen und werden getrennt geschrieben. Im Deutschen liegt die Hauptbetonung auf dem ersten Bestandteil. Deshalb wird zusammengeschrieben: Bluejeans.
Bei einigen Wörtern ist bei uns die englische und die deutsche Schreibweise möglich: Hot Dog oder Hotdog.

Sportzeitschrift und Modezeitschrift
Tennisfan und Fußballfan
Musikkultur und Popkultur
Sportmode und Freizeitmode
Kinderliteratur und Jugendliteratur

3 Schreibe die Wörter auf dem grünen Zettel in kurzen Sätzen so auf, wie es im Wissen-und-Können-Kasten vorgeschlagen wird.
Ich lese regelmäßig in einer Sport- und Modezeitschrift.

WISSEN UND KÖNNEN ▸ **Einen Ergänzungsstrich setzen**

Wenn man unmittelbar hintereinander zwei zusammengesetzte Nomen verwendet, dann kann man sich manchmal etwas kürzer fassen. Man schreibt dann nicht Mittagessen und Abendessen, sondern Mittag- und Abendessen.
Für den ausgelassenen Teil setzt man einen sogenannten **Ergänzungsstrich**.

Mit dass-Sätzen ergänzen

1 Schülerinnen und Schüler äußern sich in einem Gespräch zu einem strittigen Thema.
Was fällt auf? Tausche dich mit anderen aus.

Ich wünsche mir, ...

dass ich mein altes Handy mit Updates noch lange nutzen kann.

dass ich immer das neuste Handy mit den neusten Apps habe.

dass mehr gebrauchte Handys angeboten werden.

2 Setzt in die graue Sprechblase andere Ausdrücke vom wortstark!-Zettel ein
und notiert die Sätze.
a) Was ändert sich? Was bleibt gleich?
b) Unterstreicht die Verben. Sprecht über eure Beobachtungen
und haltet sie schriftlich fest.
Nutzt auch, was im Wissen-und-Können-Kasten steht.

3 Formuliert weitere Gedanken zum Thema „alte und neue Handys".
a) Wählt passende Ausdrücke vom wortstark!-Zettel, die eine Ergänzung
mit dass fordern. Führt den Satz mit den Beispielen a-d zu Ende.
Ich meine, dass alte Handys besser repariert werden können.
  a. Alte Handys können oft besser repariert werden.
  b. Man kann auch ein neues Fair-Handy kaufen.
  c. Für neue Handys werden seltene Rohstoffe benötigt.
  d. Mein altes Handy hat alle nötigen Funktionen.

b) Tauscht euch über eure Sätze aus. Überprüft: Habt ihr
  – passende Verben gewählt, die eine Ergänzung fordern?
  – die Ergänzungen mit der Konjunktion dass eingeleitet?
  – den dass-Satz durch ein Komma abgetrennt?
  – das konjugierte Verb ans Ende des dass-Satzes gestellt?

c) Unterstreicht in jedem Satz die Konjunktion dass und das Verb, das der
Konjunktion dass vorausgeht. Verbindet dass und das Verb mit einem Pfeil.
Ich meine, dass alte Handys besser repariert werden können.

wortstark!

– sagen, mitteilen, erzählen,
berichten, antworten,
erwidern ...
– denken, meinen, glauben,
hoffen, vermuten, wünschen,
befürchten, erwarten,
verlangen ...
– wichtig/wahr/schön/stolz
sein, darauf achten,
sich darüber wundern,
sich darüber freuen ...

4 Übt zu zweit:

a) Wählt ein Thema aus den folgenden Vorschlägen oder findet eigene.

Einheitliche Schulkleidung   Veganes Essen in der Schulmensa   Klassenfahrt
mit dem Fahrrad   Kostenloses Tablet für alle   Mehr Unterricht im Freien

b) Einer macht eine Aussage zum Thema mit einem Verb, das als Ergänzung einen
dass-Satz fordert. Der andere macht eine ähnliche Aussage oder widerspricht.

Ich finde gut, dass man bei einheitlicher Schulkleidung nicht so viel Neues kaufen muss.
Ich meine, dass …

> Gib auf Beginn und Ende acht! Das Komma nicht vergessen!

5 a) Lies den Text über Klimaschutz. Gib wichtige Gedanken aus dem Text wieder.
Ergänze dazu die Satzanfänge vom wortstark!-Zettel mit dass-Sätzen.
Natürlich kannst du auch eigene Satzanfänge wählen.

b) Tausche dich mit anderen aus und überprüfe auch, ob die Angaben
aus dem Wissen-und-Können-Kasten eingehalten wurden.

Klimaschutz – Auf der Suche nach Lösungen

wortstark!

Experten weisen darauf
hin, …
Wichtig ist, …
Es ist klar, …
Man muss befürchten, …
Es wird gefordert, …
Es ist aber so, …
Man sollte darauf
achten, …
Man muss bedenken, …

Als Ziel für den Klimaschutz nennen die Experten eine maximale
Erderwärmung von deutlich unter zwei Grad Celsius. Die Temperatur
auf der Erde sollte sich auf keinen Fall stärker erhöhen. Darüber sind
sich fast alle Länder einig. Deshalb sollen zukünftig keine schädlichen Treibhausgase mehr in die Luft gelangen. Wir sollten also weniger Kohle, Öl und Gas   5
verbrennen, um damit Energie zu erzeugen. Dazu müssten sich alle Staaten
bemühen, das schnell zu ermöglichen. Man braucht also einen konkreten Zeit-
plan, an den sich alle halten. Manche Länder wollen aber noch möglichst lange
mit dem Verkauf von Öl und Gas Geld verdienen. Und die ärmeren Länder
können nur klimaneutral werden, wenn ihnen von den reicheren Ländern   10
mit Geld und Fachwissen geholfen wird. So könnte zum Beispiel Deutschland
andere Länder unterstützen, Energie aus Sonnenstrahlung zu gewinnen.

> **WISSEN UND KÖNNEN**   **Einen dass-Satz als Ergänzungssatz erkennen**
>
> Sätze mit dass ergänzen und führen zu Ende, z. B.:
> - was jemand sagt, mitteilt oder erzählt,
> - was jemand denkt, meint, hofft, verlangt oder befürchtet,
> - was wichtig, wahr, schön, blöd oder richtig ist,
> - worauf man sich freut, wovor man Angst hat oder worüber man sich ärgert.
> Die Ergänzungen beginnen mit der Konjunktion dass. Der dass-Satz wird
> durch Komma abgetrennt. Am Ende des dass-Satzes steht – wie bei allen
> Nebensätzen – das konjugierte Verb:
> Ich behaupte, dass ich gut lesen kann. Dass ich gut lesen kann, behaupte ich.

Mit Texten üben – Rechtschreibstrategien nutzen

1 Arbeitet zu zweit und übt mit den Texten 1 – 4 (S. 258) ganz unterschiedlich.
Wählt dazu Aufgaben von den Arbeitskarten aus. Lasst euch dabei beraten:
– Auf der grünen Karte findet ihr Arbeitsanregungen zu den Texten 1 – 4.
– Auf der orangen Karte findet ihr Aufgaben, zu denen ihr die Texte oder Teile
  daraus selbst auswählen müsst.
Ihr findet die Texte 1 – 4 auch zum Download und Bearbeiten im Medienpool.

→ *Medienpool:*
– *Text 1: Aufregung*
  am Schnuppertag
– *Text 2: Hallo mike*
– *Text 3: Kartoffelbrei*
  selbst machen
– *Text : meineferien-*
  pläne

zu Text 1:
a) Markiert schwierige Wörter und Ausdrücke (Folientechnik) und begründet ihre Schreibung.
b) Nutzt den Text für das Rechtschreiblesen (→ S. 235).

zu Text 2:
a) Jeder schreibt den Text richtig auf.
b) Kontrolliert vor allem die Großschreibung nach
   Signalwörtern wie viel, wenig, nichts …
   (→ Wissen und Können, S. 288).

zu Text 3:
a) Findet alle Wörter, die großgeschrieben werden
   müssen, und markiert sie (Folientechnik). Jeder
   schreibt den Text richtig ab.
b) Ändert einzelne Stellen im Text so, dass sie kleingeschrieben werden.

zu Text 4:
a) Markiert die Wort- und Satzgrenzen (Folientechnik).
b) Jeder macht den Text leserfreundlicher und schreibt
   ihn richtig ab.
c) Achtet auf die Zeichensetzung und die Groß- und
   Kleinschreibung, besonders bei den Zeitangaben.

A Jeder schreibt Texte oder einzelne Teile
richtig ab. Sprecht beim Schreiben mit.
– Kontrolliert gemeinsam mit der
  Methode „Fehler vermeiden - Fehler
  finden und berichtigen" (→ S. 227).

B Jeder stellt Teile eines Textes für ein
Partnerdiktat zusammen und diktiert
ihn der Partnerin oder dem Partner.
Kontrolliert und berichtigt wie in A.

C Mache aus einem Text einen Lückentext:
Lasse in Wörtern zu bestimmten Recht-
schreibproblemen Lücken, in die deine
Partnerin oder dein Partner den fehlen-
den Buchstaben einsetzen muss.
Kontrolliert und berichtigt wie in A.

D Lass dir von einer Partnerin oder einem
Partner aus einem Text Sätze diktieren.
Klopfe jedes Mal leise auf den Tisch,
wenn du ein Wort zu einem vorher
abgesprochenen Rechtschreibproblem
hörst. Erkläre dann die Schreibung des
Wortes und schreibe es auf.

① Aufregung am Schnuppertag

Kurz vor Feierabend: Der stellvertretende Chefredakteur ruft mich aufgeregt zu sich: „Bei der Sparkasse gibt es einen Banküberfall!" Ich soll zwei Redakteure zum Tatort begleiten. Da sollen aktuelle Fotos geschos
5   sen werden. Ich schnappe meine Jacke, packe alles Nötige ein. Ab geht´s! Bei der Sparkasse ist alles totenstill. Kein Mensch zu sehen. Nichts deutet auf einen Überfall hin. Vorsichtig schleicht ein Redakteur zum Haupteingang – verschlossen! Durch den Hintereingang
10 kommen wir rein und treffen auf den Filialleiter. Er ist sehr aufgeregt und wischt sich immer wieder den Schweiß von der Stirn. Beim Vor-Ort-Interview mit ihm erfahren wir, dass es ein versuchter Banküberfall war. Der Täter hat sich plötzlich wieder aus dem Staub ge
15 macht. Jetzt trifft auch die Polizei ein. Der Kommissar stutzt, als er sieht, dass die Zeitung schneller war.

② Hallo mike,

Heute beginnt meine reise ins blaue. Alles wichtige ist gepackt. Jetzt hoffe ich, dass ich viel überraschendes erleben und manches neue entdecken werde. Etwas erfreuliches hat sich   5 heute morgen ereignet: opa drückte mir noch einen dicken schein in die hand. Jetzt kann ich mir noch manches zusätzlich leisten. Ich hoffe, dass ich dir nach der reise viel erzählen kann.   10 Bis bald! Martin

③ KARTOFFELBREI SELBST MACHEN

– ZUR VORBEREITUNG KARTOFFELN GRÜNDLICH WASCHEN.
– NACH DEM WASCHEN IN ETWAS SALZWASSER 25 MINUTEN KOCHEN.
– IN DER ZWISCHENZEIT MILCH UND SAHNE IN EINEM
5   KLEINEN TOPF UNTER RÜHREN ERWÄRMEN (NICHT ZUM KOCHEN BRINGEN).
– BUTTER HINZUGEBEN, ETWAS RÜHREN UND DABEI SCHMELZEN.
– WÄHREND DES RÜHRENS AUCH ETWAS SALZ, PFEFFER
10   UND MUSKAT HINZUFÜGEN.
– NACH DEM KOCHEN DIE KARTOFFELN ABGIEßEN.
– ETWAS UMSTÄNDLICHES IST DAS PELLEN DER HEIßEN KARTOFFELN. SIE WERDEN ZURÜCK IN DEN TOPF GEGEBEN.
– ZUM WEITEREN VERARBEITEN DIE WARME MILCH-
15   MISCHUNG DAZUGEBEN.
– DAS ZERSTAMPFEN DER KARTOFFELN GEHT AM BESTEN MIT EINEM KARTOFFELSTAMPFER.
– WENN ALLES GUT ZU EINEM BREI VERMENGT IST; GEHT ES NOCH MAL ANS ABSCHMECKEN MIT SALZ UND PFEFFER.
20 – WER SICH UND DEM ESSEN NOCH ETWAS GUTES TUN WILL, GIBT ALS LETZTES NOCH GEHACKTEN SCHNITTLAUCH ÜBER DEN FERTIGEN KARTOFFELBREI.

④ meineferienpläne

Indenferienwerdeichmorgenslange schlafenindenerstenwochenwillichmontagsundmittwochsjoggengehenam dienstagunddonnerstaghabeichmich aufderskaterbahnverabredetdawerde   5 ichdannwohlbiszumabendbleibenam anfangderletztenferienwochestarten wirfrühammorgenindenurlaubund kommenabendserstspätanamersten urlaubstagwollenwirgegenmittagunse   10 regemietetenmountainbikesabholen undbisetwahalbachtimbikeparkfahren indentagendanachliegenwirvon morgensbisabendsnurnochamStrand.

Rechtschreibwissen und -können überprüfen

ZEIGE, WAS DU KANNST

1 Am Ende einer Rechtschreibübung oder auch schon während der Übung
könnt ihr euren Lernfortschritt testen und herausfinden, was ihr schon ganz gut
könnt und was ihr vielleicht noch weiter üben solltet.
Ihr könnt zwischen verschiedenen Möglichkeiten wählen:

A Legt ein Portfolio an und zeigt an eigenen Texten, wie ihr Rechtschreibfehler vermeiden konntet. Begründet eure Auswahl mündlich. Nutzt dazu den wortstark!-Zettel.

B Führt zu zweit oder in kleinen Gruppen Rechtschreibgespräche
durch.

C Nutzt das Rechtschreiblesen wie auf Seite 235.

D Macht zu zweit einen schriftlichen Kurztest. Die Aufgaben dazu
stellt jeder für die Partnerin oder den Partner zusammen.
Zum Thema „Silbengelenk" könnte es z. B. der folgende Kurztest sein.
Ihr könnt Aufgaben streichen, ändern und eine weitere hinzufügen.

> **wortstark!**
>
> Mein Portfolio zu … enthält …
> Im Textentwurf gibt es Fehler wie …
> Im überarbeiteten Text sieht man …
> Erreicht habe ich das durch …
> Besonders geholfen hat mir …
> Gelernt habe ich dabei …
> Spaß gemacht hat mir besonders …
> Ich fand interessant …

Kurztest zum Thema „Silbengelenk"

1. Schreibe alle Wörter mit einem Silbengelenk auf, die dir in etwa
   drei Minuten einfallen.
2. Schau dir die notierten Wörter noch einmal genau an.
   Kontrolliere mit einer Rechtschreibhilfe und berichtige falls nötig.
3. Wähle drei Wörter mit Silbengelenk. Begründe mir mündlich,
   warum die Wörter ein Silbengelenk haben.
4. Schreibe eine ähnliche Wortreihe wie in diesem Beispiel auf.
   Ich sage dir dann, welches Wort nicht passt:
   der Löffel, bitter, die Rampe, der Schuppen.
5. …

E Macht ein Klopfdiktat oder ein Partnerdiktat. Die Wörterlisten und Texte dazu
erstellt jeder für die Partnerin oder den Partner. Kontrolliert und ausgewertet
wird gemeinsam.

2 Entscheide nach einem Test,
– was du schon ganz gut kannst,
– was du noch besonders üben solltest.
Lass dir Tipps und Anregungen geben, wo du Hilfen findest.

Arbeitsaufträge verstehen

Im Unterricht musst du in Klassenarbeiten oder Tests unterschiedliche Aufgaben bearbeiten. Es ist wichtig, dass du die Arbeitsaufträge genau liest und verstehst, damit du weißt, was von dir verlangt wird. Das kannst du hier Schritt für Schritt an Aufgaben zum Verstehen und Interpretieren von Geschichten üben.

METHODEN

1 Die Schülerinnen und Schüler der Klasse 8a haben das Arbeitsblatt bekommen, das du auf S. 261/262 siehst. Sie sollen Aufgaben zu einem literarischen Text bearbeiten.
- Lies dir zunächst nur die blauen Aufgabenstellungen durch.
- Auf den nächsten Seiten bekommst du Tipps, wie du diese Aufgaben verstehen musst, um sie Schritt für Schritt zu bearbeiten.

2 Lies, was die Schülerinnen und Schüler über die Aufgaben sagen.
- Welche Probleme haben sie mit den Aufgaben?
- Was kannst du ihnen antworten? In einigen Aufgaben findest du dazu schon Hinweise.

1. **Lies den Text und versuche, mit ihm „ins Gespräch zu kommen":** **ARBEITSBLATT**
   Notiere deine ersten Leseeindrücke.

2. **Überprüfe, ob du den Text verstanden hast. Untersuche dazu die äußere Handlung.**
   Welche Figuren kommen in der Geschichte vor? Beschreibe die Figuren.
   Fasse in eigenen Worten zusammen, was in der Geschichte passiert.

3. **Wie verstehst du die Geschichte? Untersuche dazu die innere Handlung.**
   Erläutere, was in den Figuren vorgeht: Was denken und fühlen die Figuren?
   Gehe auch auf Erzählperspektive und sprachliche Besonderheiten ein.

4. **Arbeite mit deinen Ergebnissen weiter.** Wähle Aufgabe **A** oder **B** aus.
   A „Den Pullover lässt du besser zu Hause!" Nimm Stellung zu dieser Aussage.
   B Versetze dich in die Figur des Mädchens. Erzähle die Begegnung aus ihrer Perspektive.

Doris Meißner-Johannknecht

Pass dich an!

Peers Mutter liegt im Krankenhaus und sein Vater
lebt in Norwegen. Im Keller hat Peer einen alten
Norwegerpullover seines Vaters gefunden, den er
täglich trägt. Weil Peer jetzt bei seiner Oma wohnt,
5 *kommt er in eine neue Schule, in der man ohne die*
neuesten Markenklamotten und ein teures Handy
nicht mithalten kann. Der Textauszug aus dem
Buch „Glück gehabt?" schildert Peers ersten Tag
in der neuen Schule.

10 Mir reicht mein alter Pullover. Den trag ich
immer. Jeden Tag. Im Winter. Im Sommer.
Seit einem Jahr. Seit er mir passt. Auch wenn alle
lachen. Und mich total uncool finden.
Ich find mich ganz besonders in diesem Pullover.
15 Er ist aus Wolle. Ziemlich kratzig. Aber egal.
Die Farben blau und weiß. Handgestrickt.
Mit auffälligem Muster. Für den Tierfreund sogar
erkennbar: Vier Elche vorne. Vier Elche hinten.
Seit ich ihn trage, haben sie aufgehört, mich Peer
20 zu nennen. Jetzt bin ich nur noch „Der Norweger". Und ich finde, das passt. Der Norweger!

Den Pullover hab ich eines Tages im Keller gefun-
den. In einem vergessenen Kleidersack. (...)
Die Blicke, die mich mustern, sind eindeutig.
Neugierig. Das schon. Aber vor allem mitleidig.   25
Ausgrenzend.
Mein Pullover! Den findet hier niemand cool.
Niemand.
Und wenn ich sagen würde: „Hallo, ich bin der
Norweger!" Hier wär das nichts Besonderes.   30
Hier wär das ein Grund zu denken: Der Typ hat
einen Schaden, oder?
„Neben Solveig ist noch Platz!" Herr Nowak zeigt
auf den Tisch am Fenster. Erste Reihe.

35 Ich beweg mich nicht. Steh wie angewurzelt.
Festgewachsen. Bloß weg hier! Bloß zurück.
Hier gehör ich nicht hin. Aber auch das
funktioniert nicht.
„Euer neuer Mitschüler! Peer Schönbauer!
40 Landesmeister im Schach!"
Jetzt fangen die Ersten an zu grinsen. Coole Typen
in Trendklamotten. Klar kenn ich die. Auch in
meiner Schule gab's Typen, die damit rumliefen.
Billabong, Carhartt, Dickies und Co. Strähnen im
45 Haar. Und all das.
Ich setz mich in Bewegung. Jetzt bloß nicht los-
heulen. Nein. Ab in die Ritterrüstung! Visier
runterlassen! Und den Platz einnehmen! Neben
Solveig! Solveig!
50 Ein norwegischer Name! Solveig und Peer!
Wie gut das passt.
Ich werde rot. Senke den Kopf. Setze mich auf
meinen Platz. Und hab es nicht mal gewagt,
diese Solveig anzuschauen. Ob die jetzt den Platz
55 wechselt?
Ich wage einen vorsichtigen Blick nach rechts.
Meine Nachbarin ist mutiger. Die schaut mich
an. Mir voll ins Gesicht. Blaue Augen. Sommersprossen. Lange blonde Haare. Ziemlich klein.
60 Ziemlich dünn. Wie ich. Diese Solveig hat mindestens zwei Klassen übersprungen.

Jetzt lächelt sie. Sie lächelt mich an. Mich!
Den ungewaschenen Peer Schönbauer.
Mit dem kaputten Rucksack. Den zerrissenen
verdreckten Schuhen.   65
Mir wird sofort warm. Viel zu warm für den
dicken Wollpullover. Aber ausziehen? Ich trau
mich nicht. Mein altes T-Shirt ... Wer weiß,
in welchem Zustand sich das befindet.
„Hallo!", sagt sie leise. Und dieses „Hallo!" gibt   70
mir Kraft. So viel Kraft, dass ich gleich bei der
ersten Aufgabe aufzeige. Wir haben Mathe.
Und Herr Nowak lässt mich an die Tafel.
Zwei Minuten. Mehr brauch ich nicht.
Ich höre leise Stimmen. „Streber!" Damit bin ich   75
hier wohl erledigt! Egal! Ich zieh das jetzt durch.
Jetzt erst recht. Solange ich neben Solveig sitze ...
In der Pause flüstert sie mir zu: „Mach es dir
nicht so schwer. Pass dich an. Andere Klamotten.
Den Pullover lässt du besser zu Hause! Das ist zu   80
viel Provokation!"
Provokation? Versteh ich nicht! Der Pullover ist
mein Heiligtum! Mich davon zu trennen?
Das bedeutet meinen Tod!
Und doch merke ich, es wäre besser. Wenn ich   85
hier überleben will, muss ich mich anpassen.
Mein Ding durchziehen geht hier nicht. Die sind
zu stark, die andern. Und es sind zu viele.

1. **Lies den Text und versuche, mit ihm „ins Gespräch zu kommen":**
    Notiere deine ersten Leseeindrücke.

wortstark!

In der Geschichte
geht es ...
Beim Lesen habe
ich gedacht ...
Überrascht hat
mich ...

❶ a) Lies zunächst den ganzen Text einmal still für dich durch. Lies auch dann weiter,
    wenn du etwas nicht genau verstehst.
   b) Notiere anschließend deine ersten Leseeindrücke. Nutze dazu den wortstark!-Zettel:
      – Worum geht es in der Geschichte?
      – Was geht dir beim Lesen durch den Kopf?
      – Was fällt dir auf?
      – Welche Fragen hast du?
      Unterstreiche einige Wörter oder Textstellen, die für dich wichtig sind (Folientechnik).

2. **Überprüfe, ob du den Text verstanden hast. Untersuche dazu die äußere Handlung.**
   Welche Figuren kommen in der Geschichte vor? Beschreibe die Figuren.
   Fasse in eigenen Worten zusammen, was in der Geschichte passiert.

Was musst du genau machen, wenn du den Text gelesen hast und das Textverständnis sichern willst? Bearbeite dazu die folgenden Aufgaben.

1 Überprüfe, ob du die Geschichte verstanden hast. Beantworte die Fragen:
a) Welche Figuren kommen in der Geschichte vor? Welche Informationen erhältst du
   über die Figuren? Wer ist die Hauptfigur? Lege dazu eine Skizze an: Schreibe die
   Hauptfigur in die Mitte und die anderen Figuren drumherum.

Herr Nowak   ...
 – ...

                    Peer
                    – trägt alten Pullover
                    – wird ausgelacht
                    – ...   ...

b) Wo spielt die Geschichte?
c) Was passiert in der Geschichte? Was machen die Figuren? Wie endet die Geschichte?

2 Fasse zusammen, wer in der Geschichte vorkommt und was passiert.
Schreibe deine Zusammenfassung im Präsens. Nutze die Satzanfänge:
In der Geschichte „Pass dich an!" kommt der Junge Peer in eine neue Klasse.
Peer trägt wie immer ... Er findet seinen Pullover ...
Er heißt daher auch ...
Seine neuen Klassenkameraden finden ... Sie tragen lieber ...
Peer würde am liebsten ...
Peer sitzt neben ... Sie ...
In der Pause ...

METHODE ▸ **Das Textverständnis sichern**

Diese Fragen helfen dir, das Textverständnis zu überprüfen:
a) Welche Figuren kommen in der Geschichte vor? Wer ist die Hauptfigur?
b) Wo und wann spielt die Geschichte?
c) Was passiert in der Geschichte? Wie entwickelt sich die Handlung?
   Wie endet die Geschichte?
d) Welche Erlebnisse oder Probleme stehen im Mittelpunkt?

3. **Wie verstehst du die Geschichte? Untersuche dazu die innere Handlung.**
Erläutere, was in den Figuren vorgeht: Was denken und fühlen die Figuren?
Gehe auch auf Erzählperspektive und sprachliche Besonderheiten ein.

Nun deutest du die Geschichte. Wichtig ist, alle Deutungen am Text zu belegen.

→ *Hinweise zur Cha-rakterisierung von Figuren findest du auf S. 100-102.*

❶ Charakterisiere die Figuren und beschreibe ihre Beziehungen. Belege deine Deutung mit entsprechenden Stellen aus dem Text.

a) Beschreibe die Hauptfigur und erläutere, was in ihr vorgeht und wie sie sich fühlt.

b) Lies noch einmal, was die Figuren zueinander sagen (Dialoge). Überlege, was in diesem Moment in ihrem Innern vorgeht, was sie denken und fühlen.

→ *Hinweise zum „Zwischen-den-Zei-len-Lesen" findest du auf S. 103.*

Lies „zwischen den Zeilen". Übertrage dazu die Tabelle und ergänze sie:

In der Geschichte steht ...	Das denkt die Figur ...
Die Blicke, die mich mustern, sind eindeutig. (Z. 24)	Die anderen machen sich über mich lustig, weil ...
Ich beweg mich nicht. Steh wie angewurzelt. (Z. 35)	Am liebsten würde ich ...
Mein Ding durchziehen geht hier nicht. (Z. 87)	Ich muss ...

c) In welcher Beziehung steht die Hauptfigur zu den übrigen Figuren?
Erläutere, wie sich die Figuren verhalten und was sie übereinander denken.

→ *Hinweise zur Erzähl-perspektive findest du auf S. 147.*

❷ Aus welcher Perspektive wird die Geschichte erzählt? Erläutere die Wirkung.
Die Geschichte „Pass dich an!" ist aus der ...-Perspektive erzählt. So erfahren die Leser ...

→ *Hinweise zu sprach-lichen Besonderhei-ten findest du auf S. 148.*

❸ Untersuche die sprachlichen Besonderheiten der Geschichte.
– Welche Wörter sind für die Charakterisierung der Hauptfigur besonders wichtig?
– Wie sind die Sätze gebaut? Was kannst du daran ablesen?
In der Geschichte „Pass dich an!" charakterisieren viele Wörter die Hauptfigur.
Mit „Streber" wird z.B. ausgedrückt, wie die Klassenkameraden Peer finden: Sie ...
Mir fallen die vielen verkürzten Sätze auf. Dadurch werden die Gedanken der
Hauptfigur direkt ausgedrückt, z. B.: ...

METHODE ▸ **Eine Geschichte deuten**

Wenn du eine Geschichte deutest, können diese Fragen dir dabei helfen:
a) Was denken und fühlen die Figuren und in welcher Beziehung stehen sie zueinander (innere Handlung)?
b) In welcher Situation befinden sich die Figuren: Welche Probleme und Konflikte durchleben sie?
c) Aus welcher Perspektive ist die Geschichte erzählt? Erläutere, was du aus der Ich-Perspektive oder aus der Er-/Sie-Perspektive erfährst.
d) Welche sprachlichen Besonderheiten entdeckst du? Wie wirken diese?

4. **Arbeite mit deinen Ergebnissen weiter.** Wähle Aufgabe **A** oder **B** aus.

A „Den Pullover lässt du besser zu Hause!" Nimm Stellung zu dieser Aussage.

B Versetze dich in die Figur des Mädchens. Erzähle die Begegnung aus ihrer Perspektive.

Was wird genau von dir verlangt, wenn du mit deinen Ergebnissen weiterarbeiten sollst? Bearbeite dazu die folgenden Aufgaben.

1 Wenn du mit deinen Ergebnissen weiterarbeitest, zeigts du, wie du die Geschichte verstehst. Wähle eine Aufgabe aus:

A „Den Pullover lässt du besser zu Hause!" Nimm Stellung zu dieser Aussage:
  – Erläutere zuerst, wer diesen Satz sagt und wie er gemeint ist.
  – Gib wieder, was Peer über den Vorschlag denkt.
  – Schreibe abschließend, ob du diese Meinung teilst. Begründe deine Ansicht.
  Du kannst die Formulierungen auf dem wortstark!-Zettel nutzen.

B Versetze dich in Solveig.
  – Erzähle die Begegnung aus der Perspektive des Mädchens.
  – Berücksichtige, was Solveig denkt und fühlt.
  Ein Neuer in unserer Klasse. Was mir sofort auffällt: Sein Pullover ...
  Mein Eindruck von ihm ist ... Die anderen in der Klasse ...
  Ich habe mit ihm gesprochen und versucht ihm klar zu machen ...

> **wortstark!**
>
> Die Äußerung ... stammt von ...
> Der Satz steht ...
> Sie meint mit dem Satz, ...
> Das steht in Zeile ...
> Peer sieht das anders ...
> Ich stehe auf dem Standpunkt, dass ...,
> weil/denn ...

2 Überlege, wie du noch mit der Geschichte weiterarbeiten kannst.
  – Lies dazu die Hinweise im Methodenkasten.
  – Wähle eine Aufgabe aus und bearbeite sie für die Geschichte „Pass dich an!"

METHODE ▸ **Mit Ergebnissen weiterarbeiten**

Wenn du mit Ergebnissen weiterarbeiten sollst, nutzt du deine Vorarbeiten.
Dabei können ganz unterschiedliche Aufgaben von dir verlangt werden:

1. Zur Geschichte oder zu einem Zitat daraus **Stellung nehmen** (→ S. 104)
2. Die Geschichte **aus einer anderen Perspektive erzählen** (→ S. 147)
3. Sich in eine Figur hineinversetzen und einen **Tagebucheintrag** schreiben (→ S. 145)
4. Mit einer Figur Kontakt aufnehmen und mit ihr ein **Interview führen** (→ S. 151) oder ihr einen **Brief schreiben** (→ S. 151)
5. Die Geschichte **um- oder weiterschreiben** (→ S. 147)
   Denke immer daran, dass die Weiterarbeit zur Geschichte und zu den Ergebnissen deiner Vorarbeiten passen muss.

Aufgaben gemeinsam bearbeiten

Gemeinsam Aufgaben bearbeiten und lernen macht Spaß – und ist oft besonders erfolgreich: Ihr bringt eigene Ideen ein und nutzt Anregungen der anderen. Dabei setzt ihr bestimmte Methoden ein. Ihr findet solche Methoden hier und auch in anderen Kapiteln.

METHODEN

→ Wissen und Können, S. 289/290:
– Nachdenken – Austauschen – Vorstellen
– Lerntempo-Duett
– Zwischendurch-Gespräche
– Placemat
– Textlupe
– Stuhlwechsel
– Karussellgespräch
– Textcheck
– Portfolio

▶ Besprecht zum Lernen mit einer Methode jeweils
  – zu Beginn den Ablauf und ob etwas vorzubereiten ist,
  – nach der Arbeit, was geklappt hat oder was ihr anders machen wollt.

Lerntagebuch

Welche Schwierigkeiten gab es beim Lösen einer Aufgabe? Wie bist du weitergekommen? Was war neu, was kanntest du schon? Zu solchen Fragen zum Unterricht formuliert jeder seine Antworten in einem Lerntagebuch – handschriftlich oder am Bildschirm. Auch so kannst du zeigen, was und wie du gelernt hast.

METHODE Lerntagebuch

1. Besprecht: Zu welchen Themen und Fragen wollt ihr Einträge in ein Lerntagebuch schreiben? Soll es Einträge zu jeder Unterrichtsstunde oder zu größeren Unterrichtsabschnitten geben?

2. Jeder legt für die Einträge sein persönliches Lerntagebuch an – als Heft, Mappe oder Datei.
3. Für eure Einträge könnt ihr das Formular aus dem Medienpool nutzen. Beispiele für Einträge und Formulierungshilfen findet ihr auf Seite 267.

→ Medienpool: Formular Lerntagebuch

4. Gebt euch zu den Einträgen in Gesprächsrunden eine Rückmeldung. Darüber könnt ihr sprechen:
   – Was habt ihr gelernt und wie seid ihr beim Lernen vorgegangen?
   – Was war bei eurer Vorgehensweise ähnlich oder ganz anders?
   – Welche Schwierigkeiten gab es und wie wurden sie überwunden?

Mit Eva und Karl konnte ich in der letzten Deutschstunde endlich am Interviewteil unseres Podcasts „Aufgaben eines Schulhausmeisters" weiterarbeiten. Das war prima und hat viel Spaß gemacht!

Wir haben uns zunächst in „wortstark" noch einmal die Seiten „Einen eigenen Podcast planen und formulieren" angeschaut (S. 46-49). Wir haben uns entschieden, für unser Interview mit dem Hausmeister einige Aufwärmübungen und Testaufnahmen zu machen.

Es waren mehrere Durchgänge nötig, bis wir zufrieden waren. Ich bin als Podcaster eingeplant. Das freie Formulieren fällt mir auch nach den Übungen noch immer schwer.

Wir wollen möglichst viele Informationen über die Aufgaben eines Schulhausmeisters bekommen. Deshalb werden wir unserem Hausmeister viele Fragen stellen. Uninteressantes löschen wir später beim Bearbeiten am Laptop.

Das Interview soll in der nächsten Deutschstunde stattfinden. Wir müssen noch wissen, ob wir dafür einen Schul-Laptop mit passenden Apps nutzen können.

Paul, Klasse 8b

wortstark!

Thema war …
Bearbeitet/Geübt/Wiederholt habe ich …
Neu war für mich …
Gelernt habe ich …
Ich weiß/kann jetzt …
Erreicht habe ich das durch …
Erfolgreich war ich, weil …
Verstanden habe ich noch nicht …
Schwierig ist noch …
Ich will daran arbeiten/herausfinden …
Mehr erfahren möchte ich …
Gefallen hat mir vor allem …
Ich freue mich darauf …
Sprechen möchte ich mit … über …

Thema: Vorbereitung eines Interviews für unseren Podcast

Was ich gelernt/geübt habe:

Mit dem Smartphone ein Interview aufnehmen

Wie ich es erreicht/gelernt habe:

– gemeinsam mit Paul und Karl in „wortstark" die Seiten „Einen eigenen Podcast planen und formulieren" (S. 46-49) angeschaut und nach Tipps und Anregungen gesucht

– während der Gruppenarbeit mit Paul und Karl mehrere Testaufnahmen eines Interviews für unseren Podcast mit meinem Smartphone gemacht

Wie es weitergeht:

- das Interview mit dem Hausmeister aufnehmen

- anschließend Unerwünschtes aus der Aufnahme „wegschneiden"

Fragen:

Steht uns für das Bearbeiten des Podcast ein Schul-Laptop mit entsprechenden Apps zur Verfügung?

Sonstiges: –

Eva, Klasse 8b

Galeriegang

Für die Präsentation und Begutachtung einer Gruppenarbeit (z. B. eines Plakats) könnt ihr einen Galeriegang organisieren und nutzen. Der geht so:

METHODE ▸ **Galeriegang**

1. Legt eure Arbeitsergebnisse nach der Gruppen-
   arbeit auf den Gruppentischen aus oder hängt
   sie im Lernraum auf.
   Bildet für den Galeriegang neue Gruppen:
   – Jedes Mitglied der Stammgruppe erhält
      eine Nummer.
   – Alle Mitglieder der Stammgruppen mit der
      Nummer 1 bilden eine neue Gruppe, alle mit
      der Nummer 2 eine andere usw.

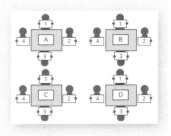

2. Die neugebildeten Gruppen begeben sich
   auf einen Galeriegang von Gruppenergebnis
   zu Gruppenergebnis und informieren sich.
   Die Verweildauer und der Wechsel erfolgen
   durch ein vorher abgesprochenes Zeichen.

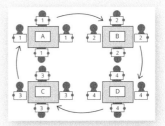

3. Nach einer Lesephase erläutert das Gruppenmitglied aus der Stammgruppe den anderen
   die Arbeitsergebnisse seiner Stammgruppe.
   Es kann dabei die Formulierungen vom
   wortstark!-Zettel nutzen.
   Die anderen hören zu, stellen Fragen und
   geben zu jedem Ergebnis eine Rückmeldung
   (Feedback).

4. Nach dem Galeriegang gehen alle Gruppenmitglieder in ihre Stammgruppe zurück.
   Sie informieren sich dort gegenseitig über
   die Rückmeldungen zu ihrer Gruppenarbeit
   und diskutieren sie.

wortstark!

Zu unserer Gruppe
gehören ...
Wir haben zunächst ...
Unsere Arbeitsschritte
waren ...
Wir haben die Arbei-
ten so verteilt ...
Unsere Ergebnisse
sind ...
Besonders wichtig
ist uns ...
...

Textcheck als Expertenrunde

Für die Überarbeitung eurer Textentwürfe könnt ihr den normalen Textcheck wählen. Wenn ihr besonders viel Expertenwissen eurer Mitschülerinnen und Mitschüler nutzen wollt (z. B. vor einer Veröffentlichung eures Textes), dann könnt ihr in einem Textcheck als Expertenrunde wertvolle Tipps und Anregungen bekommen.

→ Wissen und Können: Textcheck (S. 291)

METHODE ▷ Textcheck als Expertenrunde

1. Entscheidet: Wollt ihr den Textcheck zum Schwerpunkt A oder B oder zu beiden Schwerpunkten nacheinander machen?
   - **Schwerpunkt A**: Ihr überprüft, ob die geforderten Textbausteine im Entwurf vorkommen und ob die Formulierungen passend gewählt sind.
   - **Schwerpunkt B**: Ihr überprüft, ob Rechtschreibung und Zeichensetzung korrekt sind.

2. Formuliert **Kontrollfragen**, mit denen ihr herausfinden könnt, was die Autorin oder der Autor beim Schreiben eingehalten hat.

Die Kontrollfragen ergeben sich aus den Schreibplänen und Checklisten zu den Schreibaufgaben. Nutzt auch die Hinweise zum Schreiben in Wissen und Können ab Seite 274.

3. Bildet zu jeder Kontrollfrage mindestens eine **Expertengruppe**. Jeder entscheidet für sich, wo er als Experte am besten mitarbeiten kann. Jede Gruppe hat drei bis vier Mitglieder.

4. Führt den **Textcheck** in jeder Expertengruppe in drei Schritten durch:
   - **Schritt 1**: Jeder überprüft den Entwurf in Einzelarbeit und notiert gegebenenfalls Tipps zur Korrektur.
   - **Schritt 2**: Alle stellen reihum ihre Korrekturvorschläge vor.
   - **Schritt 3**: Gemeinsam erstellt ihr aus den einzelnen Vorschlägen für die Autorin oder den Autor einen Korrekturvorschlag.

Ihr könnt die Tipps zur Korrektur handschriftlich am Text notieren oder am Bildschirm eingeben.

5. Die Autorin oder der Autor wählt aus den Korrekturvorschlägen die passenden aus, überarbeitet damit den Textentwurf und fertigt eine **Reinschrift** für die Veröffentlichung an.

Partnerpuzzle

Ihr sollt zwei Texte lesen (z.B. zwei Meinungstexte) und aus ihnen wichtige Informationen entnehmen und miteinander vergleichen? Dann könnt ihr die Arbeit untereinander aufteilen und das Partnerpuzzle nutzen. Das geht so:

METHODE ▸ **Partnerpuzzle**

1. Bildet Vierergruppen. In jeder Gruppe werden zwei Texte bearbeitet, Text A und Text B.

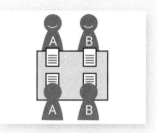

2. Jeder bearbeitet zunächst einen Text. Jeweils zwei aus einer Gruppe, die sich gegenübersitzen, lesen und bearbeiten Text A, die beiden anderen Text B.

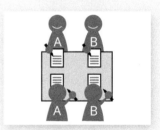

3. Die beiden Gruppenmitglieder mit demselben Text sprechen nach einer vereinbarten Zeit über den Inhalt ihres Textes: Sie klären Fragen, helfen sich gegenseitig oder korrigieren sich. So werden sie beide zu Experten für ihren Text. Sie überlegen abschließend, wie sie die beiden anderen der Tischgruppe informieren wollen:
   – Welches sind die wichtigsten Informationen?
   – Wie wollen wir sie ordnen und weitergegeben?

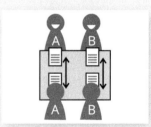

4. Die Schulterpartner stellen sich nacheinander ihre Ergebnisse vor. So lernen sie voneinander: Jeder ist dabei einmal Experte und einmal Zuhörer.

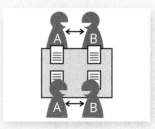

Gruppenpuzzle

Ihr wollt längere Texte (z. B. Berichte oder Interviews aus Jugendzeitschriften) gemeinsam erarbeiten? Dazu könnt ihr das Gruppenpuzzle nutzen.

METHODE **Gruppenpuzzle**

1. Bildet Vierergruppen. Jedes Gruppenmitglied liest den gesamten Text zunächst allein.

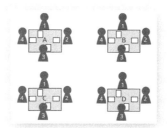

2. Teilt den Gesamttext jetzt in vier etwa gleich lange Abschnitte ein. Einigt euch darauf, wer welchen Textabschnitt genauer bearbeitet.
   - Jeder bereitet für seine Notizen ein DIN-A4-Blatt mit vier gleich großen Feldern vor. Nummeriert die Felder im Uhrzeigersinn.
   - Bearbeitet nun euren Abschnitt, denkt über den Inhalt des Textes nach und macht euch Notizen. Diese Notizen schreibt ihr in euer Feld.

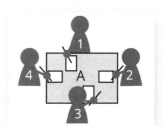

Thema: ...	
Abschnitt 1: ...	Abschnitt 2: ...
Abschnitt 4: ...	Abschnitt 3: ...

3. Das Ergebnis der Einzelarbeit vergleicht jeder mit einem Mitschüler/einer Mitschülerin aus einer anderen Gruppe, der/die an demselben Textabschnitt gearbeitet hat. Überarbeitet gegebenenfalls während dieser Phase eure Stichpunkte.

4. Informiert die Mitglieder eurer Stammgruppe über die wichtigsten Inhalte eures Abschnitts. Nach jedem Vortrag notieren die anderen Gruppenmitglieder Stichpunkte dazu in den freien Feldern des Stichwortzettels. So lernen alle Gruppenmitglieder voneinander: Jeder ist dabei einmal Experte und dreimal Zuhörer.

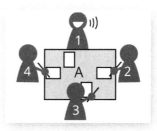

WISSEN UND KÖNNEN

Sprechen und Zuhören

Gespräche führen

Wenn zwei oder mehrere Personen abwechselnd miteinander sprechen, führen sie ein Gespräch. Die Gespräche in literarischen Texten nennt man **Dialoge**. An Gesprächen und Dialogen sind immer Sprechende und Zuhörende beteiligt.

Es gibt unterschiedliche Arten von Gesprächen:
- In einem **Vorstellungs-** oder **Bewerbungsgespräch** bewirbt man sich z. B. um einen Praktikumsplatz oder ein Stipendium.
  → S. 18–25, 88–97
- In **Diskussionen** tauscht man Meinungen und Argumente miteinander aus. Man begründet seine Meinung und versucht die anderen zu überzeugen. → S. 10–17
- Im **Unterrichtsgespräch** sprecht ihr in Gruppen oder gemeinsam mit dem Lehrer/der Lehrerin über ein Thema. → S. 268, 270–271
- Im **Literaturgespräch** und im **Filmgespräch** tauscht ihr eure Gedanken über einen literarischen Text oder einen Film aus. → S. 99, 198

Gesprächsregeln beachten

Gesprächsregeln brauchen wir, damit unsere Gespräche geordnet ablaufen. Einige wichtige Gesprächsregeln sind z.B.:
- Wir lassen andere ausreden.
- Wir hören anderen aufmerksam zu.
- Wir gehen auf die Redebeiträge der anderen ein.
- Wir gehen fair und respektvoll miteinander um.

Wenn man Gespräche beobachtet, kann man viel für das eigene Gesprächsverhalten lernen, z. B. in einer Diskussion. → S. 17

Hören und Zuhören

Oft wird von dir als **Zuhörer** verlangt, einen Hörtext (z. B. einen Podcast) oder einen Hör-Seh-Text (z. B. ein Erklärvideo) zu bearbeiten. Dabei kannst du so vorgehen:
1. Erwartungen formulieren;
2. Herausfinden, worum es geht;
3. Wichtige Informationen heraushören und festhalten;
4. Mit den Informationen weiterarbeiten.

Du kannst dabei Aufgaben vor dem Hören/Sehen, während des Hörens/Sehens und nach dem Hören/Sehen bearbeiten.
- Mit Erklärvideos lernen → S. 26–31
- Podcasts untersuchen und erstellen → S. 42–51

Mündlich erzählen

Wenn ihr mündlich erzählt, stellt ihr euch auf die Zuhörenden ein. Der Erzählende versucht, die Aufmerksamkeit der Zuhörenden zu wecken und zu erhalten. Wenn ihr euch mit einem neuen Thema vertraut macht, erzählt ihr von eigenen Erlebnissen und tauscht eure Erfahrungen aus. → S. 110, 120

Ihr könnt auch eine Geschichte gemeinsam erzählen. → S. 140

Kurzvorträge halten und digital präsentieren

Oft präsentierst du Arbeitsergebnisse in einem Kurzvortrag. Ihr könnt z. B. ein Buch vorstellen. Gehe Schritt für Schritt vor:

1. Mache dich mit dem Buch vertraut und recherchiere zum Thema (z. B. im Internet).
2. Sammle und ordne Informationen und erstelle eine Gliederung für deine Präsentation.
3. Formuliere und gestalte Präsentationsfolien und Redekarten.
4. Lasse dir zu deiner Präsentation ein Feedback geben.

Miteinander diskutieren

In der Schule, unter Freunden oder zu Hause diskutiert ihr oft über unterschiedliche Themen und tauscht dabei eure Meinungen aus.
Beachtet beim Diskutieren Folgendes:

– Ihr solltet euch eine Meinung bilden, diese äußern und gut begründen. → S. 10 – 11
– Ihr könnt euch auf eine Diskussion vorbereiten, indem ihr Argumente aus Materialien herausarbeitet und ordnet. → S. 12 – 14
– Beim Diskutieren müsst ihr den anderen Gesprächspartnern genau zuhören und auf ihre Meinung eingehen. → S. 17
– Das Diskutieren könnt ihr üben, z. B. in einer Rollendiskussion. → S. 15 – 17
– Nach der Diskussion solltet ihr euer Diskussionsverhalten auswerten. → S. 17

Einen Podcast untersuchen und erstellen

Es gibt Podcasts zu unterschiedlichen Themen. Viele Podcasts liegen als Audio-Text vor, sind also Texte zum Anhören. Ihr könnt

– einen Podcast hören und verstehen, → S. 43 – 44
– die Machart eines Podcasts erschließen, → S. 45
– einen eigenen Podcast planen und formulieren, → S. 46 – 50
– einen Podcast hören und ein Feedback geben. → S. 51

Sich mündlich vorstellen und bewerben

Ein Vorstellungs- oder Bewerbungsgespräch läuft nach einem bestimmten Muster ab. Deshalb kannst du dich darauf gut vorbereiten:

– Telefonische Anfragen im Rollenspiel üben → S. 20 – 21
– Auf unerwartete Gesprächsbeiträge reagieren → S. 22
– Sich in einem Vier-Augen-Gespräch vorstellen → S. 24 – 25

Mit Erklärvideos lernen

Mit Hilfe von Erklärvideos kannst du dir selbstständig Wissen erarbeiten. Du kannst

– Thema und Machart eines Erklärvideos erkennen, → S. 27
– ein Erklärvideo selbstständig nutzen, → S. 30
– ein Erklärvideo bewerten. → S. 31

Szenisch spielen

Beim Theaterspielen könnt ihr in verschiedene Rollen schlüpfen und mit Sprache, Mimik und Gestik Gedanken und Gefühle der Figuren ausdrücken. Ihr könnt z. B.

– gemeinsam einen Lesevortrag entwickeln, → S. 54 – 55
– Standbilder erstellen und Figuren befragen, → S. 56-58
– Szenen darstellen, → S. 59 – 60
– über die Arbeit mit dem Theaterstück nachdenken. → S. 61

Videoreportagen nutzen

In Videoreportagen kannst du dich z.B. über fremde Länder oder interessante Personen informieren. Dabei musst du zwischen Informationen und Meinungen unterscheiden und auf die Wirkung von Bild und Ton achten. Bedenke auch, dass Videos echt wirken, aber trotzdem „gefakt" (gefälscht) sein können. → S. 178

Schreiben

Schreibaufträge beachten

Wenn du einen Text verfasst, schreibst du ihn meistens nicht nur für dich selbst. Oft hast du einen ganz bestimmten Schreibauftrag:

– Du schreibst nach einem Muster, z. B. E-Mails und Briefe, Mitteilungen über Beobachtetes → S. 62 – 75, charakterisierst literarische Figuren → S. 98 – 109 oder füllst ein Formular aus. → S. 95
– Du formulierst deinen Standpunkt zu einer strittigen Frage und begründest ihn. → S. 76 – 87
– Im Umgang mit Geschichten schreibst du z. B. einen Tagebucheintrag → S. 153, eine Geschichte weiter → S. 146/147, 153 oder deine Untersuchungsergebnisse auf. → S. 132 – 141 Du vergleichst Gedichte und hältst das Ergebnis in einem Nachdenktext fest. → S. 160/161, 165
– Beim Umgang mit Sachtexten fasst du z. B. Sachtexte zusammen → S. 112/113, vergleichst Informationen aus verschiedenen Texten und schreibst die Ergebnisse auf. → S. 114 – 119
– Du gibst die Handlung eines Films wieder → S. 193 und formulierst eine Filmkritik. → S. 199
– Du schreibst einen kurzen Text, wie er im Lexikon stehen könnten oder entwirfst ein Plakat.

Schreibplan beachten

Wie unterschiedlich die Schreibaufträge auch sein mögen, die Vorgehensweise beim Verfassen eines Textes ist fast immer gleich:

– Du liest den Schreibauftrag sorgfältig,
– sammelst Ideen für das Schreiben,
– legst fest, in welcher Reihenfolge du schreibst (Anfang, Hauptteil, Schluss),
– formulierst und überarbeitest deinen Text.

Am Bildschirm schreiben und gestalten

Alles, was du für andere schreibst, sollte gut lesbar sein. Wenn du deine Texte besonders gliederst und übersichtlich gestaltest, macht es mehr Spaß, sie zu lesen. Dies gelingt dir besonders gut am

Bildschirm:

– Du kannst dazu Schreibprogramme nutzen,
– Sätze und Abschnitte einfügen, verändern oder löschen,
– Sätze, Abschnitte oder Texte unterschiedlich formatieren oder
– Sätze, Abschnitte oder Texte mit Bildern oder Fotos illustrieren.

Persönliche Briefe schreiben

Persönliche Briefe sind private Briefe. Du nimmst darin Kontakt auf zu einer Person, die du gut kennst. Du formulierst z. B. Einladungen, Freundschaftsbriefe, Dankesschreiben und Trostbriefe. Briefe schreibt man nach einem bestimmten Muster, d. h. ein Brief besteht aus verschiedenen Textbausteinen: Anrede, Datum, Brieftext, Gruß, Unterschrift.

Offizielle Briefe schreiben

Offizielle Briefe schreibst du an Erwachsene, die du nicht persönlich kennst, aber auch an die Öffentlichkeit. Offizielle Briefe enthalten Mitteilungen zu einem bestimmten Thema, z. B., um dich zu bedanken, Informationen zu bekommen oder etwas zu reklamieren. Formuliere dazu sachlich und verwende treffende Ausdrücke. Vermeide „Allerweltswörter", direkte Bewertungen und Wörter, die negative Wertungen enthalten.

Wichtige Mitteilungen in E-Mails machen

Wenn du jemandem etwas mitteilen möchtest, kannst du das auch in einer E-Mail tun. E-Mails bestehen wie Briefe aus verschiedenen Textbausteinen: Absender, Adressat, Betreff, Anrede, Text, Gruß, Name des Absenders.
Beim Schreiben von E-Mails musst du die Textbausteine beachten und deinen Text entsprechend planen, entwerfen, formulieren und überarbeiten. Dabei spielt der Empfänger eine besondere Rolle, denn die Formulierungen

hängen von den jeweiligen Adressaten ab (z. B. Anreden oder Grüße). Auch die Formulierung des E-Mail-Textes sowie die Formulierung des Anliegens in der Betreffzeile muss genau überlegt sein.

Sich bewerben → S. 89 – 97

Wenn du dich z. B. um einen Praktikumsplatz oder ein Schülerstipendium bewirbst, informierst du gezielt über deine Fähigkeiten und Ziele, um die Adressaten deines Schreibens von deinem Anliegen zu überzeugen. Oft gehört es auch dazu, in einem Formular bestimmte Angaben zu deiner Person und deinen Lebensverhältnissen zu machen. → S. 95

Anleitungen schreiben

Eine Anleitung (z. B. eine Bastelanleitung, ein Rezept oder eine Spielanleitung) formulierst du kurz, anschaulich und genau. Anleitungen schreibt man nach einem bestimmten Muster: Überschrift, Materialliste, Vorgehen in der richtigen Reihenfolge, Schluss. Fotos und andere Abbildungen erleichtern häufig das Textverständnis und ergänzen sich. Anschaulich und verständlich erklären kannst du auch mit Erklärvideos, da sie den Handlungsablauf über „laufende Bilder" genau abbilden. Beim Formulieren von Anleitungen musst du auf die unterschiedlichen Formen des Aufforderns achten:
– im Imperativ: Schäle die Kartoffeln.
– im Infinitiv: Kartoffeln schälen.
– in der Du-Form: Du musst die Kartoffeln schälen.

Zielgerichtet beschreiben

Wenn du einen Gegenstand, ein Gerät, eine Person oder ein Tier beschreibst, dann machst du Folgendes:
– Du benennst das Objekt, um das es geht.
– Du beschreibst das Aussehen (Details und Besonderheiten), besondere Eigenschaften oder Fähigkeiten.

– Du ordnest die Textteile in einer sinnvollen Reihenfolge an.

Was du im Einzelnen beschreibst und wie du deinen Text aufbaust, hängt davon ab, was du erreichen willst: Wenn du zum Beispiel etwas wiederhaben willst, dann hebst du besondere Merkmale hervor, an denen man das Objekt erkennen kann.

Deine Beschreibung wird informativer, wenn du wichtige Nomen durch Attribute näher erläuterst.

Geschichten entwerfen und schreiben

Wenn du eine Geschichte schreibst, kannst du von Erlebnissen erzählen, die du tatsächlich erlebt hast. Du kannst aber auch Geschichten erfinden. Oft ist es nützlich, zu untersuchen, wie „Profis" Geschichten schreiben. Beachte beim Schreiben einer Geschichte folgende Schritte:
– eine Schreibidee entwickeln,
– ins Schreiben kommen,
– schreiben, was weiter passiert,
– die Geschichte beenden.

Beim Formulieren von Geschichten kannst du erzählen, was die Figuren hören, riechen, tasten, fühlen und auf Ungewöhnliches und Geheimnisvolles hinweisen. Auch mit besonderen Adjektiven (z. B. blutrot, mulmig, geheimnisvoll) kannst du Spannung erzeugen.

Über Ereignisse berichten

Oft musst du deine Leser über ein Ereignis genau informieren und darüber berichten (z. B. über Unfälle, Diebstähle oder besondere Aktionen). Beachte dabei den Aufbau eines Berichts:
– Einleitung: Was ereignet sich? Wann und wo? Wer war beteiligt?
– Hauptteil: Wie ereignete sich der Vorfall? Was passierte nacheinander?
– Schluss: Welche Folgen hat das Geschehen?

Von eigenen Erfahrungen berichten

Wenn du über eigene Erfahrungen berichtest, möchtest du als Verfasserin oder Verfasser etwas wahrheitsgetreu mitteilen und den Leserinnen und Lesern interessante Informationen wiedergeben.

Ein solcher Erfahrungsbericht
- hat eine Überschrift, die deutlich macht, worum es geht,
- ist sinnvoll aufgebaut und gegliedert,
- ist eher sachlich formuliert,
- enthält nur Informationen, die für die Leserinnen und Leser interessant sind,
- gibt auch Meinungen, Einschätzungen und Gefühle des Verfassers wieder.

Schriftlich Stellung nehmen → S. 76 – 87

Als Leser kannst du zu einer Äußerung Stellung nehmen. Dabei kannst du ihr ausdrücklich zustimmen, widersprechen oder dich abwägend äußern. In jedem Fall solltest du deine Meinung mit Argumenten begründen. Argumente werden überzeugender, wenn du sie mit einem Beispiel aus eigener Erfahrung oder mit Belegen, die du recherchiert hast, ausbaust.

Inhalte erzählender Texte zusammenfassen

Wenn du den Inhalt eines erzählenden Textes wiedergeben willst, musst du ihn genau gelesen und verstanden haben. Du markierst und notierst das Wesentliche in jedem Abschnitt und fügst die einzelnen Notizen zu einer zusammenhängenden Inhaltswiedergabe zusammen. Dabei achtest du darauf,
- nichts Wesentliches wegzulassen und nichts hinzuzuerfinden,
- mit eigenen Worten zu formulieren,
- wörtliche Rede zu vermeiden,
- im Präsens zu schreiben.

Mit einer Einleitung und einem Schlussteil kannst du die Inhaltswiedergabe erweitern und abrunden.

Literarische Figuren charakterisieren → S. 98 – 109

Wenn du eine Figur aus einem literarischen Text charakterisierst, geht es darum, ihre besonderen Merkmale und Eigenschaften herauszustellen: **Aussehen, Alter und Lebensumstände** der Figur; **Verhalten** der Figur, das ihre Eigenschaften deutlich macht; **Gedanken und Gefühle** der Figur, die zeigen, was in ihr vorgeht. Was du bei deiner Textarbeit herausfindest, kannst du in Satzform als Antworten auf Fragen → S. 102/103, 105 – 107, 109 oder in einem zusammenhängenden Text formulieren → S. 102/103, 105 – 107, 109. Einzelne Aussagen belegst du in eigenen Worten, in direkter oder indirekter Rede → S. 101.

Sachtexte zusammenfassen

Manchmal musst du einen Sachtext mit eigenen Worten zusammenfassen. Eine Zusammenfassung hilft dir, den Inhalt eines Sachtextes wieder in Erinnerung zu rufen, wenn du ihn brauchst. Deine Zusammenfassung muss sachlich sein. Du darfst nichts dazuerfinden und du sollst auch nicht deine eigene Meinung abgeben. Schreibe im Präsens.
- In der Einleitung nennst du den Titel des Textes und das Thema. Nenne auch Autor und Textquelle, falls bekannt.
- Im Hauptteil fasst du die wichtigsten Informationen des Textes Abschnitt für Abschnitt mit eigenen Worten zusammen. Lass alles weg, was nicht unbedingt erwähnt werden muss.
- Im Schluss kannst du den zentralen Gedanken des Textes noch einmal nennen.

Informierende Texte vergleichen und die Ergebnisse aufschreiben → S. 110 – 119

Oft bearbeitest du verschiedene Texte, um Informationen zu einem Thema zu sammeln. Dann musst du herausfinden, welche Informationen du nutzen kannst. → S. 114/115 Wenn du beim Schreiben Aussagen zu Texten heranziehst, musst du sie in deinen Text einbauen. → S. 117

Lesen –Texte und Medien

Lesefertigkeit und Leseverstehen

Lesefertigkeit ist die Fähigkeit, Texte flüssig zu lesen oder anderen anschaulich vorzulesen. Dazu musst du dich mit dem Lesetext vertraut machen und ihn zum Vorlesen vorbereiten. Erst wenn du in die Geschichte „eintauchst" und die Gedanken und Gefühle der Figuren nachempfindest, kannst du den Text so vorlesen, dass die Zuhörer alles nachempfinden können und gern zuhören. Du kannst am Beispiel von Anekdoten → S. 132 und Gedichten → S. 156 üben, wie man Texte wirkungsvoll vorliest. **Leseverstehen ist** die Fähigkeit, geschriebene Texte zu verstehen, über sie nachzudenken und sie zu bewerten. Es gibt verschiedene Arten von Texten:

1. Zu den **literarischen Texten** gehören erzählende Texte, z. B.
   - kurze **Geschichten**, → S. 142 – 153
   - **Anekdoten** und **Kalendergeschichten**, → S. 132 – 141
   - **Romane** (z. B. Jugendbücher), → S. 166 – 177
   - **Graphic Novels**, → S. 138
   - **Gedichte**, → S. 154 – 165
   - **Theaterstücke**, → S. 52 – 61
   - **satirische Texte**. → S. 181

Literarische Texte sind von einem Autor oder einer Autorin verfasst worden, um uns zu unterhalten oder zum Nachdenken zu bringen.

2. Zu den **Sachtexten** gehören
   - **Lexikonartikel**, → S. 206
   - **Zeitungsberichte** aus gedruckten Zeitungen oder Online-Zeitungen, → S. 118, 129
   - **Grafiken** → S. 11 – 13, 120, 127 und Zeitschriftenbeiträge aus (Jugend-)Magazinen. → S. 112, 207

In Zeitungen und Zeitschriften finden sich auch **Interviews** → S. 114 – 115, **Reportagen** → S. 125, **Werbeanzeigen** → S. 122 – 123, **Bilder**, **Fotos** → S. 120, 123 und **Karikaturen**. → S. 10, 110

Zu den Sachtexten zählen nicht nur **gedruckte Texte**, sondern auch **Online-Texte**, **Hörtexte** und **Videos**.
Wer einen Sachtext verfasst, will die Leserinnen und Leser informieren. Die Autorinnen und Autoren äußern aber oft auch ihre Meinung und wollen Leserinnen und Leser beeinflussen. Daher muss man beim Lesen von Sachtexten Informationen und Meinungen auseinanderhalten. → S. 128
Im Internet tauchen häufig auch falsche Meldungen (**„Fake News"**) auf. Es ist wichtig zu wissen, wie man Fake News erkennt. → S. 178 – 189

Ein Jugendbuch lesen und vorstellen → S. 166 – 177

- Zunächst überlegst du dir, welches Buch du lesen und vorstellen möchtest.
- Für deine Buchvorstellung kannst du dir z.B. eine Leserolle oder Lesekiste anlegen, in der du Notizen und Zettel, Kopien und Abschriften oder auch Gegenstände, die zum Buch passen, sammelst.
- Dann machst du dich vertraut mit Autor oder Autorin, Titel, Cover, Klappentext und Abbildungen.
- Anschließend beschäftigst du dich genauer mit dem Buch: Du beschreibst die Hauptfiguren (z. B. in Steckbriefen), du erstellst zu interessanten Textstellen Comics oder eine kleine Fotostory, du notierst wichtige Textstellen, die du vorlesen möchtest oder sammelst Gegenstände, über die du etwas erzählen möchtest.

Eine Graphic Novel lesen und verstehen

In einer **Graphic Novel** wird eine Geschichte mit Bildern und Texten erzählt. Beides ist wichtig: Bild und Text. Bilder sind mehr als bloße Illustration, sie erzählen einen Teil der Geschichte. Wenn du eine Graphic Novel liest, musst du aber auch den Text beachten und über das Verhältnis von Text und Bildern nachdenken. → S. 138

Geschichten lesen und verstehen → S. 142 – 153
In Geschichten lernen wir Menschen in verschiedenen Situationen kennen. Wir erfahren, wie sie sich verhalten, und versuchen, ihre Gedanken und Gefühle zu verstehen. Personen, die in Geschichten vorkommen, nennen wir **Figuren**.

Beim Lesen von Geschichten kannst du Schritt für Schritt vorgehen:

1. Du beschreibst zunächst was passiert (**äußere Handlung** → S. 263). Bei der Beschreibung der äußeren Handlung helfen dir die W-Fragen (Wer? Was? Wann? Wo? Warum? usw.).
2. Wichtig ist auch zu verstehen, was in den Figuren vorgeht (**innere Handlung** → S. 264). Um die Gedanken und Gefühle der Figuren zu bestimmen, lernst du „Zwischen den Zeilen zu lesen" → S. 145 und aus der Perspektive von Figuren zu erzählen. → S. 151
3. Wenn du eine Geschichte deutest, **charakterisierst** du die Figuren → S. 100, 108 und beschreibst ihre **Beziehung zu anderen Figuren**. → S. 102
4. Wichtig ist auch die **Erzählperspektive**, denn der Autor/die Autorin schreibt zwar die Geschichte, schlüpft dabei aber in verschiedene Erzählrollen:
   - Der **Ich-Erzähler**/die **Ich-Erzählerin** erzählt aus seiner/ihrer Sicht in der **Ich-Form** und erzählt, was er oder sie denkt und fühlt.
   - Der **Er-Erzähler**/die **Sie-Erzählerin** blickt von außen auf die Figuren und weiß, was in ihnen vorgeht. Er/Sie erzählt in der **Er-** oder **Sie-Form**. → S. 142, 145

Ihr könnt eine Geschichte gemeinsam erschließen und darüber sprechen. In solchen **Literaturgesprächen** tauscht ihr eure Gedanken und Ideen aus. → S. 99 Ihr könnt eine Geschichte auch erschließen, indem ihr euch in die Figuren hineinversetzt und **aus ihrer Perspektive erzählt** → S. 145, 146, 153 oder eine **Stellungnahme zu einer Figur** abgebt. → S. 104 Nachdem ihr eine Geschichte untersucht habt, könnt ihr eure Ergebnisse aufschreiben. → S. 105-107

Gedichte untersuchen → S. 154 – 165
Zu den literarischen Texten zählen auch **Gedichte** (lyrische Texte). Sie unterscheiden sich von den erzählenden Texten vor allem durch ihre äußere Form: Die Zeilen eines Gedichts heißen **Verse**, die Abschnitte nennt man **Strophen**. Die Verse können sich am Ende reimen, müssen es aber nicht. Wir unterscheiden **Paarreime** (aabb), **Kreuzreime** (abab) und **umarmende Reime** (abba).

Achte auf diese sprachlichen Besonderheiten von Gedichten:

- Unter **Versmaß**/**Metrum** versteht man den regelmäßigen Wechsel von betonten und unbetonten Silben nach einem festgelegten Muster: Der **Jambus** ist zweisilbig, die erste Silbe ist unbetont, die zweite ist betont (x x́): Man braucht nur eine Insel. Der **Trochäus** ist ebenfalls zweisilbig, die erste Silbe ist betont, die zweite unbetont (x́ x): Manchmal fühlt man sich allein.
- Wenn Vokale in benachbarten Wörtern oder Reimwörtern gleich klingen, handelt es sich um eine **Assonanz**: Stäbe/gäbe.
- Bei einer **Alliteration** sind die Anlaute benachbarter Wörter gleich: wissen wir.
- **Wortwiederholungen** können der Verstärkung dienen: Man braucht nur … Man braucht nur …
- **Personifizierung**: Pflanzen, Tiere oder Dinge werden wie Menschen dargestellt: … sein Blick ist vom Vorübergehn der Stäbe so müd geworden
- **Sprachbild**: Mit Sprache wird ein Bild gestaltet, das wir uns beim Lesen vorstellen können: Der Fahrer wechselt das Rad.
- **Vergleiche** sind sprachliche Bilder, die mit dem Wort „wie" eingeleitet werden: Du stecktest meine Freundschaft ein wie einen Geldschein.
- Die **Metapher** ist ein sprachliches Bild, bei dem ein Ausdruck aus einem Bereich in einen anderen Bereich übertragen wird: Unsere Freundschaft – ein Gutschein.

Wenn du ein Gedicht untersuchst, willst du verstehen, welche Stimmungen, Gefühle und Eindrücke der Dichter oder die Dichterin vermitteln will. → S. 154, 155, 159, 164 Wenn du Gedichte miteinander vergleichst, kannst du ihre Merkmale besonders gut erkennen. → S. 160–161, 165

Balladen verstehen

Balladen sind Gedichte, in denen eine spannende Geschichte erzählt wird. Die Figuren einer Ballade befinden sich oft in einer dramatischen und bedrohlichen Lebenssituation. Balladen bestehen aus mehreren Strophen und sind gereimt.

Anekdoten und Kalendergeschichten → S. 132-141

Anekdoten sind kurze Geschichten über bekannte Persönlichkeiten. Anekdoten enthalten oft eine Lebensweisheit. Das überraschende Ende einer Anekdote wird *Pointe* genannt.
Du kannst die Merkmale einer Anekdote herausarbeiten → S. 134, ihre Pointe verstehen → S. 138 und deine Ergebnisse aufschreiben. → S. 141
Ähnlich wie Anekdoten wollen **Kalendergeschichten**, die früher auf der Rückseite eines Kalenders gedruckt waren, ihre Leserinnen und Leser unterhalten und belehren. → S. 140

Ein Literaturgespräch führen

In einem Literaturgespräch sprecht ihr über einen literarischen Text und tauscht eure Ideen und Gedanken aus. Ihr könnt euch dazu im Kreis zusammensetzen.
Legt zunächst das Thema eures Gesprächs fest, ihr könnt z. B. über die Hauptfigur in einer Geschichte sprechen:

– Was ging dir beim Lesen alles durch den Kopf?
– In welcher Situation befindet sich die Hauptfigur?
– Wie würdest du dich in dieser Situation verhalten?
– Wie findest du die Hauptfigur?
– Was verstehst du nicht?
– Welche Fragen hast du?

Zunächst kann jeder in einer „Blitzlicht"-Runde seine Ideen und Gedanken äußern.
Der oder die Nächste geht auf diesen Gesprächsbeitrag ein: fragt nach, stimmt zu oder vertritt eine andere Ansicht.
Wichtig ist, dass ihr eure Deutung am Text belegt und auf die Gedanken der anderen eingeht.

5-Schritt-Lesemethode

Sachtexte kannst du nach der **5-Schritt-Lesemethode** bearbeiten:
1. Mach dir klar, was du schon über das Thema weißt. Schau dir dazu die Bilder und die Überschrift an.
2. Überfliege den Text: Worum geht es? Du sollst nur das Wichtigste erfassen.
3. Finde heraus, wie der Text aufgebaut ist. Achte auf Abschnitte und Zwischenüberschriften.
4. Suche wichtige Informationen im Text. Nutze W-Fragen: Was? Wer? Wie? Wann? Wo? Warum?
5. Denke über den Text nach und bilde dir eine eigene Meinung.

Sachtexte lesen und verstehen → S. 120–131

Die Autoren oder Autorinnen von Sachtexten wollen sachlich informieren. Sachtexte enthalten deshalb oft Zahlenangaben, Diagramme und Tabellen. → S. 120, 125 Auch Schaubilder → S. 127, Fotos oder Bilder → S. 129, 130–131 sind in Sachtexten enthalten und liefern Informationen.
Sachtexte wollen auch über Hintergründe aufklären und Zusammenhänge deutlich machen. Es werden beispielsweise Gründe genannt, Folgen aufgezeigt und Schlussfolgerungen gezogen. → S. 124–125
Schließlich werden Personen, Ereignisse und Dinge in Sachtexten auch bewertet. Es ist wichtig, Informationen und Bewertungen auseinanderzuhalten. Bewertungen sind nicht immer direkt formuliert. Du musst sie herausarbeiten und eigene Schlussfolgerungen ziehen. → S. 128–129

Im Internet recherchieren

Informationen könnt ihr im Internet recherchieren. Dabei müsst ihr überlegen,
– wie ihr Informationen findet,
– wie ihr die Verlässlichkeit der Internetquelle prüft und bewertet,
– wie ihr die gefundenen Informationen einschätzt und bewertet und
– wie ihr Texte miteinander vergleicht und einschätzt.

Nachrichten aus dem Netz einschätzen
→ S. 178 – 189

Wenn du dich über aktuelle Ereignisse informieren willst, kannst du Zeitungen lesen, auf Papier oder online. Dort findest du Meldungen, Berichte, Kommentare, Leserbriefe, Fotos, Werbung, Anzeigen – online auch Hörtexte und Videos. → S. 180, 184, 188 Im Internet gibt es aber auch viele sogenannte **Fake News**, falsche Nachrichten, die dich unterhalten → S. 180 – 181 oder auch beeinflussen wollen. → S. 185, 189 Die Merkmale von Fake News kannst du erkennen. → S. 182 – 183 Texte aus dem Internet musst du also genau prüfen. → S. 184, 189 Die Verfasser dieser Texte (besonders z. B. von „Kettenbriefen" → S. 186 – 187) wollen oft deine persönlichen Daten abgreifen oder auch Angst machen, Panik erzeugen oder zum Kauf verführen.

Einen Film untersuchen und deuten → S. 190-199
Wenn du dir einen Film anschaust, wirst du in eine andere Welt versetzt: Du fühlst mit den Filmfiguren mit, du lachst, bist traurig oder identifizierst dich mit Filmfiguren. Der Film erreicht diese Wirkung durch seine eigene „Filmsprache". Die filmsprachlichen Mittel kannst du untersuchen und ihre Wirkungen beschreiben. → S. 196 – 197, Filmlexikon im Medienpool

Kameraeinstellungen
Die Einstellungsgröße gibt an, wie nah die Zuschauer an das Geschehen herankommen.

– **Totale**: Der ganze Handlungsraum ist erkennbar, sodass wir einen Überblick über die Situation bekommen.
– **Nah**: Wir sehen die Figuren im Brustbild und können Mimik und Gestik erkennen.
– **Groß**: Der Kopf einer Figur wird dargestellt, ihre Gedanken und Gefühle sind gut erkennbar.
– **Detail**: Eine wichtige Einzelheit wird gezeigt, sie hat meist eine besondere Bedeutung.

Kameraperspektiven
– **Normalperspektive**: Figuren, Tiere und Gegenstände befinden sich auf Augenhöhe des Betrachters – so als ob man als Zuschauer alles miterlebt.
– **Vogelperspektive**: Das Geschehen wird von oben herab dargestellt. Figuren erscheinen klein und schutzbedürftig.
– **Froschperspektive**: Figuren, Tiere oder Gegenstände werden gezeigt, als würde der Zuschauer von unten darauf schauen. Figuren wirken groß und manchmal bedrohlich.

Du kannst einen Film Schritt für Schritt untersuchen:
– Informiere dich zuerst mit Hilfe von Filmbesprechungen oder Filmplakaten über den Film, damit du weißt, was dich erwartet. → S. 190 – 191
– Nachdem ihr den Film geschaut habt, könnt ihr ein Filmgespräch führen und eure Eindrücke und Ideen austauschen. → S. 191
– Verschafft euch einen Überblick über den Film. Beschäftigt euch dabei mit dem Aufbau des Films → S. 192 und der Filmhandlung. → S. 193
– Beschreibt und charakterisiert dann die Filmfiguren und ihre Beziehungen zueinander. → S. 194 – 195 Dabei könnt ihr einzelne Szenen genauer anschauen, euch in die Filmfiguren hineinversetzen → S. 194 und Filmstandbilder beschreiben. → S. 196, 197
– Schließlich bildet ihr euch eine eigene Meinung über den Film, ihr schätzt den Film ein und beurteilt ihn. → S. 199

Sprache untersuchen

Wortschatz

Zum **Wortschatz** gehören alle Wörter, Wortbildungen und Redensarten der Sprache. Wenn wir Texte lesen oder hören, müssen wir verstehen, was mit den Wörtern gemeint ist (z. B. wenn Gefühle ausgedrückt werden → S. 149 oder in der Werbung → S. 122). Beim Sprechen und Schreiben gebrauchen wir die Wörter z. B. beim Berichten → S. 69, Präsentieren → S. 39, wenn wir höflich und freundlich miteinander umgehen → S. 23 oder wenn wir mit Fachwörtern über literarische Texte sprechen oder schreiben. → S. 133 Oft muss man Wörter mit eigenen Worten erklären. → S. 30, 179

Es gibt auch spezielle Wortschatzbereiche: **Dialektwörter** sind für bestimmte Orte und Regionen typisch (z. B. Moin für „Guten Tag" in Norddeutschland). → S. 111 Auch in der **Chat-Sprache** werden besondere Wörter verwendet (z. B. lautmalende Wörter wie SUUUUPER). → S. 203 **Fremd- und Lehnwörter** (z. B. Jeans) wurden oder werden aus anderen Sprachen übernommen. → S. 204 – 205 **Fachwörter** werden verwendet, um sich in einem bestimmten Fachgebiet genau zu verständigen (z. B. Satire). → S. 133

Redensarten

Auch Redensarten gehören zum Wortschatz (z. B. jemandem einen Bären aufbinden). Die Bedeutung einer Redensart ergibt sich nicht aus der Bedeutung der einzelnen Wörter. Jemandem einen Bären aufbinden bedeutet „jemandem etwas erzählen, das nicht stimmt".

Wortbildung

Es gibt zwei Arten, wie man Wörter neu bildet:

1. Eine **Wortzusammensetzung (Kompositum)** ist aus mehreren selbstständigen Wörtern zusammengesetzt (z. B. Müll + Auto = Müllauto) → S. 28
2. Eine **Wortableitung (Derivation)** besteht aus mehreren Wortbausteinen (**Präfix, Wortstamm, Suffix**, z. B. un+freund+lich).

Gesprochene und geschriebene Sprache → S. 148

Wir sprechen anders als wir schreiben. Kennzeichen der gesprochenen Sprache sind z. B. Redepausen, Wortwiederholungen, kurze Sätze, Satzabbrüche (Ellipsen), umgangssprachliche Wörter, Interjektionen. Wenn wir schreiben, achten wir auf die korrekte Grammatik und Rechtschreibung.

Wortarten

Nomen

So kannst du Nomen erkennen:

1. Artikelprobe: Vor Nomen kannst du einen bestimmten (der, die, das) oder unbestimmten **Artikel** (ein, eine) setzen, z. B. der Baum, das Haus, eine Katze.
2. Nomen stehen im **Singular** (Einzahl) oder **Plural** (Mehrzahl), z. B. der Baum, die Bäume.
3. Vor Nomen stehen Signalwörter:
   – Artikel (der, eine) oder Präpositionen mit „verstecktem" Artikel (am = an dem, am Montag),
   – Zahlwörter (zwei, einige, viele ...; zwei Tage);
   – Pronomen (mein, dein, ihr ...; mein Buch);
   – Adjektive mit und ohne Artikel (ein blaues Hemd)

Nomen werden im Satz **dekliniert** (gebeugt), d. h. in die vier Fälle gesetzt. Mit W-Wörtern kannst du die Fälle bestimmen: **Nominativ** (Wer oder Was?), **Genitiv** (Wessen?), **Dativ** (Wem?), **Akkusativ** (Wen? oder Was?) → S. 214

Nominalisierung → S. 121

Wenn ein Nomen aus einem Verb oder einem Adjektiv gebildet wird, nennt man dies **Nominalisierung**, z. B.

– aus dem Infinitiv des Verbs: trinken → das Trinken,
– aus dem Wortstamm des Verbs mit einem Suffix: laufen → der Läufer, trennen → die Trennung, erleben → das Erlebnis; aus einem Adjektiv mit einem Suffix: schön → die Schönheit, fröhlich → die Fröhlichkeit, finster → die Finsternis.

Pronomen

1. **Personalpronomen** stehen als Ersatz für ein Nomen: Ich sehe den Hund. Er ist noch jung.

2. **Possessivpronomen** geben an, wem etwas gehört: Mein Hund heißt Bella und wie heißt dein Hund?

3. **Demonstrativpronomen** weisen auf etwas zurück oder voraus: Wir haben zusammen gefeiert. Diese Feier hat allen sehr gefallen.

4. **Interrogativpronomen** (Fragepronomen) stehen in einem Fragesatz: Wer hat vorhin angerufen?

5. **Anredepronomen** (du, ihr; Sie, Ihnen) werden in Briefen verwendet. → S. 93 In der Höflichkeitsform werden sie immer großgeschrieben: Herr Müller, wir gratulieren Ihnen zu Ihrem Geburtstag. → S. 247

6. **Indefinitpronomen** verwendet man, wenn man Personen oder Sachen nicht genau kennt, z. B. man, jemand, irgendein, niemand, einige.

7. Das **Reflexivpronomen** sich steht immer bei bestimmten Verben, z. B. sich beeilen.

8. **Relativpronomen** leiten einen Relativsatz ein: Der Junge, der neben uns wohnt, heißt Timo.

Adjektiv

1. Adjektive werden im Satz gemeinsam mit dem Nomen, dem sie zugeordnet sind, dekliniert: Kasienka ist ein junges polnisches Mädchen mit braunen Haaren.

   Adjektive, die zusammen mit den Verben sein, werden, bleiben ein Prädikat bilden, werden nicht dekliniert (verändert): Seit gestern ist Maja krank. → S. 217

2. Adjektive können gesteigert werden und so den Grad einer Eigenschaft oder Bewertung ausdrücken:

   – **Grundstufe**: schön, gut
   – **Vergleichsstufe**: schöner, besser
   – **Höchststufe**: am schönsten, am besten

Verb

Verben stehen im Wörterbuch in der Grundform (**Infinitiv**), im Satz werden sie **konjugiert** (gebeugt). Das konjugierte Verb im Satz nennt man **Prädikat**. Man unterscheidet verschiedene Verbgruppen: **Vollverben** (arbeiten), **Hilfsverben** (haben, sein), **Modalverben** (können, dürfen, müssen, sollen, wollen, mögen) und Gruppen, die aus einem Verb und weiteren Wörtern bestehen (z. B. Ich bin krank). → S. 217

Zeiten

Verben stehen in verschiedenen **Zeitformen**:

1. **Präsens**: ich gehe, du gehst, ...
2. **Präteritum**: ich ging, du gingst, ...
3. **Perfekt**: gebildet mit den Hilfsverben sein oder haben und dem Partizip II: ich habe gespielt; du hast gespielt, ...; ich bin gegangen, du bist gegangen, ...
4. **Plusquamperfekt**: gebildet mit den Hilfsverben sein oder haben im Präteritum und dem Partizip II: ich hatte gespielt, du hattest gespielt; ich war gegangen, du warst gegangen, ...
5. **Futur I**: gebildet mit dem Hilfsverb werden und dem Infinitiv des Verbs: ich werde gehen, du wirst gehen, ...
6. **Futur II**: gebildet mit dem Hilfsverb werden und dem Partizip II des Verbs + Infinitiv von sein oder haben: ich werde gespielt haben, du wirst gespielt haben ...; ich werde gegangen sein, du wirst gegangen sein, ...

Der Gebrauch der Zeiten hängt auch von der Textsorte ab. → S. 206 – 207

Aktiv und Passiv

Sätze stehen im **Aktiv**, wenn betont wird, wer etwas tut: Biologen erforschen die Arktis. Wenn der Vorgang betont wird, steht das **Passiv**: Auf der Forschungsstation wird geforscht. → S. 210 – 211

Das Passiv wird mit dem Hilfsverb werden und dem Partizip II gebildet. → S. 210

Es kann in verschiedenen Zeitformen stehen:
- Präsens: Es wird geforscht.
- Präteritum: Es wurde geforscht.
- Perfekt: Es ist geforscht worden.
- Plusquamperfekt: Es war geforscht worden.
- Futur I: Es wird geforscht werden.
- Futur II: Es wird geforscht worden sein.

Konjunktiv I

1. In der indirekten Rede steht das Verb oft im **Konjunktiv I**. Dies ist immer dann der Fall, wenn z.B. in Nachrichten oder Zeitungsartikeln wiedergegeben wird, was jemand anderes gesagt hat:
Die Zeitung berichtet, der Präsident besuche das Katastrophengebiet. → S. 117

2. Die Formen des Konjunktiv I im Präsens:
ich besuche, du besuchest, er/sie/es besuche, wir besuchen, ihr besuchet, sie besuchen.

3. Die Formen des Konjunktiv I von haben und sein:
ich habe, du habest, er habe, wir haben, ihr habet, sie haben; ich sei, du seist, er sei, wir seien, ihr seiet, sie seien
Meistens wird die 3. Person Singular (er/sie/es besuche, habe, sei ...) gebraucht.

Konjunktiv II → S. 208–209

1. Der **Konjunktiv II** steht in Sätzen, die etwas Gewünschtes oder Vorgestelltes ausdrücken (Wenn doch bloß Regen käme) oder bei einer höflichen Bitte (Ich hätte gern ein Eis).

2. Im Konjunktiv II können nur zwei Zeiten gebildet werden:
- Gegenwartsform des Konjunktiv II:
ich käme, du kämest, er/sie/es käme, wir kämen, ihr kämet, sie kämen
- Vergangenheitsform des Konjunktiv II:
ich wäre gelaufen, du wärest gelaufen usw. oder ich hätte besucht, du hättest besucht usw.

Präposition

1. Präpositionen sind Wörter wie an, auf, in, hinter, nach, vor, über, um, unter, zwischen ...

2. Sie geben Hinweise auf den Ort (in Berlin), die Richtung (auf die Insel), den Zeitpunkt (um vier Uhr), die Zeitdauer (über eine Stunde) oder den Grund (wegen des schlechten Wetters).

3. Manche Verben werden immer mit einer bestimmten Präposition gebraucht: Ich interessiere mich für Krimis. → S. 96, 206–207

Adverb

Das **Adverb** (Umstandswort; Mehrzahl: die **Adverbien**) gibt Informationen über Ort, Zeit oder Grund eines Geschehens. Es gibt lokale (z.B. hier, oben, draußen), temporale (z.B. jetzt, heute, oft), kausale (z.B. darum, also, dadurch) und modale (z.B. gern, fast, vielleicht) Adverbien. Adverbien helfen dir, Textbezüge herzustellen: Ich höre Musik im Bett. Dort kann ich am besten chillen. → S. 202

Konjunktion

Konjunktionen (Bindewörter) verbinden Sätze oder Teile von Sätzen miteinander. Mit Konjunktionen wie und, aber, weil, während, obwohl usw. verdeutlicht man die Beziehungen zwischen Gedanken. → S. 220–221
- Konjunktion in Aufzählungen: Sie kaufen Gemüse und Brot und Getränke. → S. 222
- Konjunktion zwischen Hauptsätzen: Der Vorhang geht auf und das Theaterstück beginnt.
- Konjunktion zwischen Haupt- und Nebensatz: Er kommt zu spät, weil der den Bus verpasst hat.

Interjektion

Interjektionen (Ausrufewörter, Empfindungswörter) kommen häufig in der gesprochenen Sprache oder in Dialogen vor. Es sind kleine, unveränderliche Wörter, mit denen man seine Gefühle (z.B. Schmerz: aua), Gedanken (z.B. Überraschung: aha) oder Aufforderungen (z.B. pst) ausdrücken kann.

Satzglieder und Sätze

Sätze bestehen aus verschiedenen Satzgliedern. Du kannst sie durch die **Umstellprobe** ermitteln → *S. 214*: **Prädikat, Subjekt, Objekte, adverbiale Bestimmungen**. → *S. 214–215* Mit der Umstellprobe kannst du Satzglieder, die du betonen möchtest, an den Satzanfang stellen. → *S. 201*

Prädikat

Das Prädikat → *S. 214* bildet das Zentrum des Satzes, um das sich die anderen Satzglieder gruppieren: Die Schülerin liest ein Buch.
Zweiteilige Prädikate bilden eine **Prädikatsklammer** → *S. 214*: Ich schalte mein Handy aus.
Einteilige Prädikate bestehen aus dem **Vollverb**, mehrteilige aus einer konjugierten Verbform und anderen Wörtern → *S. 217*, z.B.: Sie gibt sich beim Sport Mühe. Das Prädikat heißt: sich Mühe geben.

Subjekt

Das Subjekt erfragt man mit Wer? oder Was? zusammen mit dem Prädikat: Wer bellt? → Der Hund bellt.

Objekte

1. Das A**kkusativobjekt** erfragt man mit Wen? oder Was?: Wen fragt das Mädchen? → ihren Bruder.
2. Das **Dativobjekt** erfragt man mit Wem?: Wem helfe ich? → meiner Schwester.
3. Das **Präpositionalobjekt** steht bei Verben mit festen Präpositionen: Er interessiert sich für Sport. Frage: Wofür interessiert er sich? → für Sport. → *S. 96, 221*

Adverbiale Bestimmungen

Es gibt verschiedene adverbiale Bestimmungen:
1. Ort oder Richtung: Er fährt in die Alpen.
2. Zeit oder Dauer: Sie kommt am Montag.
3. Grund: Wegen seiner Krankheit liegt er im Bett.
4. Art und Weise: Sie fährt mit dem Rad zur Schule.

Attribut → *S. 212–213*

Texte werden anschaulicher und genauer, wenn die Nomen durch Attribute näher bestimmt werden. Wir unterscheiden: Adjektivattribute, Genitivattribute, präpositionale Attribute und Attributsätze (Relativsätze). → *S. 223* Attribute sind Teile von Satzgliedern.

Sätze

1. **Hauptsätze** sind selbstständig. Das konjugierte Verb steht an zweiter Stelle: Sie kauft Obst.
2. **Nebensätze** können nicht allein stehen. Sie werden mit einer Konjunktion, einem Relativpronomen oder einem Fragewort eingeleitet. Das konjugierte Verb steht am Satzende:
   - **Subjektsätze** stehen für das Subjekt: Wer faire Kleider kauft, tut etwas für die Umwelt. → *S. 219*
   - **Objektsätze** stehen für ein Objekt: Die Hersteller behaupten, dass sie fair produzieren. → *S. 219*
   - **Adverbialsätze** stehen für adverbiale Bestimmungen und werden mit Konjunktionen eingeleitet. → *S. 188, 220–221*
   - **Relativsätze** erläutern ein Nomen im Hauptsatz genauer: Die Familie, die auf dem Land lebt, wird bald in die Stadt ziehen. → *S. 223*
   - **Indirekte Fragesätze** werden mit W-Wörtern (wie, was, wo, wann, wie, warum ...) eingeleitet: Gib Bescheid, wann der Film beginnt. → *S. 68*
   - **Infinitivsätze** werden mit zu + Infinitiv gebildet: Ich habe vor, weniger zu essen. → *S. 218*

Satzzeichen → S. 222–225

Einen **Punkt** setzt man am Ende einer Sinneinheit: Er kommt mit. **Fragen** erkennst du am Fragezeichen: Kommst du mit? Bei Aufforderungen oder Ausrufen steht ein **Ausrufezeichen**: Komm sofort mit! Ein **Doppelpunkt** kündigt die **wörtliche Rede** an. Sie steht in Anführungszeichen: Der Vater sagt: „Pssst!"
Ein **Komma** trennt den Hauptsatz vom Nebensatz. Kommas stehen auch bei der **Aufzählung** von Wörtern oder Sätzen: Er schreibt Kinderbücher, Jugendbücher und Kriminalromane.

Richtig schreiben

Rechtschreibstrategien

Die Silbenprobe durchführen

Mit der **Silbenprobe** (‿) gliederst du ein geschriebenes zweisilbiges Wort (Schlüsselwort) in eine betonte und unbetonte Silbe: die Blume, die Pflanze. An der Silbengrenze erkennst du:

– Endet die erste Silbe (betonte Silbe) mit einem Vokalbuchstaben, ist sie **offen**. Du sprichst den Vokal lang: die Blume.

– Endet die erste Silbe mit einem Konsonantbuchstaben, ist sie **geschlossen**. Du sprichst den Vokal kurz: die Pflanze.

Einsilbige Wörter verlängern

Mit der Strategie **Wörter verlängern** (‿→) verlängerst du ein einsilbiges Wort zu einem zweisilbigen Schlüsselwort: der Berg – die Berge, er fing – wir fingen, eng – enger. Du hörst dann z. B.,

– ob b oder p, d oder t, g oder k geschrieben wird: er raubt – wir rauben,

– ob der stimmlose s-Laut im einsilbigen Wort mit s geschrieben wird: das Los – die Lose,

– ob der Konsonantbuchstabe verdoppelt werden muss: der Pfiff – die Pfiffe.

Wörter ableiten

Mit der Strategie **Wörter ableiten** (↓) suchst du in einer Wortfamilie nach dem gemeinsamen Wortstamm, denn er wird immer gleich geschrieben. Z. B. zeigt dir der Wortstamm fahr an, dass in allen Wörtern der Wortfamilie ein h geschrieben wird: der Fahrer, sie fahren, er fuhr, erfahren …

Wörter in Wortbausteine zerlegen

Mit der Strategie **Wörter zerlegen** (⊥) suchst du die einzelnen Bausteine in Wörtern, die aus mehreren Teilen bestehen: die Schiff|fahrt, höf|lich, eil|ig, ver|reg|net, be|end|et.

Oft gibt es z. B. eine Schreibschwierigkeit in einem der Wortbausteine. Dann trennst du diesen Wortbestandteil zunächst ab und kannst dann die Verlängerungs- und Silbenprobe durchführen: sorg|los, sorg mit g, weil: wir sorgen.

Einen Auswertungsbogen führen

In einem Auswertungsbogen sammelst du z. B. nach schriftlichen Arbeiten eine Zeitlang die berichtigten Fehlerwörter. Er hilft dir dabei herauszufinden, was du noch besonders üben solltest. → S. 228

Notiere in der 1. Spalte mögliche Problembereiche der Rechtschreibung wie Silbengelenk nicht erkannt, s/ss/ß verwechselt, b/p, d/t, g/k verwechselt … Schreibe in der 2. Spalte deine Fehlerwörter und markiere die berichtigte Fehlerstelle. Zuletzt schätze dich ein und notiere in der 3. Spalte, was du besonders üben solltest:

(+) Das kann ich schon ganz gut.

(-) Das sollte ich noch besonders üben.

Silbengelenk (ll, mm … tz, ck) nicht erkannt	…	
s, ss, ß verwechselt	…	
…		

Rechtschreibkontrollen nutzen

Mit **Rechtschreibkontrollen** kannst du Fehler vermeiden und korrigieren. Du kannst dazu die Kontrollfunktion eines Schreibprogramms einschalten. Ein Schreibprogramm hilft dir, indem es Zweifel kennzeichnet und Schreibvorschläge macht. Du musst es aber auch selbst kontrollieren, am besten, indem du im Wörterbuch nachschlägst oder im Internet recherchierst → S. 227, 238. Du bekommst dort z. B. auch Informationen über die Bedeutung und Aussprache und Vorschläge zur Trennung eines Wortes.

Rechtschreibregeln – wortbezogen

Wann ll, mm, nn ...? → S. 228

Wörter mit doppeltem Konsonantbuchstaben sind Wörter mit einem **Silbengelenk**. Manchmal endet bei Wörtern mit geschlossener Silbe die erste Silbe (betonte Silbe) so, wie die zweite beginnt: offen. Du sprichst und hörst nur einen Konsonanten. Er gehört aber zu beiden Silben und bildet ein **Silbengelenk**, denn er verbindet beide Silben miteinander.
Beim Schreiben verdoppelst du diesen Konsonantbuchstaben: die Pfiffe, wir rennen, offen.

Wann tz, wann ck? → S. 229

Wörter mit tz und ck sind Wörter mit einem **besonderen Silbengelenk**. In Wörtern wie die Witze, die Jacke sprichst und hörst du nur ein z oder k. Das z und das k werden aber nicht verdoppelt, man schreibt dann tz und ck: Witze, Jacke. Tatsächlich gibt es aber Fremdwörter, in denen als Besonderheit zz und kk geschrieben werden: die Skizze, das Akkordeon.

Wann s, ss oder ß? → S. 230

Das **stimmhafte s** wird immer mit dem Buchstaben s geschrieben: der Besen, böse, wir lesen.
Das **stimmlose s** kann mit den Buchstaben s, ss oder ß geschrieben werden: die Gans, der Fluss, der Fuß. Wenn du unsicher bist, führe die Silbenprobe durch. Dazu musst du einsilbige Wörter zunächst verlängern: er liest – wir lesen, blass – ein blasses Gesicht, er grüßt – wir grüßen.
In Wörtern mit mehreren Bausteinen musst du den Wortteil mit dem s-Laut zunächst abtrennen: das Schließfach – Schließ|fach (→) wir schließen.
Die **Silbenprobe** zeigt dir:
– Hörst du in der zweisilbigen Wortform ein stimmhaftes s, dann schreibe auch in der einsilbigen Wortform ein s: das Los mit s, weil: die Lose.

– Ist die betonte Silbe geschlossen und du hörst nur einen s-Laut (Silbengelenk), schreibe ss: der Fluss, weil: viele Flüsse.
– Ist die betonte Silbe offen und du hörst in der zweisilbigen Wortform weiter ein stimmloses s, schreibe ß: der Fuß, weil: viele Füße.

Wann b, d, g am Wort- oder Silbenende? → S. 230/231

In Wörtern wie leblos, freundlich oder sorglos hörst du eher ein p, ein t oder ein k. Trotzdem muss man sie mit b, d oder g schreiben.
Du kannst die richtige Schreibung herausfinden, wenn du diese Wörter zu einer zweisilbigen Form verlängerst: leblos – wir leben, freundlich – viele Freunde, sorglos – wir sorgen uns.
Bei einigen Wörtern wie ab, genug, irgend(wo), jemand, niemand, langsam, nirgends, ob, ihr seid oder er ist weg ist eine Verlängerung nicht möglich. Deswegen muss man sich diese Wörter besonders merken.

Mit -ig oder -lich? → S. 231

Die Bausteine (Suffixe) -ig und -lich klingen manchmal gleich: höflich, artig. Ob man -ig oder -lich schreiben musst, kannst du oft dadurch unterscheiden, ob vor dem i ein l steht. Es gibt aber Wörter, da gehört das l zum Wortstamm. Deshalb schreibt man sie dann mit -ig: hügelig, mehlig.

Wann ä, wann äu? → S. 232

Die meisten Wörter mit ä oder äu haben in ihrer Kurzform in ihrem Wortstamm ein a oder au: die Bänke – die Bank, bläulich - blau.
Wenn man nicht sicher ist, ob ein Wort mit ä oder äu geschrieben wird, sucht man also in der Wortfamilie nach einem Wort mit a oder au.

Wörter mit Schreibbesonderheiten → S. 232

In manchen Wörtern gibt es Schreibbesonderheiten, die von der normalen Schreibung abweichen. Diese Wörter sind **Merkwörter**. Ihre Schreibweise musst du dir einprägen und mit ihnen besonders üben. → S. 238

– In Wörtern mit **aa, oo, ee** ist der Vokalbuchstabe am Ende der offenen Silbe zur besonderen Kennzeichnung der offenen Silbe verdoppelt: das Haar, das Boot, die Beere. → S. 243
– In Wörtern mit **Dehnungs-h** wird das h zur besonderen Kennzeichnung der offenen Silbe verwendet: fahren. Dieses h kann aber nur vor den Buchstaben l, m, n und r stehen: die Höhle, der Rahmen, die Mähne, die Uhren. → S. 243
– Der **ks-Laut** wird in einigen Wörter mit x und chs geschrieben: die Achse, wir boxen.
– Der **f-Laut** wird in einigen Wörtern mit pf/Pf und v/V geschrieben: die Pflanze, der Vater.

Mit End-/end- oder Ent-/ent- → S. 233

End-/end- gehört im Wort zum Wortstamm und wird dort immer betont: endlich. Wörter mit End/end haben immer etwas mit Ende zu tun.
Ent-/ent- hat als Wortbaustein am Wortanfang (Präfix) nichts mit der Bedeutung „Ende" zu tun und bleibt im Wort unbetont: enttäuschen.

Auf die Wortbedeutung achten → S. 236/237

Es gibt eine Reihe von gleichlautenden, aber unterschiedlich geschriebenen Wörtern, z.B. wieder und wider. → S. 236 Hier hilft es, wenn du dir die Verwendung klarmachst und einprägst. Dabei helfen dir auch Nachschlagehilfen: wieder wird im Sinne von nochmals, erneut verwendet, wider bedeutet gegen oder entgegen.

Fremdwörter → S. 238 – 241

Fremdwörter haben Buchstaben, Buchstabenverbindungen oder Laute, die es in deutschen Wörtern so nicht gibt: Rhythmus, Show.
Wenn du unsicher bist, wie ein Fremdwort ausgesprochen oder geschrieben wird, nutze Nachschlagehilfen. → S. 238/239 Ihre besonderen Schreibweisen musst du dir einprägen und besonders üben. → S. 240

Abkürzungen richtig schreiben → S. 242/243

Werden Abkürzungen **als Abkürzung gesprochen**, steht meistens kein Punkt: Ufo, Lkw, USA, ARD, ZDF. → S. 243
Abkürzungen, die in **vollem Wortlaut gesprochen** werden, werden dagegen mit einem Punkt geschrieben: Abk. (Abkürzung), usw. (und so weiter), z. B. (zum Beispiel). Sie werden zur Unterscheidung **Kurzwörter** genannt. → S. 243
Bei Abkürzungen für **Maßeinheiten** in Naturwissenschaften und Technik, für **Himmelsrichtungen** und für bestimmte **Währungseinheiten** setzt man meistens keinen Punkt, obwohl man sie in vollem Wortlaut spricht: km (für: Kilometer), g (für: Gramm), W (für: Watt), NO (für: Nordosten), CAD (für: Kanadischer Dollar). → S. 243

Rechtschreibregeln – satzbezogen

Groß oder klein? → S. 244 – 246

Lassen sich Wörter im Satz mit einem Adjektiv erweitern (Erweiterungsprobe), dann sind es **nominale Kerne**, die großgeschrieben werden. Das Adjektiv erhält beim Einsetzen ein -e, -er, -es, -em oder -en als Endung: das (tolle) Schwimmen, im (kühlen) Meer.
Beim Umstellen bleiben die Wörter als Wortgruppe zusammen.
Nicht immer zeigt ein Adjektiv eine Großschreibung an. Das Adjektiv ist dann ein eigenständiges Satzglied und allein umstellbar: (Das) sollten (wir) (lieber) lassen. (Lieber) sollten (wir) (das) lassen. → S. 244
Manchmal wird im Satz der nominale Kern nach einem Adjektiv eingespart, um unnötige Wiederholungen zu vermeiden. Das Wort ist dann schon vorher geschrieben. Das eingesparte Wort kannst

du dir dann hinzudenken: Die unangenehmen Aufgaben erledige ich zuerst, die angenehmen (Aufgaben) mache ich später. → S. 245

Unbestimmte Zahlwörter als Signale für die Großschreibung

Unbestimmte Zahlwörter (Indefinitpronomen) wie etwas, manches, viel, wenig, nichts, alles können darauf hinweisen, dass das folgende Wort großgeschrieben wird. Es hat dann eine Endung. Beim Umstellen bleiben beide als Wortgruppe zusammen: Ich habe (etwas Neues) gekauft. (Etwas Neues) habe ich gekauft. → S. 246

Anredepronomen in der Höflichkeitsform → S. 247

Die Pronomen sie, ihr, ihnen ... werden als Anredepronomen in der Höflichkeitsform immer großgeschrieben: Sie, Ihr, Ihnen.
Dadurch vermeidet man Missverständnisse: Deshalb sollten sie daran denken, dass sie sich bei Ihnen danken. – Deshalb sollen Sie daran denken, dass Sie sich bei ihnen bedanken.

Zeitangaben richtig schreiben → S. 248/249

Wochennamen wie Sonntag und Montag, zusammengesetzte Zeitangaben wie Sonntagmorgen, Donnerstagmittag schreibt man groß. Sie lassen sich mit einem Adjektiv erweitern und bilden im Satz einen nominalen Kern. ... am (frühen) Sonntag, ... am (frühen) Sonntagmorgen.
Zeitangaben wie morgen, gestern, übermorgen und solche mit s am Ende wie morgens, mittags, sonntags schreibt man klein. Sie bilden ein eigenständiges Satzglied und sind als solche umstellbar. Auch Uhrzeitangaben schreibt man deshalb klein: um zwölf, halbzwölf.

Herkunftsbezeichnungen und Namen richtig schreiben → S. 250

Herkunftsbezeichnungen, die auf -er enden, werden großgeschrieben: der Kölner Dom. Herkunftsbezeichnungen auf -isch werden kleingeschrieben: der westfälische Schinken. Ist das Adjektiv aber fester Bestandteil eines Namens, dann muss man es großschreiben: der Westfälische Friede, die Chinesische Mauer. Im Zweifelsfall nutze eine Nachschlagehilfe.

Getrennt oder zusammen? → S. 251 – 254

Wo ein Wort endet und ein neues anfängt, gibt es einen Zwischenraum. Beim Lesen macht man dort eine kleine Pause, beim Schreiben lässt man einen Zwischenraum zwischen den Wörtern.
Wortgruppen werden **getrennt** geschrieben. Du erkennst sie auch daran, dass du ein oder mehrere Wörter dazwischen einschieben kannst: Auf dem Plakat darfst du nicht so klein (wie im Heft) schreiben. → S. 253
Zusammensetzungen schreibt man **zusammen**. Es entsteht ein Ausdruck mit einer neuen Bedeutung. Beim Sprechen liegt die Betonung nur auf einer Stelle im Wort: Adjektive musst du kleinschreiben (mit kleinen Anfangsbuchstaben). → S. 253

Das Wörtchen „dass" → S. 255/256

Mit dass-Sätzen ergänzt man und führt zu Ende,
– was jemand sagt, mitteilt oder erzählt,
– was jemand denkt, meint, hofft, verlangt oder befürchtet,
– was richtig, wahr, schön, blöd oder richtig ist,
– worauf man sich freut, wovor man Angst hat oder worüber man sich ärgert.
Die Ergänzungen beginnen mit der Konjunktion dass. Der dass-Satz wird durch Komma abgetrennt. Am Ende des dass-Satzes steht – wie bei allen Nebensätzen – das konjugierte Verb:
Ich behaupte, dass ich gut lesen kann.
Dass ich gut lesen kann, behaupte ich.

Gemeinsam lernen

Gemeinsam zu lernen macht Spaß und ist oft auch besonders erfolgreich. Im Kapitel „Aufgaben gemeinsam bearbeiten" lernst du dafür fünf neue Methoden kennen:

– Lerntagebuch → S. 266/267
– Galeriegang → S. 268
– Textcheck als Expertenrunde → S. 269
– Partnerpuzzle → S. 270
– Gruppenpuzzle → S. 271

Die Methoden aus **wortstark 5 – 7** kannst du hier noch einmal nachlesen:

Nachdenken – austauschen – vorstellen

Du hast eine Aufgabe gelöst? Dann kannst du dazu einen Austausch mit anderen suchen. Das machst du so:

1. **Nachdenken:** Du arbeitest zunächst allein an einer Aufgabe: Du denkst nach und notierst deine Gedanken oder bearbeitest die Aufgaben zu einem Text.
2. **Austauschen:** Jetzt vergleichst du deine Ergebnisse mit einem Partner. Du kannst Fragen stellen, deine Ergebnisse ergänzen oder auch verbessern.
3. **Vorstellen:** Schließlich stellst du mit deinem Partner die Ergebnisse aus eurer Austauschphase einer größeren Gruppe oder der gesamten Klasse vor. Dabei lernt ihr die Ergebnisse der anderen kennen. Falsche Ergebnisse werden berichtigt, unvollständige ergänzt.

Lerntempo-Duett

Du möchtest dir selbst einteilen, wie viel Zeit du für eine Aufgabe benötigst? Dann hilft dir das Lerntempo-Duett. Nimm dir dabei so viel vor, wie du schaffen kannst. Das machst du so:

1. **Aufgaben bearbeiten:** Schau dir genau an, was von dir verlangt wird, und beginne dann mit der Arbeit. Arbeite ruhig und konzentriert.

2. **Ergebnisse vergleichen:** Wenn du eine Aufgabe gelöst hast, suche jemanden, der genauso weit ist wie du. Vergleicht in Partnerarbeit eure Ergebnisse miteinander. Helft euch gegenseitig, wenn etwas ungenau oder fehlerhaft ist.
3. **Weiterarbeiten:** Arbeite allein an der nächsten Aufgabe weiter. Danach triffst du dich zur Partnerarbeit, jetzt aber mit einem anderen Partner.

Zwischendurch-Gespräche

Du möchtest wissen, ob du so weiterarbeiten kannst, wie du begonnen hast? Du suchst Anregungen für deinen Schreibplan oder einen ersten Textentwurf? Dann hilft dir ein Zwischendurch-Gespräch. Das machst du so:

1. **Gespräche verabreden:** Wenn du eine Anregung oder Hilfe brauchst, unterbrich deine Arbeit. Verabrede dich in kleiner Runde.
2. **Fragen stellen – Anregungen bekommen:** Nenne den Grund für deinen Gesprächswunsch. Die Teilnehmer geben dir reihum Tipps und Anregungen.
3. **Anregungen auswählen und weiterarbeiten:** Du wählst aus den Anregungen der Teilnehmer aus und arbeitest damit weiter.

Placemat

Ihr sucht Informationen und Antworten auf bestimmte Fragen? Dann ist es gut, wenn ihr auch gemeinsam über eine Frage nachdenkt und eure Antworten aufschreibt. Dabei hilft ein Placemat:

1. **Das Placemat vorbereiten:** Übertragt das Placemat auf einen großen Bogen Papier:

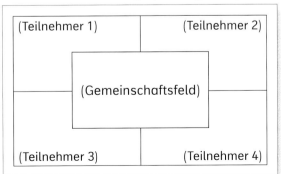

2. **Nachdenken:** Jeder in der Gruppe denkt zunächst in Stillarbeit über die gestellte Frage zum Placemat nach und macht sich Notizen. Diese Notizen schreibt er in das Feld, das ihm zur Verfügung steht.

3. **Austausch in der Gruppe:** Alle stellen der Reihe nach ihre Antworten vor. Dabei nutzt jeder seine Notizen. Das Placemat könnt ihr dabei drehen, sodass alle die anderen Ergebnisse gesehen haben. Sprecht nach der Vorstellungsrunde über eure Notizen und entwickelt ein gemeinsames Ergebnis. Füllt mit dem Gesprächsergebnis das Gemeinschaftsfeld aus.

4. **Gruppenergebnis vorstellen:** Stellt euer Gruppenergebnis den anderen Gruppen vor. Nutzt dafür eure Notizen aus dem Gemeinschaftsfeld.

Textlupe

Du möchtest eine schriftliche Rückmeldung zu deinem Text? Dann arbeite mit der Textlupe:

1. **Die Textlupe vorbereiten:** Übertrage die Textlupe auf einen Zettel.

Textlupe für:	_____		
Mein Wunsch:	_____		
Tipps von:	Das gefällt mir an deinem Text:	Hier stört mich etwas:	Meine Tipps:

2. **Eine Rückmeldung geben:** Lies den Text, zu dem du dich äußern sollst, mehrere Male. Schau nach, was gelungen ist, ob es Fehlerhaftes oder Störendes gibt. Trage deine Kommentare und Tipps in die Spalten der Textlupe ein.

3. **Die Textlupe nutzen:** Lies die Kommentare zu deinem Text. Frage nach, wenn du etwas nicht verstehst. Entscheide, welche Tipps und Anregungen du bei einer Überarbeitung nutzen möchtest.

Stuhlwechsel

Ihr habt eine Aufgabe gelöst und wollt euch untereinander eure Ergebnisse zeigen oder auch für eine Weiterarbeit Anregungen holen?
Dann hilft euch der Stuhlwechsel:

1. Jeder legt das Ergebnis seiner Arbeit am Platz aus. Wer eine schriftliche Rückmeldung möchte, legt einen Rückmeldebogen dazu.

2. Jeder gibt seinen Platz frei und sucht sich einen freien Stuhl oder rückt einfach einen Stuhl weiter. Dort liest er die ausgelegten Lösungen und macht sich Notizen, wenn er möchte. Dieser Stuhlwechsel sollte mehrere Male erfolgen, damit jeder möglichst viele Lösungen sieht. Das Kommando zum Platzwechsel übernimmt am besten die Lehrerin oder der Lehrer.

3. Nach dem letzten Platzwechsel geht jeder an seinen Platz zurück. Gebt euch gegenseitig ein Feedback zu euren Arbeiten.

Karussellgespräch (Doppelkreis)

Wenn ihr ein Thema bearbeitet habt und euch dazu untereinander austauschen wollt, dann könnt ihr ein Karussellgespräch führen:

1. Bildet einen Innen- und Außenkreis. Jeweils eine Person aus dem Innenkreis und ihr Gegenüber im Außenkreis sind Gesprächspartner.

2. Die Personen im Außenkreis berichten ihren Partnern im Innenkreis, was ihnen zum Thema einfällt und wichtig ist. Die Partner im Innenkreis hören zu und fragen nach, wenn sie etwas nicht verstanden haben oder etwas genauer wissen möchten.

3. Die Gesprächspartner wechseln, indem die Partner im Innenkreis auf ein Zeichen einen oder mehrere Plätze weiterrücken. Jetzt äußern sich die Personen im Innenkreis zum Thema, die Partner im Außenkreis hören zu und stellen Fragen.
Der Platz- und Rollenwechsel kann mehrere Male wiederholt werden.

Textcheck

Ihr sollt eine schriftliche Rückmeldung zu einem Textentwurf geben? Dann arbeitet mit dem Textcheck:

1. Textstellen auswählen

– Lies den Text zunächst einmal still durch und mache dich mit ihm vertraut.

– Wähle dann die Textstellen aus, die dir beim Lesen auffallen, und denke darüber nach, warum das so ist.

2. Über Textstellen nachdenken

– Lies jemandem die Textstellen vor und nenne die Gründe, warum du sie ausgewählt hast:

Was gefällt dir daran besonders oder was eher nicht?

– Stellt Fragen an die Textstellen und diskutiert eure Antworten:

Was tut die Schreiberin/der Schreiber?

Was beachtet sie/er dabei?

Wie formuliert sie/er?

Welche anderen Ausdrücke könnte sie/er auch wählen?

Was muss überarbeitet werden?

3. Zu Textstellen eine Rückmeldung formulieren

Legt eine Tabelle für eure Rückmeldung an. Notiert darin das Ergebnis eures Testchecks in Stichworten. Übertragt die folgende Tabelle auf einen Zettel.

Textcheck für: _____	
Das melden wir zurück:	
Das ist gelungen, weil ...	Hier etwas ergänzen/ ändern, weil ...

Portfolio

Was du während der Beschäftigung mit einem Thema gelernt hast, kannst du in einem Portfolio zeigen (dokumentieren). Das Portfolio kannst du auf Papier veröffentlichen (als Kopie oder Ausdruck) oder als Bildschirmversion, wenn du es mit einem Textverarbeitungsprogramm erstellst.

1. Wähle Texte, Zeichnungen, Übersichten ... aus, die du während der Beschäftigung mit einem Thema erstellt hast und die deine besonderen Leistungen zeigen können.

2. Schreibe nacheinander zu jedem Beispiel in wenigen Sätzen auf, warum du gerade dieses Beispiel ausgewählt hast.

Gelungen ist mir ...

Ich habe dieses Beispiel ausgewählt, weil ...

Ich habe gelernt, dass ...

Spaß gemacht hat mir ...

Schwierig war für mich ...

3. Fertige für die Veröffentlichung ein Deckblatt mit Thema, Name, Fach und Schuljahr und ein Inhaltsverzeichnis an.

4. Präsentiere das fertige Portfolio in deiner Lerngruppe. Du kannst deinem Portfolio am Ende hinzufügen, woran du gern gearbeitet hast, was dich überrascht hat und worauf du noch neugierig bist oder auch, was du bedauerst.

5. Als Leser/-in oder Zuhörer/in gibst du deiner Mitschülerin oder deinem Mitschüler eine Rückmeldung.

Ich habe mir ... angeschaut/angehört.

Besonders gut/Weniger gut gefällt mir ...

Ich kann daraus lernen ...

Mein Tipp für dich: ...

Autoren- und Quellenverzeichnis

Allert-Wybranietz, Kristiane
Scheinfreundschaft — S. 155
Aus: Kristiane Allert-Wybranietz. Liebe Grüße.
Lucy Körner Verlag. Fellbach 1984

Beckmann, Katharina
Marie Curie - Allein unter Männern — S. 207
Geolino 1/2009. S. 31ff.

Bischoff, David
„Du bist alles, was ich brauche" — S. 105/106
Aus: David Bischoff. Wargames - Kriegsspiele.
Nach e. Drehbuch von Lawrence Lasker u.
Walter F. Parkes. Dt. Übers. von Hans Maeter.
Heyne Verlag. München 1987

Boie, Kirsten
Kahlschnitt — S. 98/99
Aus: Kirsten Boie. Jeden Tag ein Happening.
Oetinger Verlag. Hamburg 1993. S. 12ff.

Bolliger, Max
Sonntag — S. 143/144
Deutsche Kurzgeschichten. Arbeitsexte für den
Unterricht. Reclam Verlag. Stuttgart 1988 (gekürzt)

Böttcher, Bas
Schatzkarte — S. 163
Bas Böttcher. Berlin (gekürzt)

Brecht, Bertolt
Der Radwechsel — S. 157
Aus: Das Bertolt Brecht Buch. Zusammenstellung
und Nachwort von Karsten Dietrich.
Suhrkamp Verlag. Frankfurt a.M. 1972. S. 633

Brender, Irmela
Eine — S. 152
Aus: Irmela Brender. Fenster sind wie Spiegel.
Erzählungen. Edition Pestum.
Franz-Schneider-Verlag. München 1987. S. 11f.

Crossan, Sarah
Dalilah — S. 108
Ganz falsch — S. 142
Aus: Sarah Crossan. Die Sprache des Wassers.
Übersetzt v. Cordula Setsman. mixtvision Verlag.
München 2013

Domhof, Angelika
Er hat alles, was er braucht — S. 146
Aus: Tee und Butterkekse: Prosa von Frauen.
Hrsg. v. Ingeborg u. Rodja Weigand.
© dtv Verlagsgesellschaft. München

Gast, Robert
Das fliegende Beuteltier — S. 184
Spektrum der Wissenschaft Verlagsgesellschaft
mbH. Heidelberg. Spektrum.de

Gehm, Franziska
EINS — S. 169
Weit unten, im Dunkel ... — S. 170
„Warte, ich helfe dir", sagte Jannek — S. 170
Janneks Blick fiel auf die dunkle Plane ... — S. 173
Aus: Franziska Gehm. Der Tote im Dorfteich.
© 2010 Gulliver in der Verlagsgruppe Beltz.
Weinheim. S. 5, 7, 36, 50-51

Gernhardt, Robert
Pfadfinder — S. 160
Aus: Robert Gernhardt. Lichte Gedichte.
Fischer Verlag. Frankfurt a.M. 1999. S. 148

Halter, Andrea
„Ich hatte 150 Paar Schuhe" — S. 85
Zeit Leo 02/2020, S. 30 (gekürzt)

Hoberg, Rudolf
Von Kids und Infopoints — S. 205
Ulrich Werner. München

Hübner, Lutz
Du siehst verdammt gut aus ... — S. 52
Petra Kowalski, 16 Jahre alt, ... — S. 53
OV (...) Who are you? — S. 53
OV Wir hauen einen ... — S. 54/55
OV Okay, Lilly, willst du das Interview führen? ... — S. 56/57
Petra Was machen wir den jetzt? ... — S. 59/60
Aus: Lutz Hübner. Creeps. Hartmann & Stauffacher,
Verlag für Bühne, Film, Funk und Fernsehen.
Köln o.J. S. 5, 4, 9, 9-11, 18-22, 34-35, 36-37

Ihering, Herbert
Die schlechte Zensur — S. 136
Die Schaubude. Deutsche Anekdoten, Schwänke
und Kalendergeschichten aus sechs Jahrhunderten.
Hrsg. v. Karl Heinz Berger u. Walter Püschel.
Verlag Neues Leben. Berlin 1964. S. 341

Kalekó, Mascha
Was man so braucht — S. 154
Aus: Mascha Kalekó. In meinen Träumen läutet es
Sturm. © dtv Verlagsgesellschaft. München
Wenn ich eine Wolke wäre — S. 209
Aus: Mascha Kalekó. Die paar leuchtenden Jahre.
Aus dem Zyklus: Wie's auf dem Mond zugeht"
© 2003 dtv Verlagsgesellschaft. München

Krüger, Sönke
Deutsch + Englisch = Denglisch — S. 204
Axel Springer SE. Berlin. 19.11.2007 (gekürzt)

Meißner-Johannknecht, Doris
Pass dich an! — S. 261
Aus: Doris Meißner-Johannknecht. Glück gehabt?
Schroedel Verlag. Braunschweig 2007

Netz, Hans-Jürgen
Vertragen? — S. 156
Aus: Auf der ganzen Welt gibt's Kinder.
Geschichten, Bilder, Spiele, Comics, Basteltips,
Gedichte, Rätsel, Texte. Hrsg. v. Jo Pestum.
Arena Verlag. Würzburg 1976. S. 198

Plasse, Wiebke
Weltveränderer: Malala Yousafzai — S. 35
GEOlino. G+J Medien GmbH. Hamburg

Reichert, Inka
Die Textilindustrie produziert in Massen und ... — S. 130
Westdeutscher Rundfunk Köln. 13.12.2021

Richter, Anne
Fischkopp und Lumpeseggler — S. 112
Stern. G+J Medien GmbH. Hamburg 14.06.2018 (gekürzt)

Rilke, Rainer Maria
Der Panther — S. 158
Aus: Rainer Maria Rilke. Sämtliche Werke.
Hrsg. v. E. Zinn. Insel Verlag. Frankfurt a.M. 1975

Schubiger, Jürg
Wie's einem so geht — S. 154
Unser Tisch — S. 165
Bei uns zu Haus — S. 165
Aus: Jürg Schubiger. der wind hat geburtstag.
Peter Hammer Verlag. Wuppertal 2010

Steenfatt, Margret
Im Spiegel — S. 150
Aus: Augenaufmachen, 7. Jahrbuch der Kinderliteratur.
Hrsg. V. Hans-Joachim Gelberg. Verlag Beltz & Gelberg.
Weinheim/Basel 1984. S. 218f.

Tekinay, Alev
Dazwischen — S. 164
Aus: Alev Tekinay. Die Deutschprüfung.
Verlag Brandes und Apsel. Frankfurt/M. 1989

van de Vendel, Edward
Karte — S. 160
Aus: Edward van de Vendel. Lieb sein,
Superguppy! Übersetzt v. Rolf Erdorf.
Bastei Lübbe Verlag. Köln 2011

Yousafzai, Malala
„Manchmal fragen mich Leute ..." S. 38
Martin Svoboda, Jablonec nad Nisou.
https://beruhmte-zitate.de
„Ein Kind, ein Lehrer, ein Buch ..." S. 38
Wikimedia Foundation Inc., San Francisco, 12.07.2013

Zimmermann, Tanja
Eifersucht S. 148
Aus: Total verknallt. Ein Liebeslesebuch.
Hrsg. V. Marion Bolte u.a. Rowohlt Verlag.
Reinbek bei Hamburg 1984. S. 120

Texte ohne Verfasserangabe und Texte
unbekannter Verfasser

bio – keine Chemikalien beim Anbau ... S. 123
fairtragen GmbH. Bremen 2021 (gekürzt)
Bremen ersetzt als erstes Bundesland
Schulnoten durch Emojis S. 181
Steckenpferd Enterprises. Fürth. 17.11.2015
Der Tote im Dorfteich S. 166
Verlagsgruppe Beltz. Weinheim
Dialekt ist Heimat S. 114
Interview von Corinna Wystrichowski
mit dem Comedian Bülent Ceylan.
VRM Wetzlar GmbH. Wetzlar 15.04.2021
Die lange Reise einer Jeans S. 125
Ökoprojekt MobilSpiel e.V. München

Die Textil-Trends von heute sind der Müll
von morgen S. 129
Greenpeace e. V. Hamburg
Ein Leben ohne Fleisch ist für mich ... S. 10
Aus: Simone Müller. Jetzt geht's um die Wurst!
GEOlino. G+J Medien GmbH. Hamburg 2021 (gekürzt)
Einsteins Mantel S. 132
Anekdoten-Sammlung. Copyright by Learning & Doing
GmbH. CH-3322 Urtenen-Schönbühl
Falsche Meldungen sind nichts Neues S. 179
Linke Textspalte aus: Fake News erkennen. Westdeutscher
Rundfunk Köln. kiraka Dein Kinderradiokanal (gekürzt)
Franz Beckenbauer S. 132
Das große Anekdotenlexikon. Die witzige Würze für Rede,
Vortrag und Konversation. Hrsg. v. Doris Kunschmann.
Bassermann Verlag. Niedernhausen 1999. S. 146
Ich bin Malala S. 34
Verlagsgruppe Droemer Knaur GmbH & Co. KG.
München (gekürzt)
Junge Bonner drehen prämierten Kurzfilm S. 191
General-Anzeiger Bonn GmbH. Bonn. 12.07.2016 (gekürzt)
Polizei blitzt Frau mit Kinderwagen S. 189
© dpa
Queen Elisabeth S. 132
„Wie beruhigend!" – Anekdoten aus dem Leben der Queen.
dpa/ Kölner Stadt-Anzeiger. 12.04.2006

Bildquellenverzeichnis

|akg-images GmbH, Berlin: 134.1; Archive Photos 158.1. |Alamy Stock Photo, Abingdon/Oxfordshire: Media Drum World 215.2; Werner Otto 5.4, 113.1. |Alamy Stock Photo (RMB), Abingdon/Oxfordshire: Computing, IanDagnall 132.1; imageBROKER/Niehoff, Ulrich 219.1; Tetra Images 5.1, 95.1; Zoonar GmbH 225.1. |Alfred-Wegener-Institut (AWI)/Helmholtz-Zentrum für Polar- und Meeresforschung, Bremerhaven: Cieluch, Ude 210.2, 211.1, 211.6; Oerter, Hans 211.5. |Bicker, Kathrin, Hannover: 1.1. |bpk-Bildagentur, Berlin: 140.1. |Cangerfilms: 191.2; Szenenbild aus dem Kurzfilm „Die Klausur" 7.3, 190.1, 190.2, 192.1, 192.2, 192.3, 192.4, 193.1, 193.2, 193.3, 193.4, 195.1, 195.2, 195.3, 195.4, 195.5, 196.1, 196.2, 197.1, 197.2, 198.1, 198.2. |Carlsen Verlag GmbH, München: 223.1. |DAS DA THEATER, Aachen: 55.1, 57.1, 59.1. |Der Postillon, Fürth: 181.1. |Diaz, Danae, Stuttgart: 3.3, 3.5, 6.3, 9.5, 18.1, 20.1, 22.1, 24.1, 24.2, 24.3, 25.1, 32.1, 32.3, 32.4, 41.1, 73.2, 74.1, 133.1, 139.1, 139.2, 139.3, 141.1, 194.1, 194.2, 194.3, 197.3, 226.3, 235.1, 245.1, 245.2, 252.1, 252.2, 252.3, 252.4, 255.1, 257.1, 260.1. |dreamstime.com, Brentwood: Alexmax 256.1. |Englert, Wolfgang, Freiburg: 217.2. |Feldhaus, Hans-Jürgen, Münster: 183.2. |fotolia.com, New York: alho007 267.3; Frank Wagner 218.1; graphixmania 187.16; Helix 217.1; ljphoto7 49.2; RTimages 200.1; UbjsP 250.1; virtua73 187.12, 187.14; Werner-Ney, Simone 69.1. |gezett.de, Berlin: 162.1. |Herrmann, Andreas, Aachen: 4.2, 52.1. |Hoth, Katharina, Erfurt: 11.1, 120.1, 121.2, 127.1. |Imago, Berlin: 165.1. |iStockphoto.com, Calgary: E+ 112.1; Hoerold 250.2; JackF 224.1; Justin Horrocks 205.1; lucentius 244.2; marugod83 82.5; max-kegfire 123.2; monkeybusinessimages 78.2; Petmal 123.3; ronstik 129.2; Santje09 6.2, 123.1; Songbird839 87.2; Virtaa 203.4, 203.5, 203.6. |juniors@wildlife Bildagentur GmbH, Hamburg: Avalon 184.2. |Kühn, Peter, Pluwig: 122.1. |mauritius images GmbH, Mittenwald: age fotostock / Palash Khan 120.2. |Middeke, Martina, Borken: 4.4, 66.2, 66.3, 66.4, 66.5, 67.2, 67.3, 67.4, 71.1. |Picture-Alliance GmbH, Frankfurt a.M.: akg 207.2; akg-images/Britische Botschaft/Britische Botschaft 132.2; AP Photo 38.2; AP Photo/Dunham, Matt 32.2; Armin Weigel 119.1; bubfb/BeckerBredel 75.2; dpa infografik GmbH 12.1, 13.1; dpa Themendienst 50.1, 76.2; dpa Themendienst / Franziska Gabbert 76.3; dpa/DB Hans-Christian Wöste 211.2; dpa/EPA/Irham, Mast 130.2; dpa/Hans-Christian Wöste 211.3; dpa/Kreispolizeibehörde Märkischer Kreis 189.1; Geisler-Fotopress/Stamm, Ulrich 85.2; REUTERS 38.1; Spata, Ole 76.1; Stephan Persch 114.2; SZ Photo / Sebastian Gabriel 86.1; ZB/Jens Büttner 211.4. |Schwarz, Thies, Hannover: 3.2, 9.2, 9.3, 9.4, 10.1, 11.2, 16.1, 26.1, 26.2, 28.1, 28.2, 110.1, 168.1, 168.2, 171.1, 171.2, 171.3, 171.4, 178.1, 200.2, 208.1, 209.1, 234.1, 234.2, 234.3, 235.2, 266.1, 266.2, 268.1, 268.2, 268.3, 268.4, 269.1, 269.2, 269.3, 270.1, 270.2, 270.3, 270.4, 271.1, 271.2, 271.3, 271.4. |Schwarzstein, Yaroslav, Hannover: 5.2, 5.3, 6.4, 42.1, 58.1, 61.1, 88.1, 98.1, 105.1, 108.1, 142.2, 143.1, 144.1, 146.1, 148.1, 151.1, 153.1, 156.1, 166.2, 185.2, 213.1, 233.1, 238.1, 241.2, 247.1, 249.2, 258.2, 261.1. |Shutterstock.com, New York: Boontub, Nattanan 46.1; Carboxylase 181.2, 181.3, 181.4, 181.5, 181.6, 181.7, 181.8, 181.9, 181.10, 181.11, 181.12, 181.13, 181.14, 181.15, 181.16, 181.17, 181.18, 181.19, 181.20, 181.21, 181.22, 181.23, 181.24, 181.25, 181.26, 181.27, 181.28, 181.29, 181.30, 181.31, 181.32, 181.33, 181.34, 187.1, 187.2, 187.3, 187.4, 187.5, 187.6, 187.17, 187.18, 203.1, 203.2, 203.3, 203.7; darydd 81.1; Everett Historical 206.1; FeelGoodLuck 72.2; fizkes 44.1; JStone 35.2; namtipStudio 47.4; Oleg and Polly 4.1, 43.1; Pindyurin Vasily 218.9; REDPIXEL. PL 251.2; Syda Productions 51.3; Syda Productions, Hintergrund: iStockphoto.com, Calgary Titel. |Singel Uitgeverijen, Amsterdam: Edward van de Vendel 160.2. |Spektrum der Wissenschaft Verlagsgesellschaft mbH, Heidelberg: 184.1. |stock.adobe.com, Dublin: alho007 82.3; Andrey Popov 242.1; Archer7 187.13, 187.15; atScene 183.3; Bernd Heinze 120.3; blackzheep 186.1; bluedesign 155.1; Böttcher, Sven 62.1, 65.2; carla hensley/EyeEm 96.1; Christian Horz 7.2, 182.1; Daniel Ernst 94.1; Drobot Dean 45.1, 110.3; ehrengerud-bilder 246.2; ExQuisine 14.1; Fotolia Premium 32.5; georgerudy 216.2; Gorodenkoff 51.1; Hand Robot 110.2; Iakov Filimonov 92.1; Kneschke, Robert 201.2; LaCatrina 218.7; lavizzara 82.4; malp 212.1; Matias 187.7, 187.8, 187.9, 187.10, 187.11; Michel, T. 218.5; Peredniankina 97.2; Rawpixel.com 97.3; sester1848 183.1; shock 90.2; Söllner, Thomas 246.4; Stylez, Lake 248.2; T. Michel 218.2, 218.3, 218.4, 218.6, 218.8; USII BELL 32.6; Wolfgang Cezanne 226.2; ©Zerbor 51.2. |Süddeutsche Zeitung - Photo, München: amw 136.1; Werek 132.3. |Tekinay, Alev, München: Quelle: Archiv der Weidener Literaturtage, Regionalbibliothek der Stadt Weiden i.d.OPf. 164.1. |terre des hommes Deutschland e.V., Osnabrück: Ch.Kovermann 131.1. |ullstein bild, Berlin: 154.1; Friedrich, Brigitte 157.1; Keystone Pressedienst 157.1; WELT/ Lengemann, Martin 222.1. |Verlagsgruppe Beltz, Weinheim: 7.1, 166.1. |Verlagsgruppe Droemer Knaur GmbH & Co. KG, München: Malala Yousafzai: Ich bin Malala, Knaur Taschenbuch 2014, Cover, „mit freundlicher Genehmigung der Verlagsgruppe Droemer Knaur". 34.2. |Visum Foto GmbH, München: Bjoern Göttlicher 202.2. |wgr-kartographie, Braunschweig: 125.2. |World Vision Deutschland e.V., Friedrichsdorf: Jon Warren 221.1, 221.2. |ZDF Enterprises GmbH, Mainz: Drei Wörter, die es so nur im Deutschen gibt 3.4, 26.3, 26.4, 26.5, 27.1, 28.3, 29.1, 30.1. | © Suhrkamp Verlag, Berlin: Keuner und die Flut 138.1, 138.2, 138.3, 138.4, 138.5, 138.6, 138.7, 138.8, 138.9, 138.10.

Textsortenverzeichnis

Stichwortverzeichnis

Auf einen Blick: Grundbegriffe der Grammatik

Fachbegriff	Beispiel	Erklärung
Ableitung, *die*	Unglück, glücklich	durch → Präfix oder → Suffix neu gebildetes Wort
Adjektiv, *das*	die rote Farbe; das Buch ist interessant	Eigenschaftswort, steigerbar, vor Nomen → dekliniert
Adverb, *das*	heute, dort, vielleicht, gern(e)	Umstandswort, nicht → flektierbar
adverbiale Bestimmung, *die*	im Keller (Ort), am Morgen (Zeit), in Strömen (Art und Weise), wegen des Wetters (Grund)	Umstandsbestimmung, Satzglieder, die Angaben z. B. zu Ort, Zeit, Art und Weise oder Grund geben
Adverbialsatz, *der*	(Wegen eines Gewitters →) Weil plötzlich ein Gewitter einsetzte, musste das Spiel abgebrochen werden.	Nebensatz, der an Stelle einer adverbialen Bestimmung steht: es gibt kausale, konditionale, konzessive, temporale und lokale Adverbialsätze
Akkusativ, *der*	ihn, den kleinen Hasen	Fall (→ Kasus), Wen-Fall, 4. Fall
Akkusativobjekt, *das*	Er singt ein Lied (Was singt er?)	→ Satzglied, antwortet auf die Fragen *wen?* oder *was?*
Aktiv, *das*	Der Computer fragt mich nach dem Passwort.	Tätigkeitsform des Verbs, übliche Personalform, Gegensatz zu → Passiv
Artikel, *der*	der Tisch, die Lampe, das Bett; ein Tisch, eine Lampe, ein Bett	Begleiter des → Nomens; bestimmter und unbestimmter Artikel
Attribut, *das*	der runde Tisch, der Tisch im Garten	Erweiterungen/Satzgliedteile, die ein Nomen ergänzen
Attributsatz, *der*	Die Reise, die wir gemacht haben, war wunderschön.	Nebensatz, der an Stelle eines Attributs steht. Ein → Relativsatz ist ein Attributsatz.
Dativ, *der*	ihm; dem kleinen Hund	Fall (→ Kasus), Wem-Fall, 3. Fall
Dativobjekt, *das*	Sie gibt dem Kaninchen Futter	→ Satzglied, antwortet auf die Frage *wem?*
deklinieren	der Hund (Nominativ), des Hundes (Genitiv), dem Hund (Dativ), den Hund (Akkusativ)	Veränderung (Beugung) von Nomen, Artikeln, Adjektiven, Pronomen
Demonstrativpronomen, *das*	Dieses Buch gefällt mir. Das ist aber lieb.	Demonstrativpronomen weisen auf Personen oder Gegenstände hin; hinweisendes Fürwort
direkte Rede, *die*	Anna sagt: „Ich esse gern Äpfel."	wörtliche Rede
flektierbar	trotz des schlechten Wetters (Genitiv); es regnet (3. Person, Singular)	veränderbar: Nomen, Pronomen, Artikel und Adjektive werden → dekliniert; Verben werden → konjugiert
Fragesatz, *der*	Kommst du mit zum Fußballspiel? Wie komme ich zum Sekretariat?	Satz, der gebraucht wird, wenn man etwas wissen will
Futur I, *das*	Sie wird morgen kommen. Ich werde mich freuen	Zeitform des Verbs, gebildet aus Hilfsverb *werden* und dem Infinitiv des Verbs
Futur II, *das*	Morgen werde ich mein Zimmer aufgeräumt haben.	Zeitform des Verbs, gebildet aus Hilfsverb *werden*, dem Infinitiv von *haben* oder *sein* und dem → Partizip II
Genitiv, *der*	des kleinen Hundes	Fall (→ Kasus), Wessen-Fall, 2. Fall
Genitivobjekt, *das*	Er wurde des Diebstahls beschuldigt	→ Satzglied, antwortet auf die Frage *wessen?*
Hauptsatz, *der*	Wir treffen uns an der Bushaltestelle.	selbstständiger, vollständiger Satz, der allein stehen kann; Prädikat steht an zweiter Satzgliedposition
Hilfsverb, *das*	haben, sein, werden	Verben, die z. B. zur Bildung der Zeiten (z. B. Perfekt) oder des Passivs verwendet werden
Imperativ, *der*	Iss nicht so viel! Gebt nicht zu viel Geld aus!	Befehlsform; man unterscheidet den Imperativ Singular und den Imperativ Plural
Indirekte Rede	Anna sagt, dass sie gern Äpfel isst.	In der indirekten Rede gibt man wieder, was eine andere Person sagt oder meint
Infinitiv, *der*	gehen, spielen, sein	Grundform des Verbs
Infinitivsatz, *der*	Wir haben vor, in den Ferien zu zelten.	Der Infinitivsatz hat kein Subjekt und kein konjugiertes Verb; gebildet mit *zu* + Infinitiv
Interjektion, *die*	Pfui! Das schmeckt ja eklig!	Ausrufewort
Kasus, *der*	der Hund, des Hundes, dem Hund(e), den Hund	Im Deutschen gibt es vier Kasus (Fälle): Nominativ, Genitiv, Dativ, Akkusativ
Kompositum, *das*	Ohrwurm, Bahnhofsuhr, Küchentisch; steinhart, haushoch, faustdick	Zusammensetzung, in der zwei oder mehr Wörter zu einem neuen Wort zusammengefügt sind
Komparativ, *der*	(groß) – größer – (am größten)	1. Steigerungsstufe, Vergleichsstufe